上代学制の研究〈修訂版〉

桃裕行著作集 1

思文閣出版

目次

上代学制の研究

〈修訂版〉

桃裕行著作集 1

序

輓近国史学の発達殊に顕著なるものあり、高才逸足踵を接して出で、名論卓説後を逐ふて現る。然るに此等の新説は、之を発表するの便に乏しく、空しく筐底に秘せられ、偶々其機を得ることあるも、紙面の制限に由りて、其全貌を窺ふこと難きを遺憾とせり、茲に畝傍書房は畝傍史学叢書を公刊して、此等新進学士の近業を収め、以て学界の進歩に貢献せんとす。其種目には、皇室御経済あり、寺院経済あり、仏教あり、切支丹あり、教育あり、法制あり、芸術あり、交通あり、水利あり。皆是れ斯界の尖端を往くもの、而かも真摯にして質実なる考察に富み、国史学研究の基礎を築くべきものとす。予や乏を以て、其選集の議に与り、校閲の事に当る。乃ち一言を陳じて、以て之を江湖に推薦すと云爾。

昭和十六年十一月

辻善之助

自序

昭和六年のある一日東京帝国大学文学部国史学科の黒板先生の『続日本紀』の演習に出席して、たまたま上代学制研究の未開拓を聴いた私は、莫然としていた近世教育史から遡って、「上代に於ける学制の研究」百枚を昭和七年十二月卒業論文として提出し、翌年卒業と同時に史料編纂所に就職することとなった。爾来問題の範囲を押進めようと志しつつも果さず、わずかに公務の余暇、昭和九年初めて、卒業論文の一部分「国学制」を雑誌『歴史地理』に発表して以来、引つづき時折部分部分を補い正したものを発表しつつ、辛うじて同所内先輩同僚間の研学の雰囲気の刺戟にこたえた。このような歩みの遅い十年に亘る発表のために見る所前後自ら変迁もあり特に従来の誤った自説に気づきそれを題目として筆をとったこともあった。よって数年前、この叢書中の一冊の執筆をすすめられたのを好機として、現在到達した考を基準に、視野も広くとり、全体を書改めることを計画し、ためにまたまた空しく時を経過し遂に計画を変更して、ただ旧稿を本に前後の矛盾を統一し、間隙の章節を二、三新加補顚して、統一ある体系を与えたのが本書である。今章節項毎の発表年次を示すと次の如くである。

緒言（昭和十四年）第一章第一―五節（十一年）第六節（新加）第二章第一・二節（十二年）第三節（十六年）第四節一（十二年）二（新加）二附（十一年・十六年）第三章第一節（十七年）第二節（十三年）第三節（新加）第四節（十七年）第四章（十年）第五章（九年）第六章（新加・十六年）

かくて昨年五月応召前に一応補訂の筆を終え、その月末壕の中にわずかに戦災を免れた原稿復本に更に再訂を施して書店へ渡したのは昨年末であった。今初校が漸く終えようとするにあたり、自序の執筆を求められ、いささか感慨なきあたわぬ。

思うに自ら選んだ題目は必ずしも愛着を以て立向える題目ではなく、時には嫌悪の情さえ感じつつ、あるいは関聯ある周囲へ問題を押進めんと焦り、あるいは遠く離れた題目で筆をとったことも、一再でなかった。ただ何人かによって一度は手をつけられねばならぬ題目故に後人の労を省くこと、と、自分にとっては、ともすれば立帰らんとする題目に前進の為の一応の切りをつけることが、本書を纏める気を起させた要因であった。しかし、校正の筆をとりつつ、旧稿に立向うと、随処に訂し切れない欠陥に気付くと共に、関説するに及ばなかった幾多の問題が次々と浮んできて、なお無下に離れ得ない領域であることを感ずる。右の領域の内にもあれ、外にもあれ、近くにもあれ、遠くにもあれ、本書のまとめを転機として、更に将来の精進がひそかに心に期される。

昭和二十一年十二月

緒言——古代に於ける学制の源流

我国に於ける学制の草創は、天智天皇の御代に於ける大学寮の創設の時を以てこれに充てるのが妥当と考えられ、それ以前には学制の名に値する内容を持つものは認め難いのであるが、後の学制の内容から推測して、その源流とも称し得べきものを強いて遡り求めれば、東西文部の帰化や五経博士の来朝、大化直前の諸塾等の事蹟の中に、僅かに一脈の通ずるもののあることが認められるのである。

我が国固有系文化の自然的発達の中に教育事象もまた存したことは勿論であるが、それが学制またはそれに類似したものを生むまでに発達する遙か以前に外来文化の影響を深く蒙り、初めには半島を通して、後には直接の大陸文化の影響の中に、初めて右に述べた如き学制の源流が辿られるのである。

支那の南北朝時代は、半島に於いては新羅・高麗・百済の三国鼎立の時であったが、その中で南朝文化が百済を通して頻りに我が国に輸入された。その文化の内容は工芸技術のようなものが主であったであろうが、また漢字が伝えられ、支那の学問が輸入された。応神天皇の御代に多くの帰化人がそれらを齎したことが伝えられているのがそれであり、その伝えがそれぞれの氏族の起源説話に拠ったものであるとしても、何らかの事実の記憶に基いたものであることは考えることが出来るであろう。その主なものは秦造の祖とされる弓月君、阿直岐史の祖とされる阿直岐（阿知使主）、書首（文首）の祖とされる王仁（和邇吉師）、倭漢直の祖とされる阿知使主の四人である。この中の阿直岐と王仁の二人については儒教の伝来譚が織り込まれており、阿直岐の推挙によって王仁が来朝し、記によれば『論語』十巻『千字文』一巻を上っており、太子菟道稚郎子は初め阿直岐に（このことは、記にはない）次に王仁に経典を学ばれたとなっている。であるからこの二人の子孫とされる阿直岐史、書首の二氏が、学制の源流に関係してこそ、説話と後の事実との間の関聯が認められるように思われるのである。また別の二人即ち弓月君と阿知使主とに関しては、紀で別々の年にかけて述べられてあるが、記では名を挙げずに「秦造之祖漢直之祖」と連記されてあり、秦と漢との対称や、それぞれ百二十県、十七県等の多数の人を率いて帰化したとされている点、あるいはこれより後年にかけて説かれた説話によっても、この二氏は前の二氏と相対する一群を形造り、支那の学問と関聯して説かれてはおらず、従って学制などと関係しそうにも思われないのである。しかるに敏達元年紀に「東西諸史」の語のある如く、前の群の一たる文首（西）と、後の群の一たる漢直（東）とが相並んで東西文（又は史）部と呼ばれて、共に朝廷の吏務に携わり、大化改新後の令制にまで及んで、学令に大学寮学生の資格を規定するのに父祖の位階を以てする以外に東西史（文）部の子弟が含まれるに至っている。これは恐らく帰化諸氏族の間に勢力や仕事の上の変動があって、支那の学問に関係した氏族が文首と阿知岐史であったのが、文首と倭漢直とへ移り変ったというような事象があったのかも知れない。『学令義解』にこれを説いて「前代以来、奕レ世継レ業、或為ニ史官一、或為ニ博士一、因以賜レ姓、総謂ニ之史一也」といっているのは平安初期の解釈であって、史官とか博士とかいう名称がそのまま大化前代に遡る説明として妥当であるかどうかは疑問としても、後世のそれに相当するものの意に解すれば許容し得べく、従って古代に於ける東西文部の中に支那の学問に関係した後世の博士に当るものの存在が認められることとなり、つまりその中に学制の一源流を辿り得るとする考えは是認されることになろう。

東西文部の発展の中に学制の一源流を辿り得ることは、王仁の経典奉献・皇子進講の説話、王辰爾の外交文書解読の説話（敏達紀）等によっても考えられはするものの、帰化諸氏族の右以外の史上に表われる処は、船舶とか倉庫等に関係した政府の文筆関係の実際的吏務に従うことであって、経典の講授などは全く見られない。儒教の本質の中には当然中央集権国家の思想的基礎の一半が含まれているとすべきであるから、儒教が伝来したということは、その意味でともかくも大化改新への政治的発展へ影響を与えるべきであったろうが、当時氏族制の遺制はなお強固であり、帰化諸氏族はその経済的基礎として部民等を与えられたりして、氏族制の中に織込まれたが故に、政治形態に関する思想への影響はほとんどなかったと見て間違なかろうと思う。

右の帰化諸氏族に対して、継体天皇の御代から欽明天皇の御代にかけて、百済から交替番上した五経博士こそが、明かに大陸の学問を我国に伝えたものとして考えられるであろう。即ち段楊爾・漢高安茂・五柳貴・固徳馬丁安等と呼ばれる五経博士の来朝を正確な事実と認めてしかるべく考えられるが、これらの学者の番上の目的は明かでない。唯、氏族制の波に抑されて特殊性を失わんとする帰化氏族へ時々新鮮味を注入することもその目的の一半であったと考えられ、事実それに役立ったことでもあろう。この番上の学者と先来の帰化諸氏族の子弟との間に学校の淵源とも見做すべきものの発生を想像する考え方がある（『三宅米吉博士著述集』）。もしこの考えが許されるとすれば正にこれは学制の源流として最も重要なものであるとすべきであろうが、その可能性は十分認められるとしても、それはあくまでも想像に止まる。そして一応この考えを許容するとしても、五経博士の齎した思想的影響が、先に述べた如き政治的発展への思想的根拠となったかどうかという点に関しては、先の帰化諸氏族の場合と五十歩百歩であったといえよう。

かくして氏族制の弊に行詰った情勢に対する最初の政治的改革の試は、聖徳太子によって着手せられた。聖徳太子といえば直ちに仏教と聯想して考えられ勝であるが、その初期の御施政である冠位十二階の制定や、憲法の中の数条の如きは明かに儒教思想に基いたものであり、同時にまた従来の氏族制の弊を矯める重要な政策を表わしたものであった。即ちここに政治的発展への思想的根拠としての儒教が初めて如実に示されたのであった。これに反して太子御晩年の御事業・御施政はほとんど仏教の思想を以て飾られたものであり、初期の実際的な政策を修飾し、緩和し、拡充する使命を持ったものであった。同時に従来半島を通してのみ交渉を持った支那大陸の国家と直接の交通が試みられ、遣隋使に随伴して大陸に渡った学問僧、学生は多年の研鑽を終えて、太子薨後の推古朝の晩年から舒明朝にかけて帰朝したが、太子の意図せられた所の如何にかかわらず、彼地の実情を実見した彼らは、ひとしく「法式備定」せる「珍国」たる大唐国（推古三十一年紀）に劣らない政治組織を有する国家を現出せんとする念を懐くに至ったものと思われる。仏教の弘通につとめられた太子の学問僧派遣の目的は自ら想像せられる所であるが、その僧自身が帰朝後なした所を見るに、中臣鎌子連は中大兄皇子と「倶手把二黄巻一、自学二周孔之教於南淵先生（学問僧請安）所一」んでおり（皇極三年紀）、また群公子が旻法師の堂に集って『周易』を講じており（『藤原鎌足伝』）、学問僧であった彼らの使命は、今や来るべき政治上の革新の指導原理としての儒教の講授宣布に移り変っていたことに如実に表われており、蘇我氏と結託した漢直の徒と正に対立的な関係にあったのである。それは既に旧来の氏族制に融け込んだ半島からの儒教と違って、大化改新前夜の一部革新廷臣の心を動かし、彼らに熱心に学びとられたものであり、従ってそれは、改新実現の後になって実施された学制の精神と通ずるものがあり、精神に於いてまたその一源流否最も直接的な源流をなしているものということが出来よう。

第一章　大学寮の草創と近江奈良時代に於けるその隆替

第一節　大学寮の草創

崇仏専恣の豪族蘇我氏の誅滅を端緒とする大化の新政は着々と進行せられ、部分的に儒教思想より演繹される施設も見られたが、その間皇太子として中心人物であられ、後即位された所の天智天皇によって近江令が編纂せられ、新政はそのままの発展ではないとしても初めて法典の形に整備せられ、唐制を模した大規模な中央官制がこの時制定されたことが想像される。恐らくこの官制の一部として、大学寮も初めて滋賀京にその姿を現したものであろう。[1]『懐風藻』序に、

（上略）逮二乎聖徳太子一、設レ爵分レ官、肇制二礼義一、然而専崇二釈教一未レ遑二篇章一、及レ至二淡海先帝之受レ命也、恢二開帝業一、弘二闡皇猷一、道格二乾坤一、功光二宇宙一、既而以為、調レ風化レ俗、莫レ尚二於文一、潤レ徳光レ身、孰先二於学一、爰則建二庠序一、徴二茂才一、定二五礼一、興二百度一、憲章法則、規摹弘

遠、敻古以来未二之有一也、

とあるによって、天智天皇の時に儒教主義の学校が建てられ、学生が収容されたことを知るのであるが、近江令施行期とされる天武天皇四年紀に大学寮の名の見えることによって、その名称が後と同じであったことが知られ、天智天皇十年紀に見える学職頭はその長官であろうと考えられる。この近江令に定められた官制を充たす人的要素を考えると、天智天皇の御代は旧制度との妥協が行われたことは、氏上民部家部を定めたことによってもいわれ、人材登庸の意味があるとされる位階制にまで、氏の尊卑によって内外を分ったと考えられる状態で、旧氏族の地位がかなり保守されたから、新官吏の養成が当時どれだけ要求されたかは疑問であるが、その事の必要と否とにかかわらず、定められた唐制模倣の大規模の官制の中の一部を必然的に占めるものとして、大学寮の制が定められたのであり、むしろ実際上の必要よりも文化的意義が多分に認められるべきものであろう。この事は彼の学職頭であった鬼室集斯が百済の遺臣鬼室福信の一族と認められるのを初めとして、持統紀に二、三見える諸博士がいずれも帰化人であることから、当時の帰化人の文化的地位に比して考え得る所であろう。

壬申の乱の結果は旧氏族間の勢力均衡が破れて、それだけ改新政治実施の進展の余地が出来た訳であるが、それだけにまた実際上の必要に迫られて、引続き旧制度との妥協が行われたものと思われる。更にまた乱後の疲弊や藤原京遷都の事もあって、大学寮は依然盛容を見せることはなかったようである。天武紀・持統紀を通じて、正月の儀に大学寮諸学生の列せることや、大学寮諸博士が食封を賜ったり、田を賜ったりすることがしばしば見られてかなり重んぜられたことが分るが、「従㆓浄御原天皇晏駕㆒、国家繁㆑事、百姓多㆑役、兼属㆔車駕移㆓藤原京㆒、人皆忩忙、代不㆑好㆑学、由㆑此学校凌遅、生徒流散、雖㆑有㆓其職㆒、无㆑可㆓奈何㆒」との『武智麿伝』の記事は、武智麿の事蹟を彰す伏線としての誇張はあるにしても、なお幾分の真相を伝えているものであろう。

近江令および飛鳥浄御原律令の施行期には、前述の学職頭の外に大博士（大学博士）・音博士・書博士等の官職が見える外はその職制は明かでない。文武天皇大宝元年の大宝律令に至って改新政治はその実を結び、中央集権的官僚政治組織がその姿を整えると共に、その組織の一部局として大学寮の制度は詳細なる規定を見、これと共に地方の国学の制が初めて定められて、教育機関に於ける中央集権的形態もまた整備せられたのである。

第二節　大宝令の学制

まず大宝令に於ける学制およびこれと貢挙制との関係について概述しよう。大学寮は散位寮と共に式部省の所管に属し、その職制は事務官として頭助允属の四等官、史生・仕丁・直丁の外に教官として博士一人・助博士（養老令で助教となる）・音博士・算博士・書博士各二人があり、学生は四百人、外に算生三十人、書学生若干があった。音博士に対する音生がないのは（後には出来る）、音博士が一般学生に経書の発音を教える者である為と考えられるから、学科（道）の分科の状態を考えて見ると、最も大きな主幹をなす所の本科又は一般科ともいうべきものと、これに附随した小学科である所の算道・書道より成っていたと見られる。この本科ともいわるべきものは博士の任用規定に「明レ経堪レ為レ師者」とその文字に現われている如く、後のいわゆる明経道に当るものではあるけれども、令の精神ではそれは飽くまで他の学科と並列的なものではなくして、大学寮の本体をなす所の学科と考えられていたのである（その名称を単純に博士・学生とだけ呼ぶことや、教科書の規定にも特に学科を断っていないこと等はその証拠である）。

学生は五位以上の子弟および東西史部の子の十三以上十六以下の聰令なるものを取って、式部がこれに補し、六七八位の同年齢の子弟も情願する者はこれを許された。即ち原則として奏任官以上の子弟と氏族制度時代より文筆に携った所の氏族の子弟が入学を許され、判任官の子弟は特例としてこれを許されたので、庶民に対しては開放されることなく、限定的階級的のものであったことが知られる。ただ国学生の国学を修了して願うものは大学入学を許され、国学へは郡司子弟に余ある時は庶民の入学も許されたので、この道によってのみ庶民も大学に入れた訳であるが、果してかかる道を通って入学したものがあったかどうかは疑問であり、よしあったにしてもそれは庶民的意識は持たないものとしてであったことは疑を容れない。

右の制度の本となったと思われるところの唐の学制を見ると、我大学寮に当るものは国子監であって、職員は祭酒・司業・丞・主簿・録事等があって、学校は国子・太学・四門・律・書・算の六学に分れ、後に広文館を加えて七学という。前の三学は一般の経業を教授するところで、国子学は主として文武三品以上の子孫、太学は五品以上の子孫、四門学は七品以上の子孫および庶人の子、律書算学は主として文武八品以下の子および庶人の子を学生とした。六学にはそれぞれ博士・助教・学生等の定員が定められていた。かかる唐の学制を採入れるに当って、六学を統合縮小して一大学寮となし—この点寧ろ漢の大学を倣ったとも見られる—、経業を主として書算も含め、外国学の学習の便宜上音をおき、律のみは唐で廃置定らなかった為に我国でもおくに至らなかったと見られるのである。この唐制に於ける小さい学科の学生に庶人を取ったことは、我国でも後の明法・文章生に見られ、算生も「諸国貢挙算生」(『学令集解』所引「天平三年格」)の中には庶民もいるように思われるし、また田仮の規定(学令)は学生に農民を予想した為である。また律が学宦の為の転住を容認したのも(『政事要略』九五所引捕亡律)、元正天皇が京城を巡って戸頭の百姓に種子布鎜を給い、「令ニ農蚕之家、永無レ失レ業、宦学之徒専忘レ私」められたのも(『続日本紀』養老七年二月己酉条)庶民の入学を示すもので、我国でも学科によっては庶民に門戸が開かれていたのであろう。

大学寮が如何なる学問をなすところかは、使用された教科書や学習法を見る事によって明かにされよう。教科書は『周易』『尚書』『周礼』『儀礼』『礼記』『毛詩』『春秋左氏伝』の七種の経書を各々一経と為し、『孝経』『論語』は学者これを兼習する規定であり、これらの注釈書もそれぞれ法定されていて、『周易』は鄭玄または王弼注、『尚書』は孔安国・鄭玄注、『三礼』『毛詩』は鄭玄注、『左伝』は服虔・杜預注、『孝経』は孔安国・鄭玄注、『論語』は鄭玄・何晏注で、他の注家は採用されなかった。この教科書はその分量によって大経・中経・小経の別を分ち、これらの学習の組合せは二経・三経・五経の三通りがあり、孝経・論語は皆兼通すべき定であった。

これらの教科書の規定は勿論大体に於いて唐の学制を模したものではあるが、これら教科書の示すところは経学史中の如何様な位置を占めるものかを見るに、九種の書籍は勿論儒教に於いて経典として重んぜられたもので今更説明の要はない。唯ここで注目すべきはその注釈書であって、すべて後漢から魏晋にかけて、即ち彼の後漢に於ける今文学古文学の折衷がなされて以後の儒者の著わした注釈書を採っているのである。(孔安国は勿論漢人であるが、『尚書伝』は『偽孔伝』ともいわれ、東晋梅賾偽撰説・王粛偽撰説あり、武内義雄氏は王粛の弟子孔晁〈字安国カ〉説を出しておられる。さすればいずれとしても魏晋の間の書である。)

しかしてその中でもまた自ら二つの部類に分けられるのであって、後漢鄭玄の『周易』『尚書』三礼『毛詩』『孝経』『論語』、後漢服虔の『左伝注』がその一で、鄭玄は今古文を折衷し、両漢経学を統一して、これらの書を注したのであり、『左伝』の服虔(鄭玄と同時代)注は鄭玄の草稿を得て作ったといわれ、鄭玄の説を補い得るものとされるので、合せて鄭玄の学、またはその時代を指して漢の学とすることが出来る。これに反して孔安国の『尚書』『孝経』の注は前述の如く魏王粛一派の手になるとされ、晋杜預の『左伝注』もその体制を述べる時は王粛義に従ったとされ、王弼の易注はそれまでと違って老荘の哲学を借りて易を説明したものであり、魏何晏の『論語集解』は論語の注解を集め、足らざるを補ったのであるが、この補足した部分に王弼と同じく老荘思想が見られる。王粛は鄭玄と同様に今古文を折衷しながら、事毎に鄭玄に反対し、王弼は老荘義を経義に取入れた初めであるから、この方は王粛王弼の学、または時代からいって魏晋の学といえる。この鄭玄の学(鄭学)と王粛王弼の学(王学)または漢学と魏晋学は、晋の東遷以後支那が政治的に南北朝に分れると共に、経学もまた南北に分れて、南朝には王学、北朝には鄭学が採用され、隋によって両朝が統一されると経学上でも劉焯・劉炫によって南北両学が統一されたが、いずれかといえば南学へ傾いていたといわれる(武内義雄氏著『支那思想史』)。このことが隋の学制に如何に反映したか具体的例証は知り難いけれども、その後の唐の学制に於いては明かにこの両者が並用されているのを見ることが出来る。即ちこれが前述の我日本の学制の模範になったもので、ほぼ同じものであるが、ただ我学制に無い所は『春秋公羊伝』に何休注を、『同穀梁伝』に范寧注を、『老子』に河上公注を用いる点で、この三書は我学制に於いては教科書に採用されていない。春秋三伝の得失については古来議論があるが、我が学制に於いて唐制を簡易化して三伝の中その一を選ばんとする場合、他の二伝に後れて後漢の古文学の興起以来重要視せらるるに至った『左伝』を採用したものであろう。また『老子』については、唐では王室が李氏で老子と同姓であるという特殊事情から老子を貴び、これを太上玄元皇帝といい、また道教を尊んだりした。我国にはかかる特殊事情が存しなかったから採用されなかったといわれるけれども、実は唐制では魏晋以来の老荘の流行がこれを学制に採用せしめたので、同姓ということは口実となったに過ぎないと思われる。ただ唐に於いてさえ老荘思想の政治への効果については危惧の念を懐かれて、しばしばこれを廃止したりしているので、我国ではやはり政治上の効果に対する危惧の念から、むしろこれも唐以前の制によって、採用しなかったのであろう。

しからばこれらの教科書の学習法は如何にしたのであろうか。学令に拠れば学生はまず音博士について経文を白読し、通熟して後、博士に対して講義を聴いた。即ち学生はその学習の過程によって読者と講者とがあった（二経『論語』『孝経』の文を読んでしかる後その講義を聴くのであるから、読者としての期間も相当ある訳である)。そして十日毎に一日の休暇があり、休暇の一日前に博士の考試があった。その考試の方法は読者は一帖三言といって、経と注と通計して千言の内毎に三字を隠してこれを闇読させる方法であり、講者に対しては二千言内毎に大義一条を問う仕方で、総じて三条を試し、二に通ずれば及第で、一に通ずるか、全く通じない時は斟量決罰される。以上は旬試であるが、年終(七月)に行われる年終試は講者の為だけにあるので、大学頭または助がこれを試し、一年間に授業した所を通計して、大義八条を問い、六以上を得るを上、四以上を得るを中、三以下を得るを下と為すのであって、三年続いて下となったり、また九年在学して貢挙に堪えない者は並びに退学せしめられる。これによるとその学習法はまず本経も注も幷せて暗誦し得るまでに本文の白読に習熟して、しかる後に講義を聴いたのであって、講義がどのようなものか、また試験問題たる大義がどのようなものかは審にし得ない。

以上が大学寮内に於ける一般科(明経)学習の方法であるが、しからば大学寮の過程を修了して官途に就かんと欲する者は如何にしたであろうか。学生にして二経以上(即ち前述の三経、五経も)に通じ出仕を求むるものは挙送するを聴したが、国家試験に応ずる以前に大学寮に於いて試験が行われ、大義十条を試問して八以上に通ずれば太政官に送った。もし学生が講説に長じない為及第しなくても、文章を学んでその才が国家試験の秀才科進士科に堪え得る者はこれまた挙送する事が聴された

（以上学令）。ここに紀伝道の盛になる伏線が潜んでいる。

次に算道・書道について記そう。算道教科書たるところの算経は『孫子』『五曹』『九章』『海島』『六章』『綴術』『三開重差』『周髀』『九司』の九書を各一経と為し、学生は経を分って業を習った。これもまた唐制に倣ったものであるが、唐の『張兵建』『夏候陽』の算経を採らなかったのは他と重複して不要であったからである。算学生の官界登用の為の試験は明経等に於ける如く二重でなく、大学寮で行われたもののみであった。即ち算学生は、術と理に弁明にして後通と為すので、大宝令では、『九章』『六章』『綴術』各三条、余経各一条を組合せて九を試し、六以上を第とし、『九章』を落せば不第としたのであるが（『学令集解』古記）、養老令では、『九章』三条、『海島』『周髀』『五曹』『九司』『孫子』『三開重差』各一条を試し、この九条に全通を甲とし、六通を乙とし、六に通じても『九章』を落とせば不第とした。また『綴術』六条、『六章』三条を試し、甲乙は同前で六通でも六章を落せば不第とした。この結果の登用の方法は後に述べる明法と同じであった。さてこの養老令の両様の試験法で見ると、算道の学習にもまた大体二様あったようであって、前者の算経は純算学および応用算学のもの、後者は高等数学の算経で、いわば実用的なもの理論的なものと二分科が見られるのである（澤田吾一氏『日本数学史講話』）。天平三年になって、諸国貢挙の算生が多く『周髀』以外の経によって及第するので、「周髀者、論㆓天地之運転㆒、推㆓日月之盈虚㆒、言渉㆓陰陽㆒、義関二儒説一」と『周髀』の価値を指摘して、算によって出身するものも『周髀』を解しなければ式部省に留めて叙位しないことに定められた（『学令集解』古記所引格、『続日本紀』天平三年三月乙卯条）。『周髀』は暦算の書の最古のものであって、最も応用の利くものとしてここに重要視されたのであろう。即ちここに算道と暦道（陰陽寮所管）との接近が見られるので、天平宝字頃になると、暦算と並称せられ、暦算生なるものもできてくる。

書学生の学習法は筆迹の巧秀をもって宗となすので、字様を習解することは業としない。これは唐に於いて説文学をも習得するのと趣を異にしていた（『学令義解』）。その出身は写書上中以上の者を貢するのを聴したので（学令）、その上中の標準は書博士の写書をもって准量したのであるが、神亀二年三月十四日の太政官処分によれば、書生を貢するには、板茂連安麻呂・嶋田塵道等と同類已上の者は貢を聴し、已下は須いざることとした（『同集解』古記）。このように算生書生は寮内の試験のみで、式部省の登用試験を受けるのは一般学生のみであった。

かくして大学寮から太政官に挙送された大学挙人は、諸国の貢人と共に式部省の行う所の国家試験を受けたのである。この国家試験の科目は秀才・明経・進士・明法の四科である。秀才試の方法は方略策二条を試したので、方略策とは例えば「顔淵短命、盗跖長生、福善禍淫何其爽歟」とか、「何故周代聖多、殷時賢少」また「何故馬者大行之後聞地、犬者小行之時上足」とかいったような問に答える文章を作るものであるとされる。その結果の標準は文理倶に高きを上上、文高理平と理高文平を上中、文理倶に平を上下、文理粗通するを中上、文劣り理滞るを不策と為した。明経は『周礼』『左伝』『礼記』『毛詩』各四条、その他の経各三条、『孝経』『論語』は幷せて三条を試験する。即ち二経および『孝経』『論語』を修めたものは合せて十条ないし十一条（『周礼』『毛詩』二つの場合）を試することとなる。この場合には経文と注とを挙げて問い、義理を弁明するを通となすので、十に通ずるを上上、八以上を上中、七を上下、六を中上、五ないし一経に通じもしくは『論語』『孝経』の三条に全く通じないのを不第とした。進士は時務策二条を試し、『文選』上帙七ヶ処、『爾雅』三ヶ処を隠して暗読せしめる。時務策の問題は治国の要務で、例えば「既庶又富、其術如何」または「使无盗賊、其術如何」といった類で、文詞順序よく義理が愜当し暗読し得るを通、事義滞り詞句倫せず暗読し得ないのを不とし、帖策全通を甲、策二に通じ帖六以上を乙、以外を不第とする。明法は律令十条（律七条令三条）を試し、義理に識達し、問に疑滞無きを通とし、粗綱例を知り、未だ指帰を究めないのを不となし、全通を甲となし、八以上に通ずるを乙となし、七以下を不第とした（以上考課令）。ここに考課令に忽然として明法の字が出て来る為に『義解』の作者を始め、『集解』の諸説も明法博士および生があるべき筈としているけれども、大学寮の科目と国家試験の科目とは必ずしも同一なるを要せず、一般科の学生や諸国の貢士等でこれを受けた者もあったのであろう。受験の準備も学外で何か適当な方法で行ったと見れば差支ない(2)（『続日本紀』大宝元年八月戊申条に明法博士を六道に遣して新令を講ぜしめたことも、よく令脱落説に引かれるが、これは明《ニスル》レ法博士ともよめる。後にこれを置いたことが明にあり、また一ヶ処のみならず職員令・学令等すべて脱落ありと見るのは無理と思われる）。元来唐では、経学をその生活と調和させていた社会層がかなり部厚く地方に浸透していたから、官学と国家試験の科目を同うしなくても、一般から受験者を迎え得たが、我国では経学は全く附焼刃的のものであるから、実情からいって官学以外から迎えることは困難で、畢竟両者の不一致は実情に即したものでなく、後の改革を必要としている。

かくて国家試験に通過した者の官吏となる道程を見ると、秀才出身の上上第は正八位上・上中正八位下・明経上上第正八位下・上中従八位上・進士甲第従八位下・乙第および明法甲第大初位上・乙第大初位下とそれぞれ叙位せられ、明経秀才の上中以上を得た者で蔭および孝悌で表顕された者は本蔭本第に一階を加えて叙し、明経で二経以上に通じた時は一経に通ずる毎に一等を加えて叙した（以上選叙令）。そしてその位に相当する官を授けられることによって官吏となり得たのである。即ち令制に於ける学制と官吏登庸法とは、全面的にではないが、非常に緊密な関係を保っていたのである。

令の学制が儒教主義の上に立つことは、前の教科書目を見て直ちに肯かれる点であるが、これを最も如実に現わしたものは釈奠の儀である。即ち大学・国学に於いて春秋二仲月上丁日に先聖孔宣父を釈奠し、その饌酒・明衣等は官物を用いることは学令の定であったのである。

以上が大宝令に現われた学制の大体である。このような整然たる制度が果して当時の社会に受入れられたかどうかと考えられるのであるが、勿論律令のすべてがそのまま実施されたとは認められないまでも、少なくとも学制は前に見たようにいわば上層社会に限定されたものであり、彼らの範囲内に於いては、政治説に於いて中央集権的な意義を含む儒教主義の官吏への徹底の必要が、必然的に学制実施への努力となって現われたことと思われる。

大宝元年二月丁巳釈奠の儀が初めて史上に現われているのは（『続日本紀』）、大宝令施行に先立つ一部実施と見らるべきものかも知れない。なお大宝頃の大学寮の状態について、『藤原武智麿伝』に、

（大宝）四年三月、拝為㆓大学助㆒（中略前引）公入㆓学校㆒視㆓其空寂㆒、以為、夫学校者、賢才之所㆑聚、王化之所㆑宗也、理㆑国理㆑家、皆頼㆓聖教㆒、尽㆑忠尽㆑孝、纘㆓由茲道㆒、今学者散亡、儒風不㆑扇、此非㆑所㆘以抑㆓揚聖道㆒、翼㆗賛王化㆖也、即共㆓長官良虞王(百済王)㆒陳請、遂招㆓碩学㆒、講㆓説経史㆒、浹辰之間、庠序欝起、遠近学者雲集星列、諷誦之声洋々盈㆑耳、

と、武智麿による大学寮の振興が記されているけれども、彼の努力もさることながら、令施行後の

一般情勢がまたこれを促したものであろう。『三善清行意見封事』に「伏見二古記一、朝家之立二大学一也、始二於大宝年中一」とあるのは年代を誤っているのはいうまでもないが、やはり大宝年間を以て一時期を劃し得ることが示されていると見得よう。更に慶雲年間に入って元年七月庚子（十七日）、公廨禄を式部省大学散位等寮に給しているのは（『続日本紀』）、その財政への顧慮を窺うことが出来、二年仲春の釈奠には武智麿は宿儒刀利康嗣をして祭文を作らしめて孔子を祭り、三年武智麿従って大学頭となるや「公屢ゝ入二学官一、聚二集儒生一、吟二詠詩書一、披二玩礼易一、揄二揚学校一、訓二導子衿一、文学之徒、各勤二其業一」（『武智麿伝』）と彼の学校振興への努力を記している。かかる伝記の讃辞には誇張的分子を認め得るにしても、なお且つ当時当局者のかかる努力は当然あり得べきことであったろう。

　大学寮の外来的教科内容は我知識社会層のみに対するものとしてもなお、十分にこれを咀嚼することは容易でなかったと思われるから、かかる当局者の努力によって大学に入るものが如何なる者達であったかは考えて見なければならない。学生の資格が五位以上の子弟のみでなく、六七八位の子弟も情願するものは許された事は前述の如くで、貴族的な色彩はこの附則によって幾分緩和されているかに見えるのであるが、学生が徭役を免ぜられ（賦役令）調の副物も免ぜられる（『同集解』）という特典と、五位以上の父子は課役を免ずるとの特権（賦役令）とを思比べる時、先の学生資格規定が財政的見地から如何なる方向に制動せられ易きかは容易に想像し得る所であろう。また入学年齢規定を十六以下とし、九年在学を限ったのも、学齢の考慮以外に中男（十七以上）の課口たる制との関連もまた考えられる所であろう。しかし一方前の経済的特権自身却て下級官吏を誘う因ともなり、また下級官吏子弟が才能本位である学校に集ることに十分の理由が認められるし、一方上層官吏にとっては、選叙令に規定された蔭位の制から、その子弟は前代の氏族特権の遺産として結局は官界進出の優先権が認められていることとなり、一部進歩的のものを除いてはかかる困難な道に故ら進むことを好まなかったであろう。かかる想像し得る双方の立場からの矛盾に対する当局者の政策を見ると、慶雲三年二月庚寅（十六日）七条の諸政改革の第二に於いて「准レ令、籍レ蔭入レ選、雖レ有二出身之条一、未レ明二預レ選之式一、自今以後、取レ蔭出身、非レ因二貢挙及別勅処分一、並不レ在二常選之限一」（『続日本紀』）と、蔭なる特権に依るとしてもなお官界へ出るには貢挙の手続を必要として、従って特権を有する上層貴族子弟の入学をも奨励する結果となったのである。ここに大宝令実施七年目の慶雲四年初めて方略試を奉じて秀才科を出身した者を見るのは注意される所である（『類聚符宣抄』『二中歴』）。これは『経国集』（二十）に収められた同年九月八日百済君倭麻呂の対策文二首がそれに当るものであろう。秀才試を奉ずるのは前に述べた如く学生とは限らない訳であるが、当時の情勢としては、大学に学んだものでなければ恐らくかかる文章を作ることは困難であろう。一首は帝王が士を取る場合に、その賢愚を鑒識する方法を問われて対え、一首は精勤徹夜と清倹日新と二途を兼ね難き場合いずれを先とすべきかを問われて対えている。共にその文章が文学の遊戯と見られる点がないではないが、なお政治上の真摯な問題が検討されていることは後の（平安朝以後）全く遊戯的となったそれと比して著しく目立つ点である。なお『経国集』にこれに次いで刀利宣令・主金蘭・下毛虫麻呂の三人の対策文も恐らくその次の葛井諸会のそれの年代たる和銅四年との間に書かれたものであろう。刀利宣令の分のは官職にその人を得る為にその授受の方法や政治の寛猛について問われており、同じく政治上の問題が論義されている。主金蘭のになると、忠孝いずれを先とすべきかの倫理的問題や、文質彬々の問題が取上げられており、下毛虫麻呂に対しては周孔釈老の異同真詭が問われていて、前二者の政治上の論義の緊張感からは幾分余裕が感ぜられ、そこに僅かではあろうが時代の推移を思わせるものがある。しかしなお支那的の倫理と思想の輸入に当っての重要な問題が論義に上っていて、強ち唐人の口吻を真似たものとしてのみこれを看過し得ない点であろうと思う。

このように文武天皇時代の大学寮は、天智天皇以来纔に存在の辿られた大学寮が、大宝令の大国家体制の一部として、なお素朴な施設ではあったろうが、最初の輝きを発した時期と見ることが出来る。

第三節　元明・元正・聖武朝の大学寮

元明天皇の和銅三年大和奈良の地に唐制模倣の大規模な都城制が採用されて奠都が行われ、ここに国家体制は表面的に完成を遂げた。大学寮もまたその都城の一劃を占拠するに至ったことと思われる。

この時期に入ってまず述ぶべき教課内容上の問題は『五経正義』の伝来である。『五経正義』とは唐太宗が経籍に文字の異同が多く、経義が多岐に失するを憂えて顔氏定本を作らしめると共に、国子祭酒孔穎達等に勅して南北経義を参酌してこれを統一せしめた百七十巻よりなる五経の義疏である。これは孔穎達の卒後、博士馬嘉運をして修正せしめんとして果さず、高宗の永徽二年、諸儒に詔して復これを攷証せしめ、同四年に至って天下に頒布し、爾来宋代に至るまで、官学の教課と官吏の登用試験の明経の課目はすべて『正義』によることとなったのである。しかしてこれが天下に頒布された永徽四年は我孝徳天皇の白雉四年に当るが、これが伝来の証明されるのは奈良朝の初めである。元明天皇の和銅五年太安麻呂は『古事記』を作竣えて上ったが、その序文の文章の出典の中に進五経正義表が数えられる所から、当時既に『五経正義』が我国に伝っていたことが知られることは従来説かれた所であるが、更にその以前和銅元年（西紀七〇八）の奠都の詔文にも『五経正義』に出典の求められるものがあって、(3) 即ち頒布後五六十年以内に既に我国に伝ったことが知られる。ただこれを唐と同様に採用したかどうかは知る由もない。これと学令の教課規定との関係を見ると、『五経正義』は南北朝経義疏の統一であるが、その取る所を見ると、『易』は王弼注により、『尚書』は孔安国伝（偽孔伝）により、『左伝』は杜預の集解、『公羊』は何休、『穀梁』は范寧、三礼は鄭玄、詩は毛伝鄭箋により疏を書いているので、いわば大体に於いて南学系統のものを採用しているといえるし、鄭注本を採用した『礼記正義』に於いてもなお北学を抑えて南学を揚げている。この事は学令の教科書規定が南北両系統の注を幷せ採用しているのに対して見ると、義疏を作る便宜上南学をとったので、北学に対し排斥的とはいえないにしても、確に訂正的な意義があると思われる。我奈良朝に於いてこれを採用したことは見えないけれども、伝来していた以上、大なり小なりその影響はあったものと見なければなるまい（しかしあるいは教課上への影響は奈良朝末頃まで引下げて考うべきかもしれない）。

養老五年正月甲戌（二十七日）、詔して「文人武士」を重んじ崇ぶ為に、百僚の内「優㆓遊学業㆒堪㆑為㆓師範㆒者」に絁絲布等の賞賜を加えたのであるが、その最初に明経第一博士鍛冶造大隅・越知直広江、第二博士背奈公行文・調忌寸古麻呂・額田首千足、明法箭集宿禰虫麻呂・塩屋連古(吉)麻呂、文章山田史御方・紀朝臣清人・下毛野朝臣虫麻呂・楽浪河内、筭術山口忌寸田主・悉斐連三田次・私部首石村等の大学寮関係と思われるものの名が挙げられている(『続日本紀』)。しかしこの博士を以て直ちに職名とすることは躊躇しなければならない。明経博士四人算博士三人は大宝令の職制と合わないし、明法・文章博士が生れたのはこれより後であるからであって、その道の篤学の者という程の意味ではあるまいか。ただここに注意すべきは、この頃に至って学問が既に後の大学寮に見られる明経・文章・明法・算の四科の分類となって現われていることである。この事は当然の必要によって国家試験の科目に大学寮の学科を近づかしめんとする勢を示すものであって、即ち国家試験の秀才進士科に対するものとして文章科、明法科に対するものとして明法科を生ずる気運が、自然に醸成されていたのである(国家試験科目に合せんとするのみでなく、勿論経学に対する文学法学としてその独立性が認められたことも一つの原因であるが。)。しかしてこれが制度となって現われて、いわば学制改革が行われたのが神亀から天平の初めにかけての時期であった。

神亀五年七月二十一日に、大学寮に律学博士二人・直講三人・文章学士一人を置き、その待遇を助博士と同じと定めた(4)(『類聚三代格』五、『官位令集解』所引格)。『三代格』には「生廿人」とあるが「同ニ助博士ニ」というのに合わないから、ないのが正しいのであろう(『続日本紀』天平二年三月丁亥の条に、文章生の名が見えるけれども、これは制度前の実体に名付けられたものであろう)。そうしてみるとこの時の改革では、学生は未だ学科を分たしむるに至らず、律学と文章に博士を置いて、学生をして随意にこれに就いて学ばしめたものであろうと思われる。この律学博士は唐に於けるそれに倣ったものであろうし、文章博士は我国に於いて特別に発生したに庶幾く、広文館学士等の影響があったか否かは明かでない。直講は明経道の教官であって（直講博士ともいう）唐に於いても長安四年に至って初めて置かれ、これに倣って我国でも置いたものと思われるが、明経科は教科書の種類といい、学生の数といい他道に比して著しく多数であるから、当然教官の増員が要求された訳である。神亀五年から二年後の天平二年三月二十七日の官奏によると、更に明法生十人・文章生二十人が置かれ（『職員令集解』所引官奏）、ここに於いて文章明法は専任教官と専攻学生が揃って独立した学科として認められるに至ったのである。しからばこの新設学科はどのような重要さを以て見られたであろうか。文章博士・律学博士の待遇（官位相当）が助博士（助教）と同じで（明経）博士より低いことは前に述べたが、明法生・文章生の資格も「簡ニ取雑任及白丁聰慧一、不レ須レ限ニ年多少一」とあって、雑任とは舎人・兵衛・資人・衛士・仕丁の類をいうものと思われ（『賦役令集解』蠲符条）、白丁はいうまでもなく庶人の謂であって見れば、非常に開放的であって、学令規定の学生資格五位以上とはかなりの隔りがあり、のみならず教官・学生の人数の割合から見ても、当局の学科に対する軽重のつけ方が看取される。これは唐の学制に於いて律学が算学書学と共に、経学を教授する所の国子太学四門の三学に比して規模頗る小さく、その学生も後者が五品以上の子弟であるのに対し、前者が庶人をも入れているのを倣ったものであろう。畢竟これは経学を他の諸学に比して正統的な最も重要な学問とする支那の伝統的な考えに基いて定められた制度であったのである。しからばこの新設二学科の教課は如何なるものであろうかというに、その当時に於いては明文がないけれども、明法科は国家試験の明法科の試験法から推測すれば、律と令との当時の現行法をテキストとしたものと思われ（事実『延喜式』では律を大経・令を小経に准じている）、また文章科は国家試験の秀才進士科の試験法から推測すれば、文章を作ることと『文選』『爾雅』を読むことであったと思われる。『文選』『爾雅』は大宝令に於いては一般科（明経科）に於いて副次的に読まれたと見るべきであって（『学令集解』古記）、この点からも文章科は初めは単なる明経科よりの小分化であったことが知られる。即ち文章科は明経科の経学に対する文学をその教課となした訳であるが、これに史学ともいうべきものが加わって、学科の膨脹が見られるのである。いまこのことを述べる前にしばらく文章・明法の設立と同時に見られる得業生の制を見よう。

一体右の如き新学科設立を促した頃の大学寮の状態は「大学生徒、既経㆓歳月㆒、習㆑業庸浅、猶難㆓博達㆒」とその不振が懸念せられていた。慶雲の蔭位に対する策にも拘らず大学生徒には窮乏官吏の子弟が集ったと見えて、「実是家道困窮、無㆑物㆓資給㆒」き点[5]がその不振の原因として挙げられ、その為「雖㆑有㆓好学㆒不㆑堪㆑遂㆑忘」ざる状態であるので、その対策として「性識聰慧、芸業優長者」を十人以下五人以上選び、専ら学問に精ならしめ、もって善誘を加え、よって夏冬服および食料を賜わらむことを望請うて許されているのが、明法生文章生をおいたと同じ天平二年三月二十七日のことである（『続日本紀』）。この『続日本紀』の記事のみでは制度上の改革があったのかどうか分らないが、『職員令集解』所引同日官奏によれば、これは明経生から四人、文章生から二人、明法生から二人、算生から二人、合せて十人を取って服食料を与え、得業生と称したところの新制であったのである。[6] これより先の状態は、束脩以外は学生より徴収することはなかったが、恐らく服食料の資給にまでは至らなかったのであろう。そしてその対策として、全体へのまたは貧困者への資給ではなく、少数の優秀者への資給がなされたのは、その目的がむしろそれら優秀者の勉学を助成して登用試験に応ぜしめ、もって大学寮の成績を挙ぐるにあったのであろう。天長四年官符（『本朝文粋』二）に「依レ令有二秀才進士二科一、課試之法、難易不同、所以元置二文章得業生二人一、随二才学之浅深一、擬二二科之貢挙一」とあるのはこれをいったものであって、得業生は出身への一の段階となったのである。かくて新学科設置と得業生制とは、大学寮制と登用制との聯絡合理化による大学寮振興の同じ目的の為に行われた学制改革であった。そしてこの改革を内容的に助長したものが吉備真備の帰朝であった。

真備は霊亀二年入唐して留学十九年、伝学する所「三史・五経・名刑・筭術……漢音・書道」に及び（『扶桑略記』六）、天平七年帰朝して、礼・暦・楽に関する書や諸器具等を献じているが（『扶桑略記』六、『続日本紀』天平七年四月辛亥条）、帰朝後大学助に任ぜられている。恐らくその在職中の事蹟を指したと思われるが、『清行意見封事』に「至二天平之代一、右大臣吉備朝臣、恢二弘道芸一、親自伝授、即令三学生四百人習二五経・三史・明法・算術・音韻・籀篆等六道一」とあって、いずれも後世の書ではあるが、大学寮の明経・文章・明法・算・音・書の六道すべてに亙って彼の新智識が採り入れられ伝授されたことを知り得るのである。大学教科の中に従来見られず、ここに初めて現れたところの三史は、後の例に見て文章科の教科書と思われるのであるが、三史と真備とのつながりは、『二中歴』『明文抄』『拾芥抄』等の「吉備大臣三史櫃」なる文字にも窺われ、単なる典籍としての伝来は既にこの以前にあるとしても、大学教科に採用する意図を以て、初めてこれを伝学したのは吉備真備であったと思われるのである。大宝令の学制は唐の国子監管下の学校にのみ目をつけてこれを模したが、他省管下の昭文・崇文館で教科書に採用されたところの三史が、教科書として価値あることをここに至って注意してこれを採用し、文章科の内容に加えるに至ったものであろう。天平宝字元年に伝生が三史を読めば国博士に任ずるとの規定が出たが（『続日本紀』）、伝生は紀伝即ち文章生であるから、これによって三史が文章科の教科書であることが分り、これは当然真備の時まで遡らせて考えて差支ないと思われる（『延喜大学式』では『文選』、三史を大経に准じている）。このように文章科はその内容を三史によって豊富にし、盛大となる素地を作ったのである。音道については、彼の得業生設置と共に訳語養成のことが見えたが、天平七年真備帰朝と共に袁晋卿なるものが来朝帰化し、『文選』『爾雅』等の音を学得して、大学音博士となり、大学頭にまでなった（『続日本紀』宝亀九年十二月庚寅条）。この人については「誦二両京之音韻一改二三呉之訛響一口吐二唐音一、発二揮嬰学之耳目一」（『性霊集』）とあって、呉音を正して漢音を入れ、音道に功績があった（伴信友の『仮字本末』は晋卿の帰化も真備の計画によるものとしている）。これを要するに、神亀天平の交の学制改革は、自然の必要に迫られ、せいぜい初唐の知識を本にした改革であったが、盛唐の新智識をもって内容的にこれを助長し充実せしめたのが真備であったといえよう。

　右の神亀天平の学制改革の前後に於いて、これを助長せしめる当局者の態度は、最も端的には学者の優遇特に賜物に現われている。「優二学士一」とて山田史御方（形）には布罌塩穀を賜い（『続日本紀』慶雲四年四月丙申条）、紀朝臣浄（清）人には再度穀百石を賜うた（同霊亀元年七月己丑条、同養老元年七月庚申条）。山田史御方の如きは監臨盗を犯し、恩降を経て赦免されたが、法に依って贓を備るに、家に尺布も無かった。よって詔して、御方は笈を遠方に負うて蕃国に遊学し、帰朝の後生徒に伝授し、文館学士として頗る属文を解する人であるから、この如き人を矜まざれば斯道を堕さんとて、恩寵を加えて贓を徴さざらしめた（『続日本紀』養老六年四月庚寅条）。優遇の余りはこのような寛大な処置にまで出られたのである。養老六年には、律令を撰した功を以て諸学者に田を賜うと共に、また「諸有二学術一者」二十三人にも田を賜うた（同養老六年二月戊戌条）。また神亀二年の冬至大安殿の宴に大学博士が侍しており（同神亀二年十一月己丑条）、曲水詩宴には文人文章生が召されている（同神亀五年三月己亥条、天平二年三月丁亥条）。更にかかる一時的のものではなく、位階制に於いて神亀五年、姓の高下、家の門地によって内位外位を分ったが「明経秀才堪レ為二国家大儒後生袖領一者」も内位に選せられる事とされた（『三代格』五神亀五年三月二十八日官奏）。また釈奠に関しては、養老四年検校造器司をして釈奠器を造らしめ、大膳職・大炊寮に充てているが（『続日本紀』養老四年二月乙酉条）、天平二年春の釈奠に詔して右中弁中臣広見を遣し、大学寮について勅を宣し、博士学生等を慰労してその業を勤勉せしめ、物を賜うている（『続日本紀』天平二年二月丁巳条）のは、尋常の釈奠の記事と認める事は出来ない。天平二十年に至っては釈奠の服器および儀式が改定せられている（『続日本紀』天平二十年八月癸卯条）。

かかる改革ないし奨学の最も重要な緊くくりをなしたのが天平十一年の太政官処分であって、式部省の蔭子孫并に位子等は、年の高下を限らず、皆大学に下って一向に学問せしめたのである（『続日本紀』天平十一年八月丙子条）。即ち蔭位の特権によって大学に入るを要しなかった者も（これらの者が、改革にもかかわらず入学しなかった事情も考えられるが）、すべて、また学令規定の年齢の如何にかかわらず、悉く入学せしめて学問せしめるという命令であって、学制改革の緊くくりとしてここに至って最も徹底した当局の態度が窺われるのである。仏教華かなりしといわれる天平時代に、儒教主義を基調とする学政に払われた当局者の努力がこのようなものであったということは頗る興味あることといわねばならぬ。

しからばこの時期に、実際に登用試験によって官界に進出するものはどのような状態であったであろうか。神亀元年諸司長官ならびに秀才および勤公人等を召して、宴を中宮に賜い、絁各十絇を賜っている時（『続日本紀』十一月庚申条）の秀才は、登用試験の秀才科に応じた者であろう。これが諸司長官等と共に重く扱われているのを見ることが出来る。また『経国集』を見ると、和銅四年の葛井諸会の対策二通、天平三年の船沙弥麻呂・蔵伎美麻呂の対策各二通、天平五年の大神虫麻呂の対策二通が収められてあり、白猪広成の対策二通もまた和銅天平間のものであろう。このように『経国集』の中に対策が比較的多く見られるのも、かの改革と何等か相照応する所があるように思われる。進士試もまた神亀五年にその出身者を出したといわれ（『朝野群載』一三所引登科記、『二中歴』、『桂林遺芳抄』）、官吏養成の機能はこの頃より大いに発揮されるに至ったものと思われる。対策の問題がたとえ前に引続き支那において既に多く論義された所の言葉であるとしても、なお政治問題・道徳問題等が論義されたのは注意すべきであるが、天平勝宝元年には、朝廷の路頭にしばしば匿名の書を投ずる者があるので、詔を下して百官および大学生徒を教誡して以て将来を禁しめている事件がある（『続日本紀』二月丙辰条）。この年はあたかも東大寺大仏が成った年であり、久米邦武氏が「是は何事の匿名書かは知べからざれども大仏鋳造、天皇出家、八幡神託などの並興るは蜚書のあるべき時態なり」（『奈良朝史』三三九頁）といわれたのはさるべきことで、後に彼の橘奈良麿が指摘したような「造二東大寺一人民辛苦」（『続日本紀』天平宝字元年七月庚戌条）といった時態が当然問題とされた事であろう。更に当時の時勢は、農民の窮乏動揺を反映して、貴族層内部の分裂を強めつつあり、いわば政治的変動の期であったのであるから、当然官人政治の基調たる儒教主義の現実よりの乖離を災異の頻発に認めんとし、更に仏教的手段によってその災異を消除せんとすることに満足しなかった儒徒が嫌疑をかけられ、ないし少くとも教誡の必要を認められたのであり、それだけ儒徒ないし大学生徒も現実政治に対して或程度の批判的態度を持つものとして認められていたのではないかと思われる。

第四節　孝謙・淳仁・称徳朝の大学寮

孝謙天皇の御代となって暫くは大学寮に関して何ら知る所がない。ただ聖武天皇の遺詔による皇太子道祖王を廃して、藤原仲麻呂に関係ある大炊王立太子の天平宝字元年、種々の政令と共に、

『孝経』一本を家ごとに蔵せしめたのは、唐玄宗の行事を模したものとはいえ、学問を大学寮の中のみならず国民的のものたらしめんとするものであって、当時としては寧ろ行き過ぎた意図であったと思われる。それは実情からいって実現は到底不可能なことであった。藤原仲麻呂の政治的勢力は橘奈良麿の乱を押切って増大すると共に、その乱の背景にあった政治的不安に対処して種々の社会的施設を行ったが、その一として公廨田の設置が見られた。即ち「安レ上治レ民、莫レ善二於礼一、移レ風易レ俗、莫レ善二於楽一、礼楽所レ興惟在二二寮一、門徒所レ苦但衣与レ食、……並置二公廨之田一、応レ用二諸生供給一」とて、大学寮に三十町の田が置かれた（『続日本紀』天平宝字元年八月己亥条）。これは延暦年代になって増大されて勧学田と名付けられたものであって、所謂門徒の衣食を供給する為であって見れば、前に見た得業生の制と違って、一部少数の徒に限らず、一般的に資給したもののようで、社会的施設たるを失わない。天平宝字二年淳仁天皇御践祚の日には、百官および僧綱朝堂に詣でて上表し、孝謙上皇光明皇后に上台中台の尊号を上ったが、これに対する詔報の中に大学生・医・針生・暦算生・天文生・陰陽生の年二十五以上に位一階を授け（『続日本紀』天平宝字二年八月庚子朔条・『正倉院文書』続修二〇）超えて十一月には内外諸司主典已上を朝堂に饗し、主典已上番上および学生等六千六百七十余人に布綿を賜い、その明経・文章・明法・音・算・医針・陰陽・天文・暦等学生五十七人には絲人毎に十絇、文人詩を上る者には更に十絇を益して賜った（『続日本紀』天平宝字二年十一月甲午条）。これらは政治の修飾として用いられた形である。仲麻呂の失脚、称徳天皇の重祚と共に、道鏡は次第に寵遇をうけ、太政大臣禅師より、法王の号までうけ、仏教的な僧綱政治さえ見られたが、一方吉備真備もまた仲麻呂乱に於ける樹功以後当時の政局に勢力を加えて、儒教方面――といっても儀式的の方面であるが――にも注意が向けられていたようである。真備は天平神護二年右大臣となったが、是より先大学釈奠その儀未だ備わらず、大臣が礼典を稽るによって器物始めて修り、礼容観るべきようになったという（『続日本紀』宝亀六年十月壬戌条）。果して神護景雲二年春の釈奠には天皇の行幸があり、座主（直講・音博士）問者（大学少允）賛引等の釈奠の所役の名が見えており、かつこれらの人に叙位あり、また博士弟子十七人にも爵を賜っている（『続日本紀』神護景雲元年二月丁亥条）。『恒貞親王伝』『後拾遺往生伝』に拠ればこの行幸も真備の勧によったものである（但し天平末とあり）。更にその翌年大学助教膳臣大丘が天平勝宝四年入唐し、「問二先聖之遺風一覧二膠庠之余烈一」に国子監に両門あって、文宣王廟と題していたが、国子学生程賢によると、今の主上（玄宗）が儒範を崇んで追改して王としたということであった。しかるに我国に於いてなお前号を称するのは「乖二崇徳之情一、失二致敬之理一」と申請し、式部省もこれに基き、「方行二其教一合レ旌二厥徳一、後レ天奉レ時盖謂レ此乎」とて官裁を請い、勅によって改号が行われた（『続日本紀』七月辛丑条、『三代格』一〇、『学令集解』）。これは唐に於いて開元二十七年（我天平十一年）八月二十四日玄宗が勅して孔子を追諡して文宣王といった事を指したものであって（『唐会要』褒崇先聖）、彼地の事件が我が国に一々敏感に響いたことを示すものであり、大丘はこれを伝えたものと見られるが、更に進んでこの事は大丘が真備の釈奠振策輿と連繋を持っていたものであるとも見る事が出来よう。大丘が入唐留学した際の遣唐副使が真備であった事は両者の関係を暗示するものであり、真備が帰朝に際して弘文館の先聖先師像を持帰ったという伝説も、この「渡唐第二度之時」とされているのはさもあるべき事である（『江次第抄』、『民経記』寛喜四年三月十六日条）。

孝謙淳仁称徳の三天皇の御代は、神亀天平時代の学制改革の後を承けた時代であるにもかかわらず、その効果が現われなかったといわんよりは、仏教勢力の伸張にけ押された為であろう、大学寮は全体として余り振わなかった。天平時代改革の内容の充実に尽した所の吉備真備が再度入唐帰朝して施行し得た所も、当時の情勢にあっては儀式的な釈奠の整備に止まって、実質的な学問の助長には及ばなかった（この事は彼の年齢、地位等とも関係づけて考えられる）。ただ神護景雲二年に大学直講凡直黒鯛の勤労を賞して伊予国稲を賜い、その母に授位している事（『続日本紀』八月癸丑条）に奨学の片鱗を見ることが出来る。

この時代の対策として天平宝字元年十一月十日の文章生大初位上紀朝臣真象のもの二首があるが（『経国集』二十）、その一首の如きに、新羅の朝貢が礼を欠くを以て、軍兵を用いずしてこれを屈服せしむる方法を問うている等、当時の緊張せる外交関係をそのまま反映した実際的な時事問題が取扱われている。

第五節　光仁朝の大学寮

光仁天皇の御登極は道鏡の失脚となって、庶政一新の道は拓かれ、仏教的政治は跡を絶ち、学政方面もまた従って新たな展開が見られたが、これは従来この方面に関係の深かった吉備真備が政局を去った事によって却って一層強調された点があったかもしれない。

宝亀二年、親王已下五位以上に絁を賜うた時、一緒に明経・文章・音博士・明法・算術等すべて五十五人に絁人毎に十絇を賜うており（『続日本紀』宝亀二年十一月丙午条）、また天応元年和気清麻呂の叙位と共に、明経・紀伝・陰陽・医家諸の才能之士に絁各十絇を賜うたのは（『続日本紀』天応元年十一月壬申条）、従来も見られた奨学の事例であるが、この時代に特に顧慮された点は、蔭位等の特権を恃んで大学寮に遠ざかり勝な上層貴族の子弟を、単なる命令でなく特権の助長なる利益を以てこれを誘ったことである。これは次の桓武天皇の延暦年間に亙って行われた所であって、奨学の極まる所、ある程度存した機会均等主義が破れて、一層貴族化せんとする状態となった訳である。即ち宝亀二年閏三月十五日の勅では「自今之後、有位見試以及第者、同階以上加二一等一叙之」ということになった（『選叙令集解』秀才出身条所引）。これは桓武天皇の御代となって延暦十三年の出身得第は本位の上に本第を加えて叙することの官符に関連するものである（同上）。更にいえば、延暦年間には登用試験の合格標準低下の政策とも聯ねて考えられる。

なおこの御代に諸博士職分田の萌芽的なものが出来たのではないかと思われる。九条本『延喜式』卅六裏文書に、

太政官符民部省

合応賜田二人

　田四町

　　右文章博士正五位上淡海真人三船料

田三町

　　右明法博士従七位下山田造県麻呂料

以前式部省解偁、大学寮解偁、件人等応㆑賜㆑田、如㆑件者、省宜㆓承知依㆑例施行㆒、符到奉行右

少弁当麻真人　　　　左大史阿倍志斐連東人

　　宝亀四年三月九日

とあって、職分田とはいわれていないけれども、十数年後の博士の職田を定めた延暦十年の官符

(『類聚三代格』一五)に職田が既にそれ以前よりあった事、その田の町数が略々合っているように思われる事(一本に文章博士の田を「元三町今加一町」とあるは、本文に「自余博士依前例」とあるに合わず衍であろう)等によって、この宝亀四年の賜田は職田の萌芽的なもののように思われる。三船は前年四月庚午文章博士となっており、期間は少し離れているが大体差支ない様に思われる。しかして職分田即職田なるものは中央官にあっては大納言以上にのみ給せられる所であって、それがこの頃になって一般下級官吏等と同様に恵まれなかった大学諸博士にも給せられる事となり、生活の保証がなされたことは(天平宝字元年の公廨田設置と並んで)重要な施設といわねばならぬ。

なおまたこの時代に教課上の事件がある。それは『春秋』公羊・穀梁二伝の学習であって、直講伊与部家守は宝亀八年(任命は六年)遣唐使小野石根等に従って明経請益生として入唐し、五経大義幷に『切韻』『説文』『字林』(「字体」に作るも、平子鐸嶺氏『草堂独断』により「字林」とす)を習い、特に我国の大学で従来講ぜられなかった『春秋』公羊・穀梁二伝を讃習し、帰朝の日直講に任じ、尋で助教に転じ、延暦三年官に申して左氏・公羊・穀梁三伝を講授したのである。しかしこの時は正式に採用されたのでなく、延暦十七年になって公認されたのである(『日本紀略』延暦十九年十月庚辰条、『学令集解』所引延暦十七年十月六日官符)。ここに前の時期と違って儀式方面でなく学科内容に彼地の影響を受けたことを知ることが出来る。

吉備真備の去った後の学校行政の中心人物を見るに、その伝記は余り明かでないが、淡海三船は三度大学頭に任じ、文章博士を兼ねている（『続日本紀』宝亀三年四月庚午、同九年二月庚子、天応元年十月己丑各条）。三船は真備のように地位は高くなかったから、彼の考えから諸政策が行われたとは思われないが、実際上の中心をなしたものであろう。そして平安朝に入って多く見られる大学頭が文章博士を兼ねることは三船を以て最初となすもののようで（奈良朝末延暦初に朝原道永もしかり）、この事は大学寮内における文章科の位置が高まりつつあったことを示すものと見られ、また半面この事が高まる事を助長したようにも考えられる（前述の職分田の町数が、明経文章同一ではないかと考えられる事は既にその高まりが現れていたことを示す。更に三船の位は明経博士より高い）。特殊技術的なものとして卑く見られた文章科の擡頭の曙光は既に奈良朝の末に認められるのである。

要するに光仁朝の諸政策は、一般粛清政治と伴うものであり、桓武朝の諸政策と相連なるものであって、桓武朝における大学寮の擡頭は多く光仁朝にその準備がなされてあったのである。

第六節　教官と学生

前節までに大学寮の創立から奈良時代末に至るまでの大体の変遷を辿ったのであるが、なおその頃の状態を幾分明かにする為に、教官ならびに学生の実例を左に掲げよう。

大博士	率母	（天武六年五月甲子条見）	『日本書紀』（『懐風藻』大友皇子伝にも）
大学博士	上村主百済	（持統五年四月辛丑条見）	同
音博士	続守言・薩弘恪	（持統五年九月壬申条見）	同
書博士	百済末士善信	（同）	同
明経第一博士	鍛冶造大隅	（養老五年正月甲戌条見）	『続日本紀』
	越智直広江	（同）	同
明経第二博士	背奈公行文	（同）	同（『懐風藻』に大学助）
	調忌寸古麻呂	（同）	同
	額田首千足	（同）	同
明法博士	箭集宿禰虫万呂	（同）	同（『続紀』並に『懐風藻』に大学頭）
	塩屋連吉麻呂	（同）	同（『懐風藻』に大学頭）
文章博士	山田史御方	（同）	同（『懐風藻』に大学頭）
	紀朝臣清人	（同）	同
	下毛野朝臣虫麻呂	（同）	同
	楽浪河内	（同）	同
筭術博士	山口忌寸田主	（同）	同
	悉悲連三田次	（同）	同

私部首石村（同）　同

文章博士紀朝臣浄人（天平十三年七月辛亥条見）　同

大学博士楢原東人（天平末頃見）　『文徳実録』仁寿二年二月乙巳条

明法博士山田連銀（天平宝字五年十月壬子朔条）　『続日本紀』（『文徳実録』天安二年六月己酉条には白金とあり）

直講麻田連真浄（神護景雲元年二月丁亥条見）　『続日本紀』

音博士袁晋卿（同）　同

大学助教膳臣大丘（神護景雲二年七月辛丑条見）　同

大学直講凡直黒鯛（神護景雲二年八月癸丑条見）　同

文章博士美努連智麻呂（神護景雲三年十一月丙寅条任）　同

文章博士淡海真人三船（宝亀三年四月庚午条任）　同

博士膳臣大丘（宝亀八年正月戊寅条任）　同

大学博士美努連浄麿（天平勝宝三年十一月以前見）　『懐風藻』

大学博士刀利康嗣（同）　同　八十一歳

大学博士田辺史百枝（同）　同

大学博士越智直広江（同）　同

大学助教下毛野朝臣虫麻呂（同）　同　三十六歳

大学博士守部連大隅（同）　同　七十三歳

大学直講上毛野君立麿（天平勝宝七歳九月三日十月十七日両条見）　正倉院聖語蔵一切経奥書（『東京第十回大蔵会展観目録』）

『懐風藻』には『続日本紀』等に見えない教官名を伝えていること右に見る如くである。養老五年の多くの人名は後の官制に連続するものでないことは前に述べた如くであるが、『武智麿伝』に、

（神亀五年）六月遷㆓大納言㆒、……当㆓此時㆒、……宿儒有㆓守部連大隅・越智直広江・背奈行文・箭集宿禰虫麻呂・塩屋連吉麻呂・楢原東人等㆒、文雅有㆓紀朝臣清人・山田史御方・葛井連広成・高丘連河内・百済公倭麻呂・大倭忌寸小東人等㆒、方士……陰陽……暦竿有㆓山口忌寸田主・志紀連大道・私石村・志斐連三田次等㆒、咒禁……僧綱……並順㆓天休命㆒、共補㆓時政㆒、

とあるのと共通の人物が多く、その時代の学科別の学界人の顔触れを知ることが出来る。ただ『武智麿伝』には、明法に当るものなく、養老に明法として出て来る箭集虫麻呂・塩屋古麻呂も宿儒に含まれており、『懐風藻』にもこの一人は大学頭として出ている（虫麻呂の方は『続日本紀』天平四年十月丁亥条によっても大学頭に任じたことは明かである）ことは、前述の明法が初めの頃はそれ程専門化せず、一般科の中に含まれていた惰性を示しているものであり、文章博士が大学頭を兼ねるようになったことが文章科の擡頭を示しているのと同様に解すべきものではあるまい。これらの名前を見渡して、楽浪河内・楢原東人・山田銀等子孫の一二が学事に携っているものはあっても、大体に於いて氏姓は多彩であり、本人一代限りのもの多く、特に特長を取出すことは出来ない。このことが取

りも直さず、後の時代と比べて、この時代の特長を示しているのである。

次に大学に学んだものの実際に知られる例は極く少ない。

高丘比良麿	少遊大学渉覧書記	『続日本紀』神護景雲二年六月庚子条
道　融	少　遊　槐　布	『懐風藻』
紀　作　良	少遊大学頗覧経史	『日本後紀』延暦十八年正月辛酉条
甘南備清野	自　文　章　生	『続日本後紀』承和三年四月丙戌条
文忌寸咋麿	大　学　生　无　位	（『正倉院文書』天平宝字四年六月八日、文部省経師歴名および同十一日東寺写経所移（『大日本古文書』十四ノ三四六―七頁、三九七頁））
紀　真　象	文　章　生	『経国集』二〇天平宝字元年

この外に『経国集』に見える対策者を入れても、数人を加え得るに過ぎない。比良麻呂は楽浪河内の子、清野の子は文章生高直で、共に父子の相承とも見られるが、後の世襲と異なることはいうまでもない。

（1）『黒川真頼全集』四（歴史編）四十一頁、孝徳帝文武帝間文学及社会文化一覧表に、孝徳の下に「此の御宇学校を創立す」とあるのは、僧日文（旻）、高向玄理の国博士任命を指したものらしいが、この国博士は学校の教官ではない。『日本霊異記』上にも、「難波宮御宇天皇（孝徳天皇）之代預二学生一之人也、徒学二書伝一不レ養二其母一」という人の話が見える。これも一説話のかけられた年代と見做して、『懐風藻』を採るべきであろう。

（2）唐では、教官名称は、経学博士・律学博士等で、明経・明法等は国家試験の科目名としてのみ用いられた。

我国に於いて、明経明法等の試目が博士の名称に冠せられたこと自身、大学内の学科目と登庸試の科目との統一が行われたことを示している。なお文章博士・音博士が我国独自のものであることは前述の如くであり、書博士・算博士もそれぞれ唐では書学博士・算学博士であって、厳密にいって、少なくとも名称に於いて彼のものをそのまま我国に移し、採用したものは一つもなく、独自の取捨が行われたことを示している。

(3)『続日本紀』和銅元年二月戊寅条詔勅の中「揆日瞻星」は『毛詩正義』に、「亀筮並従」は『尚書正義』に出典が求められる。太田晶二郎氏の教示に拠る。

(4) 明法博士・文章博士の設置年代は、神亀か天平か聊か明確を欠いているが、『類聚三代格』五 貞観十三年十二月二十七日官符には「神亀五年初置㆓律学㆒、為㆓正七位下官㆒」としている。恐らく設置は神亀にあり、律学博士から明法博士へ、文章学士から文章博士へと、名称等の固定したのが天平であろう。律博の名称はなお『儀制令集解』五等親条に見えている。

(5)『続日本紀』天平五年閏三月戊子条に、諸王の飢乏せる者二百十三人を殿前に召入れ、米塩を賜って生業を勧められたとあるのを、『続日本紀考証』以来諸王を諸生の誤として、学生のこととしている。果してしからば学生の「家道困窮」と関係づけて考えられるのであるが、この条の「諸王」はやはりそのままに解釈するのが妥当である(竹島寛氏『王朝時代皇室史の研究』七四頁、三〇頁参照)。

(6) 得業生は天平の設置の記事のみで、その後暫く史上から姿を消しており、『経国集』を見ても、対策者は肩書がないか、または文章生であることは、その後の存続に疑を懐かすに足りるけれども、対策者の唯一の資格と定められた訳ではなかろうし、史料の欠如から結論を導き出すことはつつしみたい。

第二章　平安時代初期の大学寮の盛容と大学別曹の設立

大化改新以後の官人政治の理論として儒教が採上げられ、その具体化として天智天皇の御宇に創設された大学寮は、大宝令に依る制度的整備により一発展をなし、神亀天平間の学制改革に依っては学制と官吏登庸との調整連繋が達成されると共に、学科内容に於いても発展性のある学科に独立的地位が与えられ、大学寮興隆の潜在力は扶殖された筈ではあったけれども、急激にその効果を現わすに至らず、殊に孝謙淳仁称徳三天皇の御代に於ける仏教勢力の伸展は、大学寮をして萎靡不振のものとなした。仏教政治の排除に幕を開けた光仁天皇の御代の政策は、当然儒教ないし大学寮政策へ力を注ぐ結果となったものの如く、特に官吏養成機関として漸く役立たんとするに至った情勢を一層促進すべき改革がなされると共に、学科上にも唐制による一部附加がなされ、財政の補強も施された。同時に漸く知識社会一般の儒教智識も、ある程度の習熟を示して来て、奈良朝を通じて遊学者の名は稀にしか知られなかったのが、平安朝に入ると共ににわかに増加する状態となって来ている。かくして草創以来徐々ながら不断の発展を続けた大学寮は光仁天皇の御代の政策に培われて、桓武天皇の御代に入ると共に華やかに表面に浮び出たのである。平安奠都は政治史上の一事件に過ぎず、社会経済上特に時代を劃するものではないが、政治史上文化史上には確にこれを以て前後を別つのを便宜とされる。以下平安奠都以後大体醍醐天皇の延喜延長頃に至るまでの時代を仮に平安時代初期とし、その間に於ける政府の教育政策と、それに対応して大学寮自身の情勢の発展とを叙述して見たいと思う。

第一節　平安時代初期の教育政策

一　就学の奨励・強制

奈良仏教の羈絆を脱することを一つの目的としたところの平安奠都後の政策が、いきおい儒教主義の大学寮に対して、以前に比して力をより以上入れるに至ったことは当然である。そして学制の運用は結局官吏登庸（具体的には国家試験通過）によって効果を現わすものであるのに対して、試験通過標準が高きにすぎ、高級貴族の子弟はかかる道を経ないでも、蔭位等によって、官途に就き得たから、就学を忌避し得た事情があり、これが奈良時代に於ける大学寮不振の一原因であったが、かかる事情を是正すべき政策は仏教政治の排除に始まった光仁天皇の御代から既に見られ、それが桓武天皇の御代へと受継がれた。

宝亀二年閏三月十五日勅の、自今以後有位見試以て及第する者、即ち登庸試験を受ける以前から位階を有していて、その試験に及第した者は、もとからの位階の上に一等を加えて叙することとしたのは（『選叙令集解』秀才出身条所引）、有位者の既得権を出身叙位に際して生かし、無位者と区別して有位者の就学を誘ったのであり、延暦十三年十月十一日官符は選叙令に「秀才明経得二上中以上一有レ蔭及孝悌被二表顕一者、加二本位本《（蔭）》第一階一叙」とある外に加叙の規定のないのは勧誘の趣旨に乖くものとして、自今以後得第出身するものは、本位ある者は本位の上に本第階を計って加叙することとし、後進の輩をして希求する所あらしめた（同上所引）。即ち従来は単に一階を加えて叙するに止まってゐたのを、この度は試験の成績によって一階または数階と定められた数（これは実例によると、上中は二階、上上は三階を加えるのである）だけ加叙することとして、前のを一層強めてこれを誘ったのである。

一方選叙令に「凡授レ位者、皆限二年廿五以上一、唯以レ蔭出身者、限二年廿一以上一」とあるに対して慶雲三年に蔭によって出身する者も貢挙および別勅の処分を必要とすることを定めた。この定めは四位五位の孫にのみ当嵌めるべきである（かかる解釈は後からのものであろう。）のに、今式部省の行う所は三位の子孫ならびに四位五位の子にまで当嵌めているのは令条に乖くといって、延暦十四年十月八日の官符を以て、年二十一に満れば当蔭階に叙することとした（同上授位条所引）。この貢挙の必要をやめて蔭の特権を擁護したのは、就学を誘う上からは不得策であって、前述の政策と矛盾する如くであるが、有位者の特権擁護の点では前後一貫しており、結局この時代の紀綱更張に伴う学政の振起が必然的に有した限界を如実に現わしている。

　国家試験通過標準の高きに過ぎることに対しては延暦二十一年六月八日の太政官奏に依ってその緩和が計られた。即ちそれは秀才明経の二科のみに対してであるが（これは最も困難な科の為であろう）その試験の成績を考課令では上上・上中・上下・中上の四等に採点するにかかわらず、選叙令では上上・上中の二等に叙法が定められたのみで、上下・中上の二は「白丁僅得ニ留省一、有位曽無レ所レ進」という有様である。その為に「赴学之流、无レ意レ果レ業、苟規容身、競為ニ東西一」という不振をきたした。その根本の原因を探って見ると、外国学の学習というハンディキャップを考えねばならないので、そこには唐国では漢文作製上「音詞自合ニ文字一、言語常諳ニ故事一」という恵まれた条件でもなお古来の善作は幾くもなく、才美之難は往哲の歎く所であるのに、日本での場合は「辞義将レ字相乖、翻訳触レ事易レ忘」という不利な条件で、その為建法（大宝）以来百年になるのに秀才明経二色の出身は数十にも及ばない。この分で行くとこの道の廃絶という所まで行くかも知れない。

一方唐開元令を見ると、秀才明経両方とも四等の叙法を立てているからそれに准拠して叙法を開き、後進を励まそうと大学寮→式部省→太政官へと請われ、官は上上・上中は旧のままとし、上下・中上を唐令によって定め（秀才上下大初位上、中上大初位下、明経上下大初位下、中上少初位上）入色の輩はこの法を用い、白丁ならば一階を降して叙し、有位者は前の延暦十三年の格に依ることとせんことを奏して許された（『選叙令集解』秀才出身条所引、『日本紀略』延暦二十一年六月壬寅条、『延喜式部式』上）。この趣旨は「自レ非二抜羣一誰応二高挙一、譬二彼構厦一、豈須レ棄レ枝」と標準の引下によって官吏採用範囲をひろげたもので、この法は困難とされた秀才明経の出身を容易ならしめたのであったが（この事は菅原是善・道真等が中上得第なることによっても知られる）なお白丁に対する差別待遇は忘れられなかったことは注意すべきであろう。

右にのべた如き政策は他の諸因と相俟って当然後に述べる如き遊学者の増加を促したのであるが、更にそれを強制的なものとしたのが大同元年の勅であって、諸王および五位已上の子孫、十歳以上、皆大学に入って業を分って教習し、蔭に依って出身するにも猶寮（大学寮）に上るべしとし、一選を経て後大舎人としたが、業を遂ぐることを情願する者は聴した（『日本後紀』大同元年六月壬寅条）。これは天平十一年の制に比すると「蔭子孫及位子」に対して「諸王及五位已上子孫」、「不レ拘二年高下一」に対して「十歳以上」と変っているが、学令のそれに比すると、学齢を確然と引下げ、聴令者のみならず、「皆」の就学が強制されたことは注目に値する。しかしこれらはすべて登庸試を受くべきものとされたのでなく、蔭に依って出身せんとするものは一選を経る間だけ大学寮に上り、その後大舎人となることが出来た。ただそのつもりでも学に上る中にその道に進むことに転向し願うものは許されたのであって、ここに登庸試を受くるを目的とせずして、ある程度の儒教的教養を受くる為に義務的に大学寮に学ぶものを生じたわけである。いわば官吏の子弟に対する限定的な義務教育であって、その趣旨は「経レ国治レ家、莫レ善二於文一、立レ身揚レ名、莫レ尚二於学一」という儒教的思想で、強制的な学問の普及を意図したのであるが、それはいかに限定された範囲であっても、実情はこれを受入れず実現困難であって「朽木難レ琢、愚心不レ移、徒積二多年一、未レ成二一業一」恐らく登庸試を受けるという如き直接目的ないし刺戟のないことと、強制ということが実情からいって行過ぎであった為に効果を現わさなかったので、弘仁三年に至って遂に前勅を改め、その好む所に任せ、物情に合せしめた（『日本後紀』五月戊寅条）。しかしこれは強制ということが行過であるだけであって、儒教思想の浸潤は進んでいたために天長元年には再び前とほぼ同様の法令に戻った。即ち参議従三位多治比真人今麻呂の「緬尋二古典一歴覧二前王一、労二於求レ賢、逸二於経レ国、伏望、諸氏子孫、咸下二大学寮一、令レ習二読経史一、学業足レ用、量レ才授レ職」という奏状を採用して、五位以上の子孫、年二十以下の者を咸く大学寮に下さしめた（『類聚三代格』七公卿意見事、八月二十日官符（『本朝文粋』二にも〉)。大同の制の趣旨が理想的なのに比して、これは官吏登庸の実際的なのに注意される。かくして強制教育は再び令せられたわけで、その後これを改めたことも見えないが、『延喜式』(二〇大学寮)に、

凡遊学之徒、情願ニ入学一、不レ限ニ年多少一、惣加ニ簡試一、其有レ通ニ一経一、聴レ預ニ学生一、但諸王及五位已上子孫不レ煩ニ簡試一

とあって、諸王及五位已上子孫は無試験入学を許すことの規定のみで、それらが「皆」ないし「咸」入学すべきことは見えないから、強制教育は再び実情に押流されてしまったのであろう。それと共に、学令では六位以下八位までの情願するものは入学を許されたのに比して、ここでは六位以下下限が示されずに一般に対する(自ら限度はあったであろうが)試験入学の制が年齢の制限なしに規定されていることは注意される。ともかく、平安朝の初期を通じて以上の如き当局者の奨学がたえず続けられたことは、大学寮の実際状態を見る上に看過出来ない点であろう。

二 財政の補強

平安朝初期に於ける奨学は右に述べた如き単なる法令に依るものだけでなく、それと共に経済的基礎に対しても大なる顧慮が払われた。その中でも最も主要なものとして考えられるのは、学生衣

食を給養すべき勧学田に関してであろう。

「門徒所レ苦但衣与レ食」として諸生供給に用いる為に天平宝字元年に三十町置かれた公廨田が勧学田の起源であるが（『続日本紀』八月己亥条、『類聚三代格』一五）、桓武天皇の御代となって延暦十三年の勅に「古之王者、教学為レ先、訓レ世垂レ風、莫レ不レ由レ此、朕留二心膠序一、属二想儒宗一、修二鄒魯之前蹤一、弘二洙泗之往烈一」と儒教主義を強調し、「而経籍之道于レ今未レ隆、好学之徒無レ聞焉」と学校の不振を回顧し、「今盖箪食瓢飲非二性所一レ安、皷篋横経中途而止、永言二其弊一情深二興復一」とその原因を学生の衣食に求めてその復興を力説され、天平宝字に置かれた公廨田では「生徒稍衆、不レ足レ供レ費」る有様で、越前国水田一百二町五段百六十九歩を加え置き、併せて一百三十余町を勧学田と名付け、生徒に贍給し、その業を遂げしめ、

庶崐墟之璞藉二琢磨一而騰レ輝、稽峯之箭資二括羽一而増レ美、然後採二択英髦一用二秉庶績一、論二其弘益一豈不レ大哉、

と結局その効果を修学者の官界進出に待望した（『類聚三代格』一五諸司田事、延暦十三年十一月七日勅）。『三善清行意見十二箇条』によれば、この田は罪人大伴家持の越前国加賀郡にある没官田である。この後延暦十七年には典薬寮主馬寮の為に大和（十市郡）七町、近江（栗太郡）六町計十三町を割き（同上九月八日官符）、延暦大同頃大学別当和気広世は墾田二十町を寄附し（『日本後紀』延暦十八年二月

乙未条）、天長元年には山城地五町九段を大学寮に賜い（『類聚国史』一〇七職官十二大学寮十一月辛酉条）、同四年には河内国荒閑地五十町を大学寮に給い（同上三月甲戌条）、同五年には河内国渋河郡の田六段畠四町四段を大学所領五十町六段（前のは概数であろう）の内から割いて内教坊に給った（同上四月丁卯条）等の増減はあったが百余町の概数には変りはなかった。なおかかる増減は『清行意見』に拠ると「其後代々下レ勅、給下罪人大伴家持越前国加賀郡没官田一百余町、山城郡久世郡公田三十余町、河内国茨田渋川両郡田五十五町上、以充二生徒食料一、号曰二勧学田一」とあって少しく合致しない所がある。がとにかくかかる学生の衣食を給する勧学田の豊富さは、承和年中伴善男が家持の無罪を訴えて加賀郡勧学田を返給した（そして恐らくその代償も給せられなかった）偶発的な事件（『意見十二箇条』）まで続いたのであって、かかる給費の思想的背景は延暦の勅に明かである。これに附随して学生の副食物について述べれば、これには出挙が用いられ、延暦十五年に新貨たる隆平永宝を左右京職をして出挙せしめ利息を学生の菜料に充てたのであるが、天長以後行われず、元慶八年再び新銭の中貞観永宝三十貫を両職に出挙せしめている（『三代実録』元慶八年九月十四日条）。稲の出挙でなくて貨幣出挙が行われたことは当時の社会情勢に先行し過ぎた仕方であったが平安京の中に於いては行い得たのであろう。また『弘仁主税式』に見える備前国大学寮料一千束の用途が『延喜式』（大学寮）と同じとすれば、その利息を塩と交換して大学寮に進め、学生食料の塩としたものである。

奨学に於ける経済的顧慮は学生の給費に止まるべきでなく、当然教官の生活保障にまで及んだ。大学教官の一般官人と異なる公的給付の主要なものは束脩以外に職分田および授業師料であって、職分田は令では中央官では太政大臣左右大臣大納言にのみ給せられたので（田令）、その後奈良朝の終宝亀頃には既に教官職分田の萌芽的なものが認められるが（九条本『延喜式』三十六裏文書）、未だ確然と定められたものではないようで、「或以二博士田一給二助教一、或以二助教田一給二直講一」という様に定処なく混乱した状態であったので「正レ名之理不レ可レ如レ此」とて延暦十年に至ってその定制の確立を見た（『類聚三代格』一五職田位田公廨田事、二月十八日官符）。「五経者是九流之源也、崇レ本之道当レ殊二其品一、宜レ給二明経博士五町、助教四町、直講四町一、又明法者是理レ国之急務也、而進レ業者寡矣、宜レ給二四町一、……自余諸博士依二前例一給レ之」とある如く、明経明法の重要性をあげてこの四種教官の職田を一町宛増し、文章音書算博士の職分田は元のままとした。その後大同三年紀伝博士を置くや、その職分田は直講と同じくしたようで（同上三月二十一日官符）、仁寿元年五月十七日には算博士を四町とし（同上五定官員幷官位事、貞観十三年十二月二十七日官符）、貞観元年には文章博士職田四町に二町を加えている（『三代実録』六月二十五日条）。『延喜民部式』上で文章博士職田五町算博士四町となっているのを見ると、文章博士職田はこの間に再び減少されたのであろう。この職田の増減を各学科の消長に比して考えると、延暦十年以前既に文章の抬頭が見られて他を超えて明経博士と対等となっているが、延暦十年にはむしろ明経明法の重要性が強調されて反動的となり、仁寿元年算の増大によって、ここに大学寮の四道、明経・紀伝・明法・算が相並ぶものとなり、音書二道が最も小道としての姿をとどめた。貞観元年に至って文章の明経を超えて増加したことは文章の隆盛を語るものであるが、算は職田増大の後相当位の上昇を見たのに対して、文章は相当位の上昇より年を経て後職田の増大を見たのは、何かの事情が伏在していたものであろう。

受業師料とは学生にして国博士に任じた者が、旧師に送る所の公廨の一部分であって、教官の経済生活の助となるものであった（第五章「上代に於ける国学制」参照）。

次に一般大学寮の費用は所謂公廨雑物と呼ばれるものであるが、これには農民救済の外貌を持ち実は極めて効果ある財政策であるところの出挙制が採用せられ、大学寮が貞観十四年修理料として貞観銭五十貫を給い、仁和元年返上した如きは（『三代実録』仁和元年十月五日条）出挙によったものと思われるが、また諸国雑稲出挙にも頼り、何時の事か明かでないが、勅あって常陸国をして毎年九万四千束を出挙せしめ、その利稲を寮中の雑用にあてている（『清行意見』）。かように学生一般の食料の為の勧学田・副食物の為の出挙・教官職分田・受業師料・寮中雑用の為の出挙等、各用途に対してそれぞれ多様の財政上の顧慮が、この時代に特に多く払われていたことが認められるのであって、概言してこの時代は大学寮にとっては財政は相当に豊な時代であったということが出来よう。

三　唐の新制度の採用

次に述ぶべきは唐との交通による彼地新智識の絶えざる採用であって、それは学制の源流そのものが彼にあるから当然であるが、ここには彼地に直接留学して具体的なものを齎しまた齎らさんとした二、三の例を述べよう。奈良時代の例ではあるが大学助教膳大丘の入唐留学は唐の国子監に学んだものかと思われ、その結果孔子の改号となっているが（『続日本紀』神護景雲二年七月辛丑条）、また橘逸勢が入唐留学して「隔二両郷之舌一」つるが故に、未だ槐林に遊ばず云々とあるのは（『性霊集』五）、留学が槐林即ち唐朝の官学に学ぶを前提としているようである。がより直接的に学制に関係ありと思われるのは請益生であって、奈良時代に見える明法請益は（『続日本紀』神護景雲三年十月癸亥条）そのような関係は見えないけれども、宝亀頃入唐し『春秋』公羊・穀梁伝を輸入し、釈奠にも貢献した明経請益直講博士伊与部家守や（『日本紀略』延暦十九年十月庚辰条、『学令集解』所引延暦十七年三月十六日官符）、延暦二十二年遣唐使藤原葛野麿に従って入唐せんとし、途に風波の難に遭って沈没した明経請益大学助教豊村家長などは（『日本紀略』延暦二十二年四月癸卯条）、明経道の教官のまま、あるいは教官を予定せられて入唐留学し、その成果を直接我学制に移植するのを目的としたもののようである。なおこの外紀伝道出身者にして遣唐使の随員（判官・録事等）に加わり入唐した者を数多く見ることが出来るし、承和の大使藤原常嗣は大学出身の人である（『続日本後紀』承和七年四月戊辰条）。なお任命のみではあったが小野篁・菅原道真・紀長谷雄も紀伝道の人々であったことも注意される。これら大学関係者の入唐は多かれ少かれ彼地の新智識を我学制の中に移植し、制度上にも改正の規準を齎したものと思われる。秀才明経出身法の改正（『選叙令集解』所引延暦二十一年六月八日官奏）、『御註孝経』の採用（『三代実録』貞観二年十月十六日条）等、いずれも唐制に准拠したものであったのである。平安時代には公的交通の度数は奈良時代より減じているが、遣唐使廃止に至る平安時代初期に於いてはなお、右のように唐に於ける制度上の改正等が極めて敏感に採用されたのであった。

このように平安時代初期の教育政策は、あるいは官吏養成の現実的の必要から、あるいは貴族の子弟に対する儒教教化の理想から、出身法の改正・強制就学・財政の補強・新智識の輸入等によって大学寮振興が企図されたのである。これによって大学自身はどのような発展をなしたかを次に見よう。

第二節　平安時代初期の大学寮の状態

律令制は唐制を我事情に適合するように改めて採入れられながらも、なお十分運用されずに空文に帰したものが多かったのであるから、学制のように支那特有の学問・思想を背景にしたものに対しては殊更その疑問がかけられる訳であるが、それに対する解答は前章に述べたような条件に恵まれた平安時代初期の大学寮の内部の情勢を精査することによって得られるであろう。平安時代初期になって現われた端的な現象は遊学者の増加である（教官が終始定員を満していたことは勿論であろう）。奈良時代に於いては学生に定員数はあっても実在数を記されたものがなく、遊学者の名の知られるものは数人に過ぎない（第一章第六節参照）。しかるに平安時代に入ると共に後に掲げる諸表に見得るように遽に増加を示している。これは六国史の薨卒条における伝記記載繁簡度の変遷をも考慮に入れなければならないのであるが、それでもなお動かし得ない事実であろう。学生総数については大学頭藤原佐世が儀式縦覧の際の幔幕を造る料を請う時に学生四百人の令条を引用しており（『三代実録』仁和元年九月十四日条）『延喜式』には学生数の明記はないが、釈奠料米および雑給料を記して学生三百五十人料とあるのは、平時にも給せられた五十人料を除いたものと解せられ、大炊寮式・大膳職式でもやはり四百人を規準としているもののようである。しかしこれらは表向だけのものであるが、実際にも寛平八年斉世親王入学の際の講書の傍聴の学生が三百八十人あったことは（『日本紀略』寛平八年二月十三日条）ほぼ定員数の実在を示しているものである。

平安時代初頭の大学寮に於いては、学科を表わす所の道の観念・道の分化は未だ明瞭に確立してはいないが（第三節参照）実質上はほぼ後の標準に従って分類することが可能である。そして右の遊学の事蹟の知られるものをこの「道」に分けて見ると、各道の学生定員数に必ずしも正比例しないどころか、非常な偏向が見られる。即ち制度の上で上位に置かれた規模の大きな学科を学んだ者が、他の学科を学んだ者ほど多く知られない。これはこの学科が当時の時勢に適応し、我貴族社会に歓迎された学科でなかった為で、このように学科によって種々事情を異にしていた。よって大学寮を一纏めにその盛衰の実情を一概に云々するのは妥当でないから、次に各学科に分って考究することとする。

一　明　経　道

「令条所レ載学生四百人者、是明経之生徒也」（『類聚符宣抄』九長徳元年八月十九日官符）といわれる如く、明経道の学生は職員令の学生四百人がそれである。従って遊学者の記事があって文章生等の明記のないものをすべてこれに入れて誤ないと思う。このように規定して次の例を見よう。(1)

橘長谷麻呂　少小遊学、頗読史漢（『類聚国史』六六天長元年二月戊子条）
藤原常嗣　少遊大学、渉猟史漢、諳誦文選、又好属文、兼能隷書（『続日本後紀』承和七年四月戊辰条）
藤原富士麻呂　少遊大学、略渉史漢（同嘉祥三年二月乙丑条）
藤原丘守　少遊大学、渉猟史伝、頗習草隷（『文徳実録』仁寿元年九月乙未条）
藤原　助　少遊大学、頗渉史伝（同仁寿三年五月戊午条）
百済王勝義　少遊大学、頗習文章（同斉衡二年七月戊寅条）
滋野貞雄　幼遊大学、頗閑詩賦（『三代実録』貞観元年十二月二十二日条）

これらを見ると、史漢（即ち『史記』と『漢書』）『文選』は明かに紀伝道の教科書であり、史伝は即ち歴史で紀伝道の教科であり、文章・詩賦を習うこともまた紀伝道的な教科である。即ちこれらは文章生となることとなくして、紀伝道的な教科を学んだので、明経道が経学に限定された専門化したものでなく最初の令の精神たる一般科の性質を残している（あるいはこの頃では更に予科的な性質を帯びて来たといってもよい）ことを示すものであって、このことは後に掲げる文章生の記事に文章生となる以前のこととして右に引いたとほぼ同様な記事が認められることによっても知られる[2]（紀伝道の項参照）。従って一般科としての教科選択の自由なことは右の例でも「能二隷書一」「習二草隷一」というよ

うに書の習得を示していることによって知られ、また、

紀　作良　少遊大学、頗覧経史（『日本後紀』延暦十八年正月辛酉条）

文室助雄　少遊大学、略渉経史、未及成名、出就官途（『文徳実録』天安二年三月乙亥条）

右の例に見られる「経史」も単なる成語を用いたものではあろうけれども、なお自由な教科撰択が明経紀伝両方面をも学び得しめた事情を示すとも見ることが出来る。(3) こうして見ると明経道のみを専門的に攻究したと思われる人々はいままで挙げたものに比して数少なくなるのであって、

空　海　十八〔延暦十〕遊学槐市（『続日本後紀』承和二年三月庚午条）

二九遊聴槐市、拉二雪螢於猶怠一、怒二縄錐之不一レ勤（『三教指帰』序）

経二遊大学一、従二直講味酒浄成一、読二毛詩左伝尚書一、問二左氏春秋於岡田博士一、博二覧経史一（『御遺告』）

藤原三守　早入大学、受習五経（『続日本後紀』承和七年七月庚辰条）

善道真貞　年十五〔延暦元〕入学、数年之間、諸儒共推其才行、補得業生、大同四年〔四十二歳〕課試登科（同承和十二年二月丁酉条）

善友顗王　少入学読経、頗通義理（『文徳実録』仁寿元年六月庚午条）

滋善宗人　少遊学館、従大学博士御船宿禰氏主受三礼、一聞而記於心焉（『三代実録』貞観五年正

月二十日条）

山口西成　逮于成人、改節入学、以春秋名家、兼善毛詩周易、補得業生、奉試及第（同貞観六年正月十七日条）

忠貞王　幼而就学、粗談五経（『公卿補任』元慶三年頭書伝云）

これらを見ると、忠貞王は皇族であらせられるが、「就学」の字句は少し不明瞭であり、三守は好学の大臣として特殊な事例であり、(4)空海は勿論高僧として会々伝記が知られたのであって、この三者を除くといずれもその出自卑しく、ただ後に明経道の教官となった為に伝記の知られた人々であった。従ってかかる方向は専門的学究的な方向ともいうべく、いわば狭義の明経道であって、これに対して先の一般的自由教科は貴族子弟の一般教養として要請された学科内容であり、それを直ちに明経道と呼ぶには聊か語弊があるが、明経道の令本来の一般科性質の発展した形として広義の明経道といって差支ないと思う。従ってまた、

藤原吉野　少年遊学（『続日本後紀』承和十三年八月辛巳条）

藤原嗣宗　少遊学館、従此出身（同嘉祥二年十一月己卯条）

雄風王　弱冠〔天長十年頃〕入学（『文徳実録』斉衡二年六月癸卯条）

正行王　初与兄正躬王受業大学（同天安二年七月己巳条）

藤原良仁　少遊大学、読書忘疲（『三代実録』貞観二年八月五日条）
藤原良相　及於弱冠〔天長九年頃〕、始遊大学、雅有才弁（同貞観九年十月十日条）

これらの簡単な記事では内容は分らないが、その人の出自等から推せば恐らく広義の明経道に学んだ人々であろう。

前に述べた如く明経道に数百の学生がいたとして、今までに掲げた六国史等に見えた例では、後述の数十人の答の文章生の所見と比例して甚しく少ないのに気付く。これはやはり後述の紀伝道の貴族化と、史料が貴族に偏していることに原因しているが、しからば現存の史料に表われた所は全体の縮図であるのかあるいは特殊の場合であるのかということが当然問題とならなければならない。今ここに挙げた例の中に多く見られたところの高級貴族子弟の広義の明経道修学は、彼らの地位特権（蔭位等）から考えて、登庸試を通過して官吏として出身することを目的としたとは考えられず、官吏としての一般的教養を習得する機関として利用されたと認められるのであって、従ってそれは支那文化が智識社会に普遍化し、儒教的教養が官吏としての一般的教養の重要部分と考えられるに至った平安時代になって初めて表面に表われた、重要ではあるが率の上では少数の特殊な事例ではないかと思われる。そして史料に現われない所の数百の遊学者は、恐らく前代から続いたであろう所の下級官吏の子弟の給費を目的とし、更に学制の人材登庸の為の機会均等主義にすがって、自己の才能によって登庸試を通過し、官吏として出身せんとの目的からいわゆる狭義の明経道を学んだものであろう。しかしその登庸試は実際問題として非常に困難であった為に色々と彼らの就職の便法が講ぜられた（後のいわゆる明経道挙がこれである。第三章第一節参照）。たとえば天長元年の制の学業用うるに足れば、才を量って職を授けるというのは（『類聚三代格』七天長元年八月二十日官符）、登庸試を通過しないものを指しているると思われるし、大学生にして年三十一以上で業を遂ぐるを得ず、僅に白読課試を通過した者（同五天長七年十一月十五日官符）、大学生にして鴻儒の子孫で博士の薦挙をうけた者（同五寛平七年二月一日官符）等は都落はしても堂々と合法的に受業国博士として就職することが出来た（明法生に対してもかかる規定が出来た。後述）。かようにして漸く官界に進出し得た彼らは、さなきだに頗る制限ある機会均等主義に差別されて、恐らく父兄と同様に一生下級官吏に止まり、その事蹟は全く史上に現われることなくして止んだものであろう。勿論彼らの中の俊秀なものは登庸試の一たる明経料を通過して出身する者はあったが、彼らはむしろ一般官界に入って差別待遇を受けるよりは、彼らの才能を十分発揮し得る所の教職を択んだようである。前掲善道真貞の事蹟「補ニ得業生一、大同四年課試登科」山口西成の「補ニ得業生一、奉試及第」とあるのがそれであって、いずれも順序として明経得業生に補した後明経試を奉じたものであるが、なお『三代実録』天安二年九月十五日の条に、

明経得業生正七位下刈田首安雄、大初位下葛井連善宗、並進㆓一階㆒、以㆓奉試及科㆒也、

とあるのもそれであって、この二人の遊学の記事はないが、恐らく史料の欠如であろう。なお葛井善宗は教官にはなっていない。しかして教官となろうとする者すら得業生を経ないで出身せんとし、博士の独挙により宣旨を蒙って大業となることが行われた。後になって前例に引かれているのであるが、貞観頃小野当岑は博士大春日雄継の、仁和頃秦維興は博士善淵愛成の、延喜頃宗丘忠行は博士八多貞純の挙によって得業生に准じて課試に応じている（『類聚符宣抄』九康保四年八月二十一日、安和二年八月十一日）。従って前掲善友顕主・滋善宗人の如く明経試を通過しなかったと思われるものでも明経道の教官となるものも多数あったようである。よって次には明経道の教官には如何なるものがなったかを実例について考察して見よう。

明経道の教官は博士[5]一人、助教二人および令外官たる直講（又は直講博士）三人（大同三年以後二人となる）の六人（大同三年以後は五人）であって、他道ではすべて二人であるに比して多いのは、学生数・教科書の種類の多いところから当然であろう。彼らは当然正式に明経道の学科を修めて明経得業生に補せられ、国家試験たる明経科を通過したものであるべきように思われるが、前述の如く国家試験の困難もあり、得業生に補せられてから課試及科することは必ずしも必須要件ではなかったようであって、ただ明経道を修めて俊秀な者は教官とされる場合もあったようである。しかし彼ら

は多く身分の卑い為その少時の事蹟は明かでないのであって、そのことはこの時代明経道教官の特質の一であった。彼らは地方出身の者が多く、任官出世するにおよび本居を改めて、京職に移貫するものが多く、またその地位を得て初めて前より貴い姓を賜うたことが多い。

氏名	改姓名	教官	本居	移貫地	出典
長尾忌寸金村		博士(延暦元任)			『続紀』三七
佐婆部首牛養	岡田臣	博士(延暦十任)	讃岐寒川郡岡田村		『続紀』四〇
麻田連真浄		直講(神護景雲元見) 助教(延暦十任)			『続紀』四〇
伊与部連家守		直講(宝亀頃) 助教(延暦頃)			『紀略』前一三
越知直祖継		助教(延暦二十一見)			『選叙令集解』所引格
豊村家長		助教(延暦二十二見)			『紀略』前一三
名草直道主		助教(大同三見) 博士(弘仁元任)	紀伊カ		『後紀』一七・二〇
勇山家継	勇山連	博士(弘仁四任)	河内		『後紀』二〇・二三
伊与部連真貞	善道朝臣	助教(弘仁四任) 博士(弘仁十任)	(家守ノ子)		『続後紀』一五
羽咋公吉足		博士(天長三任)			『二中歴』
御船宿禰氏主		博士(承和三任)	河内	右京六条	『続後紀』二・一三、『二中歴』二

刈田首種継		直講(天長八見) 助教(承和頃)	讃岐刈田郡		『類史』三一、『三実』四九
韓部広公	直道宿禰 百済人ノ後	直講(天長十見) 助教(承和五見)	備前		『続後紀』一・七
佐夜部首頴主	善友朝臣	直講(承和四任) 助教(承和八任) 博士(承和十四任)	摂津	左京四条二坊	『続後紀』八・一七、『文実』三
名草直豊成	名草宿禰	直講(承和四任) 助教(承和八任)	紀伊	右京四条四坊	『続後紀』八、『文実』六
春日部雄継	春日臣 大春日朝臣	助教(承和十四見) 博士(嘉祥三任)	越前丹生郡	左京	『続後紀』一七、『文実』一・八
山口忌寸西成		直講(承和之初任) 助教(嘉祥二以後任)			『三実』八
西漢人宗人	滋善宿禰	直講(承和七任) 助教(仁寿二見)	備中下道郡	左京	『文実』四、『三実』七
御船宿禰佐世	菅野朝臣	助教(斉衡三任) 博士(貞観十任)	河内カ 右京人		『文実』八、『三実』七、『二中歴』
布瑠宿禰浄野		直講(天安二見) 助教(天安二任)			『三実』一
六人部福真	善淵朝臣永貞	直講(貞観二見) 助教(貞観四任) 博士(貞観十五任)	美濃厚見郡	左京	『三実』四・六・一四・四八、『二中歴』
刈田首安雄	紀朝臣 武内宿禰ノ後	直講(天安二任) 助教(貞観九任)	讃岐刈田郡 (種継ノ子)	左京	『三実』六・四九
葛井連宗之	菅野朝臣 百済人ノ後	直講(貞観四見)	河内丹比郡	右京	『三実』六・七・九
船連副使麻呂	菅野朝臣	直講(貞観五見) 助教(貞観十三見)	河内丹比郡	右京	『三実』七・一四・二〇・三二

六人部愛成	善淵朝臣	助教(元慶元見) 博士(仁和二任)	美濃厚見郡	左京	『三実』六・一四・三一・四九
越智直広峯	善淵朝臣	直講(貞観十三見) 助教(貞観十五見)	伊予越智郡	左京	『三実』二〇・二四
美努連清名		直講(貞観十四見)	河内若江郡	左京三条	『三実』二一・三六
小野朝臣当岑		直講(貞観十八見)	山城愛宕郡小野郷	左京	『三実』二八・三四
蔵史宮雄	浄野朝臣	助教(元慶六見)			『三実』四一・四三
占部連月雄	中原朝臣	直講(元慶四見) 助教(元慶七見) 博士(寛平三任)			『三実』三七・四三、『二中歴』二
山辺公善直		直講(元慶四見) 助教(仁和二任) 博士(寛平五任)			『三実』三八・四九、『二中歴』二
直道宿禰守永		直講(元慶六見)			『三実』四一

これらの移貫・賜姓は勿論明経道教官に限ったことでなく、この時代に下級官吏に多く見られた所であるが、後の時代に於ける都の因襲にまみれた世襲の教官と比べて考えると新鮮なものが感ぜられる。帰化人の本拠地河内を筆頭として、京文化の浸潤の度の濃い讃岐・摂津・備前・備中・紀伊・越前・美濃等を本居とした者が明経学を修めて、明経道教官に任じ、直講↓助教↓博士と昇進して行ったことは、学生の分析によって知られなかった全国的規模の上に建てられた（勿論地域的に

で階級的からいってではない）学制の片鱗を窺知することが出来る。この間にあって、父子・同族教官に任ずる例も見られないことはなかった。伊与部家守と善道真貞の父子、刈田種継と紀安雄の父子、善淵永貞と愛成の兄弟（『菅家文草』一〇）の外にも、名草道主と豊成、御船氏主と菅野佐世の如きは恐らく近親と思われるし、更に葛井宗之・船副使麻呂の如きも、氏主・佐世等と同じく百済の貴須王の後といわれ、学令に見える特に入学を許された東西文部の中の西文部関係のもので、「家伝㆓文雅之業㆒、族掌㆓西庠之職㆒」（『続日本紀』延暦九年七月辛巳条）る氏族制の遺制ともいうべきものであり、西漢人宗人も恐らくその姓から推すに同族であろう。

　このようにこれらは後の官職の世襲と違ってむしろ薄れ行く氏族制の遺影と見るべきものが潜んでいたのであって、彼らが卑姓である結果は、位階の上でも六位から五位に進むのに多くは外位を経過せねばならず、教職以外の官職に遷るにも限られた二、三の種類のものとなり、一般文官の中にあって自ら一の色彩ある社会的地位にあるものと見られた。これらを指して儒者と呼び、善友穎主は山城少目を始として、直講・助教・博士に歴任し、従五位下に至ったが、年老いて骸骨を乞うに及び、朝廷其儒者を恤んで更に摂津権介に任じた（『文徳実録』仁寿元年六月庚午条）。また滋善宿禰宗人は美作博士・直講・助教に歴任したが、「性沉静少㆓人事㆒、執志雅正、以㆓儒素㆒自守、未㆘嘗入㆓宮中㆒見㆗公卿大夫㆖」といわれた（『三代実録』貞観五年正月二十日条）。なお紀伝道に依って出身した者ではあるが、山田連春城は「雖レ長レ自ニ寒門一而性甚寛裕、言詞正直、無レ所ニ阿枉一、無レ好ニ小芸一、不レ拘ニ忌祟一、頗得ニ儒骨一也」と評せられた（『文徳実録』天安二年六月己酉条）。

明経道の教科書は大体大宝養老令規定のものがそのまま行われ、我国に於ける教科内容の哲学的な発展は到底望み得べくもなかったのであるが、それでも唐に於ける発展の影響によって、教科規定の部分的追加修正が行われ、同じように規定された中にあっても、その間自ら軽重が付けられ、盛衰があった。

部分的追加の第一は『春秋』公羊・穀梁伝の採用である。即ち令制では『春秋』三伝の中左伝のみが採用されたのであるが、奈良朝の末明経請益直講伊与部家守は入唐し、この二伝を鑽習して帰り、延暦三年官に申し、始めて家守をして三伝を講授せしめたが、未だ正式に官符を下すに至らなかった。その後二、三の学生その業を受け、この伝を以て受験し出身せんことを冀ったが、「今省（式部省）欲レ試、恐違ニ令条一、将徒抑止、還惜ニ業絶一、竊検ニ唐令一、詩書易三礼三伝、各為ニ一経一、広立ニ学官一」とて、延暦十七年、式部省は唐令に倣って、二伝を小経に准じ、講授を聴し、学業を弘めんことを請うて許された（『学令集解』所引延暦十七年三月十六日官符）。即ち唐開元令による令制の追加修正である。この後三伝は相当にもてはやされ、家守の男善道真貞の天長八年の神泉苑行幸に際しての論義に、座首として三伝義を論ぜる如き（『日本紀略』天長八年八月乙亥条）、また承和十一年聖主彼の国老を憐んで備後より入京せしめるや、諸儒は「当代読㆓公羊伝㆒者、只真貞而已、恐斯学墜焉」とて廼ち真貞に命じて大学に於いてこれを講ぜしめた如きは（『続日本後紀』承和十二年二月丁酉条）正に父の家学の影響であろうし、山口伊美吉西成が「以㆓春秋㆒名㆑家、兼能㆓毛詩周易㆒」とあるのは在学の記事であるがまた『春秋』の学ばれたことを示す（『三代実録』貞観六年正月十七日条）。しかし善道真貞が「以㆓三伝三礼㆒為㆑業、兼能㆓談論㆒」ともいわれた如く、三伝に対して、『礼記』『周礼』『儀礼』のいわゆる三礼も明経道教科書の中にあって重んぜられて、むしろ両者は対立的となった。天長八年の神泉苑論義には真貞に対抗して主税頭安野宿禰真継(6)を座主として三礼義を論じており（『類聚国史』三一帝王一一、天皇行幸下神泉苑八月乙亥条）、仁明天皇が大学博士御船氏主と助教刈田種継(7)とを喚んで経義を論ぜしめた時には氏主礼を執り、種継伝を挙げ、難撃往復、遂に折角なかったという（『三代実録』仁和二年五月二十八日条）。かかる論義は当座のものでなく、彼らの持論・主張ないし専門であって、滋善宗人は御船氏主に従って三礼を受け、「一聞而記㆓於心㆒」したので氏主は同志を顧みて「此生後代之礼聖也」といったといい（『三代実録』貞観五年正月二十日条）、恐らく氏主の近親と思われる所の菅野佐世が「尤精㆓礼経㆒」と云われた（『日本紀略』元慶四年五月二十八日条）のも氏主の影響であろう。かくして明経道の中に三伝を主とするものと、三礼を重んずるものとの分科とまでいわれないが二の中心が形作られるに至った。(8)

令制の部分的修正の今一つは唐玄宗の『御注孝経』の採用であった。学令では『孝経』は孔安国・鄭玄の注が用いられたが、唐玄宗開元十年に『御注孝経』を撰し、新疏三巻を作って世に施行したので、我国でもこれにならって、貞観二年、学官を立てて『御注孝経』を教授して試業に充てることとし、なお孔注を講誦せんとするものは試用を聴すことが制せられた（『三代実録』貞観二年十月十六日条）。これもまた全く唐に於ける変化そのままの影響であるが、『御注孝経』はこの後幼学書として皇子の御書始等にはほとんどこれを用いられるようになっている。

教科内容を窺うべき最も本質的な大学寮に於ける講授の模様は、前述の最も多数なるべき明経学生の存在と同様に、平安朝初期の大学寮の盛容に対する明確な認識を躊躇せしめる程に、史料の欠除によって曖昧になっている。僅に知られる史料は延喜十六年博士八多貞純が『春秋穀梁伝』を本堂に講じたとある位のものであろう（『日本紀略』七月十三日条）。しかしこれを補うものにそのまま厳格に全体を推す材料とはならないにしても天皇皇子等の侍講侍読の記事と、釈奠における講書の記事とがある。

天皇に対する侍講の書の中明経道関係のものは『御注孝経』が多く、『論語』『周易』も見える。なおこの外に『群書治要』がしばしば用いられている。これはいうまでもなく、群書中から治政の要に関するものを抄出したものであるが、侍講に当って、厳密に明経と紀伝が分離してなされた。

即ち仁明天皇は助教（即明経）直道広公をして『群書治要』第一巻を読ましめておられるが、それは第一巻に五経文あるが故であった（『続日本後紀』承和五年六月壬子条）。また仁明天皇に対し奉っては式部大輔（前文章博士）菅原是善が『群書治要』の中「所ニ抄納一紀伝諸子之文」を授け奉り、刑部大輔（前明経博士）菅野佐世は「五経之文」を授け奉っているというように紀伝明経両道の人が分担して侍講している（『三代実録』貞観十七年四月二十五日条）。しかしこの『群書治要』などは大学寮に於いては用いられたことは見えず、『延喜式』にも見えないから正式に用いられたことはなかったのであろう（第四章「上代に於ける教科書の変遷」参照）。

釈奠は二月・八月上丁の日に孔子を祭った儀式である。これに際しては自ら明経道が中心となり、当日には講書があったが、それについて翌日殿上に於いて博士学生等で経義の討論（内論義）が行われることがこの時代に行われ始めたようである（『日本後紀』弘仁六年二月戊申条）。そしてこれに採用されたテキストの知られるものを拾って見ると（天長頃より仁和頃まで）、『毛詩』『尚書』が最も多く、『周易』『左伝』『礼記』『孝経』の順で『論語』が最も少なく、他（『周礼』『儀礼』・公羊・穀梁二伝）は見えない。(9) 即ち侍講・釈奠に於いては平生論義された所の三礼三伝は影をひそめている。しかして大学寮に於ける実際講義の状態が何れに近かったかは明かでないが、恐らく侍講釈奠によって知られる所は保守的な従って恒常的な状態を示し、礼・伝の論義は二伝の伝来によって、沈滞せる明経道の中に纔に起された一波紋であったのであろう。

（1） 以下掲げる諸表は便宜上延暦初年から六国史の下限たる仁和三年に限り、本文に於いては必要に応じてこの後にも及んだ。

（2） 明法道に於いても御輔長道の「元明経生、後学ニ律令一」とあるのをも（『三代実録』貞観二年九月二十六日条）、最初に一般科に学んだと解してよいかも知れない。もしそう解することが許されればここにいう広義の明経道は専門学科に分れる前の普通学科（あるいは予科）ということになり、学科構成の問題上に興味が持たれるが、これだけの史料では断定は許されない。なお『三代実録』貞観十四年八月十三日辛亥条に算博士算得業生と幷んで学生家原宿禰良居とあるのは、全くの想像ではあるが算を学ぶ一般科の学生かも知れない。

（3） 宗叡が「幼而遊学、受ニ習音律一」したのを（『三代実録』元慶八年三月二十六日）大学寮で音楽を学んだと解すれば、本来の大学教科になかったものさえ習われたこととなる。

（4） 三守の「立性温恭、兼明ニ決断一、……参朝之次有ニ一両学徒一、遇ニ諸塗一、必下レ馬而過レ之、以レ此当時著称」とあるは（『続日本後紀』承和七年七月庚辰条）明経学を修めた者としての態度であろう。

（5） また大学博士ともいう。明経博士の用例はこの時代にはまだ少ない。『拾芥抄』中百官部に「明経博士」を説明して「如ニ除目一不レ加ニ明経二字一、或大学博士」とある如く、後に至るまで公的名称に於いては一般科教官の形を保っていた。

（6） 『経国集』に見る安野宿禰文継が『凌雲集』序『文華秀麗集』『日本後紀』等に見える勇山連文継と同人と思われるところから推して、恐らくこの安野宿禰真継も、河内国人勇山家継・文継等と同時に姓連を賜った勇山真継と同人であると思われる（『日本後紀』弘仁元年十月戊子条）。しかして家継は大学博士となり、文継は紀伝博士となったのではあるが、紀伝博士は最初直講を割いて置いたものであるから、この真継も遊学のことも、況んや明経道の教官となったことも、見えないが、恐らく明経学を修得した者であろう。

（7）種継は天長八年の論義にも当時直講として召されており、また『類聚符宣抄』六文譜には「故助教刈田首種継通三伝難義一巻……」と見えている（承和九年五月二十六日）。

（8）これは恐らく後世清原を伝博士、中原を礼博士といい両者を対立的のものとした説の源流をなすものであろう。

（9）唐に於いて「今明経所習、務在出身、咸以礼記文少、人皆競読、周礼経邦之軌則、儀礼荘敬之楷模、公羊穀梁歴代宗習、……四経殆絶」（『唐会要』七五、貢挙上帖経条例開元八年七月国子司業李元瓘上言）また「今之明経習左氏者十無二三、恐左氏之学廃、又周礼儀礼公羊穀梁、亦請量加優奨」（同上明経、開元十六年十二月国子祭酒楊瑒奏）といわれた事情は我国にも当然あり得たことと思われる。同時にまた三礼挙・三伝科等の科挙法によって三伝・三礼を奨励したことも我国でこれらが論義されたことに関係を持つものであろう。

二　紀伝道

紀伝道発生の事情は登庸試の秀才科進士科に対応する為のものであったが、明経道を根幹とする考から、文章生は僅に二十人で、しかも雑任および白丁から取ることが定められた。ところが明経道の教科内容が支那の現実の社会を背景とした特殊な政治や道徳の理論であった為に、我が智識社会にとっても理解が困難で、近寄り難く感ぜられたのであるが、これに反して紀伝道の教科内容は人間共通の美的感情に訴える所あり、仮令言語は違ってもむしろその故に一層の魅力を増し、更に当時の政治組織が支那系統のものであり、公文書がほとんどすべて漢文でかかれたことは実用的性質を帯びさせ、史書の採用は尚更その内容を多彩なものとした。従って智識社会の興味は、自然明経道よりも紀伝道へと向うようになり、奈良時代末に既にその擡頭の気配が感ぜられたが、そのことは従ってまた、学生数が少なく限られている事情もあって、庶民的に近い当初の規定から離れて、貴族に独占される傾向を促した。唐に於いて盛に行われた進士科が（鈴木虎雄氏「唐の進士」〈『支那学』四の三および『業間録』所収〉）、ほとんど我国で行われず、また唐に於いてその困難な為に廃絶した秀才科の登庸試が、我国で絶えることなく行われたのは出身に際しての叙位が明経科に対して秀才科は高く進士科は低い為、紀伝道の貴族化と相俟って是が非でも進士科よりも、秀才科の方の行われることが試験の実際内容を相違せしめても必要であった為であろう。

紀伝道の擡頭は明経道にも影響を与え、一般科としての広義の明経道で紀伝道的教科が行われたことは既に述べたが、かかる一般科の学習を経て後、定員少なき文章生たらんとし、為に文章生試なる試験が行われるに至って紀伝道はかつての開放的な性格を失い閉鎖的なものとなった。奈良時代に於いて文章生の名の知られるものは甘南備清野（『続日本後紀』承和三年四月丙戌条〈宝亀以前〉）紀真象（『経国集』二〇天平宝字元年対策）位のものであるが、延暦頃から急に多く見えるようになり、またそれらは決して白丁や雑任ではなかったようである。むしろその為に文献に名が現われるようになったと見るべきであろう。次にこの時代の文章生を列挙する（文章生となった年の順に掲げ、弱冠は二十歳とし、不明のものは大体平均の二十一歳の年に便宜上掲げた）。

上毛野頴人　稍習文章生小史事〔延暦五年頃〕（『類聚国史』六六人部薨卒四位、弘仁十二年八月辛巳条）

菅原清公　年少略渉ニ経史一、延暦三年詔令レ陪ニ東宮一、弱冠〔延暦八年〕奉試補ニ文章生一（『続日本後紀』承和九年十月丁丑条）

朝野鹿取　少遊ニ大学一、頗渉ニ史漢一、兼ニ知漢音一、始試ニ音生一、任ニ相摸博士一、後登レ科為ニ文章生一〔延暦十三年頃〕（同承和十年六月戊辰条）

南淵弘貞　少遊ニ学館一、渉ニ百家一、弱冠〔延暦十四年〕推補ニ文章生一（『公卿補任』天長二年条）

甘南備高直　少為ニ文章生一、能属レ文、巧ニ琴書一〔延暦十四年頃〕（『続日本後紀』承和三年四月丙戌条）

嶋田清田　少入レ学、略渉ニ経史一、奉ニ文章生試一、遂及ニ科第一〔延暦十八年頃〕（『文徳実録』斉衡二年九月甲子条）

中臣栗原年足　延暦二十年二月二十五日対策（『経国集』二〇）

道守宮継　延暦二十年二月二十六日対策（『経国集』二〇）

和気広世　起レ家補ニ文章生一（『日本後紀』延暦十八年二月乙未条）

和気真綱　少遊㆓大学㆒、頗読㆓史伝㆒、弱冠〔延暦廿一年〕補㆓文章生㆒（『続日本後紀』承和十三年九月乙丑条）

和気仲世　年十九〔延暦二十一年〕為㆓文章生㆒（『文徳実録』仁寿二年二月丙辰条）

布瑠高庭　文章生従八位上――（『日本後紀』延暦二十年四月二日庚戌条）

桑原腹赤　文章生相模権博士大初位下――（『凌雲集』）

滋野貞主　大同二年〔二十三歳〕奉㆓文章生試㆒及第（『文徳実録』仁寿二年二月乙巳条）

藤原愛発　大同年中為㆓文章生㆒、屢献㆓応詔之詩㆒（『続日本後紀』承和十年九月辛丑条）

大同四年文章生二十二（『公卿補任』天長三年条）

紀　深江　少遊㆓大学㆒、略渉㆓史書㆒、自㆓文章生㆒、……〔大同五年頃〕（『続日本後紀』承和七年十月丁未条）

藤原諸成　弘仁年中〔四年頃〕為㆓文章生㆒、聴悟超㆑倫、暗㆓誦文選上帙㆒、学中号為㆓三傑㆒（『文徳実録』斉衡三年四月庚寅条）

長岑高名　結童入㆑学、年二十一〔弘仁五年〕為㆓文章生㆒（同天安元年九月丁酉条）

藤原　衛　七歳遊㆑学、十八〔弘仁七年〕奉㆓文章生試㆒及㆑科、時人方㆓之漢朝賈誼㆒（同天安元年十一月戊戌条）

正躬王　幼而聡穎、入レ学歯レ曹、渉二読史漢一、善属レ文、年十八〔弘仁七年〕奉二文章生試一及第（『三代実録』貞観五年五月朔日条）

多治貞岑　幼入レ学、有二才操一、奉試及第補二文章生一〔弘仁十年頃〕（同貞観十六年十一月九日条）

小野　篁　始志レ学、（弘仁）十三年〔二十一歳〕春（『公卿補任』承和十四年条には秋九月）奉二文章生試一及第（『文徳実録』仁寿二年十二月癸未条）

藤原大瀧　少遊二大学一、為二文章生一〔弘仁十四年頃〕（同天安二年六月辛卯条）

藤原関雄　天長二年春〔二十一歳〕奉二文章生試一及第、関雄少習レ属レ文、性好二閑退一、常住二東山旧居一、耽二愛林泉一、時人呼為二東山進士一（『文徳実録』仁寿三年二月甲戌条）

菅原善主　年二十三〔天長二年〕奉二文章生試一及第（同仁寿二年十一月己亥条）

南淵年名　天長九年補二文章生一年二十六（『公卿補任』貞観六年条）

大枝音人　天長十年月補二文章生一二十三（同頭書に「弁官補任云不任文章生博士」とあり）

源　寛　奉試及第補二文章生一〔天長十年頃〕（『三代実録』貞観十八年五月二十七日条）

安倍清行　承和三年春補二文章生一玄衡兼至詩、以レ明為レ韻、四字成レ篇、字安□（『古今和歌集目録』）

大中臣清世　文章生従六位上為二領（渤海）客使一（『続日本後紀』承和九年四月丙子条）

利基王　少年入レ学、頗渉二史漢一、承和末年〔二十六歳以下〕為二文章生一（『三代実録』貞観八年正

月二十四日条）

藤原家宗　承和年文章生（『公卿補任』貞観十三年条）

橘　広相　貞観二年四月補㆓文章生㆒字朝綾（同元慶八年条）

都　良香　貞観二年四月二十六日補㆓文章生㆒聴古楽詩、以㆑臥為㆑韻、五言十二句成㆑篇、字都賢（『古今和歌集目録』）

潔世王　文章生無位、授㆓従四位下㆒（『三代実録』貞観二年十一月十六日条）

味酒文宗　左京人文章生無位、賜㆓巨勢朝臣㆒（同貞観三年九月二十六日条）

菅原道真　貞観四春補㆓文章生㆒十八（『公卿補任』寛平五年条）

文室長省
藤原有風
同　興範
土師連胤
惟良高望
令㆑預㆓春文章生之試㆒（『類聚符宣抄』九貞観八年閏正月十五日）（勿論応試のみで、及第したとは限らないが、この中連胤は『三代実録』元慶元年十二月二十七日条に「左京人文章生賜㆓姓菅原朝臣㆒」とあり、有風・興範は後にも出る）

清原善胤　正六位下
藤原有風　蔭孫従八位上、年二十六
預㆓文章生之試㆒（同九貞観十一年十月二十八日）

藤原継蔭　貞観十三年四月十七日補㆓文章生㆒（『古今和歌集目録』）

菅野惟肖　文章生従八位下、為二領帰郷渤海客使一（『三代実録』貞観十四年四月十六日条）
藤原興範　貞観十五年春文章生字常生（『公卿補任』延喜十一年条）
三善清行　貞観十五年春文章生字三耀（同延喜十七年条）
永世有守　文章生正八位上、賜二淡海朝臣一（『三代実録』貞観十五年五月二十九日条）
紀長谷雄　貞観十八年春補文章生字紀寛（『公卿補任』延喜二年条）
高向利恒　学生、預二文章生之試一（『類聚符宣抄』九元慶二年二月十九日条）
良峰秀崇〔岳〕　元慶三年十月十日補二文章生一該永詩字良岑（『古今和歌集目録』）
有　相　王　左京人文章生無位、賜二姓平朝臣一（『三代実録』元慶四年正月二十六日条）
多治有友　文章生従八位下、為二領帰郷渤海客使一（同元慶七年四月二日条）
藤原菅根　元慶八年春補二文章生一字右生（『公卿補任』延喜八年条）
元慶八年春補二文章生一龍図授義〔議〕詩、以レ徳為レ韻、百字成レ詩（『古今和歌集目録』）
矢田部名実　元慶八年六月二十一日補二文章生一龍図授警〔議〕（同右）
大江南紀　学生大初位下、令レ奉二文章生試一（『類聚符宣抄』九仁和二年十月十九日）
橘　有株　文章生、授二従五位下一（『三代実録』仁和三年正月七日条）

この外『外記補任』に坂上能文（仁寿二年）島田忠臣（貞観八年）島田良臣（同十五年）忠宗是行（同十六年）島

田惟上（元慶七年）が元文章生、紀有世（仁和元年）菅原宗岳（同年）が進士として出ており、『経国集』十一に大枝真臣、藤原令緒が文章生として出ている。又『経国集』十三・十四に「奉レ試……」と題する詩の作者を数人数えられるが、ここには除いた。

まず弘仁頃までをとって考えると、朝野鹿取・嶋田清田・長岑高名・多治貞岑のように比較的卑い層出身のものが見えるのは、発生の事情からいって固よりしかるべき所で、名の知られない文章生は多くこの種類ないしはこれ以下の出身のものであったであろう。しかしこの外にここに見られるところでは、五位以上の子孫が最も多数を占め、中には三位の子、一位大臣の子、一品親王の王子等さえ見られるのは明かに貴族の紀伝科への関心を物語るものであろう。かかる関心の高まりにつれて、定員少き文章科には希望者を収容し切れず、これに採用する為に文章生試なる試験が行われるようになった。従ってまず広義の明経道即一般科に入学して紀伝道的教科を学び、試を奉じて及第の後文章生となるようになった。文章生試なるものは紀伝科発生当初には見えず、菅原清公の延暦八年頃「奉試補ニ文章生一」したのが正にその初見である。故にその試験の内容も弘仁十一年規定以前はいかなるものか明かでない。一般科へ入学し更に文章生となった例はこの表でいくつか見出され（鹿取・弘貞・清田・真綱・深江・高名・衛・正躬王・貞岑・大滝・利基王等）藤原衛の「七歳遊レ学、十八奉ニ文章生試一及レ科」とあるのは最もはっきりとこのことが示されている。また明経道の項に述べた紀伝道的教科学習の理由の一半もこのことによって明かとなり、文章生となる以前「渉二史漢一」「渉二経史一」「読二史伝一」「渉二史書一」「渉二読史漢一」等といわれた史料も見出されるが、更に確然とこのような伝記でなく当時の文書として、かかる事情を示すものは、前表の中の元慶二年仁和二年の学生をして文章生試を奉ぜしめた史料であって、この学生は勿論一般科のそれであろう。

右に述べた如き貴族の紀伝道への関心の高まりは、極まる所、貴族による紀伝道の独占の企図とまでなった。即ち弘仁十一年十一月十五日の官符（『本朝文粋』二天長四年六月十三日官符所引）には、

案二唐式一、照文崇文両館学生、取二三品已上子孫一、不レ選二凡流一、今須下文章生者取二良家子弟一、寮試二詩若賦一補上之、選二生中稍進者一、省更覆試、号為二俊士一、取二俊士翹楚者一、為二秀才生一、

とあって、唐の照文崇文両館の学生採用標準に模して良家の子弟を取り、大学寮が詩または賦を試してこれに補することとした（文章生試の内容の明瞭な規定が始めてここに見られる）。良家とは天長四年の文章博士都腹赤の牒の解釈によれば「似レ謂二三位以上一」とある如く、他よりも比較的庶民的に近かった紀伝道の内容が一変して貴族化された（俊士秀才生については後述。なお弘仁十二年の文章博士相当位引上げもこの貴族化に呼応している。後述）。勿論これは四位の子たる小野篁が弘仁十三年文章生となっている如く厳密に守られなかったとしても、より下級なものに対しては恐らく門戸の閉鎖は実施せられたであろうと思う。しかしながらかかる急激なる変化は容易に行われるものでなく、これ

をより戻さんとする力はたえず働き、遂に後年、文章生中稍〻進者を選んで省が試して補した所の俊士五人の規定について「雖レ非ニ良家一、聴レ補ニ之ヲ俊士ニ」という勅旨が出た（同前天長四年官符）。文章生規定はそのままであるから、この俊士は文章生中から選ぶのでなく一般からであり、即ち俊士・文章生が上下階層的であったのが、並列的となり、庶民的貴族的の相違となり、貴族独占の一部に破綻を生じたのである。その祖父は伊勢員弁郡少領、その父も漸く周防大目という地方下級官吏の子孫たる猪名部造（後の春澄朝臣）善縄が弱冠（弘仁七年）入学し、天長之初（元年として二十八歳）奉試及第俊士に補せられたのは（『三代実録』貞観十二年二月十九日条）、入学後数年にして文章生となる道を絶たれ、右の勅旨が出るに及んで俊士に補せられたものであろう。このように貴族化を押切ることが出来ず、反動をうけて庶民的なものとの混在の形となった紀伝道は、これを清算して結局再び最初の状態に戻すべきことが叫ばれた。即ちそれは天長四年の文章博士都宿禰腹赤の牒状であって、まず、文章生に良家子弟を取ることに対して、

縦果如ニ符文（前引弘仁十一年官符）一、有レ妨ニ学道一、何者大学者尚レ才之処、養レ賢之地也、天下之俊咸来、海内之英並萃、遊夏之徒元非ニ卿相之子一、楊馬之輩出レ自ニ寒素之門一、高才未ニ必貴種一、貴種未ニ必高才一、且夫正者之用レ人、唯才是貴、朝為ニ厮養一、夕登ニ公卿一、而況区区生徒、何拘ニ門資一、竊恐悠悠後進、因レ此解体、

と、学制の機会均等・人才登庸主義を高揚し、英才はむしろ下層より出るものであり、登庸は才を貴ぶべしとし、生徒の採用に門資にかかわることを排撃した。また俊士については、

良家之子（文章生）還居二（俊士の）下列一、立レ号雖レ異、課試斯同、徒増二節目一、無レ益二政途一

と、謂れなき混在の状態を指摘し、文章生を選ぶことと天平の格（白丁雑任）に依り、俊士を永く停廃せんことと、秀才生を旧号に復することの三箇条を請うて許された（『本朝文粋』二天長四年六月十三日官符）。善縄はこれと共に「停二俊士之号一、補二文章得業生一」している（前掲『三代実録』）。右のようにこの紀伝道の異変は僅か数年の間に元通りとなったのであるが、この事件は貴族的なものと、庶民的に近いものとの混在、その葛藤といったような紀伝道の複雑した性質をたま〳〵表面化したものであった。

従ってこの後といえども、この紀伝道の両面性は存続し、八位の子たる土師連胤（前表）が文章生となっている一方、天皇の皇子・親王の御子を初め高位高官の子弟が数多く文章生となっている。その為いわゆる白丁文章生は貴族文章生の為排済され勝であり、出身に際しては決して平等な条件ではなかった（後述）。『延喜式』になると、文章生の候補者たる擬文章生が二十人置かれ、毎年春秋試験（即ち文章生試）して文章生に補し、擬文章生となるにも、寮博士が一史の文五条を試験して三以上に通ずる者を取ったので（大学寮式）、今度は文章生の下にまた一つの段階が生じたのである。

延喜九年五月八日、従八位下秦忌寸基貞を「預㆘試㆓擬文章生㆒之例㆖」らしめているのは、文章生は擬文章生から取るべきであるがそれと同様に扱うことをいったものである。延喜十六年醍醐天皇の朱雀院行幸に際して「擬文章生試」が行われたが、「高風送㆑秋」なる題で七言六韻の詩が課せられ、大江維時の如きこれに及第して文章生となったのであるから（『日本紀略』延喜十六年九月二十八日条、『桂林遺芳抄』、『公卿補任』天暦四年条、『類聚符宣抄』九文章生試延喜十六年九月二十七日）、擬文章生試は擬文章生になる為の試験でなく、擬文章生から文章生になる為の試験で、即ち文章生試と同義ないし、擬文章生以外からも文章生になり得るとして、その一部に当るものであろう。

　文章生から官吏として出身する道程は、文章得業生と為り、登庸試の秀才科か進士科を受けて出身するのが表道であるが、文章得業生は僅に二人という非常に限られた人数であるから、特別に文章生から直ちに対策する道も出来たようである。しかしただそれだけに止まらず、文章生として何年か習学することによって、一定の官職に就く資格を得ることが、制度的規定の有無は明かでないが、事実として行われるに至ったようである。即ち六国史の伝記の文章生の次に記された官職を拾って見ると文章生となって二、三年から数年の間修学して後、文筆関係の少内記や遣唐録事や大学允を初め諸司の判官の程度の官吏として出身している。この時代の終には地方官なる国掾に出て、後対策することが見えて来ている。しかしこの出身に際しても、その出自によって非常に左右されたようで、島田清田の如きは判官でなく主典である所の大学少属になっている。しかしこれは未だよい方であって、白丁文章生の如きは出身が非常に困難であったようである。承和四年、大学寮は文章生を雑任白丁より取るという天平の格を引いて「今諸生等器少二岐嶷一、才多二晩成一、至レ応二文章之選一、皆及二二毛之初一、而人雖二賢良一、未二必位蔭一」とその困難な事情を訴え、「白丁文章生」の出身に預らんことを請い、式部省これを取継いで、勅許が出ている（『日本紀略』承和四年七月丁丑条）。これは白丁文章生は年が相当長じてからでなくては官吏として出身し得なかった事情を示すものであろう。また仁寿三年には文章博士菅原是善は「文章生未二出身一者、及第之後、不レ経二勘籍一、預二考例一」らんことを奏請して許されている（『文徳実録』仁寿三年十月乙卯条）。この意味は恐らく、文章生は文章生試及第以後の年数を以て考を数え、その一定数に達した時を以て出身し得たのであろうが、及第の後勘籍が行われて、雑任白丁の出自のような者は、考数計算の標準が違うというように差別待遇が行われていたので、その差別を撤廃せんとする運動であると見られないだろうか。そしてこれが制度上認められたとしても実際上の効果がどれだけあったかは疑問である。

　文章生から年労に依って就職するのでなく、文章得業生に補して後、秀才か進士かの登庸試を受けるのが出身の表道であることは前に述べた。元来秀才進士等の受験資格は誰にでも与えられたが、事実として学生以外は不可能で、しかもなお学生の学ぶ教科内容とこれら国家試験内容の阻隔の調整を恐らく一の目的として文章生が生れ（天平二年）、同時に直接受験候補者として文章得業生二人が置かれたものと思われる。天長四年都腹赤牒（前掲）に「依レ令有二秀才進士二科一、課試之法難易不レ同、所以元置二文章得業生二人一、随二才学之浅深一、擬二二科之貢挙一」といわれているのはそれであろう。しかし実際に当ってはどのように行われたかを次に見よう（文章生として前出しているものには＊を附する）。

＊菅原清公　学業優長挙二秀才一、（延暦）十七年〔二十九歳〕対策登科、除二大学少允一、（『続日本後紀』承和九年十月丁丑条）

延暦年補二秀才一、年月任二美乃少掾一、十七年二（三イ）月二十五日策、黄帝湯武黄辛沢（春イ）李礼三教（数イ）、四月十三日判不第、五月二日奏申上第、年月任大学少允（『公卿補任』承和六年条）

＊中臣栗原年足　文章生正八位上、対策、延暦二十年二月二十五日監試、菅原清公問、天地始終、宗廟禘祫（『経国集』二〇）

＊道守宮継　文章生大初位下、対策、延暦二十年二月二十六日監試、菅原清公問、調二和五行一、治平民富（同右）

伴　成益　少在二大学一、長習二文章一、応二進士挙一、遂得二登科一、弘仁十四年為二左京少進一（『文徳実録』仁寿二年二月丁未条）

春澄善縄　（天長）五年……停ニ俊士之号一、為ニ文章得業生一、七年対策、詞義甚高、式部省評処ニ之丙第一、是年春内記闕、帝本自重レ士、虚欸ニ此職一、以俟ニ善縄一、至ニ于夏五月一、善縄擢第、六月遂補ニ少内記一、文路栄レ之、……貞観年中追ヨ改策刺（判）一、進為ニ乙第一（『三代実録』貞観十二年二月十九日条）

菅原是善　承和二年月日秀才、二十二、六年七月二十六日策、十一月判、中上、七年六月十日大学少允（『公卿補任』貞観十四年条）二十二〔承和二年〕補ニ文章得業生一（『扶桑略記』元慶四年八月三十日条）文章得業生従六位下―対策処ニ之中上第一、進ヨ叙三階一（『続日本後紀』承和六年十一月癸未条）

和気貞臣　弱冠……後入ニ大学一研精不レ息、二十四〔承和七年〕挙ニ秀才一、二十八〔承和十一年〕対策不レ得ニ其第一（『文徳実録』仁寿三年四月甲戌条）

勅蔭孫正七位上―宜三特補ニ文章得業生一（『続日本後紀』承和八年三月戊寅条）

文章得業生正六位下―対策、判レ之為ニ不第一焉（同承和十年五月癸卯条）

大枝音人*　承和四年挙ニ秀才一〔二十七歳〕五年任ニ備中目一、同九年配ヨ流尾張国一、同十一年秋帰京、同十二年四月十九日献策〔三十五歳〕（『公卿補任』貞観六年条）

承和四年挙ニ秀才一、同五年四月十九（十二）日試、三玄同異、五禽導引（『二中歴』一二）

山田春城　年十五〔承和元年〕入レ学、依レ未二成人一、於二堂後一聴レ講二晋書一、……承和十二年夏〔二十六歳〕対策、下科、明年春拝二少外記一、……明年〔仁寿四年〕春正月四日諸儒改三判対策一云、尺木寸玉、非レ無二瑕節一、況於二大才一、古人猶レ泥、仍置二丁第一、（『文徳実録』天安二年六月己酉条）

味酒文雄　前文章得業生正八位下｜加二叙三階一、以二対策及第一也（『三代実録』貞観二年六月十四日条）

橘*　広相　（貞観）五年三月十日越前権少掾、六年四月補二蔵人一〔年二十七 越前掾〕、八月八日対策及第、八年正月十三日右衛門大尉（『公卿補任』元慶八年条）

大中臣国雄　文章得業生、授二従五位下一（『三代実録』貞観八年正月七日条）

都*　良香　年月日文章得業生　（貞観）十一年六月十九日策〔丙科〕（『古今和歌集目録』）

対策文　神仙　漏剋　善縄問（『都氏文集』五『十訓抄』）

菅*原道真　（貞観）九年転二得業生一、二月廿九日任二下野権掾一〔文章得業生〕、十二年三月対策及第、十三年正月廿九日任二玄蕃助一、〔文章得業生労〕（『公卿補任』寛平五年条）

文章得業生正六位下｜加三叙一階一、以三対策得二中上第一也、須下依二格旨一加中進三階上、而本位正六位下、仍叙二一階一（『三代実録』貞観十二年九月十一日条）

滋野良幹　対策文　明二氏族一、弁二地震一（『菅家文草』八、『都氏文集』五）

尾張掾―方略之試、宜レ令二大内記都宿禰良香問一レ之（『類符聚宣抄』九貞観十五年五月二十七日）

対策文　僧尼戒律、文武材用（『都氏文集』五）

藤原佐世　遣二文章得業生越前大掾従七位下――一饗二讌渤海国使一（『三代実録』貞観十四年五月二十三日条）

文章得業生越前権大掾―宜レ令二大内記都宿禰良香問一レ之、（『類聚符宣抄』九貞観十六年七月二十三日）

対策文　決二羣忌一、弁二異物一（『都氏文集』五）

菅野惟肖*　貞観起家献策、都良香問　分二別死生一、弁二論文章一（『都氏文集』五）

長統貞行　蔭子従八位上、良香問　時務策　化俗、教民（『都氏文集』五）

高丘五常　秀才道真問、叙二澆淳一、徴二魂魄一（『菅家文草』八）

天安元十一文章得業生、（元慶）七年策（『外記補任』元慶六・七年両条）

三善清行*　（貞観）十六年得業生、同十九年二月廿九日越前権少目、元慶四正十一兼播磨権少目、五四廿五対策不第七年五月改判丁第、八正十一任二大学少允一（『公卿補任』延喜十七年条）

対策　道真問　音韻清濁、方伎短長（『菅家文草』八）

巨勢望任　文章生従八位上―補得業生（同一〇元慶七年十月十六日）

*紀長谷雄　文章生従八位下―補秀才（同一〇元慶三年十一月二十日）
文章得業生従八位上―叙二位三階一、以三対策得二丁（乙カ）科一也（『三代実録』元慶七年十二月二十七日条）
対策　道真問　通二風俗一、分二感応一（『菅家文草』八）

藤原春海　文章得業生越前少掾―擬レ奉二策試一、宜レ令三少内記三善清行問二レ之（『類聚符宣抄』九仁和二年五月二十六日）
対策文　立二神詞一（『本朝文粋』三）

小野美材　元慶四年給料、仁和二年秀才（『古今和歌集目録』）

この外『外記補任』に高村忌寸田使（延暦十年）に策家、賀茂峯雄（天安二年）に策と見えている。

まず文章得業生については、文章生と同様に弘仁十一年に異変があって秀才生と改名されているからそれまでを限って考察の対象とする。文章得業生は文章生と同時に天平二年に二人置かれ、特別の給費を得て（『学令集解』所引官奏、『続日本紀』天平二年三月辛亥条）[1]「随二才学之浅深一、擬二二科（秀才・進士）之貢挙一」せられたのであるが（『本朝文粋』二天長四年官符）、実際に秀才進士の試に応じているのを見ると、『経国集』二〇には文章得業生でなく文章生対策の三例（前表の外に紀朝臣真象）があり、進士科に応じた伴成盛も（弘仁十一年三十二歳であるから恐らくそれ以前であろう）文章得業生ではなかったから実際には文章得業生のみが二科の貢挙に擬せられたのではないことが知られる。ただ一つ菅原清公が学業優長秀才に挙し、延暦十七年対策登科したことが見えるが、これは「秀才」が文章得業生の異称美称となってから書かれたものであろうから、清公は恐らく文章得業生になったのであろう。弘仁十一年の異変直前の状態を幸にして示してくれるものは『弘仁式部式』[2]であって、即ち「試二貢人及雑色生一」の条の冒頭に、秀才進士の試の次第が述べられてあり、『延喜式』のこれに相当する場所に文章得業生のそれが規定されていることが注意されなければならない。元来秀才進士が登庸試の科目であるといわんよりは、むしろその登庸試の奉試者（受験者）の名称でもあったと思われる。選叙令に、

秀才取二博学高才者一、……進士取下明閑二時務一、並読二文選爾雅一者上、……皆須二方正清脩、名行相副一、

とある秀才進士の如きはこのようにしか解釈することが出来ない。さすれば文章得業生であっても奉試直前に於いて、秀才あるいは進士と呼ばれてしかるべきであって、しかも実際に文章得業生以外の奉試者がある状態であるから、秀才進士云々とある方がより現実的な規定であった訳である。

即ちこの『弘仁式部式』の規定は弘仁十一年以前に於いては文章得業生の制度は秀才進士二科の貢挙に独占的に擬せられていたのではないことを示すものであろう。

しかるに弘仁十一年前述の文章生の異変と同時に文章得業生の制度も変改された。即ち同年十一月十五日の太政官符（前引）に依って、良家子弟たる文章生から選んだ俊士の中の更に「翹楚」なる者を取って秀才生とし、二人置かれた。これは文章生の貴族化につれての当然の貴族化は勿論のこととして、その外には一見単なる名称の変改だけのようであるが、変改した名称から推して実質の変改の意図を察することが出来る。即ち従来の文章得業生は秀才進士の高低二科の登庸試に応ずる者であったが、秀才生は恐らくその名称から秀才科のみに応ずべきものとして定められたと考えられる。これは紀伝道の貴族化と秀才の出身叙位が明経より高く、進士はより低いという規定から当然な企図であった。そしてこれも文章生と同じようにまた文章博士都腹赤の牒によって、

依レ令有ニ秀才進士二科一、課試之法、難易不レ同、所以元置ニ文章得業生二人一、随ニ才学之浅深一擬ニ二科之貢挙一、今専曰ニ秀才生一、恐応レ科者稀矣、

と理由をのべて、秀才生を旧号文章得業生に復することを請うて採用された（『本朝文粋』二天長四年官符）。春澄善縄は恐らく復活後最初の文章得業生となったものと思われる。このように名称は前に戻ったけれども秀才生の秀才科のみに応ずる為のものという性質はそのまま文章得業生へ継受され

頑強に遺存されて、原則として秀才試に応ずるものは文章得業生に限られるようになり、延喜頃にはこれが法文化されて文章得業生制度の確立を見、従って『延喜式』には『弘仁式』に「秀才進士」とあるに代って「文章得業生」の名が記されるに至り、余り行われない所の進士時務策は僅かに割註で附載されるに止まっている。(3)

天長以後の文章得業生を見ると、多くは文章生となって年代を経たものであるが、中に文章生となった事の見えないのは、ただその事蹟が知られないのであろう。秀才試の為の文章得業生であることは、延いて選叙令の用法における「秀才」が文章得業生の異称となった。この意味の秀才の用法は貞観十一年に出来た『続日本後紀』に菅原清公について出ているが、正式の文書としても、『菅家文章』一〇において元慶三年に紀長谷雄が明かに「補二秀才一」せられている。(4)

文章得業生は文章生の更に上位にあるものであるから、文章生と同様に、登庸試を通過しないでも、就職することが出来た。即ち早く菅原清公は秀才に補して後美濃少掾となり、また備中目（大枝音人）、下野権掾（菅原道真）、越前権大掾（藤原佐世）、越前播磨権少目（三善清行）、越前少掾（藤原春海）というように地方下級官吏に一応任じて、しかる後登庸試に応じて対策した者もあった。とにかく文章得業生となって直ちに対策することは許されず二、三年以上の年限を必要とした。『日本紀略』延喜十三年五月四日の条に、

宣旨、諸道得業生課試期、七年已上、方略試、文章得業生、召ニ博士上臈二三人一、

とあるのは文意明かでないが、恐らく『延喜式』（二〇大学寮）に、

凡得業生、補了更学七年已上、不レ計ニ前年一、待ニ本道博士挙一、録下可ニ課試一之状上申レ省、

とある規定がこの時定められたことを示すものであろう。なお前述の文章得業生制度の確立もこの時であろう。即ちこの以前にはなお文章得業生とならないで対策するものもあった。弘仁以前（中臣栗原年足・道守宮継）は別としても、山田春城・橘広相・滋野良幹・菅原惟肖等がそれであって、文章生から地方官に任じた後対策等していて、後の二人は後世「起家献策」の先例として挙げられている。しかるにこの以後は原則としては文章得業生であることが応試に必要な資格とされ、文章得業生となってから対策迄の年限も七年と厳格な規定を見、『延喜式』にもこれが載せられたのであるが後間もなくまた崩れるに至っている。

進士科の登庸試は従って行われること稀となり、僅に蔭子従八位上長統貞行が都良香を問者として時務策を作っていることが知られる程度である。

この秀才科および進士科の登庸試の内容、即ち方略策および時務策等の文章は表に見らるる如く、その題のみ知られるものもあり、内容の文章の残されているものもある。仮令、それが類型的思想内容であっても、他に著述といったようなものの見られない彼らにあって、その思想の窺われる唯

一のものであり、他道にはかかるものはないから、紀伝道を著しく特長づけるものである。元慶六年菅原道真が秀才課試に新たに法例を立てんことを請うている（『菅家文草』九、元慶七年六月三日）。それは三ヶ条であって、㈠方略策は二条に定められており、その中で多くの義を含ませるようになっているので限例を立てたい。㈡律で禁じている所の玄象器物・天文図書・讖書・兵書・七曜暦・太一・雷公式等に関することを策問するのは穏でないからやめたい。㈢対策の成績についての令の規定中、上中（文理共平）が不明であるからはっきり準的を立てたい。この三条を「秀才者国家之所レ重、策試之道不ニ敢為レ軽」として処分を請うている。これは秀才試（即ち方略試）が重要視せられ、しばしば行われて、その体験上から、これらの法例を立てる必要が痛感されたと見るべきであろう。

　紀伝道の教官たる文章博士は令外官であって、神亀五年に僅に一人を置かれ、正七位下の官と定められたので、文章生の規定と相俟って、当局の紀伝道観を窺うに足るのであるが、その後教化内容の時流に投ずるに従って擡頭し、奈良時代末期既に大学頭を兼ねる者が出、平安時代に入って東宮学士・大外記を兼ねるものも出来、大同三年直講を割いて紀伝博士を置いたのは、結局明経道の勢力の一部を割いて紀伝道に加えたこととなると思われるのであるが、承和元年紀伝博士を廃して、文章博士を一員加えて二人とするに及び、この事が如実に形になって現われた。この間一層の文章博士の擡頭を語るものは、文章生規定の貴族化を見た弘仁十一年の翌十二年に文章博士の相当位を正七位下から明経博士を超えて従五位下の官に引上げたことである（『類聚三代格』五弘仁十二年二月十七日官符）。この官符に文章博士を唐の国子博士に比しているのは、国子学が経術を教授する所である所から考えると、貴族化の為の不手際な口実（国子学生は大体三品以上の子弟、博士は五品でここに連関を見出したらしい）としか考えられないのであるが、更に前年の文章生貴族化については文章生を昭文崇文館学生と比していて、そこに統一がなく、いよいよ苦しまぎれの口実であるとの感じを深くさせられる(5)（職分田が明経博士を超えて増大したことは前にのべた）。と共に、それだけ紀伝道の内発的な貴族化の勢が切実なものであったことを示すものであろう。

姓名	改姓名	文章博士	本居	移貫地	出典
朝原忌寸道永	朝原宿禰	延暦六見			『続紀』三九
賀陽朝臣豊年		延暦十六見			『後紀』一三
高村宿禰田使	元高宮村主 同春原連 同高村忌寸	延暦頃		右京人	『経国集』『続紀』三八、『後紀』一二
菅原朝臣清公		弘仁十任 天長二任 天長六任			『続後』一二、『公卿補任』『二中歴』二
桑原公腹赤	都宿禰	弘仁十三見			『文実』四

惟良宿禰貞道		承和三遷			『続後』五
春澄宿禰善縄	元猪名部造 後春澄朝臣	承和十任	伊勢員弁郡	左京人	『続後』一三、『三実』一七
菅原朝臣是善		承和十二任			『続後』一五
巨勢朝臣文雄	元味酒首	貞観九任		左京人	『三実』五・一四
橘朝臣博覧	広相	貞観九任 元慶八任			『三実』一四・一五
都宿禰良香	元名言道 後都朝臣	貞観十七任		左京人	『三実』二一・二七・三二
菅原朝臣道真		元慶元任			『三実』三二
菅野朝臣惟肖		仁和三任			『三実』五〇
紀朝臣長谷雄		寛平三任			『公卿補任』

右の如くであるから、この時代に文章博士となったものを見渡しても、明経道の場合と違った様子を看取することが出来る。(6)

まず考えられるのは、明経道に於ける東西文部の如き氏族的遺制が認められないことで、ほとんど秀才試を奉じて対策出身した者であり、そうでない者も恐らくただその事蹟が知られないのであろう。初めの中でも朝原道永・賀陽豊年・高村田使はいずれも東宮学士を兼ね、道永は大学頭も兼ねたが、それ以上大した擡頭はなかった。弘仁十一年文章生の貴族化・十二年の文章博士相当位上昇・承和元年の文章博士増員の時の文章博士はいずれも菅原清公であって、彼の名はまた紀伝道関係の建造物と考えられる所の文章院の創立者としても記憶せられており、紀伝道の擡頭貴族化に最も与って力があった人物であったと思われる。文章生の貴族化は都腹赤の建議によって制度的にのみではあるが除かれたが、博士のそれは改められず、清公は大学頭のみならず、やはり儒職とされるに至った式部大輔となり、従三位に昇り公卿に列し、その後は是善・道真等の彼の子孫や、春澄善縄・橘広相・紀長谷雄の如きはいずれも公卿に列し、道真が大臣にまでなったことは人の知る所である。このように文章博士ないし紀伝道が明経博士ないし明経道よりも、順序として後に位し、規模が小でありながら、重要視せられた事実は文章博士菅原道真が「請三被レ補下文章博士一員闕上共済二雑務一状」に「検二大学諸道博士一、明経之学所レ習惟大、故官無二暫曠一、五人全備、筭明法書音等生徒雖レ少常補二二員一、文章則学業非レ小二於明経一、博士猶同二於書筭一」といっているのに当事者の自覚ないし自負がよく表われている(7)（『菅家文草』九元慶八年二月二十五日）。

氏族制の遺制に煩わされることの少なかった紀伝道では、却てまた、新しき氏族の世襲に一歩魁けて踏込んでいるようである。都腹赤・良香の叔姪はともかくとして、菅原三代の世襲は「文章博士非レ材不レ居、吏部侍郎（式部大輔）有レ能惟任、自二余祖父（清公）一降二余身一、三代相承、両官無レ失」と道真の自負したように（『菅家文草』二「講書之後戯寄二諸進士一」の詩註）最初は人材の連出にも原因していることは勿論であるが、この後の教官世襲の風の基を開いたものであった。

紀伝道の教科内容については、前にも述べた如く、これを学ぶものが文章生二十人に限られず、明経道（一般科）学生もまたこれを学ぶものが少なくなく、それらは文章博士に就いて学んだと思われるので、一人では不足となり、遂に直講一人を割いて紀伝即ち『史記』『漢書』『後漢書』の三史等を教授するものとして、紀伝博士なる独立した名称を付し、あからさまに明経を割いて文章に加える変動を避け、ある年月を経て後これを文章に正式に編入したものと思われ、従ってこの間に於ける文章博士の掌る教科内容が、三史を除いた『文選』『爾雅』等に狭められていたとは恐らく考えられないであろう。しかしこの紀伝も、紀伝道の制度上貴族化の期間に於いては、貴族化されざる紀伝道内の小分科としての存在価値は持っていたものと思われる。

まず本来的な教科として『文選』は、修辞の豊麗と思想内容の単純さとを以て当時知識社会の大なる歓迎をうけた。後には『白氏文集』と併称されているが、大学教科としては『文選』のみ学ばれたことはいうまでもない。藤原常嗣は少にして入学、文章生になったことは見えないが「渉㆓猟史漢㆒、暗㆓誦文選㆒」しており（『文徳実録』仁寿元年九月乙未条）、藤原諸成は文章生となり、「暗㆓誦文選上帙㆒、学中号為㆓三傑㆒」といわれている（同上斉衡三年四月庚寅条）。また侍読としては菅原清公が嵯峨天皇に（『続日本後紀』承和九年十月丁丑条）、春澄善縄が文徳天皇に、橘広相が光孝天皇に侍読している（第四章参照）。菅原是善は仁寿元年四月五日始めて『文選』を講じ、斉衡二年三月二十一日講じ畢っている（『公卿補任』貞観十四年条）。また斉世親王の入学に際しては文章博士紀長谷雄は『文選』を講じており（『日本紀略』寛平八年二月十三日条、前田本『西宮記』）、その後も、恐らく大学寮の講義と思われるが『文選』を講じている（同寛平八年十月十九日条）。

『史記』は『漢書』と共に「史漢」、他の史書と共に「史伝」、史書と経書を伴せて「経史」等の熟語を以て、文章生も、文章生とならず一般科に学んだ者もこれらを学んだことが数多く知られることは既に前に述べた如くである。昌泰二年には文章博士藤原菅根をして『史記』を講ぜしめ（『類聚符宣抄』九講書、五月十一日）、尋いで文章博士三善清行をして菅根の読遺す所の『史記』を講じ竟えしめており（同上昌泰三年六月十三日、『日本紀略』）、こえて北堂（即ち文章院）に於いて史記竟宴が行われている（『日本紀略』延喜元年五月十五日条）。延長三年伊予権守橘公統が『史記』を北堂に講じているが（同上五月八日条）、公統はやはり文章博士らしい（『扶桑略記』）。侍講に於いては大枝音人が清和天皇に、式部大輔藤原菅根は醍醐天皇に『史記』を授け奉っている。

『漢書』は史漢と並称されて学ばれた以外に、菅原是善は天安元年八月二十九日初めて『漢書』を講じ、貞観六年六月三日講じ畢っている（『公卿補任』貞観十四年条）。また大学寮北堂に於ける漢書竟宴のことが延喜延長頃現われている（『日本紀略』延喜五年十二月某日条、延長元年三月七日条）。侍講としては春澄善縄が仁明天皇に、紀長谷雄が宇多天皇に授け奉っている。

『後漢書』は春澄善縄が承和十年文章博士に遷り、「於二大学一、講二范曄後漢書一、解釈流通、無レ所二淹礙一、諸生質レ疑者、皆洮二汰累惑一」したといい（『三代実録』貞観十二年二月十九日条）。大枝音人は文章博士菅原清公に師事して『後漢書』を読んだという（『扶桑略記』元慶元年十一月三日条）。これらは『後漢書』が史漢と幷んで多く読まれたことを示すが、なお菅原清公は仁明天皇に『後漢書』を侍読している。

右の『史記』『漢書』『後漢書』の三の史書は、奈良時代の天平頃に大学寮に採用されたと思われ、『延喜式』でも『文選』と共にこの三書のみが紀伝道の教科書として挙げられているのであるが、支那の正史としてはなお『三国志』『晋書』が伝っていて、奈良時代既に大宰府の恐らく府学に備える為に三史を申請したのに対して、三史の外にこの二書まで中央から給与している位であるから（『続日本紀』神護景雲三年十月甲辰条）中央の大学寮に於いても当然講ぜられるべきであるように思われるのであるが、『三国志』については所見なく、『晋書』については二、三見えている。即ち山田春城は「年十五（承和元）入レ学、依レ未二成人一、於二堂後一聴レ講二晋書一」いたといい（『文徳実録』天安二年六月己酉条）、延喜頃には大学寮晋書竟宴のことが見えている（『日本紀略』延喜十一年十二月十八日条・同十三年十二月十五日条）。また春澄善縄は文徳天皇に『晋書』を講じ奉っている。

右の大学寮の講書以外に、皇室に於ける侍講侍読、後には貴族に於けるそれに用いられた『老子』『荘子』『白氏文集』、幼学書としての『蒙求』『千字文』『李嶠百廿詠』等が主として紀伝道の人々によって講ぜられていることは、紀伝道の貴族化によって紀伝道の人々が侍講侍読の地位となる者が多かった為といわんよりは、紀伝道そのものがそれらを抱擁し得る発展性のある学科であったことを語るものであると思われる。

紀伝道という名称は、平安初頭にはまだ用例はあらわれず、博士学生の冠称は「文章」であるが、承和から貞観にかけて、学科を「道」を以て呼ぶことと、従って紀伝道という名称も成立したものと思われる。その直前の時期に、博士学生の冠称に「紀伝」を以てするものが置かれてややまぎらわしいが、この一時置かれた紀伝博士紀伝生等は、後の紀伝道の一部を占め、職掌任務を一部分担するものであったと思われる（第二章第三節「紀伝道の成立」参照）。大同三年二月四日太政官符を以て直講員を割いて、紀伝博士一員を置き、その官位は直講に同じくした（『類聚三代格』四『官位令集解』『類聚国史』一〇七）。それが三十年を経ない承和元年三月八日官符を以て紀伝博士一員を停め、文章博士一員を加置いた（同上および『続日本後紀』承和元年四月庚子条）。この時同時に紀伝得業および生徒も停止に従ったのによって見ると、大同三年教官たる紀伝博士のみならず紀伝得業生紀伝生も置かれたことと思われるがその採用標準は明かでない。

右の大同三―承和元の期間に紀伝生ないし紀伝得業生となった者は一人も知られない。紀伝博士は二人その名を知られる。

姓名	改姓	紀伝博士	本居	出典
勇山文継	勇山連 安野宿禰	弘仁二見	河内	『後紀』二〇・二一、『経国集』序
坂上忌寸今継		天長元停		『後紀』序、『外記補任』

紀伝博士学生の間に授受される教科内容はその名から推して、三史等の支那の史書であろう。即ち紀伝道の一部の教科を担当したものである。しかし講書の事実もまた知られない。侍講として文継が嵯峨天皇に『史記』を授け奉っており（第四章参照）、また今継に「詠レ史」の詩が伝っているのは（『凌雲集』）その内容を窺うべき片鱗であろう。

（1）『続日本紀』の記事では少数学生給費のことのみで、『学令集解』所引格によって初めてそれが得業生であることが分る。そしてこの後永く文章得業生の名が見えず、対策も文章生がしていること等から得業生制実施が幾分疑われているようであるが、この天平二年太政官奏は他にも見られるように、恐らく初めに改革せんとする新制の要点を表示し、次に改革の趣旨のみを数字名辞等を明示せずにのべたもので、『集解』は前者をかかげたのに対し、『続日本紀』の編者は不用意に後の部分のみを採った為に得業生の文字もその確定人数も出ないことになったのであろう。その上延暦頃の明経得業生（善道真貞）の存在も認められるから菅原清公の秀才も文章得業生と見るべきであろう。

（2）九条本『延喜式』二十七紙背。『古簡集影』説明に『弘仁式部式』と推断の徴証を四ケ条挙げ、第四条は「試貢人及雑色」の条に秀才進士とあるは弘仁十一年定められ天長四年文章得業生の旧号に復した秀才生に当るものであることが証とされているが、ここには秀才進士とあって秀才生とはない。且つ秀才生の定められたのは弘仁十一年十一月十五日の官符に拠ってであり、『弘仁式』の撰上は四月二十二日であるからこの徴証は成立たない。しかし他の個条によって『弘仁式部式』たる事に動きはない（和田英松博士『本朝書籍目録考証』弘仁式の条には、第二条を二に分られて五ケ条となり、問題の条は第五条となっている）。

（3）なおこの外に同条に擬文章生試の次第が『弘仁式』になく『延喜式』にあるのは、擬文章生の名称の初見される元慶頃が、その創始の時期に近いことの傍証であり、『弘仁式』に明経明法算生等の次第に当るものが『延喜式』に明経明法算等得業生とあるのは『弘仁式』のは登庸試たる明経科に応ずる者の意であり、しかしてこれに応ずる資格者が恐らく延喜十三年文章得業生制度確立と同時に明経明法算得業生に限定された為に『延喜式』では得業生の文字が加えられたのであろう。

（4）文章得業生の異称としての秀才と並んで、進士を文章生の異称として用いられるに至っている。貞観四年藤原良相上表に「右大弁南淵朝臣年名身為進士……」とあるのを（『三代実録』同年十二月二十七日条）彼が文章生であったこと（『公卿補任』）を指したとすれば、早い用例であろう。

（5）文章博士の唐名の中に「国子博士」の見出されるのは弘仁十二年格の趣旨に合い（『拾芥抄』中官位唐名部三）、「昭文館学士」とも見えるのは弘仁十二年格に対応して生じた説と思われる（同上および『伊呂波字類抄』四タ官職大学寮）。

（6）林宿禰沙婆が『凌雲集』で「晩年帰二学館一」とあるは、文章博士となったのではないかと思われるが分らない。彼は大同元年東宮学士となっている（『日本後紀』同年五月壬午条）。

（7）このような紀伝道側の自負に対して、明経道側からいわせれば、明経は飽くまで「根本之道」であり、これに対して文章明法等は「小道」であった（『類聚符宣抄』九安和二年八月十一日宣）。

三　明法道

明法道は平安時代の初頭に膨張を示している。明法生は天平二年に十人置かれ、白丁雑任より取ったが、延暦二十一年六月八日官奏によって、「勤二課律学一、只置二一十之員一、自レ非二抜羣一、誰応二高挙一」とて十人を二十人に増員した。(註) 即ち登庸試たる明法科を通過するより前に、明法生に補せられること自身が困難となって来たのでそれだけ明法道に学ぶ者も多かったのであろう。

伴　宗　出レ自二外国一、少入二大学一、専二心法門一、習二読律令一、始為二大宰明法博士一（『文徳実録』斉衡二年正月己酉条）

御輔長道　元明経生、後学二律令一、号二別勅生一、官給二衣食一、同二得業生一、学殖漸優、奉試及第（『三代実録』貞観二年九月二十六日条）

讃岐永直　幼歯二大学一、好読二律令一、性甚聰明、一聴暗誦、弘仁六年（三十三歳）補二明法得業生一、兼二但馬権博士一、数年之後、奉試及第（同貞観四年八月是月条）

漢部松長　明法得業生（『令義解』天長十年二月十五日序）

桜井貞世　明法得業生（『三代実録』貞観十五年十二月二日条）

このように遊学の記事の知られるものは数は少ないが、これらはほとんど全て明法道の教官となったというように専門家のみであって、この外にも相当の数――明経生ほど多くないのは勿論であるが――の明法生の存在は想像出来る。そして登庸試の明法科の方法が律七条令三条を試して八以上に通ずるを及第とする（考課令）に対して、それでは「学者弥倦、罕レ習二其業一」であるからとて、六七条を通過したものを国博士に任ずる規定が作られたのは（『類聚三代格』五弘仁四年三月二十六日官符）、登庸試の困難な為の出身の便法であって、この便法は更に恐らくこの前後から後の道挙の如く、ある若干の官職に対して、明法生となって、ある期間明法学を修得しただけでそれに出身することが許されたようになったと思われるのである。そして前表の長道・永直が別勅生または得業生から登庸試の明法科に応じているのは数少ない出身の正統的系路を辿ったものの例であろう。右の便法に依って出身したものは恐らく明経道について考えられたように、下級官吏に止って事蹟が湮滅された者達であり、紀伝道に見られたように官吏の教養として学ばれなかった。即ち当時の上級官吏の学ぶべき常識は法律にはなかったようであって、法律は一種の技術的なものとして学ばれたようである。従って明法道の教官を見ても、

氏名	改姓名	明法博士	本居	移貫地	出典
讃岐公広直		大同二見			『政事要略』六七
物部敏久	物部中原宿禰 興原宿禰	弘仁二見	三河		『後紀』二二、『類史』九九、『法曹類林』一九二
穴太内人			近江カ		『令集解』、『法曹類林』二〇〇
螺江部継人	貞江連	弘仁十三見			『要略』六九、『類史』九九
額田国造今足	額田宿禰	弘仁十三見			『要略』五三、『類史』九九
讃岐公永直	讃岐朝臣	天長七任 斉衡二任	讃岐寒川郡	左京三条二坊	『続後』五、『文実』七、『三実』六
讃岐公永成	讃岐朝臣	承和三見	讃岐寒川郡	左京三条二坊	『続後』五
御輔朝臣長道		承和七任			『三実』四
伴良田連宗	伴吉田連 伴宿禰	嘉祥二任			『続後』一六・一八・一九・二〇
粟凡直鱒麻呂	粟宿禰	貞観四見	阿波板野郡		『三実』六
宍人朝臣永継		貞観六見			『三実』八
桜井田部連貞雄不麿	貞相	貞観十一見	讃岐三木郡	右京六条一坊	『三実』一六・二四
秦公直宗	惟宗朝臣	元慶元見	讃岐香河郡	左京六条	『三実』三一・三二・四四
紀春宗	凡直	元慶五見	讃岐大内郡	右京三条	『要略』六七、『三実』四五・四八

忌部濬継	元慶八見	『三実』四五

このように、明法道の教官は紀伝道の教官よりもむしろ明経道の教官に似て、氏族制の遺制は認められないが、卑姓出身の者多く、従って賜姓移貫のことも多く見えている。そして彼らの本居が四国特に讃岐に多く見られることは、讃岐が法律知識が発達した国であるとは従来いわれているが、京文化浸潤度の多い以外に氏族制等との関係があるか否かは明かでない。彼らもまた教官外の官職としては大判事等の刑部省関係、衛府関係等に限られ、法律智識を基礎に政治の要路に当るというような事はなかった。

明法道の教科内容は勿論我が現行法たる律と令とであって、『延喜式』では律を大経、令を小経に準じている。大学寮諸道の中にあって国書を教科とする唯一のものではあるが、法源が大陸系統であることは勢い彼を模範としたようで、大判事興原敏久・明法博士額田今足が刑法難義数十事を抄出して大唐に遺問せんと欲したことはこのことを語るものである。平時の講授の模様を記されたものはないが、明法博士讃岐永直が斉衡三年老いて骸骨を乞い、再三請うて許されず、天安二年文徳天皇は「明法博士是律令之宗師也、惜下其歯在二耆耈一不上伝二正説一、宜レ令下二好レ事諸生一、就二其里第一、受中読善説上」との勅を下され、永直は私第に閑臥して律令を生徒に授け、式部省門庭について講竟之礼を行い、法家これを栄としたということは、同時に平時の講授をも窺わしめるに足るものである（『三代実録』貞観四年八月是月条）。

（註）『職員令集解』に「天平二十一年六月八日格云、明法生元十人、二十人今定、算生三十人、二十人今定」とあるによって、従来直ちに天平のこととしているが、『選叙令集解』所引延暦（ここも一に天平に作る）二十一年六月八日官奏、『弘仁格抄』上格二式部上、『日本紀略』延暦二十一年六月壬寅条によって、天平は延暦の誤りであることが明かである。今試みにこれらを綜合して官奏を復源すると次の如くである。

太政官謹奏

秀才明経更開㆓叙法㆒、幷加㆓減明法筭生員㆒事、

秀才上々第　元叙㆓正八位上㆒

上中第　元叙㆓正八位下㆒

已上依㆑旧不㆑改、

上下第　元留省不㆑叙、

今定㆓大初位上㆒

中上第　元留省不㆑叙、

今定㆓大初位下㆒

明経上々第　元叙㆓正八位下㆒

上中第　元叙㆓従八位上㆒

已上依㆑旧不㆑改、

上下第　元留省不㆑叙、

今定二大初位下一、

中上第　　元留省不レ叙、

今定二少初位上一、

右得二式部省解一偁、大学寮解偁、文章博士従五位下賀陽朝臣豊歳、助教正七位上越知直祖継等牒偁、謹案二考課令一、課レ試二秀才明経一、並以二四考一為レ限、案二選叙令一云、二色出身叙法、同以二二等一為レ例、得第叙法具如レ件、今検二法意一、上下中上二等之第、白丁僅得レ留レ省、有位曾无レ所レ進、因レ茲赴学之流无レ意レ果レ業、苟規レ容レ身、競為二東西一、竊尋二其由一、良有レ以也、唐国則音詞自合二文字一、言語常諳二故事一、然猶古来嘉作、其数无レ幾、才美之難往哲所レ歎、此俗則辞義将レ字相乖、飜訳触レ事易レ忘、是故建レ法以降殆向二百歳一、二色出身、未レ及二数十一、因レ此論レ之、難易自明、今以二難レ及之科一、抑二難レ進之士一、恐後生解体、此道廃絶、謹案二開元令一、秀才明経両色出身、並立二四等叙法一、就レ中、秀才上下第正九品上、中上第正九品下、明経上下第正九品下、中上第従九品上、望請準レ拠二唐令一、更開二叙法一、以励二後進一者、省依二解状一、謹請二官裁一者、今検二省解一実合二事宜一、但令条上々上中二等叙法重二於唐令一、推レ尋二其旨一、事在二勧励一、伏望上々上中二等叙法依レ旧不レ改、上下中上二等之法、一依二唐令一、其入色之輩、乃用二此法一、若白丁者降二一階一叙、有位之人、於二本位上一計二本第階一更加叙之、一依二去延暦十三年十月十一日格一、

明法生　元十人
　　二十人今定

筭生　元三十人
　　二十人今定

（明法生・算生増減ノ越旨ノ説明文ヲ闕ク）

以前推レ賢択レ善、往哲弘規、任レ能責レ成、先王茂範、従以高懸二青紫一、旌辟惟降、世之英髦卓絶蓋斯、今乃褒二燿宏才一、局以二二等之第一、勤(勧カ)二課律学一、只置二一十之員一、自レ非レ抜レ群、誰応二高挙一、譬二彼搆廈一、豈須レ棄レ枝、今式部欲下開二求レ賢之路一、敦中崇学之規上、遂有二来請一、足レ為二奨励一、伏望開レ条立レ例、量レ才挙レ能、庶得下家余二儒史之風一、国多中舟檝之器上、謹録レ状、伏聴二天裁一、謹以申聞謹奏、聞、

延暦二十一年六月八日

なお大学寮とのみあって、大学頭の名はないが、『日本後紀』延暦十八年二月乙未条に和気広世が「請レ裁二闡明経四科之第一」とあるのは恐らく秀才の二字を脱しており、この官奏を指したもので当時の頭は広世であったのであろう。

四　算　道

算道は一般科（広義の明経道）以外で令制に専門の教官と専攻の学生が規定せられ独立的地位を与えられた唯一の学科であったが、新設の紀伝明法両道に次第に圧倒されるようになり、平安時代の初頭延暦二十一年六月八日官奏によって、明法生が十人から二十人に増員されると共に、算生は三十人から二十人に減ぜられた（前項註参照）。それでもなお書音等より盛大であって、明経紀伝明法と共に大学寮の四道を形造るに至っている。遊学算を学んだ例としては、

氷継麻呂　晩而入学、日夜不倦、精於筭術（『文徳実録』斉衡三年四月戊戌条）

大宅浄統　貞観七年四月七日……筭生……准得業生令課試（『類聚符宣抄』九康保四年十一月二十七

日）

小槻在雄　同十二年八月一日……笇下生……准得業生令課試（同右）

家原繁居　笇得業生（『三代実録』貞観十四年八月十三日辛亥条）

これもまた実際遊学者の極く一部分に過ぎないものであろう。そして浄統・在雄に見らるるように、算道の教官等になるものさえ得業生を経ずに、それに准じて課試を行うことが見えている。諸司の算師とか主税主計寮等は算道の出身者を待受けていたことであろう。

次に教官を見る。

姓名	改姓	算博士	本居	移貫地	出典
氷宿禰継麻呂		承和八任	左京人		『文実』八
家原連氏主	家原宿禰 家原朝臣	仁寿二見 斉衡三任 貞観元任	左京人		『文実』四・七・八、『三実』二・二三
有宗宿禰益門		斉衡元見			『文実』六
家原朝臣縄雄	家原朝臣	貞観十一見	（氏主ノ子）		『朝野群載』一三、『三実』二三
小槻山公今雄	阿保朝臣	貞観十五見	近江栗太郡	左京四条三坊	『三実』二四・二七

家原朝臣高郷	元慶七見	『東寺文書』礼元慶七年三月四日
大宅朝臣浄統	仁和三見	『三実』五〇

僅かな例ではあるが、やはり明法等と同じく卑姓出身のもの多く、また後に算道を世襲する氏族たる小槻氏の祖といわれる阿保今雄のいることは注意に値する。なお三善清行が「遊学之次」紀伝学を学ぶ傍ら「偸習二術数一」ったのは（『本朝文粋』七昌泰三年十月十一日清行奉菅右相府書）三善氏が算道の教官を世襲するに至る基であろう。算道の教官は多く主税主計木工等寮の官人を兼ねて、学術の理論のみでなく、応用方面にもまた活動していた。

五 書道

書道は職員令に書博士二人のみが記されているが、学令に書学生の文字がある所からすれば教官学生が揃っていたのかも知れない。しかし大学寮に入って書学生となったという実例は一も見ることは出来ない。平安時代に入って一般科の学生が「能二隷書一」くし「習二草隷一」うた例は前述した通りで、彼らはこれを書博士に学んだのかも知れない。平安時代初期の書博士の実例を見ると、

姓名	改姓	書博士	本居	移貫地	出典
佐伯直葛野	佐伯宿禰		讃岐多度郡	左京	『弘法大師弟子伝』上東寺二世実慧僧都伝、『三実』五
佐伯直酒麻呂	〃		〃	〃	同右
佐伯直豊雄	佐伯宿禰	貞観三見	讃岐多度郡(酒麻呂ノ男)	右京	『三実』五
佐伯宿禰貞敏		貞観六見			『三実』八

このように僅か四人であって、それがすべて同姓であることが注意される。豊雄が「以二彫虫之小芸一、忝二学館之末員一」くすという如く(『三代実録』貞観三年十一月十一日条)、学館に於いて重要視せられず、独立性を失って大学寮の四道からはみ出るに至っている。彫虫之小芸とある如く、また僧実慧が葛野・酒麻呂等に就いて儒術を受学したという如き、なす所書そのものに止まっていなかった如くであり、また内外諸司、国印の字様を書くというようなことも、書博士の副次的な仕事であった(『延喜式』一一太政官、同一三中務省)。

六　音　道

音道は最初は大学寮に音博士二人のみが置かれて、一般科の学生が経書の講義を聴くに先だって、音読を学んだものとされているが、平安時代の初めには「音生」と称せられるものが置かれるに至った。

これより先、平安時代の初頭に明経生等の漢音学習の奨励が行われている。即ち延暦十一年の勅に、

如レ聞、明経之徒、不レ事レ習レ音、発声読誦、既致二訛謬一、静言二其弊一、尤乖二勧誘一、宜レ令二大学及国学明経生等兼習一レ音、

とあって、明経生をして漢音を熟習せしめ（『令抄』学令音博士条所引格、『日本紀略』延暦十一年閏十一月辛丑条、『弘仁格抄』上格三式部下）。十七年格には、

太政官宣

一諸読書出身人等皆令レ読二漢音一、勿レ用二呉音一、

一大学生年十六已下、欲レ就二明経一者、先令レ読二毛詩音一、欲レ就二史学一者、先令レ読二爾雅・文選音一、

右大納言従三位神王宣、奉レ勅、件二条、宜下仰二所司一永令中施行上、

延暦十七年二月十四日

とある。[1] 読書出身とは、学令に一般科の学生が初めに読者として音博士に就いて経書の音を学び、

次に講者として博士について講義をきく、この読者としての過程を修めたのみで出身する方法、即ち『延喜式』で所謂「白読課試」によって出身する方法がこれ以前に規定せられ、その方法が前と同じく呉音（支那南方音）を用いず、漢音（支那北方音）を用いることを定めたのである。次の条に於ける「史学」は紀伝道の意で、即ちここに明経とも紀伝とも未だ定まらない一般科の学生があって、明経を専攻せんとする者はまず『毛詩』の音を読み、紀伝を専攻せんとする者は『爾雅』『文選』の音を読むべきことを規定したものであろう。このように音道に於いては、奈良時代以来、漢音の奨励がなされたが、未だ音道専攻の学生を置くまでには至らなかったようである。しかるに、弘仁八年四月丙午十七日には、

勅云々、宜下択二年卅已下聴（聰）令之徒入色四人・白丁六人一、於二大学寮一使上習二漢語一

と令せられており（『日本紀略』）、『弘仁格抄』上格三式部下には、「応レ置二音生四人一事　弘仁八年四月十七日」「応レ習二漢語一事　弘仁八年四月十七日」とあって、音生を置いたことになっており、四人とあるのは恐らく入色四人の者のみが音生の名称を付せられ、他の白丁はあるいは『延喜式』に見ゆる漢語生に当るものでもあろうか。なお同様『延喜式』に見える漢語師は生に於ける関係と同じく音博士定員外の粗同じ職掌を持つものであろう。かくて学令になかった音生が存在するようになったが、朝野鹿取が「少遊二大学一、頗渉二史漢一、兼知二漢音一、始試二音生二」とあるは（『続日本後紀』承和

十年六月戊辰条)、どう年代を繰っても延暦年間より下るとは考えられず、恐らく試音生とは前述の白読課試を鹿取が行ったことをいうものなるべく、『学令集解』の束脩を規定した条に、

釈云、……依レ文音博士不レ入二此例一、案律音竿生等各入二其博士一耳、

とある音生も令釈の成立が奈良末平安初めに在るといわれるところからして(瀧川政次郎氏『令集解釈義』八四頁)読者の課程にあるものを指したと見ることも出来るが、同書先読経文条に、

穴云、……其音生句試放二読者試一也、

とある如きは、明かに読者たる課程にある者以外に、初めから音のみ学ぶのを目的とする音生の存在を示すものであって、恐らくは弘仁八年以後の状態を記したものであろう。

即ち一般科学生の学習課程の読者講者の中、読者の修了のみで出身が許されるようになり、この読者の課程にあるものに対して音生の名称が附されるに至ったが、弘仁八年になって、初めから音のみを学習し、音によって出身することを目的とする学生を正式に規定してこれに対して音生の名称を附するに至ったものであろう。その定員の少数なのは恐らく、将来の音博士候補者として以外に音のみを以てしては活動の余地がなかった為であろう。

音道の教官たる音博士はその教科内容の性質上奈良時代までは帰化人の子孫が多かったけれども、平安時代になると既に情勢は変化して来て、必ずしもそれに限らないようになって来ている。(2)

姓名	改姓	音博士	本居	移貫地	出典
六人部連門継	高貞宿禰	天長十見	右京人		『伝述一心戒文』、『続後紀』一
清内宿禰御園		承和二以前			『外記補任』
物部彌範		嘉祥二見	近江愛智郡	左京六条二坊	『続後紀』一九
上毛野朝臣永世		貞観二見			『三実』四
清内宿禰雄行	本姓 凡河内忌寸	貞観六見	河内志紀郡		『三実』八・四三
秦忌寸永宗	惟宗朝臣	元慶七見	山城葛野郡		『三実』四三・四四

奈良時代の音博士唐人袁晋卿の子である浄村宿禰浄豊が藤原真川によって推挙されているのは音博士を望んだと思われるが効果は明かでない（『性霊集』四）。清内御園と雄行とは恐らく同族であろう。雄行が文徳天皇の龍潜時代に『李嶠百廿詠』『孝経』を侍読した事は（『日本紀略』元慶七年六月十日条）音博士が音そのもののみを業としたのでないことを示している。いわば学習の最初の課程ということから、幼学的傾向を生じたものと見るべきであろう。(3)

漢音奨励は仏教界へさえ及んでいたので、延暦十二年には漢音を習わなければ得度させないこととし（『日本紀略』同年四月丙子条、『類史』一八七）、同二十年にも年分度者に「習二漢音一」うことが要件とされた（『類史』一八七仏道一四度者四月丙午条）。そしてその音を試すものとしては大学寮から音博士を遣わすことになっていた（『延喜式』二〇大学寮）。高貞門継は現に大同四年綱所に参って漢音を試みている（『伝述一心戒文』）。

漢音による発音が、音道の教科内容であるから、明経紀伝両道のすべての教科書に対してその学習が行われ得る筈であるが、前の延暦十七年格に見えるように、明経または紀伝を学ばんとするにまず読むべきものとして、それぞれ『毛詩』および『爾雅』『文選』が定められた。袁晋卿も「学ニ得文選爾雅音一為ニ大学音博士一」とある如く（『続日本紀』宝亀九年十二月庚寅条）音の学習は紀伝道に於いて特に学ばれたようで[4]あって明経道ではむしろ軽視されたのではないかと思われる。即ち入唐留学した伊与部家守の子で三伝三礼を以て聞えた善道真貞が「旧来不レ学ニ漢音一、不レ弁ニ字之四声一、至ニ於教授一惣用ニ世俗踳駮之音一耳」といわれたのは正にこれを指したものであろう（『続日本後紀』承和十二年二月丁酉条）。文章生出身の遣唐使随員の多かったことが[5]、「若有ニ訳語々所レ不レ通者一、以レ文言ニ伝之一、唐人得レ意」ることにありとすれば（『類聚国史』六六、弘仁十二年八月辛巳条）、音道の習得は彼らの学問の実用的価値を一層増した事であろう。従って日唐公的交通廃止後に音道が急に衰えたのも当然であった。

(1)『弘仁格抄』上格三式部下に前掲延暦十一年格と後掲弘仁八年格に挟まれて「太政官宣委細之篇目可校合類聚格延暦十七年二月十四日」とあり、一条兼良の『令抄』九に一部が引用されているが、桃源瑞仙の『史記抄』九によってその全文が知られ、且つ『令抄』の誤字を正すことが出来る。

(2) 次の表に於いて『法曹類林』二〇〇公務八に「輿原敏久額(田)中今足等問天喜二年四月廿七日音博士
清内御音博士六人部門健 讃岐広直」とあるのを敏久・今足・広直等の年代から推して、天喜を天長、御を御園、門健を門継の誤とすれば門継・御園は既に天長二年相並んで音博士であったことになる。

(3) 音道の幼学的要素は袁晋卿が「口吐二唐音一、発三揮嬰学之耳目二」すといい、また真川の挙啓の初めの方に「童矇開レ眼定因二師訓一」とあるによると、真川が浄豊に学んだ(第六章「音書博士の塾」参照)のは幼童の時からではないかと推測されること(『性霊集』四)等にも見られる。

(4) 奈良時代優婆塞貢進解の一に読経の中に「文選上帙音」を見出すことが出来る(『大日本古文書』二ノ三二五)。

(5) 甘南備清野は宝亀中送唐客使判官となり(『続日本後紀』承和三年四月丙戌条、『続日本紀』宝亀九年十二月己丑条)、菅原清公は延暦中遣唐判官となり(『続日本後紀』承和九年十月丁丑条)、上毛野穎人は遣唐録事となり(『類聚国史』六六弘仁十二年八月辛巳条)、朝野鹿取は遣唐准録事となり(『続日本後紀』承和十年六月戊辰条)、菅原善主は承和年中遣唐判官となり(『文徳実録』仁寿二年十月己亥条、『続日本後紀』承和三年七月甲申条)、長岑高名は承和元年遣唐使准判官となった(『文徳実録』天安元年九月丁酉条)。

七　私的師弟関係の盛行と大学寮の衰兆

前項迄に於いて大まかな観察を以て各道別に考究した結果を総合すると、平安時代初期の大学寮は、学生としてほぼ定員を満たす所の官吏の子弟によって学ばれたのであって、その大学寮の基本的な学科として最も規模の大きな学科は明経道であるが、教官の出自等を見ると氏族制の遺制が残っていて、保守的であり、我国に対する適応性薄く発展性なく、学生も明経学を修めた事蹟の知られるものは極く少数に止まり、明経道のみを問題としては、たとえ大学寮の官吏登庸機能にすがる学生が数に於いて多くを算しても（史料に現われない個所で大衆性を持っていたなどとも、その学問の性質上考えられない）、質が明かでない以上、平安時代初期の大学寮は決して盛であったとはいえない。また明法道も法律智識が当時に於いては官吏の必需智識として要請されることなく、技術的なものとして考えられ、必要に応じて諮問すれば事足りた。算道に至っては初めから技術的なものであり、書音の如きは学科としての独立すら疑問である。しかるに紀伝道は最も我が智識社会の歓迎する所となり、最初幾分庶民的であった文章生を貴族子弟が多く占めるようになり、文章生とならなくても紀伝道的教養を修めに入学する者があった。かかる例は数多く見ることが出来るので、当時の官吏の必需ではないが、いわば流行的に要請せられる智識は紀伝道的なものであった。制度上では一時文章生の貴族化が行われ、文章博士の相当位が昇り、一時紀伝博士・学生が置かれこれは事実上紀伝道の一部であったが、後には名実共に紀伝道に合併され、道の名称としては紀伝道と称されるに至った。このようなめまぐるしい制度の変改は、その一々の場合には口実を唐制に求めていることはあるものの、実際には内発的な必要から起ったものであって、それだけ我が智識社会に融合されてとり入れられ、独自な変改発展をしたものである。であるから大体に於いて智識社会の上層に限られており、明経道以上に学問としての体系のないものではあるが、紀伝道は平安時代初期の智識社会に最も歓迎され流行した学問であるということが出来る。勅撰詩集が相ついで現われたのもまたかかる事情の反映であるが、かかる文学的なものとしてだけでなく、厳密に言って、明経道の方が儒教の本質的なものであるにかかわらず、現実には儒教の代表者として紀伝道がしばしば強調されたかに見受けられる。この意味に於いて平安時代初期の大学寮は盛容を示していたということが出来よう。

かかる意味の盛容の中にも既に衰頽の萌が表われていたことを看過することは出来ない。大学教官の間には互に門戸を張って排他自尊的傾向が生じていた。春澄善縄が文章博士となった頃、「諸博士毎各名㆑家、更以相軽、短長在㆑口、亦弟子異㆑門、互有㆓分争㆒」る有様で、善縄は「謝㆔遺門徒㆒、恬退自修」した為に終に謗議の及ぶ所とならなかった（『三代実録』貞観十二年二月十九日条）。菅原道真の如きは授業三日にして誹謗の声をきき挙牒に洩れた者からは讒訴された（『菅家文草』二「博士難」）。名家とは「以 専家之学著名也」（『辞源』）の意味であって、橘直幹によれば「我朝献策……元慶以前多是名㆓其家㆒者也、寛平以後只有㆓儒後儒孫㆒、相㆔承父祖之業㆓」とある如く（『類聚符宣抄』九承平五年八月二十五日）、後の儒職の世襲に対して、その基を開き一家の学を立てた事実を指して言ったものであった。なお山口西成は「以二春秋一名レ家」といわれ（『三代実録』貞観六年正月十七日条）文章院の東曹西曹を菅原大江両氏が分掌した事実を大江朝綱は「東西別レ曹、各自名レ家」と説明している（『扶桑集』九及第）。かように「名家」は平安時代初期の学界に於ける著しい現象であって、儒職世襲の因循な時代から回顧すれば家学の創始者として賛辞的にも用いられたが、その当時の実情からいえば善縄の場合の如く排他自尊的風潮を示すものであって、衰頽の一歩を踏出した前記の大学寮盛容の他の一面を示したものである。かかる名家の現象は大学寮に於ける教官としての規定通りの職務遂行のみでは起り得なかった。善縄は文章博士である以上、公的関係にある大学寮の学生を謝遣することはあり得ない。彼の謝遣した門徒は私的師弟関係を以て結ばれることを望んで来たものであった。従って門を異にして分争した弟子は、諸博士について大学寮に於いて学んだ学生ではなくして、または学生であると同時に、私的師弟関係に結ばれた所の弟子であった。この善縄文章博士時代の諸博士の代表的な者は他の一人の文章博士菅原是善と思われる。総じて私的師弟関係は紀伝道方面に目立って多く発生した。それは紀伝道が前述した如く、大学寮諸道中我貴族社会の現実の要求に適合したものであり、その貴族社会の現実の状態はまた律令制のいわゆる公的勢力を脱して、貴族の所謂私的勢力を発達せしめた所から当然であったが、更に制度の上からいっても、大経中経小経等教科書の量によって講書の期間が規定され（『延喜式』二〇大学寮）、なお「凡博士助教皆分レ経教二授学者一、毎レ受二一経一、必令レ終レ講、所レ講未レ終、不レ得レ改レ業」なる学令の規定は当然紀伝道にも適用されたと思われ、教官数の特に少ない紀伝道における右の規定制限は、大学寮のみでの紀伝道の修得を不十分とし、勢い学外に於ける師弟関係が要望されたと思われる。その要望を満す上にも、天長に至るまで文章博士が只一人であったことは教官間の統制を不要とし、公私の別を曖昧にし、自由な行動が許され、それが二人となってもなお明経道等よりは一層有力な私的師弟関係の温床たり得たと思われる。そして紀伝道に於ける私的師弟関係の代表的なものが是善の父清公・是善・その子道真と菅原氏三代に於けるそれであった。清公は「儒門之領袖」といわれ（『扶桑略記』元慶四年八月三十日条）、大江音人の如きは清公に師事して『後漢書』を読んだ（『扶桑略記』元慶元年十一月三日条）。是善にとっては「上卿良吏、儒士詞人、多是門弟子也」といわれ（前掲『扶桑略記』元慶四年条）、藤原佐世・橘広相・島田忠臣等著名な弟子がいた（『菅家文章』二・三、『政事要略』三〇）。道真が左遷された時には「其門人弟子半二於諸司一」する勢であった（『本朝文粋』七書状、昌泰三年二月九日善相公奉右丞相書）。曾て清公の門人はその請益の処を名付けて「菅家廊下」といったが、道真の時になってその名はいよいよ盛んで、門徒数百朝野に充満し、その名を顕わす者、藤原道明・藤原扶幹・橘澄清・藤原邦基はいずれも納言に登り、橘公統・平篤行・藤原博文等は対策及科し、その他多かったという（『北野天神御伝』、第六章四「菅家廊下」の項参照）。紀長谷雄は都良香の門徒に列していたが、貞観の末進士の科に登り、道真が儒官に在るの日であったので復同門に党したというのは（『本朝文粋』八書序、延喜以後詩序）、公的関係の学生になったものは、また私的関係の弟子となるのを便宜としたことを示すものであろう。いうまでもなく、このいわゆる「菅家廊下」は大学寮（二条と三条の間）とは別の場処で東南に隔り、東京宣風坊（四条と五条の間）にある菅原氏の私第であり、「秀才進士、出レ自二此局一者、首尾略計近二百人一」といわれ、故に学者は此局を目して龍門となした（『菅家文草』七書斎記）。春澄善縄の子孫が「无下継二家風一者上」（前掲『三代実録』貞観十二年条）きに対して、菅原氏に儒職の世襲が行われたのは勿論道真の自負したような「材」「能」の継出や（前掲『菅家文草』）、「文籍随レ身、提撕在レ耳」という平素の有利な条件や（『本朝文粋』六天暦八年八月九日橘直幹奏状）、「臨レ応二進士挙一、家君毎日試レ之」というような応試に際しての有利の条件（『菅家文草』一詩一「賦得赤虹篇一首」）等の重要な原因以外に右の私的師弟関係の継受が与って大いに関係していると思われる。何となれば、清公が「爵至二三位一猶為二文章博士一」る理由として「以三其為二儒門之領袖一也」とある如く、「儒門之領袖」即ち多くの門弟子の師の位置にあるものを大学教官とすることが最も好都合の処置と考えられたからである。また三善清行が巨勢文雄の「弟子」といわれる如き（『江談抄』五詩事）また島田忠臣は菅原是善に「入室」し（『菅家文草』二詩二「喜田少府罷官帰京」）、直幹は橘公統の「入室弟子」であった（『類聚符宣抄』九方略試、承平五年八月二十五日状）という如きは、必ずしも全く私的なものばかりでなく、文章院に於ける同曹の人を師としたことをも含んでいたのであるが、これが直ちに私的師弟関係の温床となったことはいうまでもない。しかしこれらの有利な条件に恵まれなければその関係が継受されることは困難となり、従って菅原氏の如く早く儒職の世襲へと発展したものは多くはなかった。このような情勢の下にこそ寛平頃には鴻儒の子孫の出身に際しての特権が認められたり（『類聚三代格』五寛平七年二月一日官符）、天慶頃には儒後故人の薦挙が問題になっていることが肯れるのである（『貞信公記』天慶元年三月十四日条）。右のように私的師弟関係と儒職世襲は相関聯した現象であり、共に相まって本来の官学教育の状態を変質せしめつつあった。

第三節　紀伝道の成立

我国に於ける学問の発生および分化が、その自然的な発達を遂げる以前に於いて、外来的なものの強い影響の下に現われたことはいうまでもなく周知の事実である。ここに官学に採用された学問に限って考えると、外来的なものとは我が令制に於ける学制が唐制を規準としたことを指すのであるが、その唐制に於いては国子監の下に国子学・太学・四門学・律学・算学・書学の六学が設けられていた。この中前三者は経学を教授する所、後三者は其名の如くそれぞれ法律・算術・書蹟を授ける所であって、これで見ると、学校の並立が学科の分立を示している如くであるけれども、経学関係のものが三つを数え（三つの別は学生の身分によって分る）しかも規模が遥に他の三者より大であることを考えれば、唐に於ける官学に採用された学問は、経学をその主要な中心的なものとし、律学・算学・書学は僅かにこれに附随されたといって差支ない。後に崇玄学に於いて老荘が学ばれ、昭文崇文館や国子学で三史を教科に加えたことはあっても、経学がその中心であったことは、これより先の漢代より後世の清朝に至るまで大体変らない所であった。我が令制にこれを採入れるに当っては、六学を合してこれを一大学とした点は、唐制よりもむしろ漢制によったのではないかとされているが、一大学の中に六学の内容を包含せしめており、経学については博士・学士として学科名を冠称せず、他は算博士・書博士・算生・書生としてこれに附随せしめており、学生四百人・算生三十人の人数の差によっても、その軽重のつけ方が窺われよう。即ち我国に於いても、唐制採用に際しての種々の改変は認められるものの、経学がその主要な位置を占めるという精神に於いては変改が加えられなかったのである。この令制に於ける学制は、その後の発展に於いて、その教科内容が原則として外来的なものである点に変化はなかったが、経学が主要な位置を占めることについては、その後大きな変化が見られる。即ちこの経学から文学および史学を教科内容とする学科が分化して、次第に擡頭し、経学を内容とするものと並立的となり、更にその上位に位する場合さえあって、紀伝道と呼ばれ、これに対して前者を明経道と呼ぶに至り、学科即ち「道」の観念が確立し、明法・算の二つはその重要さに於いて下位にはあったものの、これと併せていわゆる四道が成立するに至っている。かかる「道」の成立、就中紀伝道のそれは我国独自の発達によるものであって、従ってその成立過程にはやや複雑なものがあり、前節の中に一応概観はしたが再び取出して迹づけて置くことも強ち無益なことではあるまいと考える。

一　奈良時代迄の紀伝道的因子

令制に於ける大学寮の教科の中には、後世の紀伝道的な学科はまず認められないが、学生にして講説に長ぜずとも、文藻に閑い、才秀進士に堪えるものは挙送を聴されたことは注目に値する(学令)。そして官吏登庸試験の進士科では『文選』『爾雅』を読ましめ、また秀才科では方略策、進士科では時務策の作成が課せられ(考課令)、これら策文の作成の為には史書・文学書に親しんで置くことが必要と思われるのであるが、この登庸試験を受ける者は実際の上で大学寮出身者以外にほとんど考えられず、また大学寮出身者も大抵はこれを受けるを目標としたと思われるから、恐らく大学寮に於いて実際上は『文選』や史書も学ばれたと見ることが許されるであろうと思われる。事実学令古記によると大宝学令の経(教科書)の規定に「文選爾雅亦読」という註があったらしく、また大宝四年二月大学助となった藤原武智麿が「招二硯学一講二説経史一」しているのも（『家伝』）、強ち文字上のことのみとは断ぜられないであろう。即ち令文では後世の紀伝道的学科は明記されてはいないけれども、副次的に学ばれたことはほぼ確認し得る所である。

養老五年正月「優二遊学業一堪レ為二師範一者」（『続日本紀』）に賞賜を加えた中に、明経第一博士・第二博士・明法に次ぎ、算術に先だって、文章として山田史御方以下四人が挙げられているのは、その方面の学者の存在は示すものの、その後の設置が明かな点からも官職としての文章博士とは認め難い。神亀五年十月大学寮に文章博士一人を置き、待遇を助博士と同一とした。即ち正七位下の官とし、次いで天平二年三月には、文章生の名称が初見し、その月文章生二十人が置かれ、ここに初めて専任教官と専攻学生が揃って独立した学科となったのである。この新学科の内容とする所は、大宝令に於いて、副次的に学ばれ、後に明かに紀伝道の教科内容とされた所の『文選』『爾雅』および史書并に漢文章の作成のこと等であったと思われるが、博士・生の冠称が「文章」である所から見て、文章の作成ないし文学が主であり、史学は従の関係にあったのではなかろうか。しかも文章博士の前述の待遇、また天平二年の官奏に「直講四人一人文章博士」とあること、文章生の「簡二取雑任及白丁聡慧一、不レ須レ限二年多少一」という資格は、この新学科が独立はしたものの依然として一般科（仮称、後の明経道）に対して僅かに附随的なものとして認められたことを示すものである（学科は独立したとしても、その名称は未だ附せられていない。この頃は未だ「道」の観念も用例もなく、この学科の「道」観念成立後の公称はすべて紀伝道に統一されているが、学科独立当初の内容が文学を主としたと思われる点から、紀伝道を以て称するのは妥当でない。よって「後に紀伝道と呼ばれる学科」とか、「道」の字を避けて、文章科とか紀伝科とか称することとする。なお文章生を置かれたと同時に、その中の聴慧優長なる者二人を文章得業生として、学問に精ならしめ、服食を給し、以て秀才・進士二科の貢挙に擬せしめられたのである（『続日本紀』、『職員令集解』、『本朝文粋』）。

新学科の内容たる文学・史学の二つの前述の主従関係を顚倒して史学を主の位置に押上げたのは、吉備真備の伝学の結果ではないかと思われる。真備は入唐留学して三史・五経・名刑・算術・漢音・書道等を伝学し（『扶桑略記』）、天平七年帰朝して、学生四百人をして、五経・三史・明法・算術・音韻・籀篆等六道を習わしめたと伝えられる（『三善清行意見十二箇条』）。ここに大学の教科に三史が採用された明証を初めて見ることが出来る。後の紀伝道の教科に『史記』『漢書』『後漢書』の三史が含まれていることから推して、三史の内容は『史記』『漢書』『後漢書』であり、これらは新学科の内容を補強した結果となったと見ることが出来る。唐制に於いて紀伝道に当るものの見出されないことは前述したが、『唐会要』七十六に「伏惟、国朝故事、国子学有二文史直者一、弘文館弘文生並試二以史記・両漢書・三国志一」とあり、また『唐六典』四礼部尚書侍郎の条、弘文崇文館学生の課試の註に、「弘崇生習二一大経・一小経・両中経一者、習二史記一者、漢書者、東観記者、三国志者、皆須二読レ文精熟言音典正一」とあり、また同書八門下省弘文館校書郎の註には「礼部試二崇文宏文生一挙例経習二一大経一小経一、史習二史記・漢書・後漢書・三国志一、各自為レ業」とあるによれば、これらの学または館（弘文館は昭文館に同じ）に於いてともかく三史が学ばれたこともあったことは確実であり、我学制に採入れるに当ってもこれら諸学館の制度が一応参考にされたことは想像し得る所である。天平宝字元年十一月諸国博士医師に任ぜられる為に読むべき書目を、経生・伝生・医生以下について定めたものを見ると、「伝生者三史」とあり、伝生が三史を読めば国博士に任ぜられることになっている（『続日本紀』『類聚三代格』）。伝生とは恐らく後に出て来る紀伝生の略称であって、後の例で見れば文章生だけに限らず、広く文章生を志望して勉学中の一般学生を含めたものを指すのであるが、文章生志望者の増大の情勢はこの頃未だ萌していないと思われるから、伝生とはほぼ直ちに文章生そのものを指すものと解してよかろう。即ち『延喜大学寮式』にある同文中の伝生が実際上ほとんど文章生以前の紀伝専攻学生を指すのとは自ら異る内容となっている（後述の承和の紀伝博士停止と共に紀伝生も停止されており、それより先大同の紀伝博士設置の時には紀伝生設置のことが見えないので、この紀伝生の設置を宝字まで遡らせる考え方も可能であろうが、前述の『続紀』（または『三代格』）と大学式とが相対応する事から見ても、恐らくこの紀伝生は大同の時博士と同時に置かれ、宝字の伝生は上の如く解するのが妥当であろう)。このように伝生即文章生と解すれば伝生なる名称の生じたことは、文章博士文章生より成るこの新学科(後の紀伝道)の内容が文学より史学を主とするものとなったことを示すものであり、真備の伝学以後の情勢をよく現わしているものと見ることが出来る。

三史を修得した者が、宝字の規定に従って国博士に就任したとすれば、勢地方国学に於ける斯学伝播の可能性が考えられるのであるが、特殊な国学ともいうべき大宰府学に於いて僅かにその徴証を見得るのである。即ち宝字の制後十二年神護景雲三年十月大宰府が子弟の学ぶ者衆きにかかわらず、府庫に唯五経のみあって三史がないからと奏して、朝廷から、『史記』『漢書』『後漢書』『三国志』『晋書』各一を賜っているのは(『続日本紀』)、恐らく府学に於ける紀伝道的教科の採用を意味するものであろう。しかし天応頃の状態を見ると「明経秀才之者」という文字が見えて(『類聚三代格』)、紀伝道的教科の行われていたことは想像されるが、その為の教官学生は置かれなかったようである。

天応元年十一月和気清麻呂の叙位と共に、「明経紀伝諸才能之士」に絁各十絇を賜っているが、これは宝字二年十一月及び宝亀二年十一月の賞賜に「明経文章」云々とあるに相当し、「文章」という博士学生に冠した公称に代って、その包容する学科内容の中で実際上重んぜられた内容の名称たる「紀伝」の文字(後のこの学科の公称に用いられた文字)がここに初めて見られたのである。

二　平安時代初頭に於ける紀伝道の胎動

延暦十七年二月十四日に発せられた漢音学習に関する太政官宣（全文は第二章第二節六に掲ぐ）の第二条に、「一大学生十六已下、欲レ就二明経一者先令レ読二毛詩音一、欲レ就二史学一者先令レ読二爾雅・文選音一」とある。

これによって知り得ることはまず大学生の中に明経に就かんと欲する者と史学に就かんと欲する者との二種類があるということである。令制に於ける学生四百人は一般科即ち後のいわゆる明経道と認むべきであり、後になっても、「令条所レ載学生四百人者、是明経之生徒也」（『類聚符宣抄』九）とあるが、実際の状態では、これら学生、特に年十六歳以下のものは（十六歳とは令制に於ける入学年齢の高限である）明経とも紀伝とも専攻によって分たれない予科的なものであり、その本科に於ける志望の別によって漢音学習のテキストを別にすることを規定したものである。このように学生四百人の中に紀伝志望の者を交えるに至ったのは、紀伝志望の者が増加して、文章生二十人の定員に収容し切れなくなり、その対策として定員を増すよりも、その地位を押上げて、学生四百人の中に紀伝志望の者も包含させ、予科的存在のものとしたことがこの箇条から察せられるのである。次に右のような紀伝の擡頭が「明経」と「史学」とが並列的に扱われている所からも察せられるが、更に、この文章博士・文章生・予科に於ける紀伝志望の学生よりなる学科の内容を「史学」の文字を以て表わし、文学に相当する『文選』『爾雅』のテキストが僅かに史学を学ぶ手段として表わされていることは、既に見て来た所ではあるが、この学科の内容たる史学・文学の軽重が、一層具体的に極端に示され、この学科が「紀伝」を以て呼ばれる必然性を十分に首肯せしむる貴重なる史料というべきである。

『皇代記』延暦二十四年六月の条に、「紀伝儒者始」とあるのは如何なる事実を指したものか、これに相当する他の史料は見出されず、書物の性質から史料的価値を疑う余地は十分あるが、もし何らかの根拠に基いたものとすれば三年後の大同三年に紀伝博士が正式に置かれるに先だって非公式に事実上置かれたことを示すのではなかろうか。大同三年二月四日太政官符を以て、明経科の教官たる直講一員を割いて紀伝博士一員を置き、その官位を直講に同じく（正七位下）した。その名称から推して、当然三史等の史書を講ずるものとして置かれたものであろう。既に文章博士がこれを行っているのに、今またこれを加えたのは如何なる理由からであろうか。この頃の紀伝科志望者の増大については、延暦の太政官宣によって前に述べた所であるが、なお六国史によると平安時代に入って、大学に遊学して、「読㆓史漢㆒」「渉㆓猟史伝㆒」「習㆓文章㆒」「閑㆓詩賦㆒」「渉㆓猟史漢㆒、誦㆓文選㆒、又好属㆑文」「博覧㆓経史㆒」というような記事が頻出して、紀伝的学科（特に史漢）が盛となったことを示すが、これを教える教官は依然として文章博士一人であって、恐らく手不足を感じたであろう。従って延暦末年より教官数の多い明経科より来援を頼み、大同三年には遂に史書のみについての学官を立て、紀伝博士とするに至ったのであろう。これを直ちに、文章博士一人を加えて二人としなかったのは、史書の講義に対する需要が特に多かった為に、史書専門の博士を立てることが好都合であったことの外に（漢代の五経博士が一経毎に博士を立てた事情と比べれば、このような考え方は許されるであろう。）明経科教官を割いて紀伝科に加えることが露骨に表わされることが憚られた点もあったであろう。従って紀伝博士が置かれた為に文章博士の職掌から、史書の講授が除かれて、『文選』等の文学専門に狭められたとは考え難い。即ち事実上は紀伝博士は文章博士と共に紀伝科に摂せられるものであった（従来の説として、大同以後文章博士が史学を司ることが始められたとなすの誤なるはいうまでもない）。

承和の紀伝博士停止の際、紀伝得業および生徒も同時に停止しており、その設置のことは見えていないが、恐らく大同の博士設置と共に置かれたものであろう。そうすると大同承和の間は紀伝科全般（即ち史学・文学）に関して文章博士一人・文章得業生二人・文章生二十人があった外に特に、紀伝科の一部史学のみに関して紀伝博士一人、紀伝得業生・紀伝生各若干人が特設されたことになるが（外に紀伝専攻予科生）、この特設された部分は、この期間中の特異な現象たる紀伝科の貴族化に当って「貴族化されざる紀伝科」の役割を、自然に果す結果となっている。

紀伝科への貴族の関心の高まりから、文章生の定員は希望者を収容し切れなくなり、入学して勉学の後、試験に及第して文章生に補することが延暦頃から見えており、従って文章生の地位の上昇が見られた訳であるが、弘仁十一年十一月には、唐に於いては昭文崇文両館の学生は三品以上の子孫を取り、凡流を選ばないのであるからとて、文章生は良家の子弟から、大学寮が詩または賦を試してこれに補し、文章生中やや進む者を選んで、式部省が更に試験して俊士とし、俊士の翹楚なる者を取って秀才生と為し、俊士五人・秀才生二人を置いて従来の文章得業生に代えた（『本朝文粋』二）。翌十二年二月には、文章博士を唐の国子博士に比して、その相当位を正七位下から明経博士を超えて従五位下の官に引上げた（『類聚三代格』五）。国子博士とは国子学の教官で、国子学は晋武帝の時創立せられ、周礼地官師氏の注に「国子とは公卿大夫の子弟」とあるから、貴族学校の謂であって、唐では三品以上の子孫を学生の主体としていた。即ち前の文章博士の相当位上昇と関連して貴族化の企図であることがうかがわれる。かかる急激な貴族化には当然反対があって、後年俊士は良家でなくとも補することを聴し、天長四年には文章博士都腹赤の牒状によって、文章生を選ぶことは天平の格に依り、俊士を停廃し、秀才生を文章得業生の旧号に復することとなった（『本朝文粋』二）。しかし一旦の貴族化の風潮はとどむるに由なく、文章博士の位の如きはそのままであった。これに反して一方の紀伝博士は、この間勇山文継と坂上今継との二人が僅かにその名を知られるのみ、紀伝得業生および生徒に関しては全く知られず、紀伝科に於ける貴族化されざる部分として役割を果したことが推されるのである。大同承和間の紀伝科の状態は右のような複雑した情勢の中に「道」として生れ出づべき胎動が見られたのであった。

三　紀伝道の確立

承和元年三月紀伝博士一員を停め、文章博士一員を加置き、同時に紀伝得業生および生徒も停止されて、文章博士は二人となり、複雑な職制が単純化された。単純化といわんよりもむしろ他科博士と平行の地位にあった紀伝博士も含めて貴族的なものに引上げられたと見られよう。文学よりも史学の方が中心であったという当時の紀伝科の実情から見て、紀伝博士の名称の方を存続せしめた方が適切のように思われるが、文章博士の名称の方が歴史の古きこと、地位の高きこと、またこれに加えて紀伝の語が前からの関係で内容が限定されて考えられた点もあったであろう（この学科の関係建造物が紀伝院でなく文章院を以て呼ばれたのもこの為であろう）。ともかくこの時を以て、名称は別として、実質上紀伝道の内容はほぼ確立したものと考えられる（仁寿・貞観に文章博士および算博士の職分田増大があり、貞観十三年に算博士相当位の上昇があって、算が書・音を振落して、紀伝・明経・明法と相並び、建物からいっても、『三代実録』貞観九年条に「四学堂」の文字が見えて、この頃一般に「四道」を以て呼ばるべき状態の現出を思わせるものがある）。

この後承和九年九月勅して相模・武蔵・常陸・上野・下野・陸奥等国をして三史を写進せしめる等、紀伝の尊重が示されているが、貞観・元慶の頃には、紀伝道の名称も内容と共に既に行われていたのではないかと思われる節がある。即ちその頃、「明経紀伝博士等」「明経紀伝明法等博士」等の文字が見えるが（『三代実録』貞観十八年四月十一日・元慶元年四月朔条）、紀伝博士停廃後の紀伝博士の名称は、文章博士の別称といわんよりは、紀伝科の博士の意と解すべく、即ち学科の名称としては、「文章」ではなく「紀伝」を以てせられたことが表わされているものと思われる。「道」の文字も「諸道人」（『三代実録』貞観十年条）、「音書算三道博士」（『三代格』五貞観十三年）、「大学諸道博士」（『菅家文章』九元慶八年）等の用法があるから、紀伝道の名称も恐らくこの頃生じたものと思われるのである。博士のみでなく学生にも紀伝の名を冠したものが見られた。元慶三年五月善淵愛成の日本紀の講義に、明経紀伝生三、四人が都講となっているが（『三代実録』）、これに対して六年八月の日本紀竟宴の時の同書の記事によると文章（生脱か。下の得業生にかかるとしては『西宮記』に合わない）明経得業生学生数人が遞に都講となっており、更に『西宮記』によれば、なお復に文章生藤原春海・明経得業生善淵高文・擬生矢田部名実・学生多広珍があったことになっている。これによって見ると紀伝生とは文章生・擬生等を含めて指したものと解せられ、学科としての名称を「紀伝」を以てすることがこの頃既に確立し、これに属する博士学生を、公称ではないが紀伝博士および紀伝生と呼ぶことがあったことを知ることが出来る。

右の元慶度の日本紀講義に於ける尚復に擬生矢田部名実の名が見えるが、この擬生とは、擬文章生の略称であって、この時初見の名称であるが、『延喜式』に拠ると、これは文章生となる以前の文章生の予備生であって、文章生と同数の二十人置かれ、擬文章生となる以前の学生（予科的）もあって、それから擬文章生へ、更にまた文章生へ、文章得業生へと昇進する制度となっており、諸道の中で最も階層が多く設けられている。また諸道の序列も紀伝が筆頭とされたらしい（『延喜式』には依然として「紀伝道」という完全な用語例は見出されないが、式部式上に「諸道白読者……其紀伝者……」とあり、大学式に紀伝学生の文字が見える所から、やはり実際は用いられた可能性はある）。また『延喜式』に紀伝道の教科書としては三史と『文選』が共に大経に准じており（令に既に教科書を大中小経に分つ規定はあるが、三史『文選』は使用されていなかったので、従ってここに初めて規定が見られる）、なお『晋書』の講義の行われたことは、この前後二、三の実例を拾うことが出来る。

康保元年二月の講日本紀に際して、尚復学生を紀伝明経道に仰せて、差進めしむべき由大学寮に仰せているのは（『日本紀略』）、大学寮管下に紀伝道・明経道が所属している関係を明かに示す最初の史料といってよかろう。この後安和二年には「紀伝道」と三字具備した用語例が見出され（『類聚符宣抄』九）、課試及第勘文等の正式文書にも、諸道を並べた筆頭に必ず「紀伝道」と記され（『朝野群載』四）、公称として後世まで用いられ、紀伝道関係の建造物についても「紀伝曹司」の名が見えている（『左経記』長元七年八月十一日条）。

ここに、疑問の起り得る例を挙げると、長元七年八月二十一日の釈奠について、「凡今年釈奠甚以疏略、紀伝博士二人之外不参、就中文章博士不参云々」（『左経記』）また元永二年八月三日の釈奠について、「紀伝博士文章博士敦光朝臣以下五六人著二北座一、三道博士著二南床子一明法博士不参、算博士為保兼行、」（『中右記』）とあるのを見ると、一見紀伝博士と文章博士とが別物のように思われるが、果してこの場合は両者が一致しない特別な場合であって、この紀伝博士の博士は講書に際しての臨時の講師の役を指すのであって、即ちここの紀伝博士とは紀伝道を代表するこの時限りの講師の義であって、それは文章博士の場合が多いがそうでなくても、文章得業生がその役に当っても差支ない訳で、これを了解すれば、疑問なく解読することが出来る。『江次第』釈奠論義の条にもこのことが見えている。

四　紀伝道の固定

天皇の侍読としては、『群書治要』は初めの中はその内容の部分によって、七経は明経博士を召し、史書は紀伝博士を召し、明経・紀伝各一人を用いたが（例えば清和天皇が菅原是善・菅野佐世に受けられしが如き〈『三代実録』貞観十七年条〉）、平安半ば頃になると、紀伝道の貴族化によって、七経を読ませられる時でも、紀伝道儒者の博学で昇殿を聴された人が侍読となる例となった（『新儀式』四）。また大学寮内でも、寮の長官たる大学頭から、その主管の式部省の次官たる式部大輔まで紀伝道の人が任ぜられることに定り、公卿に列するのみでなく、道真の如く大臣に登るものさえ出て、「学業非レ小二於明経一」（『菅家文草』九）とされ、諸道を圧倒した。学生たる文章生・文章得業生も平安朝を通じて、諸職を兼ね、顕要の官職に出身しており、文章生の定員二十人もほとんど常にこれを満たし、間々余進士と称して過剰になっていることとさえある。一般に当時の大学をいい、また広く学問を述べる場合にも、実際には紀伝道のみを指しまた扱っている場合が多い。

このようにして、大学諸道の中に於いては紀伝道は最も時人に歓び受入られていたのであるが、日唐交通停止後に於ける一般外来的学問の蒙るべき運命に同じく浴しなければならず、教官は次第に限られた氏族のものに占められて、それぞれ家学という狭隘な殻に立て籠り、学生もただ官職を得る一つの手段としてこの道を選ぶというだけになり、紀伝道はここに全く固定したものとなった。

文章博士が大学寮の教官であるという最も主要な任務から逸脱して、宴に侍して詩を賦したり、文章を代作したりすること等の副次的なるべき仕事が却て重要視されたことは、唐名の変遷の中にも看取される。文章博士の唐名としては、昭文館学士・国子学士・翰林学士または翰林主人等が見られる(『伊呂波字類抄』『拾芥抄』)。前二者が弘仁の貴族化の時に考え出されたものであることは前に述べた。ほとんど同時に両様にいわれている所に混乱は見られるが、ともかく学校の教官である点は当っている。しかるにも一つの翰林主人の初見は元慶六年と思われるが(『菅家文草』二)、翰林院は唐にあっては、開元の初め置かれ、至徳以後学士の名があり、その学士は天下の芸能技術を以て召され、帝の諮問に応ずるものではあるが(『唐会要』五十七)、教育者ではないのであって、かかるものを唐名としてこの後専ら用いたことは、文章博士の任務の中で、重んぜられるものが如何なるものへ推移したかを自ら示すものということが出来よう。

五　紀伝道成立の意義

以上見て来た所の紀伝道成立の過程は、唐制に由来した経学本位の令の学制を出発として考えれば、正に特筆に値する独得な発展と見られる。かかる発展の根柢は結局史学ないし文学の経学よりの独立にあったのであるが、この事は何も支那に於いて全く見られなかった訳ではない。まず史学については、書籍の目録を見ると、前漢の劉向・劉歆父子の作った『七略』に於いては、『史記』等は六芸略の春秋の内に分類され、南北朝の南斉の王倹の七志では、経典志の中に分類されて、未だ史書が経書に対して独立の地位が与えられていなかったが、梁の阮孝緒の『七録』に至って、紀伝録の綱目が立てられて紀伝を摂することとなり、独立の地位が認められ、『隋書』経籍志に至って、甲乙丙丁（経史子集）の四部制が出来て、目録学上完全に史学が経学から独立した。宋の文帝が王室貴族の子弟を教育せんが為に、四学を建てた時には、経学・玄素学・史学・文学の四館を、全く対等のものとした。かくして唐に至っては、国家組織の上に於いて完備せる史官の制及修史の制度が作られ、一般に史学を重んずる風潮が漲って来た（岡崎文夫博士「支那史学の発達」〈『岩波講座東洋思潮』〉・金井之忠氏『唐代の史学思想』）。ただ国子監管下の諸学のみについて見ると、全く経学本位に学制が打建てられており、これは、漢代以後の支那全土の政治的統一による儒教主義の強調の致す所であったが、しかし一旦眼を他に転ずる時には弘文館昭文館では史書が学ばれており（国子学でも科挙の科目にも一史三史等があった。我紀伝道の発展に於いてこれらの唐制がしばしば顧みられたことは既に述べたが、それは、唐制に準拠することが目的とされたのではなくて、自然的な要求による発展に当って、それを権威付ける為に唐制を口実としたに過ぎず、紀伝道の成立は、抽象的な政治道徳的なものより、具体的歴史的なものへの、我国民性の志向による自然的発展を示すものに他ならない。これが、同じく道徳的羈絆を脱して、審美的見地から見直され始めた文学と合体して本朝四道の学の随一を形造ったのが紀伝道であったのである。

紀伝道の成立が我国民性に由来する自然的発展であるとすれば、勢その外来性に対する反省が一方にあって然るべきであった。そのことは、我修史および講史との関聯に於いて見ることが出来る。

『日本書紀』以下の国史の史体が、支那の史書の史体を参考とする所多かった事、紀伝道の博士が、その支那の史書の講授を任務としたこと、国史を修撰する所の修史の官が特に置かれていなかったこと(職員令図書頭の職掌に「修=撰国史=」とあるが、撰修の実際に当るものの規定はない)等から考えると、修史の実際に当る上の適任者が、紀伝道博士の中に選ばれる可能性の多いことは自然の勢である。事実『日本書紀』に於ける紀清人、『続日本紀』に於ける淡海三船、『日本後紀』に於ける小野岑守・朝野鹿取、『続日本後紀』に於ける春澄善縄、『文徳実録』に於ける大江音人・都良香・菅原是善、『三代実録』に於ける菅原道真・大蔵善行・三統理平はいずれも紀伝道の儒者であり、『三代実録』撰上後の撰国史所別当に補せられた大江朝綱・同維時、同所に直せしめられた橘直幹・賀茂光輔（紀伝学生）もまたそうである。これに対して明経の学者は『文徳実録』に於ける善淵愛成位である。これらの人々は一般の儒者としてでなく、紀伝道の儒者であることが修史に参与するに至った最大の要因であったと思われる。但し修史が紀伝道としての仕事であるとか、紀伝道の博士としての本来の任務であるというまでにはなっていない。

次に講史即ち講日本紀であるが、博士（講者）についてみると、養老・弘仁・承和の三度は素朴な「知二古事一者」といわれたような人々であったが、元慶度は善淵愛成（明経助教）、延喜度は藤原春海（文章博士）、承平度は矢田部公望（紀伝学生出身）、康保度は橘仲遠（文章生出身）であり、元慶以後は明経・紀伝の手に移り、特に延喜以後は紀伝に占められている。但承和度に於いて既に滋野貞主・春澄善縄が積極的に関与したらしく、更に受講者を見ると既に弘仁度に於いて滋野貞主（文章生）、嶋田清田（後文章生）等の名が見られる。康保度の召人十人は、大学博士十市有象（明経）一人を除いては、式部大輔・大学頭・文章博士その他尽く紀伝道の人々である（『類聚符宣抄』九。尤もこの事は余り強調も出来ない。紀伝道の貴族化によって、朝儀の表面に出て来る者が、一般に紀伝道の者が多くなっているからである。しかし紀伝道の者が中心であったことだけは間違ない）。これらは、康保度に於いて、大学寮をして紀伝・明経両道に仰せて都講を進めしめている等から見れば、道としてまた寮としてこれに関与する所あったが如くである。明経と相並んでいることは、同じ儒者としての関与であったろうが、実際の顔触れに於いて、紀伝の頭数が遙に勝っているのは、やはり紀伝がともかく歴史の学である為であろう。

かくて紀伝道の為す所は、支那史書を対象とする訓詁攻究にとどまらず、我国史の修撰・講究にも関与する所少なくないかのように思われる。明経と紀伝・経学と史学は単にその扱う書籍の範囲が異なるのみで、攻究の方法は、異なる所なかったという観はかなり深いのであるが、優れた紀伝儒者の中には、支那史書から歴史という抽象された観念を汲取り、それを活用して、我国史の修撰に、また講究に尽す者のあったことは、疑を容れぬ所である。元慶度講日本紀に於ける矢田部名実の史才の如き（太田晶二郎氏「上代に於ける日本書紀講究」〈『本邦史学史論叢』所収〉）、由来する所かかる点にあったのではあるまいか。

第四節　文章院及び大学別曹

一　文章院

藤原氏の勧学院を初め諸氏族によって建てられた諸院が大学別曹と呼ばれるところの施設であるのに対して、文章院は菅江両氏の子弟のみの教育機関でなく、従って大学別曹とは別のものであったといわれている。私は更に文章院は、明経道の明経道院、明法道の明法道院、算道の算道院と同じく、紀伝道（文章科）の機関たることを表わす名称であると考える。このことは、ここに文章院の創立年代、創立者、創立事情、大学寮との関係、大学別曹との関係等について考究して行く間に自ら明かになるであろう。

イ、創立年代

抑文章院者、始祖左京大夫清公卿、遣唐帰朝之後、申二請公家一、初立二東西之曹司一、各分二菅江之門徒一、『朝野群載』九功労、康和二年。七月二十三日菅原是綱状

文章院は右によれば、菅原清公が入唐留学から帰朝して後、公家に申請して初めて文章院の東西の曹司を建てたことになっている。清公の帰朝は延暦二十四年であるが（『続日本後紀』承和九年十月丁丑条）、文章院の創立はその直後であるか、あるいは何年か経た後のことであるか明かでない。清公が彼地で実見したことに基いての申請であれば直後の方がふさわしいが、唐に於いて特に文章院の典型となったと思われるものもなし、帰朝後任ぜられた所の大学助の位置は後の大学頭兼文章博士ほど申請者としてふさわしくない。私は文章院に関する最も古い史料大江朝綱の詩注「予祖父相（大江音人）公、天長年中、受二業於君高祖京兆尹（菅原清公）一、承和之初、東西別レ曹、各自名レ家」の中の承和之初とあるのを重く見度い。「之初」とはその年号の初の数年を指すか、また元年のみを指す場合も多く、こ

こでは元年と解する。これより先清公は都腹赤と交互に文章博士に任じ、守旧的な腹赤に対抗して既に文章生の貴族化、文章博士相当位の上昇等によって盛に紀伝道の拡大強化に努めた形迹があり、この頃は三度目の文章博士在任中で大学頭をも兼ねていた。丁度この年には紀伝博士をとどめて文章博士を増員し明経道以外の他の諸道と教官数に於いて同等となった年である（第二節二参照）。かかる年こそ紀伝道の機関たる文章院の設立を必要とした時ではなかろうか。それ以前の紀伝道の位置を考えると、元来は明経道の附属物であって、令制では表面に現れていないし、最初に文章博士が置かれた時も「直講四人一人文章博士」とあって（『職員令集解』）、明経道の教官なる直講の一人がかりに文章博士となっている形であり、他の明法書算音の各博士の二人に比して文章博士のみ一人であったのも、いまだ独立的でなかったことを示すものである。大学寮内に既に明経明法算の諸道の院が建てられてあったとして、紀伝道の院のみが未だなかったとしても不思議はない。紀伝道は時代の要求に合して実質の上では隆盛に赴きつつも、明経道教官から紀伝博士を割き、更に紀伝道に合するという廻りくどい経路を辿って初めて制度の上で他道と対等の位置に上り得た。その時が承和元年であって、この時初めて文章院が設立されたと見て極めて自然な成行ではないかと思う。しかして院の名称が、後のこの道の正式称呼たる「紀伝」を冠することがなかったことの理由については既に第三節に述べたところである。

ロ、創　立　者

前述の大江朝綱の詩註によれば、菅原清公の外に大江音人が創立に関係した如くであり、更に後の大江匡衡によれば「菅江両家始祖建ニ立文章院東西曹一、爾後二百年箕裘之業于レ今不レ絶」（『江吏部集』中、人倫）とか、「菅原大江両氏建ニ立文章院一、分ニ別東西曹司一、為ニ其門徒一習ニ儒学一著ニ氏姓一之者済々于レ今不レ絶」（『本朝文粋』六奏状）などと、両人または両氏を全く対等に扱っている。しかしこの事は果して創立以来のこととして無条件に認め得る事実であろうか。清公が創立の関係当事者であることには間違がないが、音人は当年二十四歳、文章生に補せられた翌年であって（『公卿補任』貞観六年条）、何等か助力程度はなし得たとしても、清公と対等の地位にあったとは考えられない。またその後両氏が分掌し来ったというのは如何なる地位にあっての事であろうか。『職原鈔』大学頭の条に、「有ニ東西二曹一、菅江二家為ニ其曹主一、諸氏出身之儒訪ニ道於此二家一而已」とあって、両氏は曹主であった訳であるが、曹主の称呼は古くは所見なく、その性質権限も明かでない。菅原是綱が文章院西曹司七間の檜皮葺屋一字を造進し、その成功によって式部権大輔に任ぜられんことを請うているのは、菅原氏と西曹司との密接な関係を示してはいるが、この時是綱が文章院に於いて如何なる地位を占めていたかは明かでない（『朝野群載』九）。音人の創立者としての地位はぐらつくとしても、後の両氏の管掌は藤原氏等他氏も認めている形迹があるから、何らかの地位にあって行ったと見てもよかろう。承和以後の文章博士は、春澄・巨勢・橘・都等の諸氏を交えながらも、清公・是善・道真の菅原氏三代が引つづいて文章博士となっており、道真失脚後もその子淳茂がなっているが、大江氏はその後維時が延長七年に任ぜられたのが最初である。しかし五年後の承平四年朝綱が同じく任ぜられてから天慶六年末まで約十年間二人の文章博士は大江氏が独専した。大江氏が紀伝道従って恐らく文章院にも勢力を扶殖したのはこの時で、文章院の創立に大江氏が関係したという説は恐らくこの時に生じたのであろう。かかる説の最初のものが朝綱の詩註であることを見ても思半に過ぐるものがあろう。菅原是綱の奏状はこれより後のものでありながら清公一人を創立者にあてていることと比べ合せても領けることとである。曹主の性質、ひいては平安時代に於けるその存否が確実ではないが、文章博士がもし両曹から一人宛出るとすれば問題は簡単である。しかるに現に右に見た如く一方から出ている場合が多い。ただ天元以後二十数年間は偶然か否か、あたかも両曹の代表の如く文章博士が相並んで出ていると思われるのは、そのような統制がこの時期に行われたものかもしれない。しかしその後は再び不規則となっていて、両曹の管掌は文章博士とは別に、両氏によって何らかの形で行われたものであろう。

八、機　能

文章院の構成要素は、東西曹が曹司即ち寄宿舎のようなものとすれば、その外に紀伝道の講義をする場所がなくてはならない。北堂がそれに当るものであろう（延喜・延長・天慶の頃漢書竟宴『史記』『文選』等の講義の場所として出て来る(1)〈『日本紀略』〉）。そして勿論東西曹と共に立てられたものであろう。文章院創立以前既に大学別曹として弘文院・勧学院があったことになるが、かかる別曹を持った諸氏の文章生はその別曹から北堂の講義に通うたことであろう。そして別曹を持たない文章生は東西の曹司に寄宿して北堂の講義を聴いたことであろう（長元七年の大風雨に紀伝曹司学生が打襲われたとか〈『左経記』同年八月十日条〉、康平年中文章院顚倒の際菅原是綱は学生を住せしむる為に仮屋を建てた〈『朝野群載』九〉等ということは、文章院が学生の寄宿する所であったことを示すものである）。別曹から通う場合、東西いずれかの曹司に籍をおくか否か明かでない。しかし、文章生から文章得業生となり、数年の後には対策せんとする頃には確に東西いずれかの曹司に籍を置かねばならなかったようである。そして両者のいずれかはその氏族により定まるようになった。即ち『二中歴』（二儒職歴）に、

儒有七家

西曹　菅家　藤家 広業 資業　橘家

東曹　江家　高家　藤家 実範 明衡 在衡　紀家　善家

とある。同書（十二登省歴）は右とほぼ同じで、高家がないだけである。これについては従来解釈が曖昧であったが、これは東西両曹に学び献策出身した人々の家を書き表したもので、登省歴にも収

められた理由は、登省献策に当って出身曹司が重要視せられ、問頭博士は出身曹司でない方の曹司から出る習わしであった為であろう。この事は献策の試験官たるべき式部輔が、すべて故障あり、または同房である場合、「同房儒者、不レ可レ為二問者一矣」「門族同房之諱」として問頭博士を指定申請している例が数個見出されることによって明かである（『類聚符宣抄』九康保五年七月十四日、『桂林遺芳抄』寛和二年十月九日等）。同房が東西曹を指すことは、「文章得業生課試之時、東西曹分遁為二問頭博士一之例古今通規也」とあるにより明かであり（『桂林遺芳抄』長元八年七月二十日）、更にはっきりしている場合を挙げると、文章得業生藤原為定は左少弁文章博士藤原正家を問頭となさんことを乞うて、

茂才之時、以二省官一為二問頭一、省官若有二故障一、以二他儒一所二申請一也、又本省之人、雖レ有二其理一、同曹之時已非レ所レ問、即継二菅江氏之門跡一、久分二東西曹之学徒一之故也、為定櫲樟之期自至、揚歴之詔早降、仍レ伝二師跡於東痒一、可レ推二問頭於西廊一、謂二其儒士一在二斯人一、

といっている（『朝野群載』一三、延久元年四月十八日）。即ち為定は、東曹に学んだが故に、問頭博士は西曹から迎えねばならなかったのである。この事を頭に置いて貞観以降平安時代を通じての対策者と問頭博士とについて七家の東曹西曹を基準に色分けすると左のようになる（同曹の特例二例を含む）。

年月日	対策者	問頭博士	出典
貞観十二・三・廿三	菅原道真（西）	都　良香（東）	『都氏文集』五、『菅家文草』八
同　十五・五・廿七	滋野良幹（西）	都　良香（東）	『都氏文集』五、『類聚符宣抄』九
同　十六・七・廿三	藤原佐世（西）	都　良香（東）	同右
貞観	菅野惟肖（西）	都　良香（東）	『都氏文集』五
元慶　五・四・廿五	三善清行（東）	菅原道真（西）	『菅家文草』八
同　七	高丘五常（東）	菅原道真（西）	『菅家文草』八、『外記補任』
同　七	紀長谷雄（東）	菅原道真（西）	『菅家文草』八
仁和　二・五・廿六	藤原春海（西）	三善清行（東）	『類聚符宣抄』九、『本朝文粋』三
寛平　三・七・廿一	三統理平（東）	藤原春海（西）	『類聚符宣抄』九
同　四・五・廿八	小野美材（東）	菅原道真（西）	『菅家文草』八
延喜　元・八・五	大江千古（東）	橘　公材（西）	『類聚符宣抄』九
同　元・八・七	紀　淑望（東）	平　篤行（西）	同右
同　七・三・十六	藤原文貞（西）	紀　淑望（東）	同右
同　八・七・十四	菅原淳茂（西）	三統理平（東）	『類聚符宣抄』九、『本朝文粋』三

延喜十一・三・廿	藤原有声（西）	菅原淳茂（西）	『類聚符宣抄』九
同　廿二	大江朝綱（東）	藤原博文（西）	『公卿補任』、『本朝文粋』三
延長六・三・廿	紀　在昌（東）	藤原博文（西）	『類聚符宣抄』九
承平二・八・廿四	藤原経臣（東）	菅原在躬（西）	同右
同　七・二・廿九	三統元夏（東）	菅原在躬（西）	同右
天慶六・二・七	藤原国光（東）	橘　直幹（西）	同右
同　九・九・十五	大江重光（東）	菅原在躬（西）	同右
天暦二・七・十七	矢田部陳義（東）	橘　直幹（西）	同右
同　三・十一・廿	大江澄明（東）	橘　直幹（西）	『類聚符宣抄』九、『本朝文粋』三
天徳元・八・六	紀　伊輔（東）	菅原輔正（西）	『類聚符宣抄』九
康保五・八・五	菅原資忠（西）	紀　伊輔（東）	同右
天禄二	藤原惟成（東）	菅原資忠（西）	『桂林遺芳抄』
天元二	大江匡衡（東）	菅原文時（西）	『本朝文粋』三
寛和二・十・廿五	藤原惟貞（西）	三善道統（東）	『桂林遺芳抄』
永延	田口斉名（西）	紀　淑信（東）	『本朝文粋』三

永延	弓削以言(東)	藤原惟貞(西)	『本朝文粋』三
正暦　三・十二・　廿	藤原為文(東)	藤原惟貞(西)	『桂林遺芳抄』
同　三・十二・廿八	大江通直(東)	藤原弘道(西)	同右
長徳　四・十二・廿六	藤原広業(西)	弓削以言(東)	『桂林遺芳抄』、『本朝文粋』三
長保　三・十二・廿五	大江挙周(東)	菅原輔正(西)	『本期文粋』三
長和　五・十一・廿一	藤原家経(西)	大江通直(東)	『桂林遺芳抄』
万寿　三・十一・廿一	藤原実範(東)	善滋為政(西)	同右
	菅原定義(西)	藤原義忠(東)	同右
	藤原国成(西)	高階　某(東)	同右
長元　五・　七・十七	藤原明衡(東)	藤原国成(西)	『桂林遺芳抄』、『本朝続文粋』三
同　八・　八・　八	藤原公義(東)	菅原定義(西)	『桂林遺芳抄』
	藤原正家(西)	藤原明衡(東)	『本朝続文粋』三
	菅原清房(西)	藤原実範(東)	同右
長久　元・　五・十七	藤原為定(東)	藤原正家(西)	『朝野群載』十三
同　元・十二・　廿	藤原実政(西)	藤原義忠(東)	『桂林遺芳抄』

天喜五・十一	菅原是綱(西)	藤原明衡(東)	『本朝続文粋』三
康平六・十・廿六	藤原有信(西)	藤原明衡(東)	『朝野群載』十三
承保二・十二・十六	大江通国(東)	藤原正家(西)	『水左記』
承暦三・十二・廿五	藤原広綱(西)	藤原敦基(東)	『本朝続文粋』三
寛治四・正・十六	藤原友実(東)	菅原在良(西)	『中右記』、『本朝続文粋』三
同五・十二・廿四	藤原国資(西)	藤原敦基(東)	『中右記』
嘉保元・六・五	藤原敦光(東)	菅原在良(西)	同右
	大江匡時(東)	菅原在良(西)	『本朝続文粋』三
同二・十二・五	藤原実光(西)	藤原敦基(東)	『公卿補任』、『玉葉』安元二年条
承徳二・二・三	大江有元(東)	藤原正家(西)	『中右記』
嘉承元・正・十九	藤原令明(東)	藤原敦宗(西)	同右
同二・正	藤原尹通(東)	藤原敦宗(西)	同右
天仁三・正・十六	菅原時登(西)	藤原敦光(東)	『朝野群載』十三
天永二・正・八	藤原有業(西)	藤原敦光(東)	『中右記』
永久二・正・十一	藤原資光(西)	藤原敦光(東)	『朝野群載』十三、『本朝続文粋』三

永久 二・正・十七	菅原清能（西）	藤原永実（東）	『中右記』
元永 元・三・廿七	藤原国能（西）	藤原敦光（東）	同右
同 元・十一・廿六	大江匡周（東）	菅原時登（西）	『中右記』、『朝野群載』十三
大治 五・十二・卅	藤原範兼（東）	藤原宗光（西）	『長秋記』
大治 五	藤原宣忠（西）	藤原敦光（東）	『本朝続文粋』三
保延 三・六・廿六	藤原資長（西）	藤原敦光（東）	『公卿補任』、『玉葉』安元二年条
同 五・三・十三	藤原俊経（西）	藤原茂明（東）	『公卿補任』
康治 三・二・廿六	藤原俊憲（東）	藤原茂明（東）	同右
久寿 元・四・廿	藤原範季（東）	藤原茂明（東）	『兵範記』
同	藤原基業（西）	藤原茂明（東）	同右
永暦 元・正・廿	藤原兼光（西）	藤原長光（東）	『公卿補任』、『玉葉』安元二年条
仁安 元・十一・十九	藤原範光（東）	菅原貞衡（西）	『公卿補任』
嘉応 二・二・九	藤原親経（西）	藤原敦周（東）	同右
安元 二・十・八	藤原資実（西）	藤原光経（東）	『玉葉』

即ちここに平安時代を通じての東曹に学んだと思われるものと、西曹に学んだと思われるものの幾

人かの名前を連ねることが出来る。（＊は『二中歴』の所謂七家）

東曹

都氏　良香
高丘氏　五常
＊三善氏　清行・道統・佐忠（佐忠及ビ巨勢為時ハ『桂林遺芳抄』正暦三年十二月十一日状ニ拠ル）
三統氏　理平・元夏
＊大江氏　千古・朝綱・重光・澄明・通直・匡衡・以言（モト弓削）・挙周・通国・匡時・有元・匡周
＊紀氏　長谷雄・淑望・在昌・伊輔・淑言
＊藤原氏　有声・経臣・国光・為文・惟成・実範・義忠・明衡・公義・為定・敦基・友実・敦光・尹通・令明・永実・範兼・俊憲・範季・光経・長光・茂明・範光・敦周
矢田部氏　陳義
巨勢氏　為時
＊高階氏　某
小野氏　美材
＊菅原氏　道真・淳茂・在躬・輔正・資忠・文時・定義・在良・時登・清能・宣忠・貞衡
滋野氏　良幹
＊藤原氏　佐世・春海・文貞・博文・惟貞・弘道・広業・家経・国成・有信・正家・実政・広綱・国

資・実光・敦宗・有業・資光・国能・宗光・資長・俊経・基業・兼光・親経・資実

西曹
- 菅野氏　惟肖
- 橘*氏　公材・直幹
- 平氏　篤行
- 田口氏　斉名（ノチ紀氏）
- 善滋氏　為政

これによると『二中歴』の所謂七家以外に、

東曹　都氏・高丘氏・三統氏・矢田部氏・巨勢氏・小野氏

西曹　滋野氏・菅野氏・平氏・田口氏・善滋氏

を加えることが出来るが、いずれもその例は一、二に止っており、『二中歴』に載せられた七家がその重要なものを尽しているという事が出来る。

藤原氏は東西曹司の両方に属しているが系図を示すと、

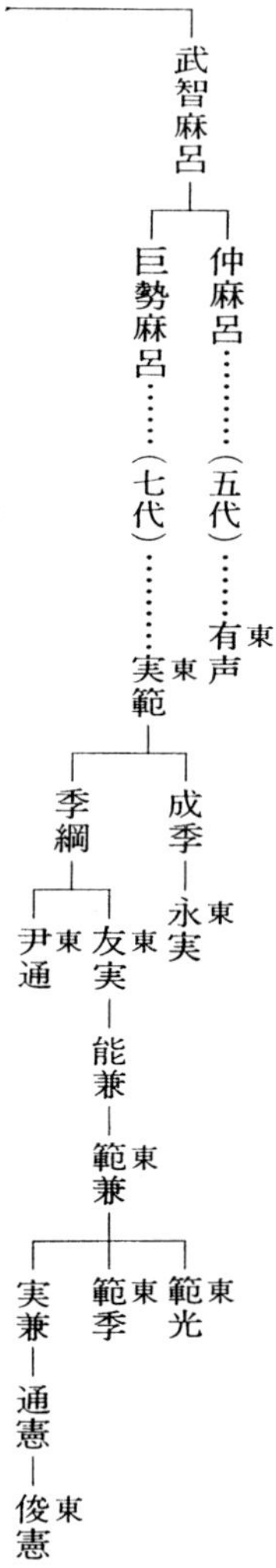

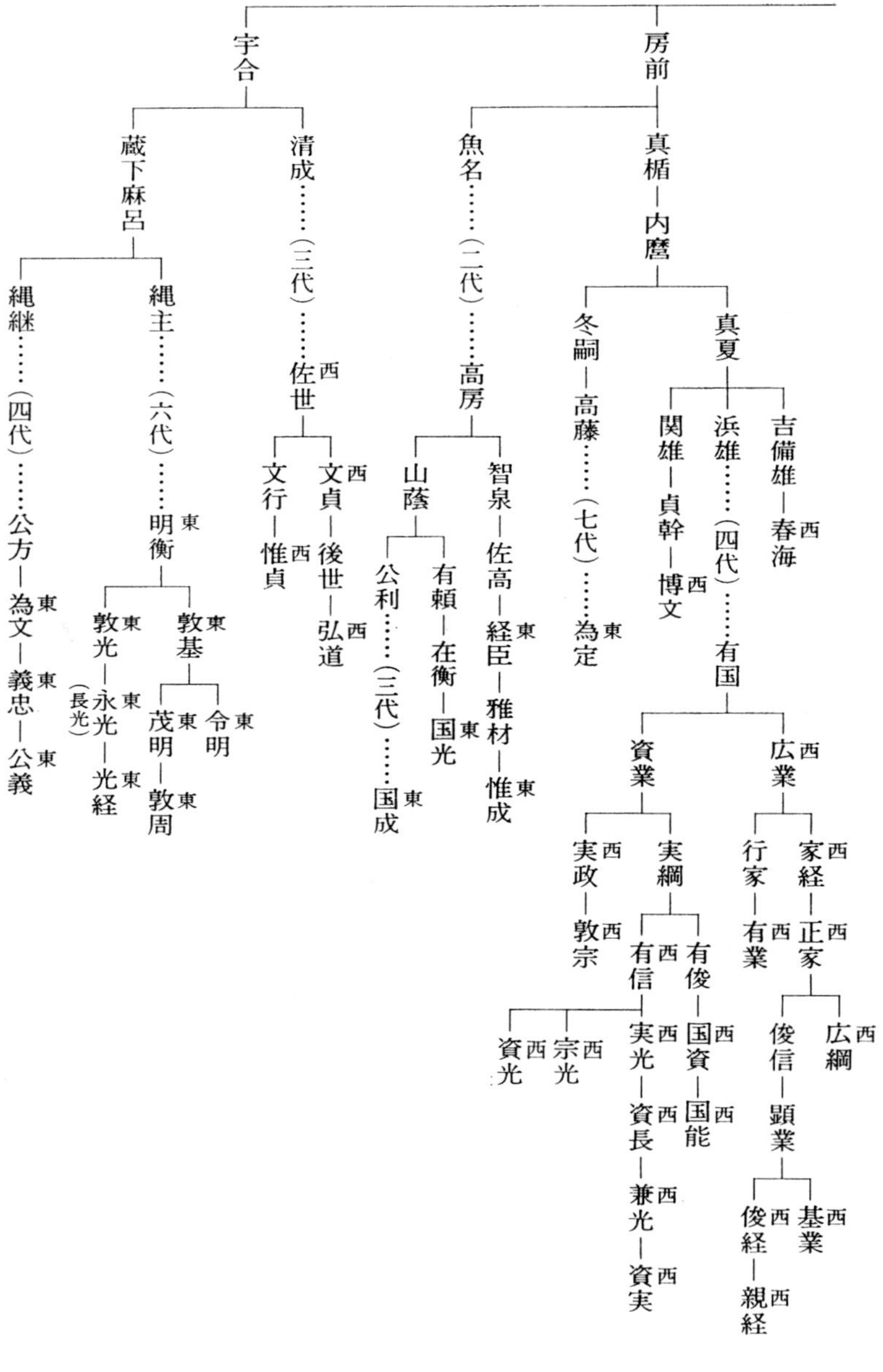
房前
真楯—内麿
真夏
吉備雄—春海 西
浜雄……（四代）……有国
広業 西
家経 西—正家 西
広綱 西
俊信—顕業
基業 西
俊経 西—親経 西
行家—有業 西
資業
実綱
有俊—国資 西—国能 西
有信 西
実光 西—資長 西—兼光 西—資実 西
宗光 西
資光 西
実政 西—敦宗 西
関雄—貞幹—博文 西
冬嗣—高藤……（七代）……為定 東
魚名……（二代）……高房
智泉—佐高—経臣 東—雅材—惟成 東
山蔭
有頼—在衡—国光 東
公利……（三代）……国成 東
宇合
清成……（三代）……佐世 西
文貞 西—後世—弘道 西
文行—惟貞 西
蔵下麻呂
縄主……（六代）……明衡 東
敦基 東
令明 東
茂明 東—敦周 東
敦光 東—永光 東（長光）—光経 東
縄継……（四代）……公方—為文 東—義忠 東—公義 東

即ち『二中歴』に、西曹下に藤家（広業・資業）、東曹下に藤家（実範・明衡・在衡）とあるのに合うが、更にこれを厳密に表示すれば、

東曹 ｛ 南家全部
北家の中、在衡・経臣の子孫
式家の中、明衡・公方の子孫 ｝

西曹 ｛ 日野を含む北家の大部分
式家の中、佐世の子孫 ｝

となる。かようにその門流によって大体曹司が定まっていたのである。これらの定まった家々は最初はそれ程固定的ではなかったのであろうが『二中歴』に記された広業・資業・実範・明衡・在衡の時代即ち藤原時代以降は『二中歴』に記された程の家以外の者は献策出身はほとんど全く不可能となったであろう。別曹を持つ氏の学生も、恐らく文章生にでもなればその出身の氏によっておのずから東曹か西曹かに籍を置くこととなったと思われるが、更に文章得業生になれば同曹の特定の一人を師としたものであろう。実範は義忠の弟子（『類聚符宣抄』九治安三年十二月三十日官符）、通国は明衡の弟子（『朝野群載』一三承保二年五月十四日）等いう如くすべて同曹同志であり、前引の為定の「伝二師跡於東庠一」たのもそれであろう。

維時《(大江)》朝臣来云、陳義《(矢田部)》策可問人在躬《(菅原)》朝臣也、而年中無可著座日者、直幹《(橘)》等可問、或人直幹敏通《(橘)》維時弟子、不可問云々者、是不可然事也、先日直幹問国光《(藤原)》故云々（『貞信公記抄』天暦二年七月十一日条）

陳義策問頭、以直幹朝臣可下宣旨状示左大臣（同十四日）

これは橘直幹が西曹出身でありながら、東曹の大江維時の弟子であった（同曹出身者が文章博士の中にない場合このようなことは当然起り得た訳である）為に、問頭博士となることに対してある人の抗議が出たことを示す特殊な事例である。

対策出身者に与えられる策・冊・大業者等の名称を仮に現在の学位に比較して考えると、文章院の一半の性質は紀伝道の大学院であり、給費大学院学生たる文章得業生は指導教授を定めて研鑽し、その論文即ち対策は公平を期する為に別の曹司の人が審査したのである。なお文章得業生が闕員となると「有レ限堂事」が自ら擁滞するといわれる如く（『朝野群載』一三）北堂の事務にも携った。文章得業生は対策以前既に就職するものもあり、学生をやめて地方官に任じ後対策するものもあったのである。

大学別曹が次々に建てられると文章院に寄宿するものは文章院の主体たる菅江両氏の子弟が大部分となる。所が大江氏は王氏であって、奨学院の創立者在原氏とは関係深く、大江氏にして奨学院の執事をやり（『兵範記』仁平四年三月二十七日条）また奨学院学生や学頭となっている例を見出し得るので(『除目大成抄』三等)、これも奨学院にとられたとすれば、残るは菅原氏のみとなる訳であるが、実際には果して如何であったか、徴すべき史料を欠いている。

要するにこれ、文章院は平安時代になって貴族社会の歓迎を受けた紀伝道の実質的な隆盛に伴う制度上の他の幾つかの振興工作と相伴って、承和元年に当時の紀伝道の中心人物菅原清公によって建てられた紀伝道の機関であって、他の諸道の建物よりも遅れて建てられ、しかも紀伝道は令系統の制度の枠にはめられてでなく、比較的自然的に発生し、従って最も早く氏族的世襲の風を表わしたが為に、いつしか菅江両氏による東西両曹の分掌という氏族的な現象を生じ、大学別曹を持たない氏族の文章生を寄宿せしめると共に、一般に文章得業生に補せられたものが、更に籍をおいて師に就いて研鑽を鑽げる場所となったものと考えられる。即ち文章院は大学寮の一部、紀伝道の枢要な機関であって、令制を殆どそのままの他の諸道の機関に比して、令制の殻を破った全く新しい平安貴族的なものまでにはならず、ただその影響を強く受けた所からして、上に述べたような復雑な性質を持つに至った所の教育機関であった。

文章院の後世の変遷を見るに、菅江両氏が何らかの実権を持つ文章院に於いて、他の諸氏がそれぞれ大学別曹を持ちながら、そこに学生をおくらなければならないという何らかの従属的地位に置かれることは、諸氏特に藤原氏の如き屑としない所で、それに対して諸氏は文章院内の勢力伸張に努めると共に、それぞれの大学別曹の独立的傾向を増さんと企てたであろう。その結果は平安時代末頃では未だ「南曹北堂遊学末生」とある如く（真福寺蔵『仏法伝来次第』奥書）、勧学院（南曹）学生はなお文章院（北堂）に通うて学んでいるが、下って室町時代になると「此（給料の）后当氏（菅原）并江家学生等者在二文章院一稽古積レ功也、藤氏人者、給料之后、在二勧学院一成二稽古一也」とある如く（『桂林遺芳抄』）、文章院・勧学院は各独立した対等のものとなり、現今ともすれば平安時代へ遡らせ[2]て考えられるような状態に移り変っている。

右大臣藤原良相は文学の士を愛好して、寒夜四学堂の学生に衣類を給した。

択二大学中貧寒之生一、時賜二綿絹一、冬天惨烈、多縫二造被一、遍賜二四学堂夜宿者一（『三代実録』貞観九年十月十日条）

この四学堂とは何か。延喜四年式部卿是忠親王を大学別当と為した際、恐らく親王の私第について四堂が参賀を行ったが、

延喜四、以式部卿為別当、四堂参賀、設北堂饗於西対幷廊、他三堂饗在御厩、南堂、竿堂、有愁退去、明法一堂不退（『西宮記』二十臨時八）

これによって北堂・南堂・竿堂・明法堂の四であったことが明かである。かの『清行意見封事』に「南北講堂、鞠為二茂草一、東西曹局闃而無レ声」とあるのは明経院と文章院と、文章院の東西二曹とを以て大学寮を代表せしめたのである。これを『大内裏図考証』で見ると、大学寮の占地の中央に

北から南に続いて、明経道院（一南堂）、竿道院、明法道院と記されていて、南堂の北に都堂院とあり、文章院はこの都堂院に宛てる説と、その西の余戸に宛てる説とが記されている。これによって見ても文章院は他の三道院の建立の後になって、他の建物を利用するか、または余地を見附けるかして開かれたことが想像されるのである。従って文章院以外の三院についてはほとんど述ぶべきこともなく、ただ、天徳四年十月五日の南堂東曹司および算堂東三間の焼亡（『日本紀略』）、永延二年二月七日の諸堂曹司顚倒後の修造（同上）、長元七年八月十一日の紀伝明法曹司舎の顚倒（『左経記』）等の知られることとこれら諸堂はそれぞれその道の学生がその場所に於いて研鑽を遂げたことが考えられるのみであって、文章院のような複雑な様相は呈しなかったことと思われるのである。

（1）「北堂」の称は、『日本紀略』延喜五年十一月二十一日（漢書竟宴）、延長元年三月七日（漢書竟宴）、同三年五月八日（史記講義）、天慶二年十月四日（文選講義）、同四年三月二十七日諸条（文選竟宴）、『西宮記』二十臨時八（延喜四年四堂参賀）、同書（皇太子御元服）、『本朝文粋』九序（文選竟宴）、『扶桑略記』康保元年三月十五日条（勧学会）、『三宝絵詞』（勧学会）、『本朝世紀』仁平元年三月三日条（勧学院曲水宴）、同四月二十四日条（勧学院藤花宴）等に見え、また四道三院年挙の中の紀伝挙を一に北堂挙と称する。なお山田春城が入学して「依レ未二成人一、於二堂後一聴レ講二晋書一」いたという「堂後」はやはり北堂を指したのであろう（『文徳実録』天安二年六月己酉条）。

（2）なお万里の『暁風集』（巻首）に東西曹を「西京之徒、東洛之徒」と解し、清原宣賢の『論語聴塵』（三、雍也篇末）に同じくこれを、勧学院に対して東西の位置にあるとしている等は、いずれも原義を忘れた論外の曲解である。

二 大学別曹

大学寮域の文章院に東西曹司が建てられたことは前項の記述によって明かであるが、なお南堂東曹司・紀伝明法曹司舎等の存在まで文献によって知られるとすれば（前項参照）、恐らくは文章院、明経道院（南堂）・算道院・明法道院の各院に東西曹司があり、『大内裏図考証』の図を信憑すべきものとすれば、図に示されている各院の東西両舎がそれに当るものであろう。道毎に異なる学生数に対して、同様の規模（五間二面）であることからすると恐らく学生はすべて寮に住するのではなくて、通学を余儀なくされた学生が多数あったことであろう。これら学生の寄宿の為の施設の不足に対する対策は、公にではなく、この頃次第に団結を強固にしつつあった諸氏族によって施され、それぞれの氏から出身した学生の為の曹司が設けられ、それが大学寮附属のものとして公認されるに至って大学別曹となった。この諸氏の大学別曹には和気氏の弘文院・藤原氏の勧学院・橘氏の学官院・王氏の奨学院の四があった。次にこれら諸院を各別に概観して、終に大学別曹の性質について考えて見ることとする。

イ、弘文院

『日本後紀』の和気清麻呂薨条に、清麻呂の伝記を記した後に、

長子広世、起レ家補二文章生一、延暦四年坐レ事被二禁錮一、特降二恩詔一、除二少判事一、俄授二従五位下一、為二式部少輔一、便為二大学別当一、墾田廿町入レ寮為二勧学料一、請レ裁二（秀才脱カ）闡明経四科之第一、又大学会二諸儒一、講二論陰陽書新撰薬経大素等一、大学南辺以二私宅一置二弘文院一、蔵二内外経書数千巻一、墾田卌町永充二学料一、以終二父志一焉（『日本後紀』延暦十八年二月乙未条）

これによれば広世の弘文院創立の事蹟は、大学別当在任中のこととしているものの如く、大学別当とはここでは大学頭のことであり、『日本後紀』の記事を辿るとその闕佚部から考えて、延暦十九年――二十二年に大学頭に任じ、大同元年――三年に罷め、同時に此間に卒している。即ち和気広世は延暦大同の交、父清麿の遺志を実現して弘文院を創立した。時に広世は大学頭であり、大学への墾田施入や、秀才明経等の叙法を開いたことや、大学に諸儒を会しての講論等の事蹟と共にその事蹟を称せられているのを見れば、弘文院は大学と全く無関係の存在ではなかったと推せられる。『西宮記』に「和気氏諸生別曹」（同書十七臨時五諸院）と説明しているのは、他の諸氏の大学別曹と同様の性質のものであることを示していると思われるから、弘文院は和気氏出身の大学生を寄宿せしめ、学生はその蔵書を以て自習し、学料からその給費を受けたものであろう。嘉祥元年の雷電によって弘文院屋の壊れた事あり（『続日本後紀』嘉祥元年七月丙戌条）、仁和元年には菅原道真が、「秋夜

宿二弘文院一」という詩を賦しており（『菅家文草』二〈前後の詩より推して仁和元年七、八月頃の詩と思われる。〉）、実質は明かでないが、その頃まで少なくとも約八十年間は存続したと思われるが、『西宮記』（天元五年薨源高明の著）の時代には既に荒廃に帰していた（『西宮記』十七）。その位置「大学南辺」とは、京都の図（九条本『延喜式』附図・『拾芥抄』附図）に拠れば、大学外東南の一区画であった。弘文院は他の諸院に比して創立最も古くして創立事情、従ってその後の院の性質も異なるのではないかと思われること、また早く廃絶に帰し関係史料少なく、大学別曹となったことを証する史料は『西宮記』以外見出されないこと、また和気氏は他の大学別曹を建てた諸氏と相並ぶ程の有力な氏族であるとは思われないこと等は、弘文院を他の諸院と同列に扱うことに一応の疑点を挿まれない訳ではないが、前引の『西宮記』の記事を否定するに足る有力な反証がない限り、私はやはり大学別曹の陳呉たるの栄誉を弘文院に与えたいと思う。

ロ、勧学院

弘文院についで藤原氏の勧学院が弘仁十二年にその年右大臣となった冬嗣によって建てられ（『類聚三代格』十一貞観十四年十二月十七日官符）、弘文院の南に位した（『延喜式』京職附図・『拾芥抄』）。冬嗣は為にその封戸を割いたが、その目的は、「同氏子弟勤学之輩、量班ヲ与之一」する為であり（『続日本後紀』承和三年五月甲子条）、概言して、「子孫親族の学問を勧めんため」であった（『神皇正統記』四清和天皇条）。『拾芥抄』に「本冬嗣大臣家」とあるのを信ずれば、これも私宅を以て院となしたものである。

件院、是贈太政大臣正一位藤原朝臣冬嗣去弘仁十二年所二建立一也、即為二大学南曹一、但不レ被レ管二寮家一。（『類聚三代格』十二）

とある大学南曹となった時期が、創立と同時か、何年か経て後か明かでないが「藤氏学生別曹」とも（『西宮記』十七臨時五諸院）、「藤原氏学生住也」ともあるから（『拾芥抄』中末宮城部）、「同氏子弟勤学之輩」や「子孫親族」等は、大学の学生を指したものと見てよかろう。「大学寮南曹」となって、大学寮との不離の関係が公認されると共に、大学寮の管轄は受けることなく、藤原氏の管するところであった。大学寮との不離の関係とは、勧学院は学生に対して宿舎と学資と書物等の便宜を与えるのみで、勧学院学生が教官について教育をうけ、学生としての幾つかの階梯を昇って行って出身するのは、すべて大学々生としてであることである。即ち勧学院学生は同時に大学寮学生でもあるのであって、その実例は一二知られるのであるが（組織の条学生の項に挙ぐ）、中にも具体的な事例は『宇津保物語』に於ける藤英の事蹟であって、勧学院の曹司に苦学しつつ、人々に顧みられなかったが、一旦上司の眷顧をうくるや、次々と大学々生としての試験を通過して、後には栄達するに至っている。同物語に於ける勧学院内部の具体的な記述描写は、特に絵詞と称する部分に著しいが、この部分が果して本文と同時代のものかどうかはなお批判の余地があろう。また有勢な藤原氏の管下にあった為に、豊かな財政に支持されたという許りでなく、学生の出身する階梯に於いても、あからさまに有利な制度が設けられた。四道三院の年挙といって、成業の見込なき学生を諸国の掾に挙達することは、ともかくも奨学院・学官院と相並んで三院共通であるが、勧学院学問料といってこれを給せられる学生は、公の穀倉院学問料を受ける学生と同等、時にはそれ以上の権限を以て、学生としての更に上位の段階に進むことが認められていた。

このように勧学院は藤原氏としてこれを管領していたから、従って独特の政所組織を以て事務を処理し、後には自然に、かかる教育関係事務以外に、宗教関係の氏寺氏社の事務をも管掌するに至った。勧学院の大学別曹としての性質に関する史料が乏しいのに反して、その組織・経済・寺社管掌等に関する史料は豊富に残されているので、次にこれを詳細に検討することによって、勧学院の性質を究める一助ともしたいと思う。なお勧学院挙・勧学院学問料の除目関係のことは便宜第三章第一節に譲ることとする。

〈附　勧学院の組織〉

勧学院は弘仁十二年藤原冬嗣が藤原氏出身学生を寄宿せしめ、学資を給する為に建てたものであることはいうまでもないが（『続日本後紀』承和三年五月甲子条）、その構成要素を考えると、勧学院は大学寮南曹と為り（『類聚三代格』十二貞観十四年十二月十七日官符）、藤氏学生別曹であったのであるから（『西宮記』十七臨時五、諸院）、藤原氏出身の大学生を寄宿せしむべき曹司がその建造物の主要部分の一であったろう。と共に勧学院は大学寮に管せられず（前掲『三代格』）、氏長者の管領であって（『帝王編年記』『神皇正統記』）、氏長者の旨を施行すべき事務室ないし役所が必要であった。天徳四年の火災に勧学院院倉一宇と共に政所板屋二宇焼失しているのは（『扶桑略記』九月二十九日条）、かかるものが政所と呼ばれて存在したことを示す。しかして、勧学院の機構がただ大学寮別曹のみであったら、後に見る如き政所の整然たる組織は余りに大に過ぎるものがあるが、これは諸書には勧学院の創立に懸けて「南都事奉行」（『帝王編年記』天長二年是歳条）または「興福寺及び氏の社の事を取おこなはる」（『神皇正統記』清和天皇条）等とあって藤原氏の家務に関与し、同氏の氏寺氏社統制機関でもあったことを思えば当然であったのである。しかし「勧学」の字義から言っても創立に関する古い史料（前掲『続日本後紀』『類聚三代格』）にこの事が記されていない事から言っても、勧学院創立の趣旨ないし当初の計画はやはり藤氏学生の曹司としてであったと思われる。院創立の弘仁頃には藤原氏には令制の家吏より発展したある種の家務機関の実質の存在が想像され、それが摂関家政所へと発展したと思われるのであるが、荘園の膨張や家務の公的色彩化に伴い事務の煩雑なるに及んで、ある早い時期に、同じ藤原氏の機関たる勧学院の大学寮別曹としてのみあった事務組織を拡張して政所組織として、家務中の氏寺氏社関係事務を分掌せしめたものではなかろうかと考えられる。職制を図示すると次の如くである。

- 別当
  - 公卿別当一人
  - 弁別当（別当弁 南曹弁）一人
  - 六位別当二人
    - 有官別当一人
    - 無官別当一人（後別当）
- 文章得業生（秀才）
- 文章生
- 学頭一人
- 学生若干

〔以上藤原氏〕

- 知院事若干（院事、知院司、院司）
- 案主若干
- 雑色若干
- 仕丁若干

外に

- 鎰取
- 厨女（専女）
- 出納

氏長者 氏長者の名称は冬嗣の時には未だないけれども、その実は既にあったと見てよい。しかして勧学院が氏長者の管領する所であったことは既に述べた。勧学院の活動はすべて氏長者の命令によって行われ、別当以下の職員は長者の旨を受けてこれを奉行するのであった。職員の任免権は殆ど長者にあり、学生の名簿はしばしば長者に進覧された。[1] 長者の家の慶事毎に勧学院学生は別当等に率いられて参賀をなし、大饗の饗膳の余りは勧学院に送られ、[2] また一方勧学院の変事は長者の吉凶に関係ありとされた。[3] 頼長の如きは院の修造に当って自らしばしば巡検を行っている（『本朝世紀』仁平元年四月十四日条『兵範記』同二年五月七日条、『宇槐記抄』同年十月一日条）。

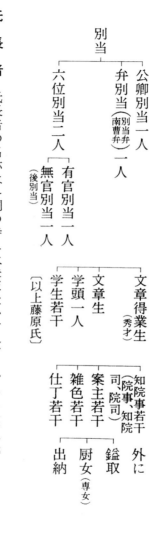

別　当　摂関家政所が令制の家吏なる令・従・書吏等に私設家吏なる別当・知家事・案主等が加えられて組織されているに対し、勧学院政所は後者に相当する全く新な職制のみを以て組織された所に両者の主な相違点がある。その職制の中で最も主要な役割をなしたのが、令外官の長官（検非違使蔵人所等）にその名称が見出され、奈良時代より寺院の三綱の上に立ち、平安時代に入って公家の家令の上に立つものに名付けられた別当であった（藤木邦彦氏「上代に於ける家吏制の問題」『歴史教育』五ノ十三、同氏「草創期に於ける鎌倉幕府政所の職制に就いての考察一二」同七ノ一参照）。別当のみについてみると、摂関家政所のそれは他氏を交え、やや官衙的性質を帯びているに対し、勧学院のそれが藤原氏のみより成り、純粋に氏族機関の体をなしている所にも両者の明かな差違が認められる。勧学院別当は醍醐天皇の時（長者忠平）に公卿・有官・無官の三別当が現われ、やや後れて弁別当が見出されるが、公卿別当は何時しかその姿を没して他の三別当が後世迄存続した。なお弁別当有官別当に対して「俗氏院別当」なる名称が附されている場合がある。(4)

公卿別当　忠平長者時代に左将軍定方・民部卿清貫・八条大納言保忠の補任を見る事が出来るが（『貞信公記』延喜二十年十二月十四日、延長二年八月二十五日、承平元年十月二日条）、定方・清貫もまた大納言であり、その後村上天皇の応和元年（長者実頼）に有官別当補任の文書の署名に勧学院別当として大納言在衡の名が見え（『朝野群載』七応和元年五月十五日）、一条天皇の長保二年および三条天皇の長和二年における勧学院学生の中宮参賀に際して、右大将ないし中宮大夫が氏院別当なることが知られるが（『権記』長保二年二月二十七日条、『御堂関白記』長和二年十一月二十三日条）、両者は共に当時の長者道長の庶兄大納言道綱であって、彼が公卿別当であった事が知られるのである。これによって見ると勧学院の公卿別当は藤原氏出身の大納言を以てこれに補した事が知られ、その手続は保忠の例では宣旨（広義にて長者宣を指せるか）を以て補されている。道綱迄連続して存したものか、断続したものか明かでないが、これを最後として公卿別当は勧学院より発する文書の署名にも見えず、『西宮記』十七（臨時五諸院）に「長者及公卿別当弁有官無官別当行二院事一」とあるに対し、『拾芥抄』（中宮城部十九諸院）に「依二長者宣一以二氏弁一為二別当一、又有二六位有無官別当一」とあって公卿別当のないのを見ると全く置かれなくなったものと思われる。これは恐らくその地位が高すぎ、執務上には弁別当等に圧倒されて自然に消滅したのであろう。

弁別当　別当弁とも南曹弁（中世以後）とも氏院弁ともいい、『帝王編年記』十三（天長二年是歳条）に「藤氏長者管領、七弁内一人補二別当一、是謂二南曹一」とある如く勧学院別当の代表をなしている（勿論公卿別当消滅後の書であるが）。村上天皇の天暦二年に別当弁の語を初めて見得るが[5]（『九暦』八月二十六日条）これは恐らく同四年にその名の知られる右中弁有相なるべく（『伏見宮御記録』利三十五『御産部類記』）、これを初見として平安時代の終までに約三十人の名を知る事が出来る。それらを通じて見ると、弁別当は七弁（左右大中少権）の中参議を除き藤原氏出身の最上﨟の者を多く補したのであるが[6]、例外として下﨟でも非凡の人物を補し[7]、また参議となっても引続き弁別当の例もあり[8]、参議となった後初めて弁別当となった特例も存する[9]。補任の手続は宣旨（長者宣か）により長者が有官別当を召して仰下したのである[10]（『西宮記』十二臨時一諸宣旨）。この職は諸人の望む所と見えて、正家は大弁に転任するや、忽ち氏院別当の事を承り、甚だ喜悦の気色が有ったという（『水左記』承暦四年八月二十四日条）。弁官が太政官の重職であることはいうまでもなく、その実務的な重要な地位が遺憾なくこの私的機関に利用せられ、常に長者の旨を受けて院務を切廻ししばしば院務について長者に報告している（『玉葉』建久元年九月十七日、十月三日、二年七月十六日条）。従ってその職務は繁劇であって為隆は日来氏院政所に籠居して院務を執り（『永昌記』天永二年七月二十八日条）、また行成・宗忠は勧学院の作事に際してこれを見廻っている[11]（『権記』長保三年正月十六日条、『中右記』長治二年二月二十八日条）。学生との間も親密であって、弁別当為隆の許へ、氏院生徒は学頭隆頼を初めとしてしばしば群来して聯句百余韻等を行っている（『永昌記』天永元年三月十二日、六月一・五・八・二十五日条等）。弁別当は当初は必ずしも摂関の家司ではなかったようであるが[12]、後には家司等を補する時に当って執事、年預、職事、既別当と共に弁別当を補するにさえ至っている[13]（『玉葉』治承三年十一月二十七日条、『山槐記』同二十八日条、『平戸記』仁治三年三月二十二日条）。

六位別当　弁別当が五位以上であるのに対して藤原氏出身の六位の者を以て補したのを六位別当と呼びその中を官の有無を以て区別して諸司丞(判官)を有官別当、蔭子・蔭孫・学生を無官別当と称する。『拾芥抄』の所謂「六位有無官別当」とはこれである。いうまでもなく位階の制は五位六位の間に奏任判任の区別等確然たる差別がある為に、六位蔵人等と同様に位階を以て称としたのであり、五位に叙爵すればその職を去るのである。有官別当無官別当の称呼は六位別当よりも一般的になっているけれども、官の有無は六位別当内の区別であるから六位別当の称呼の方が先行したと思われる。「六位別当」の称の初見は天暦四年(『伏見宮御記録』利三十五『御産部類記』所引『九条殿記』天暦四年七月二十五日条)、有官別当は承平七年(『北山抄』四拾遺雑抄所引『承平記』正月四日条)無官別当は源高明(天元五年薨)の『西宮記』である。長者の交替に際し諸家司弁別当と共に補されている事が兼実の時に見られる(『玉葉』文治二年三月十六日条)。

有官別当　弁別当の下に一層実務を鞅掌し、南都へ下る使等となって奔走の任にあったのは有官別当であった。延長四年(長者忠平)二月七日弾正忠□延を以て勧学院別当に補したのを初めとして(『貞信公記』天暦二年二月二日条)、平安時代の終頃までに二十数人の名を知る事が出来る。それらについて見ると有官別当に補せられたものは藤原氏出身の諸司の判官であって、即ち弾正忠・式部丞・治部丞・民部丞・勘解由判官・玄蕃允・少内記・大舎人允・大膳進・内匠允・大学允等であり、特に民部丞が多いようである。(14)有官別当補任の文書は扶明（応和元年五月十五日）・某（天元四年正月十日）・致時（天永三年二月三日）の三通が見られるが（『朝野群載』七、補勧学院別当）、それによって見ると、有官別当の補任された場合は、前任者が死亡した時か、叙爵して五位になった時であって、六位別当の六位なる位階が厳重に守られていることを知る。しかして六位別当が後に弁別当になった例はなく、両者間に高い障壁が築かれていたと見られるのに反して、右の致時の如きは日来無官別当であったものが、この時有官別当に補せられたのであって（『殿暦』天永三年二月七日条）、六位別当と総称されるだけに両者の身分的差別はなく無官別当が任官して、有官別当に闕ある時はこれに補することが出来たのである。

無官別当　後別当なる名称が無官別当の別称として用いられたようである。(15)無官別当は有官別当を輔佐して院務に携ったものであると思われ、有官別当闕員の時は代って院事を行った事が見える（『台記』仁平三年八月二十四日条）。早くも忠平長者の時代に彼は学生是仁を以て勧学院別当と為すの宣旨（長者宣か）を元方朝臣に仰せているのであって（『貞信公記』延長三年二月六日条）、これを初見として平安時代の終頃までに約十人の人名を見出し得るが、蔭子・蔭孫・学生の六位の者をこれに補したようである。(16)致康を補する長者宣が一通見られるが（『朝野群載』七補勧学院別当康和三年八月一日）、これは前任者の譲与によって為っており、また久安六年勧学院別当親経が少判事に任官すると共に職を去っているのは（『本朝世紀』十二月二十二日条）無官別当に相違なく、果して数日後に「補㆓氏院無官別当㆒事」が行われており（『台記』十二月二十八日条）、無官別当は任官すれば直ちに職を去り後任者が定められた事が分る。なお康和四年弁別当たる宗忠が長者忠実の所に到って氏院無官別当所望中文等を進覧しており、これに対して忠実はその中で致時が重代の者である上に朝夕恪勤の者であるから吉日を以て仰下すべしといっているのは（『中右記』七月一日条）、重代と恪勤がその資格条件であることを示す。重代とは即ち職の世襲であって、『尊卑分脈』によると（括弧内は記録によって有官無官別当たるを知られるもの）、

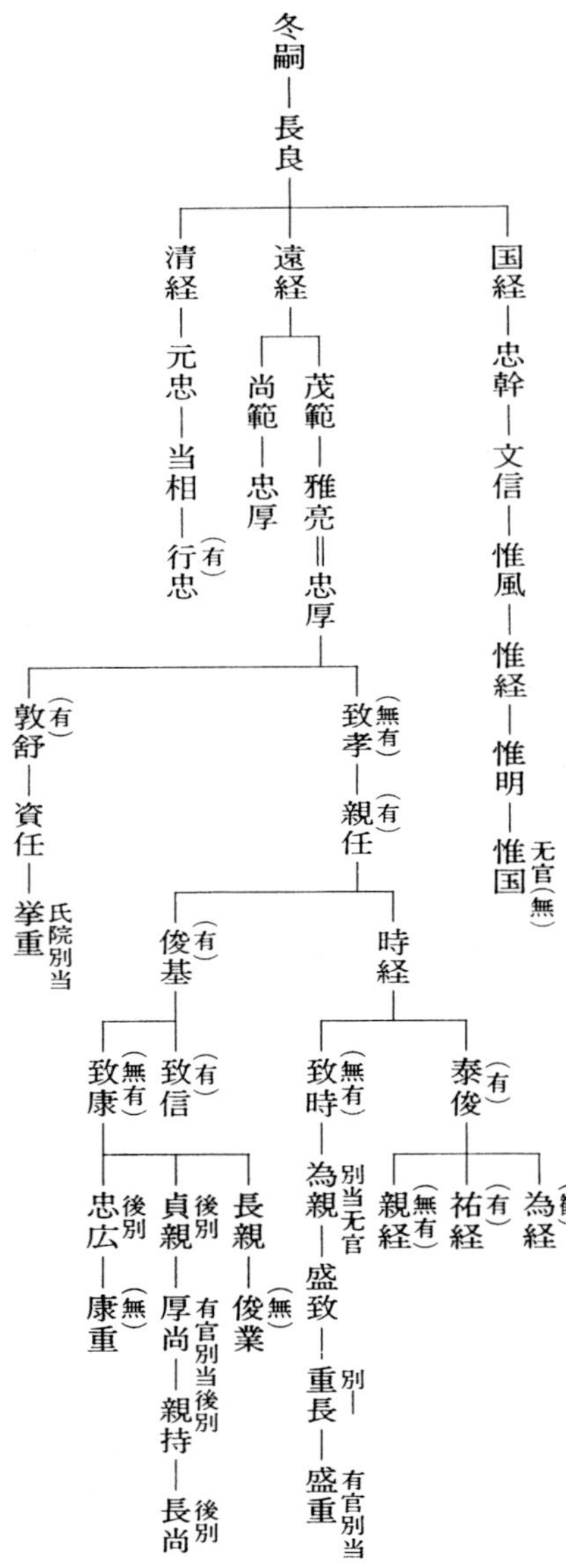

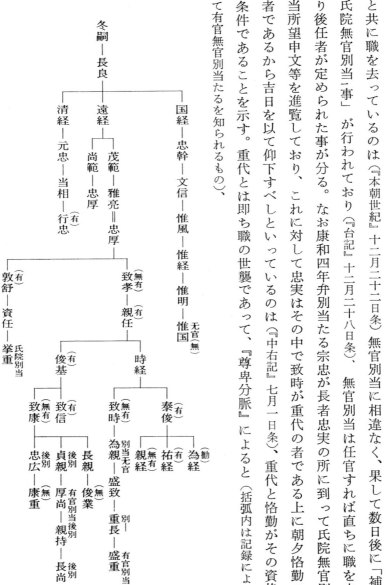

この如く一条天皇頃（長者道長）より、概ね院の創立者たる冬嗣の子長良の流、特にその子遠経の子孫が六位別当の大多数を占めて、重代者として有力な資格者となり、因循なる公家社会に於ける官職世襲の風はここにも及んだのである。無官別当の選衡は所望申文を以てした外に、天慶二年忠平が勧学院後別当を挙状に依らずして補する例を勘うべしと右中弁に命じている例から推して（『貞信公記』天慶二年十一月十一日条）、その反面挙状を以て補したこともあったのであろう。無官別当を弾正忠に任ずる事が出来（『官職秘抄』弾正台）、また無官別当蔭子康重は先例に准じ当職奉公労に依り左近衛将監に拝任されん事を請うているのを見ると（『除目大成抄』八治承三年正月十五日条）、かかる例は他にもあったようであり、無官別当が公的資格を有していたことを知り得る。

知院事　知院司、また単に院事・院司とも書かれる。別当の下の職であって、人数は不明であるが五、六人ないしそれ以上であろう。[17] また権知院事もあった（『朝野群載』七補勧学院別当康和元年五月十五日）。天暦四年勧学院参賀に見える院事三人（『伏見宮御記録』利三十五『御産部類記』）を初見として参賀の記事や文書の署名によってその人々を知る事が出来るが、それによると知院事以下は藤原氏出身でなく、若江・錦・身人部・堅作・生江・立野・安倍・惟宗・紀・大江・高橋・中原・小野・藤井等他氏の者を以て補し、殊に高橋氏の如きは平安時代から中世にかけて代々知院事となったようである。知院事となるものの官は国少目・掾・大膳属・掃部属・太皇太后宮属・隼人令史・

兵部録・刑部録・弾正疏・左京属・大蔵録・主税属・右史生・左衛門佐等の実例に依って主として諸司主典を以て補したことを知ることが出来る。職名即ち職掌を表すもので摂関家政所の知家事に対するものである。

案　主　検非違使庁・摂関家政所・院庁等にも見られる職であって、字義よりすれば文案記録を掌る職である。治安元年の参賀の際の見参に案主の名が見え、紀村景以下、長谷部・大中臣・佐々貴・壬生・安倍・小部等八人の卑姓の者であって、いずれも官名のないのは恐らく無官の者であろう（『小右記』治安元年八月二十二日条）。

雑色・仕丁　知られる最多数は雑色二十五人仕丁二十人であって院内の雑務雑役に服したものであろう。

なおこの外に鎰取専女《かいとりおさめ》（『宇律保物語』祭の使）・厨女（同上『梁塵秘抄口伝集』十〈治承二年九月二十四日〉）等が見え、またさうとうしき（『宇律保物語』祭の使）なる名も見えるがその意は明でない。

文章得業生・文章生・学頭・学生　これらは大学寮別曹としての勧学院の主体をなすものであるが、学頭以外はすべて大学寮関係の名称である。即ち藤原氏出身の大学生はすべて勧学院学生であったと思われるのであって、大学生の総数が定員のみでなく実際にも数百に及んだ事（『日本紀略』寛平八年二月十三日条）を藤原氏の勢力進展と併せ考える時は勧学院学生も多数に上った事が想像せられ、参賀に於ける最大数なる秀才一人・文章生二人・学頭一人・学生二十人も、特に学生の数の如きは一部の代表であろうと思われる。康平三年の勧学院参賀に際して、近代秀才参入の例なき上に実は入院している秀才がないといっているのは（『平記』〈『定家朝臣記』〉七月二十六日条）、二人の秀才が藤原氏でなかった為なるやも知らず、また天治元年の参賀に際して「蔵人茂明為茂才、文章生周光学生十七人度、稽古人無数、予沙汰之日、広兼、公佐、国明、宗学頭隆頼等済々多士不能左右、近年無属文生徒」（『永昌記』六月五日条）とあるによると学頭以上は稽古之人として大学別曹としての院の中心であったことが分る。康平四年勧学院学堂が学生藤原敦基を文章得業生に補せられんと請う状には文章博士藤原実範文章得業生[18]藤原友家同有俊文章生六人学頭一人が署名していて（『朝野群載』十三十一月十五日）、これは学頭以上の勧学院生に、藤原氏出身にして、秀才を推挙する任にある文章博士が加署したものと思われる。即ちこの文章博士は決して勧学院の教官でないと共に、一方学頭の下には多数の学生がいたと思われる。

文章得業生文章生は勧学院に限られたものでないから説明を略す。学生とは普通文章生明法生算生等に対して、明経生即ち明経道の学生をいうけれども、次第に未だ専攻の定まらない一般の学生に転化して来ているように見え、勧学院の学生はこの者に外ならない。

学頭とは学生の中の才人を撰んでこれに補したもののようである。承平四年（『北山抄』所引『承平記』）を初見として天暦四年（『伏見宮御記録』利三十五『御産部類記』）以後しばしば散見するが、藤原隆頼（為隆の弁別当時代の学頭、天永元年六月一日為隆第に来り連句を行っている）は無雙の才人で学頭になったとある（『古今著聞集』四文学）。恐らく学頭は学務、殊に学生の代表としての職務を為したものであろう。学頭の地位は更に学問料を給せられ、次いで秀才に補せられるという出身の過程に立つものであった。[19] 即ち学頭藤原資光は年二十九にして稽古之勤に依って抽賞せられ勧学院学問料を給っており（『本朝世紀』康和五年十二月二十九日条）、隆頼は学問料に心をかけて望んだが叶わず、その申文の「対二夏暦一推二甲子一、老レ自二睢陽之一老一、取二明鏡一見二鬢鬚一、皓レ自二商山之四皓一」なる文章によって文名が高くなった話がある（前掲『古今著聞集』）。これによるとかなり年をとる迄学問料を給せられなかったようである。また藤原令明がその一男勧学院学頭遠明に学問料を給せられんと請う状には「幼主践祚之初、賢相摂籙之時、先被レ抽二氏院学頭一聖代之佳猷也」といって、かかる先例の存在を指摘している（九条公爵家蔵『法性寺殿御記抄』巻末附属文書）。なお学頭から蔵人所雑色に補したり（『権記』長保二年四月九日条）、職事に補する事もあったようである（『御堂関白記』長保六年十一月二十九日条）。

勧学院に入って学生となるには、その手続として名簿を提出した。師輔の子公季の入院を記して「宮雄（公季の幼名）名簿給二勧学院一事」とあるのはそれである（『九暦』天徳三年八月二十六日条）。しかして勧学院に入院する事は、同時に大学に入学して大学の学生となる事を意味するものであって、藤原在衡が「初遊二国子之芸一、次進二勧学之場一」んだのも（『朝野群載』十七）、大夫房覚明が、「南曹北堂遊学末生」であったというのも（『仏法伝来之次第』奥書）、その実例である。他の大学別曹なる奨学院について、平信範の子信義の入学に際して本堂（大学寮の文章院）入学名簿二通と共に、奨学院入院名簿一通を記して提出していること（『兵範記』仁平四年二月二十五日条）からもまた、勧学院についても恐らく同様であったものと考えられる。入院学生名簿は氏長者となって初めて氏印を用いた時とか、朱器大盤渡等に際して吉書にしばしば用いられ、弁別当がこれを新長者に進覧しており（『御堂関白記』長徳元年六月二十七日条、『水左記』承保二年十月三日条、『中右記』寛治八年三月十一日条、『台記』仁平四年正月十二日条、『兵範記』保元元年九月十六日、同三年八月十一日条、『山槐記』治承三年十一月二十八日条等）、かかる儀式外にも弁別当が長者の許へ持参したりすることが時々見られる（『中右記』長治二年二月二十八日条、『永昌記』嘉承二年四月二十三日条）。

勧学院入院の年齢は大学入学と同時とすれば、この頃は別に定則なく、かなりの幼童も入院するものがあったのであろう。公季の入院は五歳であり、元杲大僧都は八歳（延喜二十一年）学に志し、九歳勧学院小学生と為ったという（『元杲大僧都自伝』）。

勧学院参賀（歩）と共に一部の学生の数の知られるのは天皇の御元服に際して、予め勧学院藤氏児童をして加冠せしめて是日引見する儀式であって、清和天皇の御元服の時予め勧学院藤氏児童高四尺五寸已上の者十三人に詔して加冠せしめ、是日内殿に引見したのを初見とする（『三代実録』貞観六年正月朔条）。かかる限定条件に於ける学生を十三人も撰び得るとすれば、その総数の多数なる事は推察に難くない。かかる儀式はこの後毎回見え、新冠勧学院学生の人数は陽成天皇の時は十余人を算し（同上元慶六年正月二日条）、朱雀天皇の時にもなお小学生十二人を算したが（『北山抄』所引『承平記』）その後は冷泉天皇の時四人（『日本紀略』天禄三年四月三日条）、後一条天皇の時五人（同上寛仁二年正月三日条）、鳥羽天皇の時六人（『長秋記』永久元年正月一日条）、近衛天皇の時六人（『台記別記』四冠記中、久安六年正月四日条）とその数を減じ、高倉天皇の時になると僅に二人の小数でしかも大冠者であって「旧冠歟」とさえいわれており（『玉葉』承安元年正月三日条）、適当の年齢の者がなかった事を示しているが、これより推して平安時代の末に至っては勧学院学生の数は次第に減じたものと思われる。併し治承元年の大火に勧学院が灰燼と化した際、右大臣兼実は関白基通に答えて「彼院生徒殆可㆑及㆓逃脱㆒歟、可㆑有㆓安堵之沙汰㆒」といっており（『玉葉』治承元年五月一日条）、この後も勧学院学生参賀が行われていることはある程度の生徒の存在を示すものであろう。

勧学院はいうまでもなく藤原氏の学生の為のものである事が原則であるが、藤原氏以外の学生が二、三見出される。治安元年の勧学院歩に於ける見参文に学生の名を記した最後に清科善道とあるのも（『小右記』八月二十二日条）同じく学生の中と考えられ、刑部少録高橋宗広は「初学㆓南曹㆒而久味二風月一、後趣二筭道一更伝二乗除一」えたといい（『朝野群載』八元永三年式部省請奏）、南曹は奨学院をも指すが一般に勧学院と見るべく、また多資忠（康和二年六月十六日殺害）の子多節茂も勧学院学生として見えており（『體源抄』〈帝国図書館本〉二十一）、即ち清科・高橋・多の諸氏の学生が見られるのである。これは恐らく勧学院の他院に対する圧倒的勢力による包容力を示すものであろうか。姑く疑を存する。

（1）勧学院学生が年終に見参文を長者に持参するのは例だったようである（『台記』久寿元年十二月三十日条）。

（2）これら勧学院の行事に関しては松野遵崇氏「勧学院」（『史林』七ノ一）参照。

（3）勧学院椎樹怪によって長者の子師輔は物忌を行い（『西宮記』十月旬、『九暦』天慶八年十月一日条、『貞信公記』同年五月三十日条）、勧学院椎木故なくして折れしを占して「氏公卿可レ慎」とし（『日本紀略』、『貞信公記』天暦元年九月五日条）勧学院中蓮を生じたというので忠実は卜を行い（『中右記』天仁元年六月二十二日条）、勧学院の怪異を卜筮して長者病事ということになり（『殿暦』永久三年四月十二日条）、「勧学院藤不レ華」を占して「長者及弁別当可レ慎」という結果になっている（『台記』久安六年九月二十六日条）。なお序でに弁別当に関しては、弁別当行成（註11参照）はしばしば勧学院物忌を行い（『権記』長徳四年十一月二十二日条、『権記』長保三年九月十日条）、一般藤原氏では実資が勧学院物忌を行っている（『小右記』長保元年九月十七日条）。

（4）弁別当については、興福寺維摩会に下向の弁別当について多くいわれ（『維摩会講師研学竪義次第』）、有官別当については、扶明がそう呼ばれている例がある（前田家本『西宮記』六裏書『佐忠私記』応和二年二月八日条）。

（5）忠平は定方別当の事を右中弁邦基に、学生是仁および弾正忠□延別当の事を左少弁元方に、後別当挙状の事を左中弁在衡に仰せているが、これら弁官の別当なるやは明かでない。

（6）嘉承元年長者忠実に為隆が弁別当になった時、前任者宗忠は「勧学院多被仰氏上﨟弁也」とて、長忠顕隆をこえ最下﨟を補したのを批難しているが（『中右記』十二月二十九条）、当年の氏上﨟弁は宗忠自身でしかもこれを去ったのは参議で公卿に列した為であり、平安時代約三十人の弁別当についても大部分この標準に当はまる。

(7) 右の為隆もそれであろうし、また義忠の補任について「綸言、雖レ為二凡骨一、依二宣旨一被レ補レ之」とある（『弁官補任』長久元年条）反面にもこの事が窺われる。

(8) 弁別当伊房は延久四年右大弁にして参議に任ぜられるや引続き別当であったが、『公卿補任』には「同日為氏院別当」、『弁官補任』には「如レ故」と特記し、その後は「件弁依為上達部」云々と特別扱を受けている（『水左記』承保二年十月三日条）。この例は嘉保元年参議となって季仲にも見られる（『弁官補任』）。

(9) 左大弁資信は参議に任じた翌久安六年初めて勧学院別当となり（『公卿補任』『弁官補任』）、権中納言になって初めて後任者が現われている。これは前任光房の牢籠による権宜の処置で（『本朝世紀』久安六年十月四日条）、『公卿補任』に「公卿補勧学院別当例」と頭書しているが、やはり「弁別当」であって（『兵範記』仁平三年十月十日条）公卿別当とは別である。

(10) 宗忠が弁別当に補せられた時有官別当泰俊の師通の長者宣によってその由を来り告げており（『中右記』承徳二年十二月二十日条）。資長が補した時には親経が告げているのがそれである（『兵範記』保元元年九月十六日条）。

(11) 行成の日録『権記』には長徳四年頃以降勧学院関係記事が豊富となるが彼が確実に氏院別当なることは『権記』長保二年正月二十七日の条によって分り、更に『宇槐記抄』仁平三年十月七日の条によって長保元年既に氏院別当たりしことを知る。

(12) 為隆を指して「院別当殿下家司也」と説明しているのは（『中右記』天仁元年十一月五日条）、原則としては両者は必ずしも一致しないことをいったものでなかろうか。

(13) 治承二年権右中弁重方が弁別当に補せられた時兼実は「権右中弁兼光為二執臣一当二其仁一、重方強非下可レ被二饗応一之人上、是相国被三申請一之故」といっているのは（『玉葉』十月二十日条）、摂関家の家司として重きをなした執臣を最も適当の人物としたことを語るものであろう。

（14）『官職秘抄』上（八省丞）によれば民部丞に任ぜらるべきものとして「弾正忠、勘解由判官、少内記等為三重代一輩勧学院有官別当任レ之」とあるによれば民部丞は有官別当となってから任ぜられたのかも知れない。これによって有官別当が公職に包含され一資格となっているのを知られる。

（15）「後別当」は『貞信公記』天慶二年十一月十一日条が初見である。（イ）長和五年道長が勧学院後別当を惟国を以て補しているが（『御堂関白記』六月二十九日条）、この惟国は『小右記』（治安元年八月二十日、同三年十二月七日条）『尊卑分脈』によれば無官別当蔭子なることが分る。（ロ）仁平三年頼長の長者宣を有官別当祐経が自ら写さず、知院事をして写さしめたというので退職せしめられた時、有官別当欠員の間後別当憲信をして院事を行わしめているが（『台記』仁平三年八月二十四日条）、翌年内匠允忠親を有官別当に補した時には無官別当憲信を使して弁別当に命じている（同四年正月二十九日条）。（ハ）一九〇頁に掲げた『尊卑分脈』において、貞親忠広親持長尚を説明して「後別」とあるは後別当の事に相違なく、有官別当を挟んで前後（父子）にこの説明のあるにより無官別当のことと思われる（四人が諸司丞であるのは後別当を去ってからこれに任じたとすれば差支ない）。（ニ）保元乱後氏長者となった藤原忠通は弁別当は旧の儘とし「有官并後別当」に少判事藤原親経藤原俊業を以て補しており（『兵範記』保元元年七月十九日条）、その後の勧学院参賀にも有官別当に次で後別当同（藤原）俊業とあり（同上保元三年八月二十三日条）、これは両者の中間の時の参賀に有官別当に次で無官別当俊成とあるのと同人と思われる（同上保元二年八月二十一日条）。以上の論拠によって後別当は無官別当の別称と考えられる。「後」は「末席」の義であろう。

（16）致康は間もなく止め、天仁元年頃には有官別当となり、天永三年叙爵により職を去る。致時は更に有官別当に転じたことを前述した。

(17) 職員の人数を知る便宜として勧学院参賀における人数の記されたものを記すと次の如くである。

天暦二・八・二十六、別当弁以下学生以上合二十余人（『九暦』）
天暦四・七・二十五、六位別当一人学頭以下学生十九人院事三人（『伏見宮御記録』利三十五『御産部類記』）
治安元・八・二十二、有官別当一人無官別当一人知院事三人案主八人雑色二十五人学生九人（『小右記』）
治安三・十二・七、有官別当無官別当学生八人知院事案主雑色（『小右記』）
康平三・七・二十六、衆十九人院司五人案主六人雑色二十人仕丁二十人（『師実公記』）
康平四・十一・二十二、弁別当六位別当二人知院事四人案主六人雑色七人（『平記』〈『定家朝臣記』〉）
承暦四・十一・四、有官別当文章生知院事（『中右記』）
寛治二・十二・二十一、有官別当一人文章生三人学生十人院司等（『中右記』）
康和五・八・二十九、有官別当以下学衆十人（『殿暦』）
嘉承元・三・二十三、別当二人文章生二人学頭一人学生十一人知院事四人案主四人雑色二十人仕丁二人（『中右記』）
天仁元・十一・五、進士学頭衆合二十人（『中右記』）
天永三・十二・二十六、弁秀才学頭学生二十余人許（『中右記』『殿暦』）
元永元・正・二十八、衆等二十人（『中右記』）
天治元・六・五、有官秀才文章生学生十七人（『永昌記』）
大治五・二・二十二、学生等二十人知院事四人案主四人雑色二十人仕丁二人（『中右記』）
保元二・八・二十一、有官別当一無官別当一秀才二学頭一学生十五知院事六案主八雑色十二仕丁二（『兵範記』）
保元三・八・二十三、有官別当一後別当一文章得業生一文章生一学頭一学生二十知院事三案主六雑色二十仕丁二（『兵範記』）

（18）前年に入院の秀才なく、この年にあるのはこの間に秀才となれるか。もし前年既に藤氏秀才がいたとすれば、藤氏学生が必ずしも入院しなかったこととなるのであって疑の余地を存しておくこととする。

（19）下に引く外に保延三年藤原敦光はその男学生勧学院学頭成光に学問料を給せられることを請うて「何士競二南曹誰《ママ》生之学頭一」といっている（『本朝続文粋』六奏状上六月二十五日）。また久安六年正月四日天皇御加冠当時の学頭盛業は（『台記別記』四冠記中）、仁平元年二月十六日には給料蔵人として出ており（同上六仁平元年別記）、久寿三年正月七日には秀才蔵人となっている（『兵範記』）。また保元二年八月二十一日勧学院参賀の時の学頭光能は（『兵範記』）長寛三年六月五日には給料蔵人として出ており（『山槐記』）、仁安元年十一月十四日には秀才となって現れている（『兵範記』）。

〈附　勧学院の経済〉

勧学院はその創立の趣旨は「同（藤原）氏子弟勤学之輩」に学資を「量班二与之一」すること（『続日本後紀』承和三年五月甲子条）が、その目的の主なるもののようで、その班与の具体的方法は分らないが、恐らく全般的に院学生に給与するものなるべく、これに対して限定された少数の院学生に給する勧学院学問料が発生しており、政所・曹司の施設を要し、政所の職員は前に述べた如く多数であったから、人件物件に亙ってその維持に要する費用はかなり多額に上ったものと思われる。しかして勧学院の設立は結局藤原氏なる氏族そのものの為の氏族内部の社会的施設であり、氏族内の富有者は当時に於いては摂関等氏長者を初めとする高位高官者であったから、彼らがその費用の負担者となったことは当然であった。即ち院の創立者たる左大臣藤原冬嗣は食封千戸を折割して、施薬勧学両院に貯収して両院の費用としたのである。左大臣の職封は二千戸であるからその半を割いた訳である。しかるに封戸はその人が歿すれば返さなければならないので、諸国に散在する田業を買置いた。そしてこれらの田業から上る壌利は創業の始は督促を須いずして院稟に入ったのである（前掲『続後紀』）。

この冬嗣による封戸の寄付は、その後多くの氏長者等藤原氏出身の大臣等の倣う所となっている。それは固より冬嗣に於けるが如き多額ではなかったけれども、封戸の代限りという性質上、また氏長者と氏院との関係からもむしろ当然である。がなおその上藤原氏の御出なる中宮皇后のその宣下があって間もなく封戸の寄進を行われた例が見られるのである。

右大臣良相	勧学院	『帝王編年記』十四貞観九年十月十日条
太政大臣忠平	勧学院	『九暦』天暦二年八月二十六日条
右大臣実頼	勧学院施薬院	前田本『西宮記』十一裏書天慶七年五月十日条
三条天皇中宮妍子（道長女）	勧学院施薬院	『御堂関白記』長和二年十一月二十二日条
（内大臣）関白頼通	勧学院百戸施薬院百戸	『左経記』『小右記』寛仁四年八月二十五日条

右大臣実資	施薬院百戸勧学院百戸	『小右記』治安三年十一月二十五日条
（内大臣）関白師通	勧学院施薬院	『為房卿記』嘉保二年七月二十二日条
右大臣忠実	勧学院施薬院各百戸	『殿暦』『中右記』康和四年十月十三日条
崇徳天皇中宮聖子（忠通女）	勧学院施薬院	『中右記』大治五年十二月九日条
左大臣頼長	勧学院施薬院	『台記』久安六年十二月十五日条
近衛天皇皇后多子（頼長女）	勧学院施薬院	『台記』仁平元年三月二十三日条
（内大臣）関白基通	勧学院崇親院	『玉葉』寿永元年六月十三日条

右は僅かに記録によって知られる限りのものであるが、[1]これ以外にも藤原氏出身の大臣の寄付のあったことは、実資の場合に、「代々丞相寄入封物于勧学院文等」が皆軸紐となっており、その中には一条師尹・堀川兼通・三条頼忠等の寄文があった事によっても知られ（『小右記』治安三年十一月十九日条）、鎌倉時代初期のものと思われる『伝宣草』下の摂関家雑事目録に「割二封戸一寄二勧学院施薬院等一事」とあるによっても明かであろう。そしてそれは摂政関白や氏長者にも限らず（良相師尹実資は長者に非ず）ただ藤原氏にして大臣となった者が、[2]任官後のある機会にその職封を割いてこれに寄せる慣習であったようである。この封戸の数量は、冬嗣の場合より著しく少ないようで、数量の知られる三個の例はいずれも百戸であり、実資の寄文に「宗族曩祖贈太相国以来、登槐位列第直

者、各割百戸之封邑、以充両院之資用、事出深図、已為恒典」とあるによれば（『小右記』治安三年十一月二十五日条）これが定数であったのであろう。その封戸の所在も明かでないが忠実の場合は四ケ国に亙っていたことが知られる。この時同時に鹿島香取にも奉幣使が立ち、鹿島に封戸十戸、袍笏、香取に封五戸等が寄せられていることが多いようである。寄文は当時の文人が作成し、家司はこれと共に御封目録（また封国等文家司署す）を持って勧学院に行向い、院では有官別当院司がこれを受取り、その後二、三日の中に封戸寄進の悦を表すべく勧学院参賀が行われるのが例であった。しかして中宮皇后もまた寄付せられたのは中宮には湯沐二千戸を賜わる規定であり（禄令）、藤原氏出身者にして何によらず多額の公的な資給高禄を受ける時は、これを割いて挙って、氏族内の施設に協力したことが知られるのである。

封戸が仮令所有者一代限りのものであるとはいえ、代々引続いてほぼ定額が寄進されたとすれば、有力な財源の一たるを失わない。殊に封戸制の衰頽変質はむしろその荘園化、私領化を促し、所有者にとってはむしろ有利に展開したのである。

しかし何といっても初めからの所領荘園が最も有力な財源であったことを疑うことは出来ない。弘仁冬嗣の田業を買得し田利の徴収が容易に行われた事は既に述べたが、これに対してであろう。弘仁年間既に民部省符を以てこれが承認されたと称される（『朝野群載』七天永三年三月勧学院解状）。しかるに冬嗣の歿後は輸すべくして不輸のものが十中八九という有様であり、これはその徴収が公的権力を以てなされたのでない為と、その所在が僻遠の為であるとして、承和三年五月左大臣藤原緒嗣等は上表して、国司に下知して検送を加うべきことを冀って、その許を得ている（『続後紀』五月甲子条）。そこでその年十月五日に「田園所レ輸牧宰可二催送一之状」の騰勅符を諸国に頒下したが、貞観十四年に至って院の所在たる左京職が未だ承知していないからとて、京職に下知して後験となすことを許されている（『類聚三代格』十二貞観十四年十二月十七日官符）。かくして勧学院は創立以来発展の道を辿り、「貧而楽レ道之士、微而志レ学之人、攀二文華於廟門之春露一、拾二義実於詞林之秋風一、累代之高材、猶出二此処一、当時之苦学、且在二箇中一矣」といわれる如く、その施設は遺憾なく利用せられ、「為レ支二其衣食一、為レ資二其燈燭一、更割二諸国所領之庄園一、以充二多士研精之依怙一」と藤原氏の所有する広大なる諸国所領荘園は勧学院の費用の為に割かれ、かかる寄進は「是則聖廟之故事、専非二院家之新儀一」ざる常例のこととしてしばしば行われた所であって、その在々の田地は弘仁・康保・長徳・治安等代々の民部省符によって不輸の特権が確認されたといわれる（『朝野群載』七天永三年三月勧学院解状）。しかるにかかる国中国を設定する如き荘園の増加は中央政府の財政策に対して正に逆かじを取るものであったが故に、朝廷はしばしば新立の庄園を停廃したり、また新な名目の課役を課したりした。従ってこの旨を受けた諸国々司と既得権を護り更に増大せしめんとする勧学院との間には紛擾が繰返されたのである。長保二年志摩守高橋善通は供御所以外の院宮家荘園を禁止する宣旨ありと称し、勧学院荘を徴責したのに対し、この荘は格前領であるから代々かかる責任はない。加之「於二此院事一縦雖二非理一、猶可レ廻二権議一」として、道長は遂に「国司所為不当」と判断し、免判を下すべきことを勧学院有官別当行忠に命じたのである（『権記』八月四日条）。なお「勧学院学堂申伯耆国氏人等申、国司背レ例譴責状文」また「同院丹波国諸荘司申国司背二先例一付二課雑事三箇条一文」かかる文書が氏長者道長の許に提出され、道長は丹波守藤原経国に問わんが為後者をば手許に留めている（同九月二十六日条）。氏長者なる私的関係にも摂政なる公的権威が飽くまで利用されている。

また天永三年勧学院は国司が先例に背いて院家所領荘園に造伊勢大神宮役夫工作分料幷臨時雑役を充課するを停止して改めて勘責せしめられんことを請うている。それは前に述べた如く勧学院の在々の田地が代々の省符を帯びているにかかわらず近代国司はこれを知りながら収公し滅亡するは濫吹の基であるとし、「不レ論二権勢庄園一可レ勤二如レ此所課一之由、依二国司申請一、被レ下二宣旨一」は承前の例ではあるけれども「至二于院領一者、更無二充課一、具趣見二先宣旨状一」とてその特権を強調し、就中近来の勧学院たる「修造之復二旧基一也、郢越成レ風、学徒之継二古跡一也、洙泗分レ浪」という状態であるのは、かかる特権の為であるとして、課役の徴取を拒否しているのである（『朝野群載』七天永三年三月勧学院解状)。かくして藤原氏の荘園の膨脹に伴って、勧学院は漸時荘園を護得し来ると共に、それらは次第に純粋の私領化して行った。次の如き荘園が勧学院領として知られる。

大和	添上郡	宿院	『春日神社文書』
伊勢	度会郡?	加具庄	『台記』仁平三年八月八日条
同	員弁郡	飯鹿庄	『吾妻鏡』文治三年四月二十九日条
志摩	—	—	『権記』長保二年八月四日条
尾張	中島郡	玉江庄	『権記』長徳元年十月十六日及二十四日条
遠江	磐田郡	浅羽庄	『師守記』貞治六年八月二十九日及三十日条、『康富記』享徳三年八月八日条
近江	甲賀郡	儀俄庄	『玉葉』建久二年六月七日条、『蒲生文書』、『前田文書』
同	蒲生郡	篠田庄	『勘仲記』弘安六年五月二十九日条、『永源寺文書』一
信濃	—	—	『権記』長保二年七月二日条
同	伊那郡?	依儀庄	『三長記』建永元年八月九日条、『明月記』同元年

			八月十一日条
丹波	―	（諸荘）	『権記』長保二年九月二十六日条
伯耆	―	―	同右
播磨	加東郡	瀧野庄	『権記』長保二年八月九日及十日及九月二十六日条、『水左記』承保二年十月十六日条、『勘仲記』正応二年十月二十一日条
同	―	高嶋庄	『広橋家記録』（経光卿維摩会参向紙背記録）
周防	吉敷郡	潟上庄	『摂関宣下類聚』
同	―	竃谷庄	『葉黄記』宝治元年三月三日条
紀伊	有田郡	宮原庄	『為房卿記』永保元年九月二十七日及十月十日条
同	日高郡	日高庄	『為房卿記』永保元年九月二十九日条
同	日高郡	櫟原庄	京大『兵範記』裏文書、『中右記』天仁二年十月二十二日条、『永昌記』天永二年十一月十八日条
同	牟婁郡	有間庄	京大『兵範記』（仁安二年春）裏文書
（未詳）		伴野石内庄	『玉葉』文治三年十一月二十六日条

これら諸庄園の庄司の補任は氏長者の権限であった。長保二年勧学院領播磨瀧野庄司につき、東三条院の思召もあり、また播磨国より勧学院に牒送する所あったが、すべてこれらを用いず、繁近の如き、雑怠によって荘司を解任した是荘前別当貞理と因縁あるものを避け、播磨利行を以て、惣官利明宿禰卒去替に補さんとしている。また建久二年には兼実が儀俄庄下司下文を慈円の許に出しており、それは慈円の推挙により下司職を補した所の下文であったようである（『玉葉』）。しかしながらこの儀俄庄下司職は元久元年には前馬允重経から藤原俊満（儀俄氏の祖）に譲与し、中央より認められる形式をとっており（『蒲生文書』『前田文書』）、事実上当事者間の自由な譲与が行われるに至ったと思われる。「近日所レ令二上洛一候也、……抑紀伊国櫟原有間此両所勧学院御領候、然相□調度文書所二伝得一候也、仍可レ申二上禅定殿下政所一候」（『兵範記』裏文書）云々は恐らく現地に於ける庄官関係のことを指すものであろう。

これらの庄園からどれだけの収益があったかは明かでない。ただ播磨瀧野荘に関して「同荘進年料読米佰伍石文」なる文書が道長に進覧されたこと（『権記』）正応二年年貢米の内百二十三石五斗の返抄（『勘仲記』十月二十一日条）等によって同荘の年貢の額が知られるのみである。宗忠は熊野参詣に際して僧供を紀伊櫟原庄の年貢から借りているけれども額は不明である（『中右記』天仁二年十月二十六日条）。勧学院領遠江浅羽庄は吉野時代頃代々安堵の長者宣を得て中原家相伝の知行地となっており（『師守記』貞治六年八月二十九・三十日条）、同庄内岡郷明年公用参貫文・茶十袋を進めていることが見えるけれども（同貞治三年四月三・二十五日条）、上代の貢納形態とは余程変っていると思われる。一々についてこの如くであるからその全体は到底知り得べくもない。庄名にしても、もし紀伊のそれがたまたま藤原氏の熊野詣によって名が知られたので、(3)事実は必ずしも他国より多数でないとすれば、実際の庄園の数はより多かったであろう。

この所領庄園よりの貢納は「院稟」（前引『続日本後紀』）ないし「院倉」に運込まれた。天徳四年に勧学院倉一宇の焼亡が見えるが（前引『扶桑略記』）、また群盗が勧学院に押入ったことや（『貞信公記』『日本紀略』天暦二年六月一日条）、強盗が勧学院倉を打開して絹布を捜取ったこと（『小右記』万寿四年十一月十日条）はたまたま貢納物に満たされた院倉の存在を示すものである。

これら貢納物の用途は前述の如く、人件物件等種々あったであろうが、院の建造物の修造の如きもその主要なものである。長和二年には宣旨によって院を修造し、その文書は官史が覆勘したのであるが、仁平三年七月には本之舎屋を八月晦以前に改める為に院家荘預を以て修補せしめ、家司氏院別当等が覆勘している（『台記』仁平三年七月一日条）。かように勧学院の修造は院家の沙汰として代々為し来ったが、治承元年大火焼失の修理については「今之新造已同ニ昔之草創一」とて長者の沙汰として美作守基輔重任の功を募りこれを営造せしめている（『玉葉』五月二十八日、七月二十二日、九月六日条）。これは院政時代以来盛になった成功の制を用いられたので、その反面には既に莊園に対する所有権の稀薄化がひそんでいると見る事が出来る。

即ち純粋私領化せんとした所領庄園は、在地庄官の専権によって所有権は稀薄となり、それは武士勢力の浸潤・地頭の設置等によって一層拍車を加えられた。文治三年公卿勅使駅家雑事を伊勢国地頭御家人等が対捍しているので頼朝はその懈怠を誡めているのであるが、その雑事の勤否散状の中勤仕庄の中に「勧学院飯鹿庄松本判官代盛澄知行」とあって、関東御家人の知行地となっている事が知られ（『吾妻鏡』四月二十九日条）、勧学院の所有権はいずれの庄でも薄弱になりつつあったと思われ、庄園制の解体と共に勧学院経済の基礎は揺いで行ったのである。従ってその貢納の本来的な使途も忘れられて（一般学生に対する給費というような事は勿論無実となり、ただ少数に対する勧学院学問料なるものは中世にもあったが具体的内容は分らない）ただ関係公卿の経済的利得の対象とされた。豊原利秋の筌が神妙であった為に勧賞として勧学院荘一所を預け給い（『猪隈関白記』建久八年四月二十三日条）、前摂政基通は勧学院別当光親への意趣返しに勧学院領俄儀庄を召し顕家に賜い（『三長記』建永元年八月九日条）、勘解由小路兼仲は前摂政家経より院領篠田庄を拝領しており（『勘仲記』弘安六年五月二十九日条）、これらは領家として知行し得分を収めたものであるが、かかる事は多く行われたのである。

上代の重要な財政策に利用された出挙稲は勧学院にも見られる。それは承保三年の減省官符に、上野国出挙雑稲の中、勧学院学生料万束が往古以来稲を失って無実となっている事が見えるのであるが（『朝野群載』二十六十二月十五日官符）、これは『延喜主税式』の上野国学生料万束に相当し、国学生の食料であったと思われるのであるが、それがいつしか勧学院学生料と置換えられている所に私的勢力の浸潤が見られる。しかしそれすらも無実化していたのである（第五章参照）。結局出挙稲は勧学院にとって重要な財源ではなかった。

また早く蔵人所新銭を勧学院に一千文給していることが見られるが（『西宮記』十三臨時一裏書延喜八年十一月二十六日条）、これは特別な時の臨時給付であって恒久的財源ではあるまい。

（1）上東門院の施薬院への封戸寄進は知られるけれども勧学院に対して明かでない（『行親卿記』長暦元年七月二十五日条）。

（2）この事は頼通が関白でありながら内大臣を辞して還任の宣旨なき為問題となっている事で知り得る（『左経記』）。

（3）この紀伊国に於ける勧学院庄園は藤原氏の熊野詣に大きな奉仕をなしている。為房は永保元年の熊野詣に於いてその中途有田郡勧学院宮原庄に着し土民宅に宿し本庄や石垣庄が粮料米を送っており（『為房卿記』九月二十七日条）、尋で上野牧預宅に宿し日高庄等が粮糧等を送り（同二十九日条）、帰途も日高郡司宅、宮原荘によっているのであるが、日高庄も後に見る如く氏院領である。宗忠は天仁二年の熊野詣に際して「日高郡氏院庄司右内庄司宅」に宿し（『中右記』十月十九日条）、次に「氏院庄櫟原石田上座清円房」に留り（同二十二日条）、熊野本宮では僧供に櫟原庄年供の中から借りた。帰途もまたこれらの所に宿し、しかも交通具として

櫟原庄伝馬を以て日高に至り、日高の伝馬を以て宮原に至っている(十一月五日条)。宮原は為房の時による
と氏院領である。かように勧学院庄園は京進の年貢によって、院の経済を維持せしめたのみでなく、所在の
場所によっても氏族の共同機関なる機能を果していたのである。

以上を一応概括すれば、勧学院は大学寮の官吏養成機能を利用する氏族の共同機関なる大学別曹であるが、その上なお煩瑣な事務を有する為政所の組織を有し、藤原氏の有力者を根幹とする整然たる職制を有していた。またその財政経済は藤原氏の所有より割かれた封戸荘園を主要な財源となすものであって、勧学院が制度的に大学寮の附属であるにかかわらず、その管理を受けず財政もこのように独立し、しかもその地盤たるや、律令の公地主義に反し、その矛盾を発展せしめた封戸荘園の上にあり、いわゆる私的貴族的なものであって、大学寮が幾分その財源が庄園制に変化しつつも、その出発点に於いて律令的公的なものであるのとは対蹠的反比例的な関係にあった。勧学院の勢力が大学寮を圧倒したといわれるのは基く所ここにあるのであるが、律令的教育の適応性喪失と共に、藤原氏を中心とする公家生活に現実的に要求された知識の授受はここに於いては見られずに別の形式がとられた為に、更にまたそれ以上に武士勢力の発展・庄園の崩壊等の事象はかかる謳歌を永続させなかった。それは公家生活一般と相伴うものであった。

〈附　勧学院の氏寺・氏社管掌〉

a　寺僧神人に対する警察権　平安時代末期の社寺は、強大な勢力をもって、検非違使不入等と称して、朝廷の警察権を拒否し、治外法権下の一途を辿ったとされるけれども、さればとて寺僧神人に対する警察権を社寺の別当や神人大衆の団体が完全に握っていたとは思われないのである。春日神人の召喫に対する社家の抗議に、

先例為神人之者、有所犯之時、雖重科、於氏院被執行其法、未有給検非違使之例云々、

といえるは（『玉葉』承安四年六月二十七日条）、警察権を社寺または神人大衆に附与すべきことを主張したものではなくて、氏院に於いてその法を執行うが例であることを述べているのである。氏族とは京都に在る藤原氏の機関たる勧学院である。今勧学院に於ける寺僧神人を勘問せる実例およびそれに関連した事実を挙げて見よう。

（一）　寛仁二年山階寺（興福寺）召進むる所の堂達僧を日頃勧学院に於いて勘問したが、公家に於いて軽犯者を免したに依ってこの堂達僧をも赦免するの宣旨を下した。但し所行軽からざるにより堂達を解却し、興福寺別当林懐に付し、堂達は怨を含んで下向した。実は下手人ではないので勘問もなく免されたのであると言う（『小右記』六月十六日条）。摂政頼通春日詣に際しての闘乱による。

（二）　長治元年興福寺僧実勝・仁意は五大院内に於いて修学者忠観を殺害したので大衆はこれを搦進めた。よってまず勧学院で勘問した処承伏したので、寺僧帳より擯出すべきの長者宣を下し、長者の仰に依て検非違使に給い禁獄した（『中右記』十月二十日条）。

（三）　嘉承元年清水寺別当の闕に、清水寺常住人を別当とすべき本願の起請にかかわらず、本寺たる興福寺は同寺上座定深を清水寺別当に挙して乗込ませた為に、興福寺中綱は打たれて疵を被った。よって氏長者忠実は（勧学院）弁別当宗忠を召して、下手人を責むべき事を命じ、清水寺所司三人を勧学院に召籠めて下手人を召し、大衆停止の事を厳談している（『中右記』二月二十三日・二十五日・二十九日・三月十五日各条、『殿暦』三月十六日条）。

（四）　天永元年春日社預中臣殖栗信経が社頭を穢したことを同預実経が訴え、実経の目代法師を神民を止めて検非違使に給い打たしめ、また信経側の女を打って穢の有無を調べ、明法博士をして罪名を勘申せしめたが、信経進むる所の従女二人が決定を待たずに逃去ったので、勧学院六位別当致時は勘事に処せられ、預信経は氏院（勧学院）に召籠められ、有官別当致康もまた不快の気色を被った。後女の承伏によって信経が罪せられた（『殿暦』二月二十・二十一日、三月十七・十八日条、『永昌記』三年十五・十七・十八日条）。女の逃亡によって勧学院司が罰せられたのは、その身柄を勧学院に預っていた為であろう。

（五）　永久二年同じく春日社預実経の触穢事件あり、氏長者忠実は勧学院に於いて召問すべき由を弁別当為隆に命じている（『殿暦』二月十七日条）。

（六）　同年奈良僧正の下法師で同僚を殺害した者を勧学院別当右中弁為隆の許から検非違使別当宗忠の所へ搦進めて来た。翌日宗忠は訊問し、承伏したので左獄に下している（『中右記』五月五・六日条）。恐らく勧学院に於いて勘問の後、寺僧帳より擯出して使庁に移管したのであろう。

（七）　康治元年、近年南京衆徒乱逆甚しいので五月頃より悪僧を勧学院に召集むること十五人、八月三日摂政忠通はこれを奥州に流さん為に源為義をして縄を打たせた。「南都僧如此加刑未嘗有乎」とある（『台記』）。

（八）　仁平三年六月六日勧学院に下すの僧五人を八月八日原免したが、この中弁義なる者罪軽からざるによって勧学院預伊勢国加具庄に追放した（『台記』）。

（九）　承安四年春日神人と丹生杣作と闘諍の事あり、互に殺害し、放火した。よって犯人両三人を氏院勧学院に於いて子細を問うたが、下手人を言出さない。そこで所当の罪科を法家に問うと徒罪と勘申したので、神人職を解き、両方共使庁に給い、下手人を指申さしめ、禁固せしめた（『玉葉』六月二十七日条）。

（十）　文治三年興福寺三綱東金堂衆は山田寺の仏を盗んだ張本を進めたので罪科定まらざる間氏

院に下した（『玉葉』五月二十三日条）。（十一）建久元年石清水宮寺領切山住人が興福寺領天山杣人を梟したにより犯人と証人を氏院に召し両方を召問（対決に非ず）した処犯人は伏せず、使庁に於いて決せらるべき由を申した（『玉葉』五月二日条）。

以上の例によって考得る所は、興福寺僧春日社神人の罪科を犯す者は、社寺あるいは神人大衆が搦進め、氏長者は、勧学院別当をして勧学院に於いて勘問せしめ、軽犯の場合は氏院に拘禁したり（三）、僧役（堂達等）を解く等を以てこれを罰し（一）、殺人罪の如き（二）（五）、また徒罪以上に相当する如き（八）重罪を承伏した場合は、寺僧帳より擯出し、神人職を解いた後、初めて検非違使に給い、下獄せしめている。神人の例は少なく、（八）の場合春日社司は検非違使に給うの例なしといって抗弁しているが、弁別当俊経が長者の使として兼実への詞に「凡奉始自神宮傍社例、雖神人解職之後或給獄所、或下使庁為流例」とある如く、寺僧と神人とその点選ぶ所なかったのが事実であろう。

かかる寺僧神人への警察権の行使は、神人大衆の総意に抗して強行することは恐らく困難であったろう。事実大衆の進め来る者を受動的に処理した観が深い。（三）の場合の如き清水寺大衆（同寺所司と利害一致す）の意に反した処理がとられたが、結局それは興福寺大衆（これも同寺所司と一致）の意に添う処置であった。ただ(六)の場合には禅閤忠実の命によって摂政忠通が行い、興福寺権上座信実が衆徒を進めたといい、あるいは忠実が信実の為に衆徒を刑したといわれ、氏長者が寺所司と組んで衆徒を搦め、大衆の意に抗した処置をとったかに思われるが、この時の悪僧も大衆利益の代表ではなく、むしろ秩序破壊者の意味の悪僧であり、また「付各師召之」という方法で、大衆の一致行動の余裕を与えず、更に新興武士勢力を利用した点でかかる苛酷な方法に成功したのであろう。建久九年後鳥羽上皇熊野詣に際し和泉国御所造営の為、寺社仕丁神人が陵轢されたとて騒動した時衆徒の張本たる二人の已講を勧学院に拘留し、その一人は遂に佐渡に流したのも、関東武士の力が与っていたようである(『三会定一記』)。(七)の場合勧学院領荘園が、悪僧を流す場所として現れて来るのは興味ある事実である。寿永元年の改元非常赦に、摂政基通は興福寺悪僧を免すことは氏長者としては差支なきも、寺家の為害毒であるとてなお拘留せんとしたが、叡慮によって悉く免されていることに見る如く(『吉記』六月八日条)、悪僧は必ずしも大衆の支持を受けたものではなかった。それと共に武士勢力の伸張も著しい現象であり、治外法権化の趨勢はその完成前に早くも一方から崩れ始めている。文治二年源行家の兄弟たる南都の寺僧を召すに、公家よりせず、武士たる平六傔仗時貞が私の使者を以て召したが、これに就き兼実は能保の許に使を遣して次の如く言っている(『玉葉』五月二十日条)。

御寺事偏長者之最也、若有犯人者触長者、自氏院下知御寺可召進也、武士直以郎従譴責之条太可謂狼藉、如此之事尤可被禁遏也

しかし結局「輙於氏院不能決断」と当人を能保に引渡している（同十月十七日条）。武士勢力の介在という新状態はかかる公家の憤慨にかかわらず、従来の原則は次第に行われ難いものとなったのである。

b　社寺領等に対する裁判権　勧学院は右のような氏寺氏社の大衆神人に対する警察権を掌ったのみでなく、氏の社寺領の争訟にも関係した。次にその実例を見よう。

（一）応徳二年忠任と俊家の田畠の論によって寺家（興福寺）末寺の庄園が押入られたというので、五月九日から忠任券文を勧学院に下して調査し、次に末寺文書を召した処献上しないので、興福寺側の濫訴ならんということになり、他に大衆の暴行もあったので、興福寺権別当の理務を停め、暴行の張本を追討した。そこで大衆は挙首参洛訴訟をなさんとした事件があった（『為房卿記』七月十一・二十日条）。この時は勧学院に於ける裁判にまで進まなかったが、ともかく所領関係文書が勧学院で調査されている。

（二）康和三年、大和宇智郡栄山寺所領田畠は度々官符および代々国判によって明白であったが、前々別当実昭逝去の時、弟子僧良昭は調度文書を取って行方知れずになった。そこで本寺たる興

福寺別当増誉の時、宇智郡の図師僧永真を召し、寺領を注して後年来領知していたが、故陸奥前司源頼俊は従者を宿院司として寺領を検領し加地子を徴取した。しかるに永長二年（承徳元年）春頃、先の紛失した所の数度の官符・民部省勘文および代々国判・印鎰等が出現したので、先日の注文の坪々と比校した処、注落のもの十余町あった。そこで前別当実経已講が下文と興福寺の使（中綱・仕丁）を申下し、文書の理に任せて立券し、官物をすべて寺家に徴納するようにし、宿院司は去文を差出した。ところがその後頼俊の娘はこの旨を知りながら私領と号して寺領を押妨し、交易と号して寺領官物（糸・紅花）を徴取した。ここに於いて栄山寺は解状を氏長者政所にすすめて寺領押妨を訴え、これに対し勧学院は長者宣を奉じ、寺家公験の理に任せ、頼俊女の押領を停め、寺領たるべき由の下文を下した（『栄山寺文書』一十二月四日勧学院政所下文）。右の下文にかかわらず、金峯免田と称して土人の寺領に乱入するあり、興福寺政所は栄山寺の請により知事仕丁を派して妨を停めしめた（同一康和四年正月二十二日興福寺政所下文）。

（三）　大和宇智郡阿陁郷の田畠は本願施入以来妨なかったが、延久年間多武峯検校永深は栄山寺前々別当実昭の手から買得したといって相論し、興福寺政所から使を下して妨を停めたことがあった。康和三年春から永深はまた牢籠したので長者（忠実）に訴え、長者は勧学院に下し、文書を披校するの法廷に於いて、先年相論の時取出さなかった実昭の売券を永深の沙汰僧が取出したので、勧学院々官等は謀計と勘申し、旧の如く栄山寺領たるべき下文を発した（『栄山寺文書』三康和四年二月十五日栄山寺牒）。別文書によると同事を指したと思われるが、阿陁庄は栄山寺領なるに、多武峯は本公験ありとて妨をなし、各子細を注して訴えたので、勧学院政所で両方文書を対決した処、多武峯の公験は明白であるが、「新巻長名而難指南」（此意不明、但多武峯に不利のこと）これに対し栄山寺所帯文は官省符・国司免判等で、問注の間の左右陳状は勧学院勘状に見ゆ。官省符の地に改定の宣旨なければ相論の理なし、多武峯の妨を停め、栄山寺をして領掌せしむべしという勧学院政所下文が下された（同文書一康和四年七月二十一日下文）。

（四）嘉承二年勧学院政所は大和国山辺郡池上庄田地を興福寺僧春憲および東大寺権上座朝秀をして分領せしむるの下文を下した。それは各調度文書につき、理非を勘録し、対問する処、証拠不十分故、永保三年長者宣・康和元年院下文等に任せて分領せしめ、但同庄は春日社御供田たるにより、故の如く社役を勤仕せしめたのである（『朝野群載』七十月二十日下文）。興福寺僧からいっても、春日社供田からいっても、勧学院で扱うべき事件であった。

（五）長承元年権中納言源師時は泉所領について初め検非違使庁に訴えたが、被告が春日神人である為勧学院に移されて召問対決、神人は妨をしないという去文を進めた。その勘状を関白忠通（長者）から使庁に遣し、使庁は管掌に非ずとして鳥羽院に進め、院より師時に使があった。事院宣に発した故である（『長秋記』六月二十六日条）。原被告中一方が神人寺僧であれば使庁で扱わず、勧学院で勘問される事を示す好個の例。

（六）長承二年頭中将実衡使大和則元と僧良厳と相論のことあり、両方文書を見合せ召した処、弁別当為隆の時（為隆勧学院弁別当たりしは保安二年以前）良厳に理があったことが分り、その旨頭中将の使に示した（『中右記』七月二十二日条）。内容不明、あるいは所領関係か。

（七）仁安中、大和山辺郡井上庄について、勧学院で問注が行われた。同庄は比丘尼善妙から、僧正清・院照・兼与・藤原氏・長縁・後家・松王丸と伝領したが、大江氏流僧恵融は長者松殿基房に非論の訴を為し、両方文書を氏院政所に下し、問注を遂げる日、恵融の備進した証文は年月日が相違して謀書なる事判明し、恵融は閉口して引下ったのである。この後この証文を捧げて訴訟しないという起請文を書いたにかかわらず、良禅は年を経て左大弁顕俊に付し氏院下文（長者宣ともあり）を得たので、松王丸は長者宣を召返し良禅を罪科せんことを乞い、同庄領掌の関白家政所下文を得た（『春日神社文書』承元四年十二月三十日下文）。

（八）文治二年、勧学院は大和葛下・忍海両郡司および石井庄官に宛てて、行俊の妨を停め、尋珍をして同庄を領掌せしむべきの下文を発した。尋珍の訴状によると、石井庄は本領主桜島重経・経成・玄信・尋珍と二百余年相伝の手継文書が存する。しかるに行俊は『大峯縁起』を種に非論を企てたので氏院に下し対問を経る処、行俊いわく、葛上郡（限東小山、限西葛木峯、限南新井郷、限北興田郷）は役行者の誕生所で山臥長円が知行したが、長円死去の時延久二年重経押領し子孫に伝えたものであるから、縁起相伝の行俊知行すべきであると。尋珍いわく、石井庄は右の四至を去る三十余町、他郡葛下・忍海両郡内にあり、また重経が延久以前領掌せるは証文に明かであると。行俊対陳し得ず、遂に下文が発せられた（『春日神社文書』十二月五日下文）。（七）（八）の二件が勧学院で扱われたのは、あるいは原被告の一方でもが春日神人または興福寺僧等であった為であろうか。

（九） 建久七年十一月、山城相楽郡東大寺別院笠置寺と春日社領大和添上郡小楊生郷との境相論に関して勧学院に於いて勘問が行われた。笠置寺の四至は草創以来異論なく、久安年中鳥羽院庁下文や絵図によって確然としていた処、建久六、七年に亙って、南に接する春日社領小楊生郷の住人安部近弘が、寺領山内に木を伐り地を開き田畠を耕作した。そこで寺僧が赴いて制止を加えた処、寺領たることは相論に及ばず、只出作を許す事に一致しながら請文を出さず、田廬を破却されたのに対して、忽ち往古の私領なりと称し、相論以外の五町余の作稲をも刈取り、あまつさへ悪行張本として寺僧を罪科に行うよう前関白兼家に訴えたので勧学院の勘問となったのである。寺は院宣・寺領絵図、社は施入宣旨・神主紛失状を証拠として訴陳し、問注記が作成されたが、判決は未だ下されず、翌年に至って笠置寺大衆は神民の濫妨を断ち、一両輩の凶徒を召誡めんことを訴えている（『春華秋月抄草』十八、建久八年二月日笠置寺大法師解状）。

（十）元久元年大和宇野庄に論入重治の狼籍を停める勧学院政所下文が出ている（『春日神社文書』十一月八日）。

（十一）寛元年間、法隆寺領播磨鵤庄公文職につき源氏女と左近将監藤安真と相論し、両三度の問注を経て、長井泰重の執申により、源氏女を勝訴とし、判決の氏院政所下文が出ている（『平戸記』仁治三年十二月十一日、寛元二年六月六日、九月九日条）。

以上の例で見ると、氏社（春日社）氏寺（興福寺）その末寺（栄山寺等）あるいはそれらの神人大衆を、原被告中の一とする所領についての訴訟が氏長者に向って提起されると、長者は（恐らく弁別当をして）勧学院に於いて両方提出の文書を審査せしめ、両方を院に勘問して問陳せしめ、勘状ないし問注状を作成し、勧学院政所下文を以て判決を下したのである。もし氏社氏寺に関係ない方が原告であってこれを検非使庁に訴えた場合も、他方の被告が該関係の者であれば、使庁から勧学院に移管されたのである。

c　氏と社寺との仲介・嗷訴　前二項は氏長者は氏社氏寺神人大衆等の相互間または他との間の事件を第三者の立場で勧学院に於いて裁いたのであるが、それらと氏長者との間の問題、即ち多くは氏長者に対する要求ある場合は、また勧学院を通じてなされたのである。康和四年勧学院弁別当宗忠はしばしば長者忠実の許に興福寺々僧申文を持参し、七月一日には寺僧申文と共に勧学院勘状をも進覧している（『中右記』）。翌康和五年興福寺大衆の竪義に関する申文を為隆が長者忠実に進めた処忠実は勧学院有官別当進むべしといって返し「大衆事依無沙汰、末世如此」とその手続の相違を責めている（『殿暦』三月十八日条）。天永二年には弁別当為隆が興福寺大衆奏状を忠実の許に持参し、忠実これを見て、日頃内々の申状と同じであるといっている（『殿暦』九月十四日条）。このように文書の提出の手続のみを以て事足る尋常の要求は勧学院別当の中継を以て済むが、重大な要求となると、大衆が大挙し入京して訴える手段を取る。

（一）寛弘三年六月興福寺は左馬允当麻為頼に池辺園領を打たれた事を解文にて長者道長に訴えたので、為頼を召して問うた処、事実は興福寺から三千許の僧が為頼の私宅に行き数舎を焼亡し、路辺田畠二百余町を損じたのであった。次いで大和国は解文を以て興福寺僧蓮聖が数千の僧俗を催して国内を損亡した事を報じたので、已講蓮聖の公請を停め、更に興福寺大衆愁状があったが、前解文と相違していたので返却した。ここに於いて興福寺三綱以下大衆二千余人は八省院に参着して蓮聖の事を愁訴したが、宣旨を以て追却し、弁別当説孝を以て僧等の参上は不都合であるから早く帰って僧綱等を以て愁訴すべき事を伝えた。これに依ってその夜と翌朝にかけて僧等は帰り去り、定澄僧都は得業以上の法師等三十人許のみ留って推参せんとしたが、道長は得業僧等は無用である、ただ僧綱已講のみで後日来れと告げ、一方勧学院別当以下雑色以上を召しかるべく仰を伝えた。翌日興福寺別当五師已講等は道長の許に到って、国解の無実、大和守頼親・為頼の停任、蓮聖の赦免の四箇条の申文を呈出したが、道長はかかる申文は奏聞し得ずと拒絶して退去せしめた（『御堂関白記』六月十四日、七月三・七・十三・十四・十五日条）。かかる場合も勧学院別当等が間に立って斡旋したのである。

（二）興福寺大衆の春日神木を奉じての嗷訴の初は寛治七年、近江守高階為家が春日社領を損亡し、神人を打ったに起り、勧学院に着して訴訟し、その結果為家は土佐に配流、子息・目代等もそれぞれ流され、神木はついで帰座した（『扶桑略記』八月二十二日条、『後二条師通記』八月二十六・二十七日条）。神木着座の場所に勧学院が選ばれたのは、氏寺氏社と氏長者との中間機関たる性質に因るものであり、その先例が開かれたのである。この時大衆の意趣を忠実に取継いでいる惟信はあるいは勧学院の職員であろう。

（三）康和五年三月、興福寺大衆数千人は参洛、勧学院に着して嗷訴した。それは当年維摩会竪義二人（尋永・湛季）が上﨟を超えたので、大衆等が両人房に向い、辞退を勧告したに対し、北院々主延覚（季仲息）が尋永等と同意して禦いだので死傷者が出た為であった。大衆は制旨を破って勧学院に参著寄宿し、僧綱已講は氏院有官別当民部丞泰俊に付し奏状を忠実に献じて非常を訴え、住京の間毎日僧綱を以て申請した。大衆は住居数日、裁許なければ直接忠実の許へ参るべく頻りに申請したので、裁許を約し大衆は下向した。その住京の間濫行多く、勧学院南門辺で僧一人を殺害しており、当時の（勧学院）弁別当たる宗忠は「予為氏院別当之時已有此事、誠付冥現有其恐」と歎いている（『中右記』三月二十五・二十九日条、『扶桑略記』同二十六日条）。

（四）長治二年七月、大江匡房の庄園と西金堂との相論があり、庄園は堂衆の為に焼かれ、寺僧は中文を出し、勧学院弁別たる宗忠はこの事によって院と内との間を往反し、興福寺大衆（西金堂衆）蜂起して訴える所を権僧正と宗忠は忠実と共に協議し（有官別当康俊の名出づ）、忠実はこの訴えを奏上している（『中右記』二・十四・十八日条、『殿暦』同二十五日条）。

（五）永久元年閏三月、興福寺大衆五千人は勧学院に参着して清水寺別当の事を訴えた。それは律師円勢が清水寺別当に補せられたが、円勢は延暦寺で出家し、興福寺の僧でない。清水寺は興福寺の末寺故興福寺僧でなければ別当に補することは出来ないというのである。是より先奈良僧正よりの大衆参洛の消息に対して参洛の後処置すべしと返事せられたのは、参洛が既に習慣と認められたことを示す。遂に彼らは勧学院に着して訴え、勧学院有官別当致時は大衆申文を忠実の所へ持参し、忠実は蔵人を経て院に奏し、院に於いて興福寺僧綱已講等と協議し、両三度勧学院に遣して折衝し、遂に円勢の清水寺別当を停め、大僧都永縁をこれに補することとなって大衆は帰去った。永縁は本寺所司たる故に勧学院に着しない者の中であった（『殿暦』十九・二十日条『長秋記』二十日条、『永久元年記』二十・二十一・二十二日、四月二十九日条）。

（六）永久四年七月、興福寺、寺解ないし大衆奏状を進めて讃岐守顕能を流罪せんことを乞い、大衆の使として春日神人五六十の忠実の所へ来るあり、八月勅命を以て制止したがこれに答えなかった。この間興福寺大衆が勧学院衙に牒して「依有可訴申事、衆徒以来月（八月）十日於院家可参着也」と装束の敷設を命じているのは、神木動座を以て威赫手段となしたのであろう（『殿暦』七月十三・十四・二十二・二十三・二十七日、八月三・十三・十五日各条、『朝野群載』十七七月日大衆牒）。『春日神主祐賢記』によれば五月十二日神木の遷座あり、讃岐守顕能が彼国で興福寺仕丁丸を陵轢したことを訴え、顕能は停任、目代以下五人は禁獄され即日帰座したとある。なお『朝野群載』に依って神木動座の際の興福寺大衆牒の全文が知られるが、これに対する勧学院政所請文の知院事の署名ある鎌倉時代の例が『春日神社文書』の中（嘉禎元年十二月十九日請文）に見られる。この両文書は恐らく動座の都度発せられたものであろう。

（七）保安元年八月、興福寺大衆は和泉守雅隆が春日散在神人を陵轢したというので乱発し、僧綱已講を遣して制せられたが、遂に上洛して勧学院に参着して訴え、僧綱已講が大衆の使として長者忠実の所に来り、流罪を主張したが、国司を停任し、下手人を禁獄する旨を告げ、衆徒は承服して帰った（『中右記』十三・十六・二十一・二十二・二十三日条）。

（八）　保延三年正月の僧事に、権僧正定海（醍醐寺）を護持僧である為に任日上臈たる玄覚を超えて僧正としたので、興福寺は奏状を以て定海の職を停め、玄覚を権大僧正と為さんことを訴え、僧綱已講等は大殿御所近衛殿に参集して衆徒の訴を訴え、二月に入って僧綱已講得業所司五師等が勧学院に参集、前日の訴を勧学院有官別当長親を以て長者忠通に申したが裁許を蒙らなかった。次いで大衆七千余人は春日御躰を随身して入京勧学院に着し、僧綱已講はまず勧学院に集会してから関白忠通の所へ至り、宗忠に招かれて協議して内と院に奏し、遂に訴は容れられ、定海の職を止め、玄覚を任じ、大衆は悦を成して下向した（『中右記』正月十四・二十九・二月七・十一日条、『百練抄』二月十日条）。

（九）　久安六年八月、興福寺別当を補せられざること数年に及び、寺家諸務陵遅し、寺僧は忿懣に堪えずというので、興福寺衆徒数千人、春日神民二百人許り、榁榊（榊に鏡数枚を付し、春日大明神の御躰と称す）を捧げて入洛し、法螺を吹鳴し、京極大路を北行し、三条大路に至って西行して勧学院に着し、裁決がないので遂に春日鏡を勧学院に留置して衆徒は逃れ去ったので、未曽有の事として驚かれ、法印隆覚を興福寺別当に補するに及んで勧学院より奈良に帰座した（『本朝世紀』

五日九・十六日条、『百練抄』五・十・二十一日両条)。

興福寺大衆の勧学院参着はこの時を以て最後とするようであって、この後の永万・建久・建暦・嘉禎・弘安・正和・徳治・建武・暦応・貞治等に於ける神木動座に際しては勧学院に参着した事は見えない(『春日神主祐賢記』『康富記』宝徳三年九月七日条)。文保三年に神木は勧学院顚倒以後法成寺金堂に入れたとされ(『花園院宸記』正月二十日条)法成寺に入れられたことの知られる初めは弘安度であるから、その以前に顚倒があって参着不能となったかと思われる。

しかしながら、承安三年南都大衆の宇治集会に際して兼実は「凡衆徒之習、有訴訟之時、企参洛、或参公門、或会氏院是恒例也、公家又随理非有成敗」といっており(『玉葉』十一月三日条)、養和元年春日社鏡落破の時にも正体(鏡)の京上りは儀式ありとて、「御神御京上之時路者、於九条口集会、京極上至于三条、々々西令付勧学院御事也、……不可用他路之由顕然也」といっている(『吉記』五月四日条)。

鎌倉時代に入って天福元年七月南都衆徒蜂起し、前関白道家は僧綱等を召して蜂起の子細を問うたが、八月三綱は更に吉野衆徒の蜂起を告げ、遂に吉野神輿が已に勧学院に着せんとしているの風聞があった(『洞院摂政記』七月二十三・三十日、八月六・十日条)。この後嘉禎元年春日明神の進発を告げた寺牒に対する勧学院政所の請文が発せられ(『春日神社文書』十二月十九日請文)、建治二年興福寺三綱が氏院に列参し（『勘仲記』七月十九日条）、いずれも勧学院参着の習慣の存続を語るものであり、従って勧学院顚倒は弘安度直前のことであろう。

吉野時代の暦応三年、勧学院政所が、神訴の落居も近かろうから進発は如何であろうか、どうしても進発するなら重ねて日を聞いて用意をしようという請状を出しているのは（『春日神社文書』十一月十一日請文）、文書の上のみの勧学院であろうか、また再建されたものであろうか。

以上を綜合すると、氏寺氏社の神人大衆が彼等に対する国司等の傷害、寺または末寺の人事等に関して中央の処置に不満の時は、まず奏状を以て乞い、容れられなければ大衆神人は春日神体を奉じて上洛して勧学院に着し、同院有官別当を経て、また奏状を出し、僧綱所司等の代表者は長者や院に赴いて折衝し、勧学院なる大衆との間を往復し、その裁許を得れば下向し、容れられなければ神体を放置して帰り以て目的貫徹を努めた。この場合勧学院の職員が間に立って用を勤めるのみでなく、その場所が大衆の参着や神体の安置の場所に使用せられたのである。

d　濫行の積極的鎮定・調停　以上の寺僧神人に対する警察権、所領に関する裁判権、大衆神人の嗷訴に際しての活動等は、すべて受動的に訴を受けて発動したものであったが、稀には訴を待たずに能動的に氏長者は勧学院をして適宜の処置をとらしめた。

（一）　天仁元年、弁別当為隆は興福寺中綱が打たれたというので興福寺大衆が多武峯に発向し、人家を焼払ったことを報じ、次いで大衆は房舎を焼亡して彼山峯に登ったことを聞き、大織冠の正体を動かしはしないかと疑い、氏の大事というので為隆をして乱発を制止し、子細を注申すべき趣の長者宣を寺に遣さしめ、また氏院有官別当致康を寺に差遣し、濫行の子細を注申し、また御影像を動かしたかどうか子細を別当権僧正に尋ねて申上ぐべきことを命じている(『中右記』九月十一・十四日条)。

(二) 保延元年、興福寺大衆は乱発して東大寺房舎を焼かんとした。これは東大寺末寺伊賀国財良寺を国司光房が、その弟興福寺僧覚隆のものとしたので、東大寺は僧侶を遣し、覚隆使東金堂衆を陵轢し、これに対し興福寺は東大寺方使僧下手人を罪せんとしたのであった。長者忠通は公卿を集めて会議し、衆徒の乱発を止め申請すべきことあらば奏状を進めよ、それによって裁許せんとの長者宣を遣すべきことを弁別当たる宗成に命じており、特に「依為氏院別当也」と記されている(『中右記』三月六日条)。

(三) 承安二年から三年にかけて多武峯と興福寺との争があった。多武峯は本寺比叡山に訴え、三年五月山徒蜂起して興福寺庄園の北国にあるものを検領し、六月興福寺衆徒は多武峯を攻め、諸所に戦い、遂に多武峯南院の坊舎および在家を焼き、更に多武峯を襲い大織冠の御影堂および開山定恵の塔を焼き、その他堂塔悉く災にかかった。そこで朝廷では興福寺別当以下をあるいは解官し、あるいは流罪に処し、僧綱以下の公請をとどめた。関白（長者）基房は家司光長を奈良に遣して院宣長者宣の趣を伝えて僧徒を責めた。その院宣の趣の中、多武峯を焼失すべからずと仰を蒙って下向の後遂に焼いた罪科軽からずとあるに対し、衆徒は、この条逃れ申す所なし、但し多武峯と興福寺とは本願でいえば父子の間で、互に怱諸にせず、末寺ではないが多武峯に訴ある時は興福寺の政所に訴えて裁断を待つ例であったが、多武峯を叡山無動寺から執行するようになった。しかし叡山の末寺の宣下はなかったのである。故に多武峯はこのたびの欝憤を長者殿に申すべきを、本寺にも非ざる比叡山に訴えたのは多武峯の罪であるといっている。また張本を進めざることを責めたに対し、三千の衆徒が張本であるから三千人参洛すべしと威嚇的態度に出ているが、なお院宣の中に氏院雑色を陵轢せんとしたことを責められたに対し、それは無実である。もし非常の心あればこの如く下向した使に子細を申すべきであって、凡下の者と与してそのような事をする筈はないと弁じているのによると、是より先勧学院関係者が濫発鎮定等の要務を帯びて下向し、雑色はこれに扈従したものではなかろうか（『玉葉』承安三年七月二十一日条）。この後興福寺の所司はなお裁許の偏頗を訴え、十月になって大衆蜂起し、天台座主明雲の流罪等を訴え、十一月遂に神木を奉じて上洛せんとし、宇治に重盛の軍と対峙し、勧学院別当たる右大弁俊経は再三木津に使して大衆を慰諭したのである。

（四）　治承四年彼の以仁王の挙兵に際しては、公卿の議定が行われた結果、氏院別当右大弁兼光は関白基通の命を奉じて、消息を興福寺別当権別当の許に遣し、園城寺衆徒勅命に背き、延暦寺衆徒も同様の風聞があるから、興福寺にも牒状が来るであろうが、同意すべからずといい送った（『山槐記』五月十七日条）。しかるに以仁王は園城寺衆徒と共に南都に向い、興福寺衆徒も同意の聞があるので、摂政基通は度々制止を加えた処、その使として下った氏院有官別当（『平家物語』に拠れば忠成）を打擲し、雑色の髻を切り、長者の命に従わないので、再び議定が行われ、あるいは一宗を滅すべしといい、あるいは張本を召して罪せよといったりしたが、隆季は強硬意見を主張して、左右両大臣は氏寺のことを思うて困惑したことが見え（『山槐記』『玉葉』五月二十七日条、『平家物語』災上）、遂に犯人を搦め出さしめている（『玉葉』六月七日条）。しかしてこの結末は武士として信仰的に自由の立場にある平氏によって東大興福両寺の焼討となって終った。『山槐記』にはこの焼討を記した後に、「于時……氏院別当右中弁兼光朝臣也」と、勧学院別当が責任者の一人である如くにその名を挙げている（十二月二十八日条）。

（五）　弘安七年興福寺の土打役に関して興福寺と多武峯との間に争が起り、多武峯焼払が行われ、長者は氏院弁に奉行せしめて、南都衆徒の主な者を召上げて問答し、張本を尋捜したが、焼払なおやまず、よって両寺合戦の次第を長者宣に載せて関東に仰せることを南曹弁（勧学院弁別当のこと、氏院弁に同じ）経頼に命じた処、一端辞退したが「乍居其職申子細不可然」というので領状した。「恐衆徒之威背長者之仰、太不叶道理、顧私之条不可然」と非難されたが、果して経頼は衆徒から放氏を以て脅かされた（『勘仲記』九月十五・十六日条）。

かように神人大衆の濫行に対して、その訴えを待たず、積極的にそれを鎮定すべく、勧学院弁別当をして長者宣を発せしめ、また有官別当を下向せしめて、蜂起を止めしめ、訴えあらば奏状を進むべきことを勧め、また実際の行動の調査等をしており、弁別当は両者の間で苦衷の立場に立ったこともあるのである。

e 祭祀・法会 以上は氏寺氏社に対する氏長者の権限が勧学院を通じて行使された諸例であるが、いずれも非常の事件に際してのものである。これに対して常時に於ける氏寺氏社の最も重要なる行事はいうまでもなく祭祀法会であって、勿論これらにもまた勧学院は深く関係していた。行成は「小臣以藤氏末葉為氏院別当、預知諸氏祭之事、具知給其案内」といっている（『権記』長保二年正月二十八日条）。春日・大原野・吉田の三祭、鹿島・香取の奉幣、興福寺維摩会がその主なるものである。

春日大原野吉田の三祭はいずれも平安時代の清和天皇から一条天皇の御代にかけて祭儀の確立したものであり、春日祭については、応和二年春の祭に勧学院有官別当扶明や雑色が関係しており

（前田家本『西宮記』六春日祭二月八日）、長元四年祭使少将定良不参、代官も不参の由を有官別当致孝に通告し（『小右記』二月九日条）、嘉承二年有官別当泰俊長者忠実の許へ春日祭氏人差文を持参（『殿暦』閏十月二十八日条）、大治四年有無官別当共に忌服で氏院学生が代官として一御棚を舁ぎ（『中右記』十一月四日条）、治承三年春有官別当一棚および二棚以下も舁いでいる（『山槐記』二月八日条）。後には恒例神事勤行についても勧学院政所下文が出ている（『勘仲記』正応二年十月二十一日条）。また遷宮に関しては、久安元年神主時盛の非論を停め、正預祐房をして神体を奉持せしめる勧学院政所下文が出され（『春日社旧記』十月六日条）、以後遷宮毎に出された。

大原野は寛弘二年上東門院行啓に際して藤氏勧学院衆が車副となっているが（『江次第』十四御即位後宮出車事三月八日）、これは祭でない。康和元年春の祭使文章生有隆はあるいは入院者か（『後二条師通記』二月六日条）。長治二年春有官別当参着（『中右記』二月四日条）、永久二年有官別当致時大原野祭会参差文を長者忠実へ持参（『殿暦』十一月九日条）、久安五年氏院別当をして無理に祝師を勤行せしめ（『本朝世紀』十一月二十二日条）、元暦元年には勧学院別当が棚を舁いでいる（『吉記』十一月十五日条）。

吉田祭については康和五年有官別当泰俊は吉田祭判文を長者忠実へ持来り（『殿暦』十一月十四日条）、長治二年有官別当吉田祭差文を忠実へ持参し（『殿暦』四月十四日条）、嘉承二年には有官別当泰俊が参候しており（『永昌記』四月十五日条）、永久二年には会参氏人文を弁別当から直接外記に下しており（『殿暦』四月十九日条）、後には棚を舁ぐことも見える（『吉続記』文永十年四月十八日条）。治承元年勧学院の災に依って奉幣使を発遣した所の氏三社はこの春日大原野吉田であった（『玉葉』七月十一日条）。

鹿島香取奉幣は鹿島が主であって単に鹿島使とも呼ぶ。春の春日祭と同じ二月上申の行事とされ、氏院学生一人・蔵史生一人が遣される例であった（前田家本『西宮記』六）。応徳二年に鹿島捕文に関して氏院別当季仲の名が見え（『後二条師通記』二月六・七日条）、長治二年弁別当宗忠が差文を長者の所へ持参し、勧学院学頭の署名した差文の本文も知られる（『中右記』二月二十八日条、『朝野群載』七三月二十四日条）。寿永元年には鹿島香取へ封戸を寄する所の告文を暫く氏院に置く議が起っている（『玉葉』六月十三日条）。

興福寺維摩会は鎌足の命日を結願とする盛大な法会で奈良時代以来行われた、毎回必ず弁官が勅使として下向したが、多くは勧学院の弁別当であった。『維摩会講師研学竪義次第』には毎回の勅使の名が記され、その肩に俗別当と朱書されているのは勧学院弁別当であるが、同書に拠れば俗別当は康保元年の文範に初見し、天延二年の佐理以下非常に多く、単に勅使俗別当と墨書した所もある。弁別当は自分の加判した維摩会氏人等会参差文（宣旨聴衆文ともいうか）を長者に進覧して、奈良に下向し（『水左記』承保二年十月三日条、『殿暦』永久元年十月八日条、『本朝世紀』久安六年十月四日条）、法会中摂関家の家司は長者宣を弁別当に送り、弁別当はそれに基いて更に長者宣を作製して興福寺別当に下して、明年の研学竪義を任命した（『中右記』嘉承元年十月十五日条、『玉葉』文治二年十月十三日条）。事故あって弁別当が下向し得ない時も、宣旨聴衆文を書くこと、明年研学竪義を任ずること等には携った（『殿暦』天永二年十月八日条、『中右記』同十五日条）。弁別当が公卿である場合（極稀、例資信）下向しないこともあり（『兵範記』仁平三年十月十日条）、また大弁は氏院別当ならば下向するが、氏院別当でない大弁が下向することは極く稀であった（『三会定一記』延応元年条）。都が福原にあった時でも弁別当は奈良に下向し、その序に京都に立寄ったりしている（『玉葉』治承四年十月十八日条）。大臣が維摩会に榯を献ぜんとして先例を尋ねたのに対し、勧学院が答えているのは（『定家朝臣記』康平三年十月十五日条）、勧学院が維摩会のことを取しきっていたことを示すものである。

f　建物・仏像・宝物等の管理　勧学院の氏寺氏社に関する事務には祭祀法会の外に、これに関聯して、建造物仏像宝物等の管理のことがあった。

春日社については長治二年勧学院別当右大弁宗忠は長者忠実の許へ春日社修理文書を持参し（『殿暦』七月二十五日条）、大治四年弁別当実光は忠通の使として春日社司・有官別当を伴い宗忠を訪い、社司は社の第四宝殿千木金物が自然に落ちたのを如何にすべきかを問うている（『中右記』閏七月二十八日条）。吉田社に関しては、永久三年勧学院有官別当致時が長者忠実の所に到って、吉田社御殿四宇が盗人に破られ、神宝が盗取られたことを報じ、注文を持参し、忠実は驚いて致時に家司惟信を付して吉田に参り実検せしめ（『殿暦』五月十六日条）、宗忠は長承二年三月二十九日の未明に、吉田社第四宝殿が損じたので、弁別当・有官別当等を遣し、実検すべきことを一条殿に申していることを夢みている（『中右記』）。

興福寺の造営は、永承二年資仲が勧学院別当を以て造興福寺長官となってから（『弁官補任』）、例となった。この時の造営に際しては、二月二十一日中室僧房の作料に充てる為に頼通は勧学院に命じ、当任受領旧吏諸司長次官および新叙輩と等第を定め藤氏諸大夫の知識物を募る廻文（弁別当有官別当署名）を作らしめ、雑色をして催廻せしめ、十二月十四日更に等第を定め、大納言以下は勧学院に付して催さしめている（『造興福寺記』）。嘉承二年伊賀守孝清造進の興福寺西堂僧房棟上に弁別当為隆障あって下向せず、有官別当泰俊が下向した（『中右記』正月十一日条）。天永元年弁別当為隆は有官別当致康と共に興福寺に至り、本納御蔵から御物を取出し、本目録に合せ、氏封御蔵に遷納して封じている（『永昌記』六月十六日条）。安元元年大風で興福寺南円堂不空羂索の手が吹折られた報告あり、再調査させた処広目天の手と杵であったので、基房は驚き有官別当を差遣して実検せしめ（『山槐記』九月十八日条）、治承五年東大興福両寺が平重衡の兵に焼かれるや、朝廷は氏院別当兼光・長者家司光雅・勅使行隆を下向せしめて興福寺焼失の跡を実検せしめ、行隆をして東大寺も実検せしめ(『吉記』三月十七日条、『玉葉』十八日条)、超えて六月十五日には兼光を以て造興福寺長官とし(『吉記』)、兼光は御寺御仏を始めるに当って場所衣木加持僧等に関して兼実に問合せている(『玉葉』七月一日条)。

g 社寺司の叙任 このような氏寺氏社と勧学院との関係から当然それらの神主・別当との密接な関係も推すことが出来る。治承四年死んだ春日神主時盛の在職期を称して「自実光弁別当之時居此職」との表現は、在職時を表すに弁別当を以てしたものである(『山槐記』二月二日条)。しかして社是より先長承四年神主時盛の非論を止め、中臣祐房をして若宮正体を鎮居せしめ、神主職として社務を執行せしむるに勧学院政所下文が出されており(『千鳥文書』三二月十五日)、仁平三年には「若宮神主永可令本社預兼補事」の長者宣案を頼長書して有官別当祐経をして、左大弁の家に送らしめ(『台記』八月二十四日条)、ついで保元元年中臣祐重が親父祐房の譲によって若宮神主職たるべきの勧学院符が出ており(『千鳥文書』三八月十六日)、この後若宮神主の代替り毎に勧学院政所下文が出され、後にはこれと併行して弁別当の奉じた長者宣が出されている。また長承四年鳥羽院の春日御幸に際し、権神主安時に一階を給うことを頭弁に仰せ、「依為氏院別当也」とある(『中右記』二月二十七日条)。これらは神主の叙任に勧学院の関係した事例である。

興福寺に関しては、興福寺別当補せられざることを数年諸務陵遅せるを勧学院に参着して訴えた如き（前述）、興福寺探題供家について勧学院が調査している如き例は見られるが（『小右記』万寿二年七月七・二十八日条）、寺司の叙任に関係した明証は見出せない。但し長和五年その末寺と覚しき済恩寺（大和添上郡）別当に興福寺僧長保を補する任牒を勧学院知院司生江為良が実資の所に持参しているのは（『小右記』五月十六・二十八日条）、末寺司補任に関係したことを示すものであろう。なお薬師寺別当に関して（『水左記』承暦五年七月二十八日条）、施薬院使について（『中右記』元永二年正月十九日条）、勧学院の関係していることの見えるのは、末寺でなくても、その勢力下にあった為であろうか。

h　賦　課　寛治二年勧学院政所は春日社権預近助の訴によって、大和国葛上忍海郡司並に在地刀禰等に下文を下し「春日小太郎名郡別八疋之外」の氷馬役を免除した（『春日社旧記』八月十日下文）。治承三年には負所庄々を催して遷宮勅使等の儲を勤仕せしむべき勧学院政所下文が春日社司に下された（『春日社旧記』二月十日条）。文治三年勧学院政所は、大和諸郡司並に御墓守等に、先例に任せ人夫を催勤すべきを、殊に金堂並に春日詣に間に合せるよう下文を下した（『東大寺文書』第二回採訪十二月二十四日）。嘉暦三年勧学院政所は、興福寺造営の財源として、大和宿院佐保殿領段歩を論ぜず土打段米の役を勤むべきことを命じている（『春日神社文書』十一月日）。これらは勧学院が賦課の事務をも掌っていたことを語る。

寺社の治外法権化自立化の趨勢にかかわらず、氏または氏長者と氏寺氏社とを結ぶ結帯はかなり強靱なものあり、多くの方面に関渉事項があった。それを取扱った氏の機関が勧学院（氏院・南曹）である。そしてこの貴族と社寺との間に武士階級が興って介在するに至り一層複雑な様相を呈した。『帝王編年記』（天長二年是歳条）に勧学院の創建を叙べた後、「藤氏長者管領、七弁内一人補別当、是謂南曹、南都事奉行」とあり、『神皇正統記』（清和天皇条）に「氏の長者たる人むねと此院を管領して興福寺及び氏の社の事を取おこなはる」とあり、『百寮訓要抄』に、「別当、藤氏弁官の内可然人是に補す、南都を奉行の人也」とあるのはこれを指したのである。勧学院創立のそもそもの目的は、その字義からいっても、勿論藤原氏子弟の学問教育にあった。それに何故このようなことを管理させたかというと、氏人の学問教育と共に同じ精神方面である宗教信仰のことも便宜合せ管せしむるに至ったので、それが社寺の世俗的発達に伴って世俗的事務が増したのではなかろうかと考えられるのである。

ハ、学官院

勧学院創立から二十余年経て橘氏の学官院が建てられた。『文徳実録』檀林皇后伝に、

姓橘氏、諱嘉智子、父清友、……后亦与ニ弟右大臣氏公朝臣一、議開ニ学舎一、名ニ学宦院一、勧ニ諸子

弟一、誦二習経書一、朝夕済々、時人以比二漢鄧皇后一（『文徳実録』嘉祥三年五月壬午条）とある。その創立年代は『西宮記』（十七臨時五諸院）に嘉祥三年とあるが、氏公は承和十四年に薨じており、『文徳実録』の記事が嘉祥にかけてあるのを誤ったものであって、恐らく氏公の右大臣在職中の承和十一年より十四年の間頃に建てられたものであろう。皇后がこの院を創設せられた御意向は、後のものながら『伊呂波字類抄』に、

弘仁天皇及時大臣皆欲下以二太后之弟之右大臣一為中宰相上、太后曰、恐天下以レ帝為レ私二於妾一、固辞不レ聴、及諸親戚非レ有二才能勲労一、未三嘗為レ之請二官爵一、唯勧以二才学一、励以二徳行一、仍立二一院一、以為二橘氏学書之処一、今学官院是也（十巻本『伊呂波字類抄』五无ノ部諸社梅宮）（古本とされる三巻本にはこの記事はない。但し著者が橘忠兼であるところから推せば何らかの根拠によったものであろう）。

とあることによって一層明かであろう。その位置は他の大学別曹が（学官院より遅れて創立された奨学院までが）大学寮に近接して設けられたのに対して、大学寮から少し隔たり、右京の二条西大宮附近であったことは（前引『伊呂波字類抄』五）、参議橘好古の奏状によって初めて大学寮の別曹となったのが創立を隔たる百十余年の康保元年であったことと共に[註]（『日本紀略』康保元年十一月五日条、『西宮記』十七臨時五諸院条）、創立当初の学官院が、大学寮との関係の稀薄なりしを察せしむるものがあるが、ともかくも「橘氏諸生別曹」（『西宮記』十七）として他の別曹と相並ぶ存在となった。

この後久安三年平時信は学官院を造るべき事を鳥羽法皇に密奏し、その為に侍を学官院に遣わして地形を見せしめた処、「皆以耕田、但築垣纔残」との報を得たので、「件院顛倒之後数歳、無下知二殿舎類幷間数何方等一之人上、撰二勧学院一、但省二略於彼一」という再興の計画がなされたが（『台記』久安三年五月十八・二十日、七月七・八日条）、その後の実現のことは聞えず、恐らく荒廃に帰したままになったのであろう。四道三院の年挙中、他の二院の年挙が毎年行われるのに対して学官院挙のみ隔年となったことは、その勢力の程も推すことが出来る。橘氏長者がなる慣例であった学官院別当と学官院領のみは中世に至るまで存在した（『職原鈔』下）。

（註）延喜八年新銭を大神宮および諸社に奉り、七大寺に班ったりした時に、「又差二蔵人所雑色一給二大学勧学奨学院等一（大学二千勧学奨学院各一千文）此依二前例一」とあって、学官院は除外されている。（『西宮記』十三臨時一裏書）

二、奨学院

学官院創立後四十余年を経て、元慶五年に王氏の奨学院が勧学院の西に建てられた（『西宮記』十七『拾芥抄』中末）。創立者は当時参議従三位行治部卿の在原行平であった。その趣旨は勧学院の好結果により、その例に倣って学亭を開き、皇室の子孫の学問志望の者を寄宿せしめ、諸国庄園および位封を入れて学資としたのである（『本朝文粋』五奏状上建学館）。平安時代皇子にして姓を賜って臣下に降るもの源氏以下数多く、その勢力は藤原氏に伍してしばしば大臣を出している程であった。平城天皇の孫行平によって王氏の別曹が立てられたのも偶然でない。殊に当時の左大臣源融・大納言源多等も恐らくその創立のことに与ったことであろう。仁和四年行平は上表して勧学院に准じ、奨学院を学館となさんと請い（『日本紀略』仁和四年三月十八日条）、十二年後の昌泰三年に大学寮の南曹となり（『日本紀略』昌泰三年九月某日条）（故に勧学院と併せて「南曹の二窓」といわれたことがある〈『本朝文粋』八詩序一山水〉。）また六十余年を経た応和三年には大納言源高明の申文により年官を給わる宣旨を下された（『日本紀略』応和二年閏十二月十四日条、前田本『西宮記』二正月下）。学官院より遅れて創立されながら、その位置は大学寮に近く、南曹として公認されたことも早く、すべて全く勧学院にその範をとったものと考えられる。別当学頭があり、別当に公卿・弁・有官・無官があったこと等すべて同様である（『西宮記』十七）。

天仁三年大納言兼民部卿にして奨学院別当なる源俊明（高明の曽孫）の作った行平の供養文によると、この院は、「王楊盧駱之英才、夜螢聚二書案之上一、煙霞花月之著姓、暁雞談二紗窓之前一」ずる盛な有様で、「列祖聖霊之子孫後胤、賜レ姓為レ臣之卿大夫、寛平以降二百歳、嘉承已往幾多人」が学び、その財政も、最初は田地を多く領していたのであったが、「此院本多二田地一、近代纔残二両三一」すという状態であり、その二、三の院領すら、院祖行平の供養の費用に宛てたのであって（『江都督納言願文集』三諸卿）大学別曹としての実質はこの頃既に失われていた。但し形式のみは存続して、奨学院年挙の存続は勿論、平信範の子が奨学院に入院別簿を捧げて、奨学院の学生となったことがある（第三章第一節一イ参照）。またその公卿別当の名誉的地位のみは源氏公卿第一の人がなる規定であり（『職原鈔』下）、「淳和奨学両院別当」の称号は中世近世を通じて長く用いられていた。

ホ、大学別曹の性質

右に見て来た弘文院・勧学院・学官院・奨学院の四院について、その共通点と思われるものを挙げると、

一、各氏族（ないしその代表者）によって建設せられ、同氏族子弟の学問を奨励する施設であった。

一、創立と同時にではなく、若干の年月を経て後、各氏族学生の別曹、ないし大学からの方角によって南曹として公認された。但し大学の管轄でなかった。

一、大学別曹となって後の諸院に寄宿する者はほとんど大学生であって、試験・講義等はすべて大学へ行って受けた（このことの当然の反面であり、消極的な点であるが、いずれの別曹にも教官は置かれなかった。）。

一、従って大学別曹寄宿の学生であることは、同時に大学寮学生であることであり、大学別曹に

入院名簿を捧げると共に、大学に入学の名簿を捧げた。

一、同氏族内の有力者の協力によって、豊かな財政が持続され、特に学科が設定されて寄宿生に班ち与えられた。

一、書物が設けられて、学生の自習に便宜が与えられた。

一、三院年挙といって、勧学・学官・奨学の三院学生の出身の望なき者は年一人諸国掾に挙達された。また勧学院のみであるが、学問料が設定され、少数学生に頒たれた。

右の大学別曹に関する諸条件は、すべての院についてその証拠を挙げ得る訳ではないが、一、二の院について証拠が見られることによって、他の諸院についてもほぼ同様であると推断される諸点である。唯ここに、大学別曹として公認されるまでの諸院はどんなものであったか、また諸院に寄宿の学生は、純粋に大学生のみであったかどうかが問題となろう。愚考に拠るに、大学別曹として公認される以前の諸院もやはり、主として大学生を寄宿せしめるのを目的として、最初氏族によって設立されたものと考えられる。主として大学生であって、従って大学生以外の、といっても、未だ大学生となるに至らない以前のものも少数はあって、教官ではなくて適当な指導者によって勉学が助けられたというような事情は、的確な証拠はないけれども、私的施設である点から考えても、当然あり得たであろうと考えるのである。このような事情は、大学別曹として公認された後も続いたであろう。但し大学生が占める率がいよいよ増大したような傾向はあったであろう。大学別曹として公的施設となったということは、具体的には三院年挙等の特権を得、また勧学院学問料が公認されること等に認められる如き公的性質賦与を指したのである。勧学院別当が一の公の官職に準ずるものとして、即ち他の官職へ遷り得る一資格として認められたこともその一と考えられる。なお諸院の中でも勧学院が、次第に独立的な傾向を生じて、独立した私立学校と考えられるようになったことはなくはないが、それは中世に入ってからのことで（『桂林遺芳抄』〈第二章第四節一七六頁〉）上代に於いては全くそのようなことはなかった。

先に掲げた大学別曹に関する諸条件は、その多くは、諸院について記述する中に自ら触れた所であるが、なお触れ残した箇所もあるので、ここにその二、三の点について補足的な説明を施すこととしよう。

大学別曹の学生が同時に大学寮の学生であることの根拠は、奨学院の平信義の場合、勧学院の藤原在衡・大夫房覚明の場合等で明かである。大学別曹の学生が大学寮の試験を受けた例を次に挙げよう。天永元年三月十一日の大学寮試に南曹学生三人（国明・広兼・宗友）が受け、勧学院別当為隆は、寮試の間、「為㆑思㆓氏学生㆒、数剋佇立」しており、翌日の省試に為隆は氏院生徒が貢挙に洩れたことを知り、「追貢挙」されんことを求めて無理に試験を受けしめ、式部丞が貢挙に洩れた答案に対する請印を拒んだので、為隆は摂政忠実との間に使者を再三往反せしめて三人の詩草を開封し、強引に請印せしめている（『永昌記』）。忠実が、「省試奇恠由有二其聞一」といっており、式部丞等は怠状を進めしめられ（『殿暦』）、この三人は後年に至って文章生に補された（『除目大成抄』四）。勧学院学生が省試を受けたことはともかくとして、寮試、即ち大学寮内部の試験を受けにわざわざ出掛けており、勧学院別当はこれに附添って行って色々世話を焼いていることは、大学別曹の性質をよく現わしているものと思う。

平安時代の初期、諸有力氏族がその子弟の学問を奨励するに当って、大学別曹の如き形態のものを以てしたのは何故であったであろうか。大学別曹発生の時期は概言して、平安時代初期の七、八十年間ということが出来るのであるが、この時期は、前代以来の貴族社会の主要な教育機関たる大学寮にとって、大学別曹設立の余地があっただけ、それだけ施設として十全のものではなかった訳であるが、さればとて全く大学寮から独立した所の私立学校を建てなかった理由もまた、当時の大学寮の状態の中に存したのであった。即ち平安時代初期の大学寮は前にも既に見た如く、唐制に模した全国的規模の上に立ついわば科挙制度を目標とした大宝令の制度からすれば、一歩後退を示したということも出来ようが、我国の現実の状態に即した神亀天平の改革を経て、光仁天皇の御代から平安時代初頭の桓武天皇の御代へと続く儒教思想の高揚に基く種々の実際的な御施策が、着々その功を奏して、学制はその教科内容に於いてこそ日本的なものを示さなかったとはいえ、その制度運用上に於いては、全く当時の貴族社会の現実の状態に契合すると共に、また当時の貴族社会の一時の好尚と渾然一致したものとなり、最もその盛容を示したのであった。このように当時の学制が、その上に晏居した所の当時の貴族社会の現実の状態というものは、律令に示された所のいわゆる官僚社会とは、その外貌に於いては、なお一応のつながりはあるとはいえ、その底流に於いては、全く新なる氏族制度の様相を持った貴族社会であったのである。故に当時既に契合されていた所の学制を今一歩現実の底流に引付けての施策がなされるとすれば、それは大学別曹に見るが如き氏族的な施設でなければならなかったのである。いわば律令に現われたところの抽象的な人材主義の現実的な修正の過程が、ここに一躍現実に即して氏族単位の共済主義の方向を目指した施設を成就したものが大学別曹であったのである。

かかる氏族単位の共済主義の立場に立ってこれら諸院を見た時、名付けられた称謂が「氏院」であった。「氏院」とは大部分の場合には、諸院の中の最大の勧学院の別称であるが、久安三年藤原頼長に対して橘氏是定の宣旨が下った時に、『西宮記』によるに外記を召して氏院に仰すべきに、「今案ずるに氏院顛倒して人無きにより氏人に賜ふか」（『台記』久安三年三月三十日条）とある氏院は明かに学官院を指し、保延四年七月右中弁源俊雅が補せられた氏院別当（『弁官補任』）はとりもなおさず奨学院別当のことである。これによって見れば、「氏院」なる称号は本来勧学院のみに対する名称ではなくして、大学別曹すべてに対して用いられる所の別称であって、大学別曹の氏族の共済施設なる一面の性質を最もよく表わした名称であったのである。この共済主義の考え方を一層助けるものとして、勧学院の南辺に建てられ、藤氏生徒の病困にして家業なき者を養治した延命院、藤原氏子女の居宅なく自存し得ない者を収養した崇親院等(『三代実録』貞観元年二月十一日、同九年十月十日、元慶六年四月十七日、同八年四月二十一日条、『類聚三代格』八昌泰四年四月五日官符、『日本紀略』天徳三年十二月二十三日条等)がある。これは藤原氏の勢力多大の為に藤原氏のみに見られる施設ではあるが、これが合して一聯の氏族共済施設をなしており、その中の最も主要な施設が大学別曹ないし氏院であったといってよかろう。

第三章　平安時代後期の学制の衰頽と家学の発生

平安時代後期の大学寮は、大学寮の歴史から見ればその衰微の時期に当る。大学寮教育の基調である儒教主義は、大学寮以外の社会には初めから全般的に受入れられたものではなく、大学寮内に於いても紀伝道の隆盛は、純儒教的色彩を蔽うていたが、大陸との公的交通断絶後は、平安貴族の思想からは益々疎遠のものとなった。学制の精神たる人材登庸主義も、原来支那に於いても、士族階級という限られた範囲内のものであったが、我国にはそれに相当する部厚い階級すらなく、狭い部分にのみ行われたが、氏族の団結が固められ、官職の世襲的傾向が始まると一層有名無実のものとなった。しかしながら一度入り込んだ儒教主義は組織化されて制度となり、平安貴族と離れ得ないものとして残り、その組織の中に活動する者を養成する機関として大学寮は生命を保ち、その採用標準として人材主義は狭い範囲ながら多少は考慮されていた。それらは中世以降の全く形骸化したものとは自ら異なるものがある。

第一節　課試制度の形式化

大学寮の制度は時代の経つにつれて細かく整備されて行き、大学寮内に於ける課試進級、あるいは官吏として採用の為の課試の制度等について、規定・内規やその実例について、前代では不明であったことに関する相当豊富な史料が残されている。大学寮内の日常生活に関する史料は依然としてほとんど見出されないが、課試制度の変遷を究明することによって一般大学寮の状態を推すよすがとなると思われるので、それを中心として各道別に見て行きたいと思う。

課試制度は律令以来余り変らない内にも比較的大きい変化が二度あった。その一は奈良時代の神亀天平頃の学制改革であり、その二は平安時代に入って弘仁天長頃の変動であった。次に延喜頃にも一線を劃する事が出来るように思われる。その実際の変化はあるいは元慶頃にあったかと思われるが、延喜には『延喜式』あり、且その頃より史料も豊富となるので、この頃を以て時代を劃するを便とするのである。本章は前章に引続き、寛平延喜頃より、寿永文治に至る時期を対象とする。この期間をまた便宜寛和および応徳を境として、第一期延喜天暦時代、第二期藤原時代、第三期院政時代として記述することとする。

一　紀伝道

紀伝道は発生事情からいえば、大学寮内の一小分科に過ぎなかったが、次第に隆盛に赴いて、学生数に於いて明経道より遥かに少なかったにかかわらず、大学寮の代表たるの観を呈し、制度から見ると最も複雑を極め、史料からいっても、残された史料は大部分紀伝道関係といってよい程で、従って他道に比しては最も詳細なことが判明するのである。それにも自ら変遷があり、殊に院政時代にはかなり形骸化しているのであるが、今ここにはその具体相を浮出させる為に、故らに入学より出身に至る大学生活を断面的に取扱って見ようと思う。まず最初に出身の経路を図式化すると次のようになると考えられる。

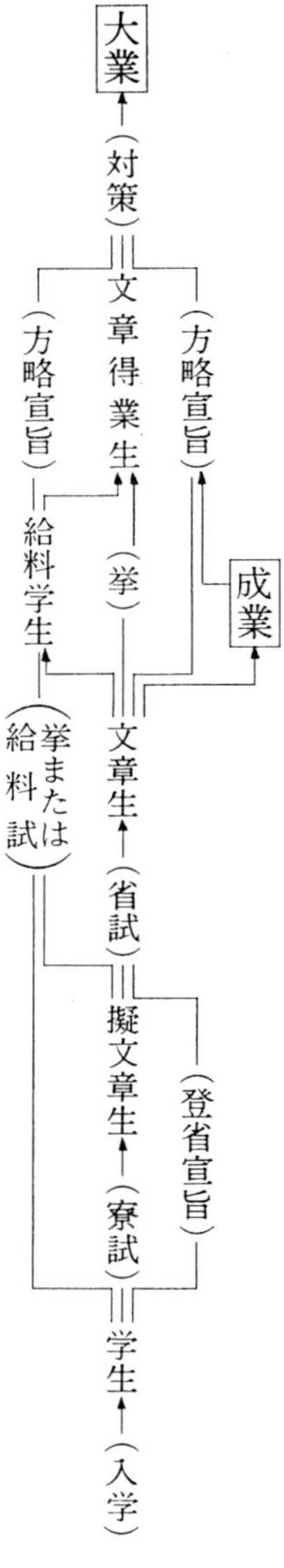

右の中、文章生止り、即ち成業を目指すものが数に於いて多く、対策出身は少数の専門儒家の辿る経路であった。更に史料について見ると、省試以上に関する史料が豊富であるのに対して、それ

以前に関する材料は微々たるものであり、従って特定の一人について入学より出身に至る史料を具備するものは極く稀である。第一期の藤原在衡、第二期の大江匡衡はその稀な例であって、入学より対策に至る十年に亘る略歴が知られるが、最も詳細な記事の残されているのは第三期の平信義のそれである。これは前二者と違って文章生止りという為もあるが、時代が下っている為もあって、頗る形式的となっている。即ち信義を関白分として登省せしめるという話が起ってから、急に入学・寮・省試等の間のことを沙汰するよう関白より文章博士に御教書を下し、仁平四年三月二十七日入学四月十八日寮試六月二十日省試と三月未満を以て次々の手続が取られたのであった。かかる形式化にもかかわらず、その詳細な記事は、以前よりの手続方法を推測せしむるに足る多くの記事を含んでいるのである。

右の一般記録と相並んで、その欠を補うて余りあるものは、文学上の作品特に『宇津保物語』の藤英に関する記事と、『源氏物語』の夕霧に関する記事である。藤英は遣唐大弁成蔭の子で、父が非命に殪れ一族亡びての後、勧学院西曹司に苦学する学生であった。「七歳にて入学して今年は卅一年」、死力を尽して大学の窓に学ぶこと年重なるも、「当時の博士あはれ浅く、貪欲深くして料賜はりて今年廿余年になりぬるに、一つのしき宛てず、兵を業として、悪を旨として態鷹狩漁に進める者の、昨日今日入学して、黒し赤しの智なきが足う（を）奉るを、序を越して、季英多くの序を過」されたとは藤英（季英）自らの言であるが、貧窮なその学生生活も大学別当源正頼の眷顧を得るに及んで、嵯峨院の紀伊御幸に扈従し、還御の後、神泉苑の行幸御幸には放島試を奉じて進士（文章生）とされ、方略の宣旨を蒙り、対策（菊の宴巻の「六十が試」は恐らく「秀才が試」の磨消による誤写であろう）して叙爵し、大内記東宮学士となって時めいた（祭の使・吹上下・菊の宴各巻）。この藤英の辿った経路は当時の実際から見て、聊か疑問の点がないではないが、それはこの文学的作品が、生《ナマ》の資材の集積より成って未だ十分に整理されていない為であって、実際に合わない故を以てこれを偽作とする考には左袒することは出来ない。加之『源氏物語』に夕霧遊学譚の挿入されたのは、全く『宇津保物語』の藤英のそれに相対するものとしてであることは、諸氏（細井貞雄・富沢美穂子・片寄正義）の説くが如くであると考えられる。紫式部の時代の宮廷生活に於いて、学生生活は決してその華やかな雰囲気の中に採入れらるべき資格を有っていなかったにもかかわらず、源氏の一舞台に登せられたのは、『宇津保』の藤英に刺戟せられ、そこに題材を得た為に外ならない。しかし式部の貴族趣味からすれば、雑色厨女にもすげなくされる窮迫した学生を描くことは許されないので、大臣大将の子弟で、何も入学の必要もない者が、周囲の感歎を受けつつ故ら学にいそしむ様が描かれ、「はかなくせまれる学生」は纔にその周囲の点景として、引立役として利用された。従って上級貴族の子弟であるから、文章生止まり、即ち成業者の経路を辿っており、藤英の専門儒家の践む大業者の経路と相並んで、紀伝道に於ける二種の代表的な経路が、具体的な筆致を以て、平安朝の二大物語の中に描かれたのは決して偶然ではない。しかも式部の透徹せる頭脳と、優秀な創作力は、『宇津保』の場合と違って、一見不調和に見える題材を採入れて、聊かもわざとらしき所なく、その上前述平信義の場合と比較するに、入学より出身に至る一事一事当時実際に行われた所と相合し、更に平信義の場合は時代が下って頗る形式的となれるに対し、それより遡ること百五十年それらがなお実際上の意義を有した時代に具体的に書かれた点に於いて、他のものと換え難き史的価値を有するものである。但し『源氏物語』の夕霧関係記事を以て、直ちに藤原時代に行われたとするには、一応の反省を要する。山田孝雄博士は、『源氏物語の音楽』に於いて、『源氏物語』中の音楽関係記事を精査されて、音楽に関する限り、『源氏物語』は、延喜天暦時代を題材とした時代小説であると結論せられている。学生生活関係に於いては音楽関係の如き傍証的史料に乏しき為、その精査は他日を期する外なきも、学生関係記事の中にも時代小説的筆致が窺われるのであって、音楽関係記事の結論を参酌すれば、『源氏物語』の夕霧の学生生活記事は、やはり同じく延喜天暦時代の状態を写そうと努めつつ藤原時代のそれを参照して描かれたものと思われるのである。入学記事の如き寛平の斉世親王のそれを想起せしむるものがある。

更に『源氏物語』の貴重な点は、子弟を学生生活に入らしめる貴族の考をよく描き得ている点である。即ち夕霧程の貴族の子弟ならば、元服と共に四位に叙すべきを六位にとどめ、元服後の「二三年を徒らの年に思ひなして」「大学の道に暫し習は」せ、「学問などに身を苦しめ」たのは、父源氏の曽て「九重の内に生ひ出で」て、父帝の「御前に侍ひて」「果敢なき書なども習ひ」「畏き御手より伝へ」てさえ、「何事も広き心を知らぬ程は、文才をまねぶにも、琴笛の調にも、音足らず、及ばぬ所の多」い家庭教育の欠点、しかも「高き家の子として、官爵心に叶」えば世人に追従されるも、頼りを失えば忽ち侮りを受ける浮雲の如き地位を頼みとせず、「猶才を本としてこそ、大和魂の世に用ゐらるゝ方も強ぅ侍らめ」の語に知られるいわゆる和魂漢才の中の漢才の修得を目的としたものであった。「大和」の文字は冠しないが、学生について才と魂を問題にしたのはやはり『宇津保』に先蹤がみられる。即ち藤英を蔑む博士は「季英真に智侍る者や。されどしり《イ其ロ彼》が魂定まらずして、公に仕ぅまつるべくもあらず」といぅ非難に対して、彼を庇護するさうとうしきは「只今氏の院に魂定まり身の才優れたる者これなん侍る」と称讃しているのである。かかる魂または大和魂という新たに強調された価値概念に対して、次第に価値軽減の傾向に考えられた漢才、殊に院政時代にもなれば、「摂政関白必しも漢才不候ねとも、やまとたましひたにかしこくおはしまさは、天下はまつりこたせ給なん」とまでいわれた漢才（『中外抄』下）の修得の必要を特に呼号したのは、式部がかかる題材を採入れたことに対する弁解であると共に、当時の旧き（または部分的）価値への憧憬を禁じ得なかった貴族の心情をもまた的確に表現したものであった。

右の如き文学的作品は作者の意図しなかった史料的価値を有するものであるが、これと違って有意的に紀伝道に於ける出身の手続きを最も詳細に、しかも一書に纏めた唯一のものは、既にそれが有職故実としてしか意味のなくなった室町時代に出来た東坊城和長の『桂林遺芳抄』である。和長は長清の男で、長清の後は、和長の弟で嫡出たる光長が襲いだが、早世したので、和長思懸けず博士家としての出身の手続を践み、文明十四年対策を遂げた。その直後自己の手続を中心に家記勘例を参考に一巻に纏めたものが『桂蘂記』（『柳原家記録』九十九所収、但し同書に「指図別紙写取之」として略した図は五条為学の『拾芥記』上長享三年二月十六日の条に『桂蘂記』の一部を書名を顕わさずに引用してある部分に載せられている）で、晩年の永正十二年に至って諸書より抄出し、自身の例を多く削り、上代の例、他家の例、他書の引用、『桂蘂記』著作以後の例を加えて、一般的な書としたのが『桂林遺芳抄』である。『遺芳抄』になって新に加えられた多くの上代の例は他に見られない貴重のものを含んでいるが、中世の例や、説明の地文は制度の変異もあり、復興に際しての解釈の誤謬もあり、これを直ちに上代にあてはめるには十分の警戒を要する。しかし警戒してこれに当ればまた参酌するに足るもの全くなしとしないのである。今これらの書に拠って、出身の各段階について検討を加えることとする。

イ　入　学

学令に入学束脩の規定あり、『延喜大学式』に「凡学生入学者、惣録二名簿一、毎日点検、勧レ道習レ業」とある。以上は紀伝道に限らず、すべてに通ずるものであるが、この名簿の紀伝道の実例が院政時代に見られる。それは平信範の子信義の入学であって、『兵範記』仁平四年三月二十五日条に入学名簿三通が書かれ、その中本堂入学名簿二通・奨学院入院名簿一通であった。本堂入学名簿は次の如くである。

明法生蔭孫正六位上平朝臣信義年十九
　従四位上行出羽守知信朝臣孫
　　仁平四年三月廿七日
　　　右少弁正五位下藤原朝臣資長貢

この署名は儒者もしくは属文の故人がなす例であった。明法生はあるいは明経生の誤か。擬文章生以前の学生は明経か紀伝の学科の定まらない学生四百人の中で、この四百人は名義は明経道の生徒であったからである。奨学院入院名簿は右の明法生が「学生」となり、署名が「従四位下行豊後守高階朝臣清泰貢」とある点のみ相違している。信義の年齢が実際は十三であるのを十九としたのは治暦康和保安の先祖の先例に依ったものであった。「蓋是自十歳ヨリ十年以学問者、為貢士之本文歟」とあるのは、学制が形式的となり、在学期間が極端に短縮されたのを糊塗せんが為であろう。十歳より十年学ぶというのは、大同元年に十歳以上（『日本後紀』）天長元年に二十歳以下の者を大学に学ばしめた制（『類聚三代格』）が働いて考えられていたのであろう。本堂とは紀伝道の建物たる北堂（文章院）を指し、大学の紀伝道に入学すると同時に奨学院に入院していることは注意を要する。寛平八年斉世親王入学に際し御自ら文章博士に賜った入学名簿（前田家本『西宮記』十一親王入学ノ条）、「宮雄（藤原公季）名簿給二勧学院一事」（『九暦』天暦三年八月二十六日条）の入院名簿も恐らく同様の体裁のものであろう。

信義の名簿は二十七日本堂分は文章博士亭へ、奨学院分は是定亭へ提出され、本堂分の入学名簿には、その奥に次の如き判書が記され、信義の許に戻されて来た（『兵範記』仁平四年三月二十七・二十八日条）。

判本堂学（字）以平幸為字

同年同月同日　堂監　藤原重政

藤原成言

文章得業生藤原基業　藤原季資

藤原季俊

即ち信義が本堂に於いて用うべき字《あざな》が入学と共に撰定されたのである。この字《あざな》つくる事はこの場合文書の往反を以て終っているが、『源氏物語』少女の巻の夕霧の場合には厳しい儀式が行われている。即ち二条東院東対を装束して、公卿殿上人出席し、博士等は独特の作法を以て、気取って執行い、夕霧の父たる源大臣は簾内より見物し、大学の衆は釣殿まで満ち溢れ、終って詩宴が行われる等盛大な様が描写されている。固より誇張の筆はあろうが、古くは相当の儀式を以て行われたことは事実であろう。『宇津保』の藤英は季房の字であろう。これは入学して人と交るに際して用いる為に撰したものと考えられる。『公卿補任』尻付に文章生となった年月日の下に字を記しているのは、実は入学に際して附けられたものであろう。また『二中歴』十三（名人歴）に学生字として多くの例が挙げられている。

夕霧の「字つくる事」がすむと「打続き入学といふ事せさせ給ひて、やがてこの院の内に御曹司作りて、真実に才深き師に預け聞え給ひてぞ、学問せさせ奉り給」うた。勉強室たる曹司が父の邸宅内に設けられたことを語るものであるが、曹司は元来大学寮にあるもので、紀伝道関係のものは文章院がそれであり、紀伝曹司（『左経記』長元七年八月十一日条）とも呼ばれている。『延喜大学式』に擬文章生を簡ぶ寮試のことを述べた次に「其不レ任（住）二寮家一者不レ得二貢挙一」とあるのは、寮内の曹司に寄宿しない者もあるので、寄宿の奨励の為に設けた規定であり、平安初期にも正躬王が「幼而聴穎、入レ学歯レ曹」（『三代実録』貞観五年五月朔条）と高貴の御身を以て曹司に寄宿されたことを特記しているが、寛平の斉世親王入学には「親王不レ着ニ曹司一」とある（前田家本『西宮記』十一親王入学）如く、夕霧の如き大臣の子でも、大学寮内の曹司に着しないのが普通であったのであろう（もっとも夕霧は従来住んでいた亡母の実家とは別の場所に曹司が設けられた訳である）。

かくて入学して「勧レ道習レ業」うに当っては、当然大学寮の博士に就いて学ぶべきように思われるのであるが、夕霧の就いて学んだ「真実に才深き師」は大内記の官にあるものであって、「世の僻《ひが》者《もの》にて才《ざえ》の程よりは用ゐられず、すげなくて身貧しくなむありけるを、（源氏が）御覧じ得る所ありて、斯く取分き召し寄せた」者で、全く私的な師弟関係に結ばれたものであった。しかもその学習内容は次に受くべき寮試に用いられる『史記』であって、「唯四五月《よつきいつつき》の中に、史記などいふ書《ふみ》」を読み果て、「御師の大内記」を召して、「史記の難《かた》き巻々、寮試受けむに博士の反《かへ》さふべき節々」を引出して、一わたり読ませるのに、至らぬ限なく通読した。これは全く寮試を受ける準備の為の学習といってよい。平信義の場合は、名簿提出前の三月二十五日、入学吉日に依って文章博士（長光）亭に向って、寮試に用いられる書物三巻、即ち高祖本紀・蕭相国世家・張儀伝の端々を習い、各々十行許り読み始めた（『兵範記』）。これは大学寮に於ける講義を聴いた訳ではなく、寮試以前に本堂に参るべきであるが、先例により、寮試と同日に初参することが後に見えている。従ってここの入学吉日とは長光の私門に入る入学であって、関白忠通の計いにより、ここで受験準備が行われたのであって、夕霧が大内記に学んだ私的関係と全く変りないのである。大江匡衡が「十有五入レ学、久執二豆与一レ籩」ったという（『江吏部集』中述懐古調詩）のは、儀式方面を強調したものである。

寮試に移る前にこの場所に述ぶべきは四道三院年挙の中の紀伝挙（北堂挙）である。紀伝道の出身は寮省試を通過しなければ遂げられなかったが、「入学年久、成業難レ期」き者は、「為レ慰二空帰一めに諸国掾に「挙達」されることが、行われるに至っているのである（『除目大成抄』三）。

ロ　寮　試

寮試は一般学生より擬文章生になる為の試験であって、擬文章生の称は元慶頃から見えるので、寮試もその頃からあったかと思われるが、明かに見えるのは『延喜大学式』が初めである。

凡擬文章生、以二廿人一為レ限、補二其闕一者、待(得イ)二博士挙一、即寮博士共試二一史文五条一、以下通二三以上一者上補之、其不レ任(住カ)二寮家一者不レ得二貢挙一、

とあるがその規定である。一史とは『史記』『漢書』『後漢書』等の中いずれかを選んだのであろう。藤原在衡が、「延喜八年初遊二国子之芸一、次進二勧学之場一、文選范史寮試及第」したとあるが（『朝野群載』十七仏事下、施入状安和二年十月二十八日）、『文選』は右の『延喜式』寮試規定に見えない処であ

って、あるいは文は史の誤で、一史には范史即ち『後漢書』を選んだの意であろうか。夕霧の場合は入学後四五月以上経た後いよ〳〵寮試の日「少しも臆せず読み果て」て及第し、大江匡衡は入学の翌年「十六奉ニ寮試一、音訓無レ所レ愆」とあって（『江吏部集』中）、試験が素読のみであったことを知るが、院政時代に入ると寮試のかなり詳細な記述がある。

元永元年三月十八日大学寮に於いて寮試が行われ、入分学生十三人と南曹（勧学院）学生三人（国明、広兼、宗友）がこれを受けた。勧学院弁別当藤原為隆の子朝隆も受け、宣旨学生もあったが、朝隆が第一に請け、大学頭敦宗・文章博士在良・同敦光・試博士蔵人秀才有業の前に召され、著座して前に置かれた冊櫃から冊五枚を取出し、博士寮官はこれを頭に進め、朝隆は所持の読書三巻を披き、頭の読しめよの言に従って、『五帝本紀』を引音で読み、博士の命で読み止め、次々と三巻を読み了った。この三巻は受験者側で「兼定ニ読書一触ニ寮頭試博士等ニ」れておいたので、試験が形式的になっていたことを示すものである（『永昌記』）。この形式的の顕著な事実は、このすぐ翌日省試を行うに至っていることであるが、それは省試の項に於いて述べることとする。

平信義の場合は三月二十七日入学名簿が提出され、四月十八日に寮試が、試庁の顚倒後の基跡に五間四面の幄一字を立てて試庁として行われ、信義の外に左府頼長分藤原憲孝と儒分二人併せて四人の学生が受け、信義は貢挙の次第は三番目であったが、関白分というので最初に大学頭大江維順・文章博士藤原茂明・同長光・試博士文章生藤原兼光の前に進み、頭が「冊《サク》」というと、信義は左手を以て冊筥の冊を取り、三たび試博士に授け、試博士は書名目を申上げ、頭が「令読ヨ」というと、信義は博士の目に従って「兼日能々謹誦」した高祖本紀・蕭相国世家・張儀伝の端々を各三、四行読み、頭の笏を叩く響に随って読み止めた。試博士は「得文」と申し、史生は庭中に於いて簡を捧げて「試給オ呆イムツノクラキカムツシナ平信義文義共得タリト申ス」と申し、堂監は登科酒肴のことを示した（『兵範記』）。読書のみの試験に文義共に得たりとは聊か実際に合致しない。

定家の『源氏物語奥入』（未通女）に寮試の作法が記されている。これは恐らく平安時代の佚書から引かれたものかと思われるので左にこれを掲げる。

寮試

寮頭以下各一員、博士以下各一員、参ヨ着試庁一、出ニ貢挙交名等一、博士加レ署渡ニ寮頭一、頭見了下ニ允以下一、以ニ箣匣三合一置ニ試衆座前一、又以ニ読書等一置ニ頭博士秀才（謂ニ之試博士一）幷試衆等前一、次第召ニ試衆一、試衆把レ巻進ヨ出幔門下一、允仰云、版爾、試衆揖立就レ版、允又仰云、敷居ニ、試衆揖、於ニ敷居下一、脱沓、着座置レ帙、直頭仰云、箣、（並イ）衆唯之探レ箣、（三史之問、今（旨イ）云ニ読箣一也、）膝行置ニ試博士前一、試博士対ニ寮頭一云、史記乃本紀乃一乃巻、三乃巻、世家乃上帙乃五乃巻、下帙乃一乃巻、伝乃中乃帙乃七乃巻、頭仰云、令レ読与、試衆各披レ帙把レ巻、引音読レ之、頭仰云、古々末天、試博士対レ頭云、文得タリ、頭云書注セ、寮掌捧レ簡、称ニ注由一、了試衆退出、堂監於ニ幔外（門イ）一仰下登科酒肴事上、『桂林遺芳抄』にはこれを「寮試上古之様」として記しており、同書にはなお一段崩れた作法も記されている。これらの例に見られるように、一史といっても早くから『史記』のみに限られるようになっているのである。右の文に見られる「貢挙交名」は『遺芳抄』の室町時代の例に拠ると、「請レ令レ奉ニ擬文章生試一学生等事、合」として交名を記し、「牒、件人々、通ニ習史漢一堪レ為ニ擬文章生一、仍貢挙如レ件、謹牒」として、日付両文章博士の署名がある。恐らく平安時代にもこのような文書が発せられたのであろう（但し擬文章生試は平安時代では文章生試と同義で省試のこと、ここでは令レ奉ニ寮試一とすべき所である）。

寮試に及第すれば、擬文章生に補せられることはいうまでもないが、なおこれと同時に釈奠文人に補せられた場合が多かった。平信義は文人職は関白の仰を蒙って補すべきであるが、重代であるから両文章博士の独断を以て許し、寮試と同日付を以て「釈奠文人職」に補され、擬生の事は関白分であるから強いて沙汰に及ばず、六月十七日を以て「擬文章生職」に補された。寮試は信義の受けた四月十八日だけでなく、六月三日に七人、十七日に五人に対して行われ、一括して擬文章生を補した為に日付が遅れたのである（『兵範記』）。但し大江匡衡の如く、文人を請うても許されなかったこともあった（『江吏部集』）。夕霧についても、寮試を通過して、文人・擬生等になったことが、

『源氏物語』に記されているが、この文人を四辻善成が『河海抄』で文章生と解してから、『桂林遺芳抄』およびその後の多くの『源氏物語』の注釈書がすべて誤り来った。(1)

八　省試（文章生試・擬文章生試）

文章生は奈良時代に置かれたが、その地位は低く、文章生希望者が増して一般学生から試験（文章生試）を受けて文章生となるものが出来たのは延暦の末頃からであった。この文章生試は大学寮内の事項であるから、当然大学寮が行ったものであろう。弘仁十一年の改革でも良家子弟（三位以上）に対して大学寮が詩または賦を試して文章生に補し、また文章生中稍進む者を式部省が試して俊士に補しており、即ち大学寮が行っているのは、従前そうであったからであろう。この改革は天長四年復旧したが、文章生試を大学寮が行うことは、式部省が行うように移り変り、元慶頃擬文章生が置かれると、文章生は擬文章生から採ることとなった。『延喜大学式』に、

凡擬文章生、毎年春秋簡試、以二丁第已上者一、補二文章生一、縦落第之輩猶願二一割一、聴二任挙一之、

『式部式』上にも、

凡補二文章生一者、試二詩賦一取二丁第已上一、若不第之輩、猶願二一割一者不レ限二度数一試之、

即ち春秋に詩賦を課したのであるが、落第しても「鉛刀一割」の微力を尽さんと願う者に対して、

一は任挙を聴し、一は度数を限らず試するとして、相矛盾する扱が規定されている。これはたまたま前者は後述する所の「余進士」、後者は同じく「十上者」の出現を予想せしめるものであり、「不レ限ニ度数一試之」とは頻三下の者を退学せしむるという学令規定の修正を意味するものであった。なお式部省がこの文章生試を行うようになったのは、文章生に補すればその労によって任官し得ることとなり、官吏登庸試験の性質を帯びるに至った為であろう。

文章生はこのように擬文章生から採ったが、擬文章生でない学生に、特に登省宣旨を賜って、擬文章生と共に文章生試を受けさせている例が多い（『類聚符宣抄』九康保二年十月二十一日等）。これも擬文章生に准じて行うのであるから、文章生試と擬文章生試は同一のものと見て差支ないのである。

寮試によって擬文章生となってから、省試を受けるまでは、相当の学習期間を置くのが当然であった。藤原在衡は寮試の年が分らないが、「延喜八年初遊ニ国子之芸一、……寮試及第、忽蒙ニ鳳詔一僅向ニ龍門一、依レ有ニ失錯一勅下第、十二年秋更亦登省、十三年夏幸以及レ科」とあり（『朝野群載』十七）、入学から文章生となるまでに足掛六年を要している。省試が行われて擬文章生の闕が出来ると、直ちに擬文章生を補し、次の省試までの間擬文章生であったことは、天慶八年十二月十四日の省試判の後間もなく同月二十五日擬文章生が定補されており（『貞信公記抄』）、長保六年十一月二十八日に省試判と同日に擬文章生人等を定めていること等によって察することが出来る（『御堂関白記』）。

夕霧は擬文章生となった後も、「など斯くこの御学問の強《あなが》ちならむ、才《ざえ》の程より余りぬるも味気なき業と」人に思われる程「籠りおは」して勉強し、翌年二月二十日余の朱雀院行幸の放島試に及第して文章生となったのであった。「十六奉二寮試一」じた大江匡衡は「比レ及二二十四一、纔蒙二奉勅宣一、馮レ学登二龍門一、沂レ流出二重淵一」（『江吏部集』）、実に足掛け九年の長期である。この期間が紀伝道における主要な学習期間であったことを知るのである。しかるに院政時代になると寛治八年六月六日の寮試の翌々八日に省試が行われ、天永三年二月十九日の寮試の後、十一月二十日に至って省試が行われ（『中右記』）、天永元年の藤原朝隆の場合、仁平四年の平信義の場合は共に、寮試の翌日または数日後に省試が行われてその試験の実質が失われて来ている（『桂林遺芳抄』によると、室町時代には同日に引続き行われているが、これは問題外である）。省試を行う時期も不規則となっているのである。

文章生試を春秋毎に行う規定は初めからなかなか行われ難かった。それには人的新陳代謝の緩慢もあろうが、また式部省官人の懈怠もあった。式部丞の著座なく、庁座空しき為に、「擬文章生者、毎年有レ奉二春秋之試一、明為二朝典一、載在二式条一、然而二三箇年之間、纔所レ行者一度也、是以成業之企臨二暮年一、奉公之期各待二何日一」といわれており（『類聚符宣抄』七応和元年六月二十日）、後には「隔二両三年一行レ之」うのが恒例のようになった（『年中行事秘抄』二月、擬文章生課試事）。長保五年入宋した寂照（大江定基）が楊文公の問に答えて、「毎歳春秋二時集貢士、所試或賦或詩、凡及第者常三四十人」といっているのは、即ち省試を斥したもので、省試が課試の代表的なものであるのを示すと共に、人数のみからいっても対外的な誇張といわざるを得ない（『参天台五台山記』熙寧五年十二月九日条）。

しかし省試の内容が作詩という風流韻事である所から、華やかな行事の一として歓迎されたと思われる点もある。延喜十六年醍醐天皇の朱雀院行幸に際して、「文人対策家諸儒幷文章得業生及擬文章生」を召候せしめているが（『類聚符宣抄』九文章生試九月二十七日）、文章生以上は宴席に於ける作詩の為であり、擬文章生に対しては「高風送秋、以レ鐘為レ韻、七言六韻」の詩題を以て擬文章生試が行われている（『日本紀略』九月二十八日条、『桂林遺芳抄』）。この後、村上天皇の朱雀院行幸にも行われ（『日本紀略』康保二年十月二十三日条）、後には藤原兼家の東三条第や、同道長の上東門第等の私第に行幸のあった場合その場所で擬文章生試が行われている（『日本紀略』『扶桑略記』永延元年十月十四日条、『御堂関白記』『小右記』寛仁二年十月二十二日条）。遂には初めから興の事として摸擬的に行っている場合さえ見られる（『春記』長久二年三月二十二日条）。『宇津保物語』（吹上下）の季英、『源氏物語』の夕霧等の文学作品上の人物の受けた省試は神泉苑または朱雀院行幸に際して行ったもので、これが如何に時人の眼に華やかに映ったかを示すものである。

省試を受ける者は、擬文章生の外に学生・蔭子・蔭孫等の特に登省の宣旨を蒙った者である（『類聚符宣抄』九）。試験内容は後の学問料試も同じであって、問題たる詩題は、試験官たる式部輔が古典の字句から出題し、それと共に、韻字・貫韻・一句の字数・句数等が指定される。なおその上に句毎に、「漢高祖功臣名」「前漢儒士名」「後漢儒士名」「七十二候名字」「礼記篇名」等を用いるというようなことが定められていた場合もある(『本朝世紀』天慶八年十月二十九日条、『百練抄』長久四年九月九日条、『権記』寛弘三年十一月二十六日条、『中右記』天永三年十一月二十一日条)。

いよいよ試験に際しては種々の事件の起ることが多かった。出題者たる式部大輔が決定した題をその場になって韻字等を改変して、釐務を停められたり(『類聚符宣抄』九康保五年七月二十五日、八月五日、九月十四日)、式部録が韻字を磨消し、学生の愁によって、録は過状を進め、学生は加補されたりした(『御堂関白記』長和二年正月十三・二十三・二十六日条)。学生側としては、試庁の外に立つ儒士から字様や文字声訓を教わって問題を起している(『左経記』長元七年十二月九・十七日条)。後述の試判に際しての紛擾を含めて総じてこの省試を巡る紛擾の見られるのは、大体藤原時代までで、その以後はほとんど見えない。この紛擾は省試が厳正に行われなかったことを示すようであるが、反面から見れば却てこの時代の省試がなお実質内容を持っていて当事者にとって直接利害に関したものであることを示すもので、学生のカンニングの如きは、たまたま以て、省試詩が院政時代に於いて兼日作儲けた如きものでなく、当座の当人の実力を以て作らしむることが常態であったことを示すものである。しからば院政時代の省試はどうかというに、天永元年三月十九日の省試は「天子

寿考以民為韻以恵民為官韻」の題であったが、その記事に（『永昌記』）、

堂監召二学生一、次第参入、左手持二袋硯一、着レ靴、各着二長床子一、前在二硯台一、大輔給レ題、省官伝給二学生一、々々次第書取各起座、氏院生徒三人入二小屋一、国明、広兼、宗友、自余生徒不レ出二幔門一、召返賦二給冊葉一、即置二文台一各退出、先レ是大輔先出、院衆独凝二風情一、忽成二詩篇一、可レ謂二七歩才一、

とある。氏院生徒は当座に作成したらしく見えるが、自余生徒は実にあっさりと提出しているのは、当座の作製でないものが答案として提出された如くに思われる。また平信義の受けた省試は、仁平四年六月二十日で、前述三回の寮試を受けた者十六人の中、落第したものか、一人欠けて十五人が二十日に登省してこれを受けた。信義は先祖平親信の用いた『干禄字書』、紙、硯、墨、筆の入った（『切韻』『押韻』等は今度は入れなかったとある）家に代々伝った臂袋を携帯し、乗車して式部省に到り、第一学生藤尹頼（式部少輔範兼挙、高年才人）、第二信義（関白忠通挙）、第三平康弘（崇徳院分）の順で十五人、「道治政治以氏為韻」の題を与えられ、小屋に入って詩を書し、これを臂袋に入れて小屋を出で差出した。

入二小屋一賦二作葉一大卿令レ随二身親門生一、兼居二小屋中一、分賦之、書二紙屋紙一、五言八十字成レ篇

とあるのは、『切韻』『押韻』を用意しなかったことと共に、当座の詩作でないことを示すもののようである。同じ院政時代の少し後に、省試詩は数日前から作者が作儲けるものであるといっているが（『玉葉』承安四年五月十日条）、なお『桂林遺芳抄』（寮省試之事）に、「家記云、……省試者賦詩、但

此詩大卿作ㇾ之、給二試衆等一令二清書一」とあるように、試験官たる式部大輔が前以て答案を作成し、受験者に与えて、清書させるという一層儀礼化した試験方法が、既に院政時代に於いて行われ始めたのではないかと思われるのである。このような試験に試験そのものについての紛擾の起り得る筈がなかった。

この紛擾件数の漸減に入れ換って顕著に見られるのは、貴顕の勢力を背後に恃んで、優先的に登省出身するという省試の実質、または主旨を磨消せんとする傾向である。これは藤原時代から見られる現象である。道長の中納言時代に、甘南備永資の試のことに依って、式部少輔橘淑信を捕搦め、車に乗せずして家に連行し、天下の歎を買い、父兼家に勘当されたことがある（『小右記』永延二年十二月四・五日条）。永資は恐らく道長の推挙によって省試を受け、落第したものででもあろう。登省者のほとんどすべてが誰分誰分とて貴顕の推挙を受けることになると、その分に入らない者は頗る不利の立場に立つこととなる。長元七年の省試に於いて、擬文章生等が「不入分」と称して朱雀門から帰去って了い、かのカンニングと時を同じうしたので、「是又不ㇾ聞之事也、頗以任ㇾ意矣」といわれた（『左経記』十一月二十五日条）。これは右の不利の立場にある為に、示威的に予定された受験を拒否したものであろう。天永元年の寮省試を受けたのはほとんど入分学生と勧学院学生だけであった（『永昌記』）。仁平四（久寿元）年の寮省試には関白（忠通）分・左府（頼長）分・新院（崇徳院）

分・式部少輔範兼挙、儒分等があった（『兵範記』）。この左府分はよくこのような制度の実情を明かにしている（『台記』久寿元年六月二十日条）。

余分藤憲孝、件憲孝前内蔵助為経之子也、先例多用二蔵人五位子一、而余奉レ憑二先聖先師一年尚、大学築垣破壊殊甚、内覧後初所レ得、不レ論二上下一、可レ給下修二補四面垣一者上之由、告二廻家臣一之処、憲孝申下可二修補一之由上、仍所レ給也、先日賜二名簿於式部大輔永範朝臣一、副二執事家司親隆朝臣書札一、

儒学を好み、自他に厳であった頼長が、築垣修補という経済的負担と交換的に登省に有利な条件を与えたのは、その時代の習俗が然らしめたのである。

省試の後、日を経て試判、即ち試験考査の会議が行われる。『延喜式部式』上に、

凡擬文章生者春秋二仲月試之、試了喚二文章博士及儒士二三人一、省共判二定其等第一、奏聞即補之、文章得業生試了判定奏聞亦同、

場所は蔵人所のこともあるが、陣頭で行われること多く、一般に陣頭判といわれる。試判の出席者は公卿の外に判儒が召集された。公卿中の儒者が判の音頭を取ったらしく、公卿中に儒者も貢士もない為に判定に統制がとれなかった事例がある（『小右記』長和三年十月二十二・二十三・二十四日条）。判儒には式部輔・文章博士は省試の当事者として勿論出席し、むしろこれを除いた大学頭・儒者弁その他諸司中の儒者を判儒と呼んだらしい。天暦二年の例を見ると七人陣頭に召されている（『類聚

符宣抄』九七月七日）。判儒に列することは儒者の名誉で、長老が多く召されるので耆儒ともいわれ（『中右記』嘉承二年二月二十六日、元永元年四月一日条）、諸儒の望む所となり（『吉記』承安四年二月十二日条、『玉葉』治承四年八月二十九日条）、あるいは愁訴して上臈を超えて判に列し（『中右記』寛治八年六月十日条）、あるいは下臈に超えられて歎き（『長秋記』長承二年六月二十八日、七月二十一日両条）、遂に常置のものとなって闕によって補するようになり、その場合所望者は多くを算し、稽古の労によって定めることが議せられている（『吉記』治承五年八月三日条、『玉葉』治承五年八月四日条）。試判に不参の判儒にして、判に同意なる場合は、諸儒評定に同ずる旨の状を提出した（『朝野群載』十三紀伝上）。

試詩の及落の標準は、例えば、「徳配二天地一以レ人為レ韻、七言八韻、」の題に対して「粗得二詩情一、既免二瑕瑾一、専詠二帝徳之配二天地一、述二聖化之被二華夷一」とて及第し（『朝野群載』十三紀伝上、承保二年八月三十日判文）、「班方玉以レ歓為レ韻、七言八韻、」の題に対して、「適免二瑕瑾一、三王伝来化、粗叙二題目一、況点画不レ誤、文体所レ著」とて及第しており（『同上』永久五年十一月二十三日判文）、題意に叶ひ、瑕瑾を免れ、字画正しきを及第としたのは当然であるが、特にやかましかったのは平仄排列上の禁止条項たる病を犯せるや否やの点である。即ち八病あって、その中平頭・上尾・鶴膝・蜂腰の四病重く、就中上尾・鶴膝重く、平頭は軽くて避けざることあり、蜂腰はその中間にあって、下句の蜂腰を許すや否やにつき大江匡衡と紀斉名との間に激論が戦わされたことがあった（『本朝文粋』七省試詩論長徳三年）。また前掲の模擬試験の場合であるが、「予詩被三褒賞一、頗依二宜句一也、又無レ病之故也」といっており（『春記』長久二年三月十二日条）、またこれも給料試の場合であるが初めから問題に、「宜レ避二平頭上尾蜂腰鶴膝一」と断っていることがあり（『宇槐記抄』仁平三年六月二十一日条）、非常に消極的に堕している。

省試の及第者の人数は原則として文章生の欠員数だけである。文章生二十人の定員は文章得業生二人を含めての数であるが、相当厳密に守られた。しかし時に事情によって余進士と称して欠員数より超過した人数の文章生が省試の結果補されることもあった。余進士は初めの中は厳に禁ぜられたが、後にはしばしば補し、院政時代になると、試判に当って事情によって余進士を補するのでなく、省試の初めから、登省者数の内、正欠以上の人数を余進士の人数と定められて、全部の及第が予定せられ、事実上の定員の増加となっている。(2)

また「十上者」と称して「度数を限らず試」するも、及第し得ず窮老に至る者あり、温情によってかかる者を及第とすることは初めは禁ぜられたが、後には特に及第とされ、更に後には初めから及第の理由となっている。但しこれは藤原時代までで、院政時代になって課試が形式的となると、もはやそれだけ課試に執心するものもなく、従って十上者の文字も見られなくなっている。(3)

試判の結果は絶対的権威を持つものでなかった。一度で済まずに何度も改判され、結果が覆えることも稀でない（『貞信公記抄』延喜十九年八月二十九日、天慶二年閏七月二十三日条）。従って落第した学生の愁訴でもあれば、直ちに取上げられ、諸儒を召し、改判が行われ、学生が勝訴すれば、判儒は怠状を出さなければならない（『本朝世紀』『貞信公記抄』天慶八年十月二十九日・十一月十日・十二月七・十・十四日条、『左経記』長和五年二月二十五日条、『小右記』寛仁二年十月二十二・二十八日、十一月四日条）。このようであるから学生は図に乗って、儒士に依頼し、犯病及第之例等を挙げて堂々たる申文を上り、紛料を起している時さえある（『春記』長久二年三月）。

試判の結果文章生に補されると、それから先学問料を給せられ、文章得業生に補され、対策して出身するという少数の専門儒家としての出身経路を外にすると、大部分は文章生止まりで、文章生の年労による任官を待つ者であった。この任官の便宜の為、除目に際して文章生歴名帳が作製されるが、現在その内容の知られるもの八通あり、いずれも院政時代のもので、時代は聊か偏しているが、実際上如何なる者が文章生に補されていたか、どんな経路で官途に就いたかを知る上に重要な史料と見ることが出来る。原文引用の煩を避けて表示すると次の如くである。

日付	文章得業生数	文章生数	文章生年労別数	文章生姓別数	任官者年労別数
①永久三年正月 日	1	9	六2四7	藤4江3紀中1	

②永久四年正月十三日		19	七1五3二15	藤6江4橋源中2平橋階1	五1二2
③永久四年十二月廿日		17	七1五3二13	藤5江3橋源中2平橋階1	七1
④元永二年正月十九日	2	21	五8三1二12	藤5源4江3平中2橋階文物紀1	五2
⑤保安三年正月十三日		21	六1五8二12	藤6源4江平菅2物紀大田善1	六1五2
⑥久寿二年十二月　日		23	十七1十三2九5六2二13	藤15中大平2江橋1	二1
⑦応保二年正月　日		14	十六1九1四12	藤5中3惟2菅紀卜清1	四3
⑧安元二年正月廿三日	1	24	十1六3二20	藤8中4源善惟2平橋階荒清大1	六2二1

一、①⑤⑦は『柳原家記録』三十五所収『魚魯抄符案』一に拠り、②④⑧は『除目大成抄』四に拠り、③⑥は『除目大成抄』十に拠る。

一、文章生にして所々に候する者の数①蔵人所1院蔵人所2②蔵人所2院蔵人所2③蔵人所2院蔵人所2院文殿1④蔵人所1⑥院文殿衆1高陽院侍1姫宮侍長1院北面衆2美福門院侍3皇嘉門院侍長1蔵人1一院北面衆2新院北面衆2皇嘉門院判官代1⑦院文殿5院北面1⑧建春門院1内御書所衆1

一、姓の略称の中、中（中原）橋（高橋）階（高階）文（文室）物（物部）大（大中臣）田（田使）善（三善）卜（卜部）清（清原）惟（惟宗）荒（荒木田）

どの方面にも跋扈した藤原氏はここにも終始最多数を占め、紀伝家たる大江氏これに次いだが、次第に減じ、初め源氏が、後には明経明法両道に発展していた中原氏がこれに代り、紀伝家たる菅原氏は微かな存在しか示していない。また文章生が次第に任官して減員すると、省試を行ってこれを補い、常にほとんど定員の二十を満たしていたが、それだけでなく、次第に余進士を置かれるのが常態となり、文章生数はむしろ漸増して定員を数人超えるに至っている。その原因は試験の際の事情もあろうが、その主なるものは、文章生を去らずに所々に就職するものが次第に増したことであろう。文章生にして蔵人所に候し、文章生蔵人または進士蔵人と称せられるものは相当古くから見られ、それに次いで内御書所に候せられる者もしばしば見え、それを選ぶ為の試験も見えるが、院政時代に進むにつれ、久寿頃⑥の如きは、院女院等の種々の役に文章生のまま採用される者多きを加え、十数年の労を重ねても文章生を去らない者があり、二十三人の文章生中所々に候する者十五人の大半を占めた。この後応保頃⑦にもこの傾向は残っているが、承安四年（『玉葉』正月二十日条）、安元二年⑧治承二年（『玉葉』正月二十七日条）、同三年（『玉葉』正月十八日条）等になると、一、二人に過ぎなくなっており、鳥羽上皇院政時代を頂点として再び減少の傾向を辿っている。

これらの文章生にして所々に候する者は、急いで地方官に任ずる必要もないので、多くの除目の場合はこれらを除いた上臈の者から行われ、右の表で見ると大体文章生の労二年から五、六年の間にほとんど全部が任官したことが知られ、それ以上の労を重ねる者は所々に候しながら、京官に任ずる機会を待つものであった。

文章生から任官する道は春の除目の時の文章生外国と秋の除目に際しての当職文章生の二つである（当職文章生とは、文章生散位に対する語と思われ、従って文章生外国を含めて称することもある）。文章生外国は春の除目に文章生の上﨟から三人を、諸国掾に任ずることを指し、その任ぜられる国々は北陸道と定められ、もし同道に欠国がない時は、山陰道・西海道に任じた。それは件の三道が「唐人幷渤海等異国来著之方」であるから、その国々に「習二文法一之輩」を置いたのである（『江家次第』四正月除目）。次に文章生から直接でなく、初めに文章生外国によって一度「外国シテ、秩満之後、依二散位之次第一、任二京官一叙爵」することは（『玉葉』承安三年二月七日条）、文章生散位と称してやはり春の除目に行われ、上﨟の者一人がこれに任ぜられた（『蟬冕翼抄』）。「文章生任二外国掾一之輩、依二第一労一被二京官一者、承前不易之例、爰同日及第之輩皆遷二京官一、或預二爵級一」とて弾正忠・刑部丞・宮内丞等の欠に任ぜられんことを請い、雅楽少允に任ぜられている例もある（『除目大成抄』八保安二年正月十五日）。外国掾から方略の宣旨を蒙って対策することは後に述べる。また秋の除目に於ける当職文章生は一人を京官に任じたのである（『除目抄』）。

二　学問料

学問料とは一般学生に対する普遍的な給費ではなく、紀伝道に於ける特定の少数の者に与えられるものであるが、文章生のみでなく、省試以前の紀伝道専攻の学生——その中には寮試を通過した者も、しない者もある——にも与えられる(『類聚符宣抄』九方略試安和元年十月九日)。そしてこれを受ける所のいわゆる給料の学生は、文章得業生に補される候補者と見られるようになり、学問料は給費だけでなく、一つの資格を表わすものとなった訳である。これを前述の文章生から直ちに任官するものと比較すると、文章生だけの者の進む官職は一般人のそれと余り差がなく、幾分文筆関係の官職という程度であるが、原則として文章得業生となり、更に対策するような者が学問料を給せられるとなると、非常に専門的となり、将来進むべき官職も儒職とも名付くべき、一般官人とは相当隔りのある特殊な進路を辿ることとなる。従って上層貴族の子弟がこれを受けることはほとんどなく、いわゆる儒家の子弟にこれを受けるもの多く、儒職の世襲と密接な関係が生ずる。

学問料の起源は菅原清公兄弟四人が給せられたにあるとされ(『続日本紀』延暦四年十二月甲申条)、後世からも「此料之始、起レ自ニ当家(菅原)一、高祖父従三位清公朝臣兄弟四人一時共給是也」といわれているが(『本朝文粋』六奏状中、中学問料天暦十年菅原文時状)、引続いてこれを給せられた例は見えず、初めに述べた意味の学問料の最初は元慶四年の小野美材の給料辺りからであると思われる(『古今和歌集目録』)。「穀倉院月料」とあるによれば、穀倉院より月々支出されたものなるべく、「灯燭料」とはその用途を表わしたものである。『延喜式』(二十大学寮)に「凡諸博士学生等計レ宿給ニ灯湯料銭一」云々とあるのが、これに当るかどうか疑問であるが(湯は雲州本に油に改めてあるがむしろ燭に近い)、あるいは学問料は未だ『延喜式』には法文化されなかったのであろう。

菅原氏に始まり、大江氏・藤原氏等に及んだ紀伝道に於ける儒職世襲が続けられる為には、次々の子孫が対策出身せねばならず、学問料を給せられることが、対策への経路であるとすれば、彼らはその子息の給料を願望するや切であることは自然の情でなければならぬ。菅原文時は「箕裘」を「成業之子」に「伝」えんが為に、給料の起源が菅原氏にあることを述べて、男惟熙に穀倉院月料を賜わらんことを請い(前掲『本朝文粋』六)、また同人は近く給料の学生が文章得業生に補せられ、従って給料の学生の欠が出来るとして、男輔照にこれを給せられんことを請うている(同上康保二年月日)。また大江匡衡は文章院建立に於ける菅江両氏の功業を述べ、貢挙に於ける両氏の優先的事実を掲げ、「累代者見レ重、起家者見レ軽明矣」として、男能公に穀倉院学問料を賜わり六代の箕裘の業を継がしめんとした(同上長保四年五月二十七日)。匡衡が息挙周に学問料を給ったのを喜んで、「董仲舒児無レ射レ鵠、車司徒後不レ収レ螢、君家(菅原)七代吾家六、只拝東西始祖霊」といって喜んでいるのは(『江吏部集』中)、子息の給料によって儒職の世襲が約束されたからに外ならない。

文時が輔照を挙した時に、「同房諸儒之各言二其子一者、猶亦連署所二挙奏一也」とあって、父の奏状の外に同房諸儒の挙状があったことが知られる。同房とは文章院の曹司を同じくすることで、この場合でいえば菅原氏であるから西曹である。対策に当っても、同房儒士が挙奏し（『類聚符宣抄』九方略試天暦四年四月十四日）、その問頭博士には同房の者は許されないというように（文章院の項参照）、同じ曹司の者は相当親しい団結をなしていたようで、それらが共同連署して推挙したのである。なお門業学生大江朝通（通直の子）・儒業学生藤原敦基に穀倉院学問料を請う状の署名に「諸儒等」とあるのは（『本朝続文粋』六奏状上申学問料）この同房の諸儒を指すのである。この例でも見られる如く同房の諸儒の推挙を受けるものは、その曹司と伝統的な関係のある譜代の儒家のものであったのである。

これに反して、譜第の儒家でないものは自解を以て申請したので、

給二学問料一者、所下以抽二勧（勤カ）学之士一勧中属文之徒上也、因レ茲謂二重代一謂二起家一、携二螢雪一者先応二其挙一、疎二典籍一者不レ当二其選一

と、重代・起家にかかわるべからざることをいいながら、やはり儒者たる養父の蹤を継がんが為として学問料を請うている（『朝野群載』十三嘉承二年正月二十八日）。

多くはこれらの自薦他薦の中から適当な者を選んで給したのであるが、それが容易に定め難いような場合は試験を行ってそれを定めた。その最初に見られるのは応和二年で、学生藤原公方・菅原資忠・三統篤信を召して射場殿に於いて「篁為二夏施一、筏為レ韻、七言十韻」という題を給って詩を

賦せしめている（『日本紀略』六月十七日条、『江家次第』十九）。穀倉院学問料を申請した人達は、これらの学生の外に文章生橘列相・菅原惟熙・淑信等があったが、あるいは障を申し、あるいは他行の由を申して参らなかった。これは文章生の優先権が認められず、一般学生と同列に試せられるのに不満を持ったのか、あるいは試験のあることを恐れて不参したのであろう（弓場殿試としては是より先、延喜二年十月六日のものが最初と思われるが、これは文章得業生および文章生に詩を賦さしめて、蔵人所および内所に候する者を選ぶ試験であって、学問料とは関係ない（『日本紀略』『江家次第』十九）。総じて弓場殿試は通常推挙を以て事足るもので「闕少人多時」臨時に行われる試と解して差支ない。従って給料試を含むが、それより広い範囲を持つ）。長久四年の弓場殿に於ける秀才給料試は、進士題は「礼義為レ器以レ先為レ韻、毎レ句用二前漢儒士名一」学生題は「善以為レ宝以レ辞為レ韻、七言十韻、毎レ句用二礼記篇名(ママ)一」と別々に出ているが（『百練抄』九月九日条、『江家次第』十九）、『今鏡』ほしあひに、「四年の三月にも、すけくに、のりとき、ときつな、くにつなといふものどもこころみさせ給き、ゆみば殿にてぞつくりたてまつりける、もとかつらをりたるは、はかせをのぞみ、いまだおらぬものは、ともし火ののぞみなんありける、句ごとにもろこしのはかせのなどをきければ、つくりかなふる人かたくなんありける」とある如く、文章生（進士）からは方略宣旨を蒙るべき者を選び、学生からは、学問料を賜うべき者を選ぶ試であった。承暦頃以後は、よく年末に秀才宣旨と共に給料宣旨が下されており（『水左記』承暦四年十二月二十日、同五年十二月二十日条、『中右記』

寛治元年十二月二十八日条等)、それらは多く譜第の儒家の子弟であって、試験が行われた形迹は見えない。それでも無差別に彼らに給せられた訳ではなく、永久二年に文章博士藤原永実の男永範(年十二)が学問料を給せられたのは、中納言中将藤原忠通第に於いて、度々当座作文が行われたのに際し、永範は作詩の体裁に滞停せず、これによって少年者ではあるが抽賞された(『中右記』十二月二十日条)。また大江匡房は年十一にして父成衡に具して源師房第に至り、詩題を出されて抄物『切韻』も具せず即成したので、師房はこれを叡覧に入れ、叡感あって学問料を給った(『続古事談』二)。このようにその者の実力が十分考慮されて人選されたのである。かくて学問料試は再び行われなくなり、ただ親父の推挙によってこれを給せられたので、かの左大臣頼長は鳥羽法皇に、

近代儒士多ニ無才者一、是依ニ父挙一優ニ其子一、不レ論ニ才不才一、給ニ学問料一故也、所望之輩奉レ試者、無下挙ニ無才之子一者上、

と奏上献言し、儒等はこれを聞いて大恐懼したという。当日は頼長の東三条第で行われ、永範・茂明・公賢をして題を選ばしめ、「礼以行レ義」が課せられた。試衆は六人で、儒等が頼長がその中の菅原登宣に給料しようとしていると思われるのを避ける為、自ら出さずして三人に選ばしめたのである。この外学問料を申請していた者六人あったが、試があることを聞いて、所労ありと称して来なかった(『宇槐記抄』仁平三年六月八・二十一日条)。

この後また暫く推挙だけで給せられたが、承安四年になって、関白基房邸に於いて学問料試が行われた。この時給料菅原長守の子忠規・前文章生藤原宗業の奉試が問題となった。忠規は父が現在給料の学生であるから、及第すると父子相並ぶことになること、宗業は去年方略宣旨を被りながら召返された事等である。結局宗業は召されず、忠規は及第しても追って欠を須って給することとし、六人の者が受けた。年は十六から五十余に亙り、院女院等の非蔵人判官代等に在職する者もいた。評定に於いては蜂腰病を不第とすべきか否かが問題となり、結局、菅定綱に穀倉院料、江忠房に方略宣旨が下った（『玉葉』承安四年三月二十二日・四月二十八日・五月一・十二日条）。この時の評定に際して、省試の時は兼ねて作って置くのに対して、これは当座のものであるといっているのは（同上五月十日）、省試よりも給料試の方がある点重要視されたことを示すものであろう。またこの時長久度に倣って、方略宣旨を蒙るべき者を選ぶ試も同時に行われ、これが一つの定式となったことが窺われる。

この翌年には長守の秀才と共に菅在茂の子在高に給料の宣旨が下され、これに対して儒中に非難があった。それは、在茂は菅家ではあっても、位は僅かに従五位上で末儒であって、内挙の資格がない。また年十六で未だ賢愚を知るの人なしというのである。兼実は「菅家之余流、可レ異レ他、天神定有二非分之冥助一歟」とこれを認めている（『玉葉』安元二年正月十九日条）。

治承四年に学問料を望む者が数人あった時の兼実の意見は、一人は未だ子を推挙しない上臈儒士の子を、今一人は自解の中殿上に候する者を登用すべしというにあった（『玉葉』正月二十五日条）。これらで見ると、上臈の儒士から次第に子を一人ずつ推挙する権利が規定されてあったようで、従って余り末儒で浅位のものは内挙の資格がなかなか認められなかったのであろう。

前に給料試の受験を拒まれた宗業は数年経て初めて学問料を給せられた。これは譜第の儒家でなかった為である。宗業は自解の款状を以て、方略を許されんことを請い、もし出来なければ、学問料でもよいと遠慮して願出ている。

身雖レ非二重代一、学已疲二稽古一、是世人之所レ知也、優文之世、豈不レ求二名誉一哉、但若方略難レ被レ許者、給析可レ足、

これに対して兼実は、宗業は重代でもなく、儒挙もなく、条件が揃わないが、「被レ崇二儒学一之習、以下秀二其道一之者上、可レ為レ先」とて器量の真偽を尋ぬべきことをいっている。結局許されたが、「凡卑者也、但有二才名聞一」といい、季光の方略と併せて「共以天下之所レ不レ許也、但宗業者才学文章相兼、名誉被二天下一、仍被二抽賞一、優二文学一之道可レ然云々」と、因襲的と理想的との両面からの考を表わしている（『玉葉』治承五年九月七・八・十八日、十一月十二日条）。

建久二年給料二人の欠に対し、兼実は一人は内挙によるとしても、一人は試を行うべきを主張し、

給料宣旨を乞う試と方略宣旨を乞う試とを区別すべき議論等もあり、給料試は前例は不吉であるといい出す者がいて、取止めとなって了った（『玉葉』建久二年正月十日、二月十一日、七月五・六・八日条）。これは永久承安度等に蜂腰病等について相論があったことを指したものらしく、煩瑣を厭うて安易な因襲的な方法に落付いている。兼実はしかし給料試論者らしく建久六年にはその九条第に於いて学問料試が試衆九人に対して行われた（『百練抄』三月二十八日条）。がその後はほとんど行われなくなっている。

ここに平安時代も末に近づくにつれて、顕著な現象は、譜第を誇る菅江両氏に対して藤原氏の勢力が伸張し、学問料を給せられるものが数多く見られることである。藤原氏の一般勢力からして当然であるが、その直接的原因は、同氏族の経済的余力を以て勧学院学問料を設定し、同氏の学生に限ってこれを与え、しかも穀倉院学問料と同じ取扱としたことに存する。秀才宣旨と共に藤原尹通に給料宣旨を下されたことに注記して「給学問料於勧学院也」とあるのや（『中右記』承徳二年三月二十一日条）、藤原顕業が息男俊業（年十六）を挙して学問料を請い、これに対して勧学院料が給せられ、書によってはこれを穀倉院学問料を仰下されたとあるのは（『長秋記』『平時信記』天承元年八月十七日条）、両者が財源を異にするだけで、他の点では同一視されていたことを示すものである。従って藤原氏の人々にとっては、給料の人選に預る率が非常に増大した訳である。それだけでない、同日に学問料を給せられたものの中で、勧学院給料が穀倉院給料学生に超えて茂才（秀才、文章得業生）に補せられるのは前蹤已に存すとして、「氏族之貴」を知らしめんとする身勝手な申請さえ行われた（『朝野群載』十三申秀才康平四年十一月十五日）。また前に述べた承安四年の給料試では、病の有無、特に七言詩に蜂腰病を避くべきや否やが問題となって紛擾し、結局今一度試験することとなり、この度は他氏を排して、勧学院給料を目的に藤原氏の三人に対してのみ試験することになっている（『玉葉』五月十日、六月二十七日条）。勧学院学頭が学問料を給せられる優先権ありとして申請している等も、勧学院学問料を目指しての事であろう（九条公爵家所蔵『法性寺殿御記抄』天治二年巻末附属文書、『本朝続文粋』六奏状上申学問料保延三年六月二十五日、なお第二章第四節二附「勧学院の組織」註19参看）。であるから大江維順が、

身儒第二、年歯已過二五十一、而為レ子申二学問料一無二恩許一、……於レ今江家長被レ捨レ道事也

と歎じているのは故ありというべきである（『長秋記』長承二年七月二十一日条）。

一般学生でも所々に候する者もあったから、給料学生の中には勿論あった。その中蔵人所に候する者は給料蔵人と称して史上に散見する。給料学生は原則として文章得業生となる者であったから、給料学生から京官地方官に任ずるということは見られない。

ホ　文章得業生（秀才）

文章得業生は、元来文章生の中から成績優秀な二人を選んで、給費して勉学せしめ、秀才試（方略試・対策）に応ぜしめると共に、後には紀伝道の事務にも携っていた。即ち本堂入学名簿の判書に、堂監と共に連署し、また寮試の試博士となりなどし、文章得業生闕ければ、「有レ限堂事動可二懈怠一」「有レ限堂事自以擁滞」などといわれた（『朝野群載』十三）。この文章生から文章得業生を選ぶことは、後まで行われ、「謹検二旧典一、択二文章生廿人中才学抜萃者二人一、補二得業生一、歴代通規也、縦無二両儒之吹嘘一、何不レ挙二一族之英彦一」とて藤原実範を文章得業生に補し（『類聚符宣抄』九補文章得業生事治安三年十二月三十日）、あるいはまた「謹検二案内一文章生廿人之内被レ置二文章得業生二人一矣、仍以二貢士一必補二茂才一、事為二定準一、不二敢失墜一」とて菅原尹実を文章得業生に補せんと乞われているのはその例である（『朝野群載』十三長暦三年二月日）。しかし給料学生から選ぶ方が頻りに見られ、後には文章生から選ぶことは極く稀になっている。

給料学生から文章得業生を選ぶことは、小野美材が「元慶四年給料、仁和二年秀才」となったのが初めらしく（『古今和歌集目録』）、「文章得業生新欲レ被レ補、給料之学生随則可レ有レ闕」（『本朝文粋』六奏状上申学問料康保二年月日菅原文時状）とか、「文章得業生課試之後、不レ待二評判一、以下給二穀倉院料一学生上被レ補二其替一、先例已存」（『類聚符宣抄』九方略試安和元年十月九日）とか、「給料学生補二茂才一者、只依二宣旨之次第一、敢無二超越之先例一」（『朝野群載』十三永久四年十二月三十日）とかいっているのは、この慣例を指したものである。給料学生の中では第一の上﨟の者がこれに補せられるのが慣例であって（『中右記』承徳二年三月二十一日等条）、文章生にして給料のものと、そうでなくて給料の者と二人が秀才を競望した時でも、文章生でない任日上﨟の者に理があるとして秀才宣旨が下された程であるが（『玉葉』安元二年正月十九日条）、時には院文殿に候しているとか、蔵人であるとかの理由によって上﨟を越えてこれに補している例も見られる（『中右記』永久二年十二月三十日条、『玉葉』治承四年正月二十五・二十七日条）。

右のように文章得業生には文章生あるいは給料学生から闕に従って補されたが、稀にはその為に試験が行われている。これは単独で行われることはなく、文章生試と一緒に行われ、及第者の中の優秀な者の一人ないし二人を文章得業生に補したようである。寛仁二年後一条天皇道長上東門第行幸の際に於ける文章生試では、及第者の一人を秀才に補することとなっており（『御堂関白記』『小右記』『左経記』）、久寿元年の文章生試では二人を秀才に補している（『兵範記』）。これらの秀才に補せられたものが、以前文章生であったか、給料学生であったかは明かでない。

文章得業生は補任後年を経て対策するのが出身の本道であるから、対策以前に官に任ずることはない。ただ補任後二年位歴ると文章得業生兼国と称して諸国掾を兼ねることが行われた。その場合、兼職であるから、遠方の西海道に任じなかった（『三槐抄』中）。また秀才蔵人と称して蔵人所に候する者を初め、その他所々に候するものもあった。

へ　対策（献策・方略試）

対策は令制で官吏登庸の国家試験の中の最高の科目たる秀才科であって、その内容は方略策二条を試するので方略試ともいい、また対策・献策ともいう。また平安時代では原則として文章得業生がこれを受けることに大体定まったので、文章得業生試ともいわれるが、方略宣旨を被れば、文章生でも対策できるから、一般的の名称ではない。

対策は登庸試験の最高のものであるから、原則としては文章得業生でなければ対策することは出来ず、しかも文章得業生になっても短日月の勉学ではこれを受ける資格を与えられず、相当の年限が規定された。即ち延喜十三年に諸道得業生課試期が七年以上と定められたらしく（『日本紀略』五月四日条）、『延喜式』（二十大学寮）にも、

凡得業生者、補了更学七年已上、不レ計ニ前年一、待ニ本道博士挙一、録下可ニ課試一之状上申レ省国貢学生准レ此

とあり、同書十八（式部上）にも、

凡得業生、補了更学七年已上、可ニ課試一之状、依ニ本司解一申レ官

と規定せられた。しかし前にも見たように、勉強の実際が次第に形式のみとなり、学生としての身分や、任官前の勉学の期間等が次第に認められなくなると共に、この規定された年限が待ち切れないものとなって（一方には勉学の方法の進歩も考えられないこともないが）、この年限の規定をなるべく短縮しようと試みられている。その方法としてまず、文章得業生以前の給料の期間を、ある換算方法を以て通算することが考えられ、早くも延喜末年から「以㆓給料之二年㆒、当㆔秀才之一年㆓」てる内規を生じ（『類聚符宣抄』九応和二年四月二十五日）、このような所から規定は次第に行われなくなり、特に申請し、年限に満たずして課試を遂げたりしており（同上承平七年二月十五日）、「得業生之後及㆓三个年㆒、奉㆑試之者蹤跡多存」とまでいわれた（『朝野群載』十三康平六年正月日）。そこで寛治元年に至って、諸道得業生課試期の七年を改めて、五年とする太政官符が発せられた（『本朝世紀』十二月二十八・二十九日条）。この改変の後は「守㆓彼年限㆒赴㆓其試場㆒之者、済々多士、継㆑踵無㆑絶」という有様で、この場合給料年限の換算は考慮されていない（『朝野群載』十三永久二年正月十日）。しかしこの規定もまた間もなく破ろうとする試が行われている。即ち長治二年秀才藤原尹通は、五年の起請を破って三年を課試期とすることを申請したので、仗議の議題となり（『中右記』三月十六日条）、結局申請は通らず、尹通はその後二年経ってから対策しているが（同上嘉承二年正月十日条、『朝野群載』十三申策試）、実際には守られなかった場合も多かったようである。『二中歴』十二（登省歴）秀才課試の条に、

広業二年資業三年其子孫皆三年課試、国資五年課試依レ例也

とある如く、その家系によって、祖先の先例が権威あるものとして振廻された。養和元年には、方略宣旨に対する横槍としてであるが、秀才通業は献策の事二年の例を以て宣下すべきことを請い、「抑二年策者、広業、光能、惟基今光輔也、基光等例也」として、その処置が考慮されている（『吉記』十一月十八日条）。

右の経路と違って、文章得業生にもならず、学問料も給せられずに、文章生が方略宣旨を蒙って対策した場合もある。それには文章生外国によって諸国掾に任じ、秩満の後文章生散位労によって京官に任ぜんとするに際して、実力あるもので方略宣旨を申請して、これを受けるものと、文章生のままで宣旨を被るものとがあった。いずれも一見前に見た対策までの過程の簡易化と歩調を同じくするように思われるが、むしろそうでなくて、給料・秀才等の関門で篩い落とされた重代の儒家でないものに対して方略試に応ずる機会を与えることが原の主旨ではなかったかと思われる。従って重代に対して使われる起家の語を付してこれらの者を「起家献策之輩」といい、また（これは紀伝道に限らないが）「蒙二宣旨一成二大業一之輩」と呼ばれた。「謹検二先例一、蒙二宣旨一成二大業一之輩……伏検二紀伝道例一、一代蒙二此宣旨一、天慶（朱雀）御時、橘直幹・大江重光、先朝（村上）藤原後世・高階成忠也」（『類聚符宣抄』九明経准得業生試安和二年八月十一日）とか、「為二諸国掾一、不レ賜二穀倉院析一、蒙二綸言一対策者、滋野良

幹・藤原菅根・橘公統・藤原在衡等是也、又散位三統理平依二博士之挙一成二大業一（同方略試承平五年八月二十五日）とか、あるいは「謹考二固実一、起家献策之輩、多是歴二方略試一聖代不易之軌範也、貞観菅野惟肖・滋野良幹・寛平参議菅根朝臣・矢田部名実・三統理平、天慶橘直幹・高階成忠卿、永延田口斉名・弓削以言、長徳慶滋為政、万寿藤原元範等是也、件元範応挙之後、雖レ経二五代一継レ跡之者、無レ有二一人一」（『朝野群載』十三承保二年五月十四日）等といわれているのを見ると、儒家の家系でないものが多く、これらが天皇御一代に何度というようにたまにしか行われなかったことが知られる。

方略宣旨は重代でないものに方略試に応ずる機会を均等に与えるのが元来の主旨と思われ、長久四年文章生に賦詩を課して、及第者に方略の宣旨を下すこととした如きは（『百練抄』『江家次第』）、一層公平な方法と思われるが、それが次第にそうでなくなって来ている。承安三年に文章生藤原宗業は一応方略宣旨を蒙りながら、「為二非拠一事」として召返され、翌四年には給料試を受けることも許されず、更に七年後の治承五年になって、また自解を以て方略を乞い、かなわなければ学問料でもよいといって、僅かに給料の宣旨を給っている。これらの宗業への虐待は「凡卑者」とか、重代でなく、儒挙もないというにあったらしく、これに対して、季光は「重代也、給料也、被二儒挙一、列二試衆一」し、四箇の理ある上超越されているからとして、方略宣旨を許されている（『玉葉』承安三年五月二十一日、四年三月二十二日、治承五年九月十八日、養和元年十一月十二日条）。長久の例に倣ったか、承安四年の給料試の及第者の中の一人に方略宣旨が下されているのは、実力尊重の方法のように思われて注目されるが、その結果としてはやはり「継二江家之余流一」ぐ江忠房がこの恩恵に預った（『玉葉』承安四年五月十二日条、『除目大成抄』八承安四年十月十一日）。この後建久二年にもこれと同じように給料試と共に方略宣旨を蒙るべき者を選ぶ試験が行われようとして停止されている（『玉葉』二月十一日、七月五日条）。

対策者の性質の変遷については、

謹検二案内一、我朝献策者、始レ自二慶雲之年一、至三承平之日一、都盧六十五人、元慶以前数十人、多是名二其家一者也、寛平以後、只有二儒後儒孫一、相二承父祖之業一、不レ依二門風一、偶攀二仙桂一者、不レ過二四五人一而已、因レ茲或乍レ含二文藻一、忽変二登龍之心一、或称レ非二弓裘一、遂断二射鵠之望一、（『類聚符宣抄』九方略試 承平五年八月二十五日）

と、既に承平頃の実情がかように語られており、この傾向は益〻著しくなり、献策をなし得る人々は、およそ『二中歴』（儒職歴および登省歴）に載せられた七の儒家にほとんど独占されるようになっている（文章院の項参看）。献策者の代々継続が儒流を形作る形勢にあったことは、藤原氏の最初の献策者たる佐世の献策に当って、紀長谷雄・都良香等が「藤ニ麻幾多天良礼那波、我等ガ流ハ不二成立ニジ」と脅威を感じたことでも知られよう（『江談抄』一摂関家事）。

文章博士・同房儒士の推挙あるいは自身の解が聞き入れられれば、方略試の宣旨が下されて、問頭博士が指定される。問頭博士は式部省官人（輔等）中の儒者で、大体定まっているが、それがもし故障があったり、また文章院に於いて同じ曹司の出身である場合には、受験者の方から適当な問頭博士を指定申請する。その当日には式部省に赴き、問頭博士の出した二つの問に対して策を作って提出し、日を経て策判が行われ、その成績によって叙位が行われる。その次第は『延喜式』十九（式部下試貢人及雑色生）に明かである。

対策即ち方略試は前にも述べた如く、令規定最高の登庸国家試験であるから、文章生に対する除目と違って、対策及第すれば最も早い除目に際して任官されるのは当然であった。「文章得業生献策之輩、不レ過ニ一度除目一、拝ニ任京官一者、聖代不易之通規也」（『除目大成抄』八元永元年十一月十九日）とか、「献策之輩、不レ過ニ一度之除書一、必拝ニ要望之官職一」（同上治承元年十一月十五日）とか、「策家之輩、叙爵之後、不レ経ニ年所一拝ニ任要官一者古今之例也」（『兵範記紙背文書』久安六年十二月十七日）といっているのはこれである。文章生から直ちに方略宣旨を蒙ったものも同じで「遂ニ大業一之者、即年給官之例、勘ニ之竹帛一、蹤跡多存」といっている（『除目大成抄』八承安四年十月十一日）。かくして春秋いずれの除目に際しても課試及第勘文に載せられ、申文を参照して、京官に任ぜられたのである。

二　明　経　道

明経道は、大学寮の「根本之道」として、他道を「小道」と見下すかすかな矜持はあったようであるが、実際の上では、紀伝道とその所を換えて、史上に現われる頻度は遙に稀少となっている。その出身の経路を図式化すれば左の如くになる。

（明　経　試）═╤═明経得業生←（挙）═╤═明経生←（入学）
　　　　　　　└（准得業生宣旨）┘
（問者生試）――明経問者生←┘

明経道に於ける出身の経路は、紀伝道に於けるように複雑な分化を遂げなかった。従って学生（明経生）の中優秀な者四人が撰ばれて、明経得業生に補せられ、それから数年を経て明経試を受けて出身するのがその本筋である。明経生の下の段階もなければ、学問料もない。『延喜大学式』に、

凡遊学之徒、情願㆓入学㆒、不㆑限㆓年多少㆒、惣加㆓簡試㆒、其有㆑通㆓一経㆒、聴㆑預㆓学生㆒、但諸王及五位已上子孫、不㆑煩㆓簡試㆒

とある遊学試はいわば明経生になる為の試験であろうが、実際の例は見られず、また食口試は各道

に通ずるもので学問料のように資格と見られるようなこともなく、早い例が二、三見られるだけである。

明経道年挙　得業生を経て出身するのは少数者にのみ与えられる道で、然らざるものは得業生に準じて課試せられるか、明経道挙によって任官するか、それも不可能で「入学年久、成業難レ期」きものは、四道年挙の中の明経道年挙によって諸国掾に任ぜられることがあった。なお「自二四道学生一任二諸国掾一之輩、雖レ無レ募、被レ挙二任一省録一亦聖代之恒例也」とあるによれば（『朝野群載』八永久五年正月二十六日）、文章生散位の如き出身の道が明経道以下にもあったものと思われる。

明経道挙　明経道挙は、

学生四百人者、是明経之生徒也、雖レ云下各積二炙輠之勤一、同企中拾芥之思上、然猶得業生四人之外、又曾無二立身之階一、緜レ是遂古以来依二道之選挙一、任二氏之貴賤一、毎年必二三人拝二諸司一二三分一、

とある如く、毎年明経生の中から選ばれて推挙を受けた二、三人が京官に任じたのであるが、次第に行われなくなった。

爰源雅行永観二年二月任二主殿允一、息長国望寛和元年十一月任二刑部録一之後、汗渙之恩久隔、沉潜之歎弥深、是故抛二本業一而赴二末学一、或忘二大成一以就二小芸一、重席儒士之子孫、偃二箕裘一而長退、累葉故人之胤嗣、泣二洙泗一而空帰、道之陵遅職此之由（『類聚符宣抄』九問者生課試長徳元

年八月十九日官符)、平安貴族の思想に融け合い得なかった明経道はかかる運命に追い込まれ、明経生は前途に望なく、生活の保証がなされないので、勉学に身を入れることが出来なかったのである。

明経問者生　明経問者生が置かれるに至ったのは、明経道に於ける右のような事情を背景としてである。明経問者生は一条天皇の正暦四年に(『伊呂波字類抄』一波官職博士、『拾芥抄』中官位唐名部三、『官職秘抄』後附令外官条)、明経博士中原致時の申請によって置かれた(『中右記』大治四年二月十三日条)。人数は十人とも(『伊呂波字類抄』)、八人ともあって(『玉葉』治承四年正月二十五日条)、大体その辺の数である。これは「為㆑令㆑勤㆓励生徒㆒」めに置かれたもので、問者生に補されてから、年を経て課試に応ずるのであるが、課試の規定は特に定めなかったので、明経得業生の受ける明経試と同じものを受けることとなり、道挙の代りに問者生を置いた主旨が不徹底となるので、諸卿は特例を定めたが裁許がなかった。そこで致時は再び問者生課試法の決定を請い、三箇条を試して、その及第に随って官班に関らんことを請うたが、これに対して八条を試して五以上に通ずるを及第となすの制が定められた(前出長徳元年官符)。この後この方法によって出身する者は引続いて出るようになり、「課試数多、給官不㆑希」という有様であった(『玉葉』治承四年正月二十五日条)。年代の明示される一例を挙げると、藤原兼孝は、

天仁二年入ニ学本道一、天永三年補ニ問者生一、永久四年課試及第、前後之労已及ニ十一年一、青衿之問、二季釈奠、本堂例役、敢無ニ懈怠一、勤之為レ勤、尤勝ニ傍輩一

とあって、入学後四年目にして問者生に補し、その後五年目にして課試に応じて及第しており、その後四年目にして元永二年に課試及第第一之労によって織部佑に任ぜられた（『除目大成抄』八元永二年正月十八日）。その他の場合を課試及第勘文によって見ると、問者生に補せられてから三年ないし五、六年を経て課試に及第しており、及第者は内膳典膳・市正・内匠允・左京進等の京官に任じている（『除目大成抄』八、『兵範記紙背文書』久安六年十二月十三日）。

明経問者生が置かれて、課試及第して出身する者が出来て来ると、以前の明経道挙は、「依ニ道挙奏一被レ任ニ音書博士一者古今之例也」（『除目大成抄』七保安二年正月十九日）といわれる如く、音博士・書博士の二官に学生を挙し得るに止まり、その他の諸司二、三分に挙することは行われなくなった。しかるに次第に課試及第の者が少なくなったので、治承四年に明経博士等は連署して、明法・算等の例および正暦以前の例によって、諸司二、三分（内官）を挙せんことを申請したので、公卿定が行われ、あるいは裁許すべしといい、あるいはこれを許すならば得業生問者生課試の中の一を止むべしといい、あるいは勅定に在るべしといい、あるいは許し難しといって、結局停止されており、兼実は「為レ道為レ歎」といっている（『玉葉』正月二十五・二十七日、二月二日条）。この後文治二年に明

経道挙につき、大博士中原師直と助教清原信弘とが争っているが、これは書博士を挙するものらしく（同上二月二十八日、三月二日条）、内官挙は遂に行われなかった。

明経准得業生　明経得業生を経ずに、得業生に准じて課試することは、得業生が少数であるのを補う方法として問者生設置以前の早くから行われた。「謹検ニ先例一、蒙ニ宣旨一成ニ大業一之輩、小野当岑依ニ博士大春日雄継之独挙一、秦維興依ニ博士善淵愛成之独挙一、宗丘忠行依ニ博士八多貞純之独挙一、有象依ニ博士山辺脩道之独挙一、皆蒙ニ宣旨一得レ成ニ大業一、助教以下専無ニ独挙之例一、抑天暦以来蒙ニ此宣旨一、先朝時原長列、当時十市致明也」（『類聚符宣抄』九明経准得業生試安和二年八月十一日）とか、「明経学生漆嶋長列天暦四年二月十一日下下准ニ得業生一可ニ課試一宣旨上、十市有象承平元年十二月廿七日下下准ニ得業生一可ニ課試一宣旨上」（同上算得業生試康保四年十一月二十七日）とかいっているのはこれを指す。これは後まで行われて、「一条院御時」には「明経道ニ大成ヲアラハスベキ物」として清原頼隆に明経准得業生の宣旨を下され（『続古事談』五諸道）、康和五年に中原師安が准得業生宣旨を下された時には「一代四人朝恩」とあって（『本朝世紀』正月十四日条）、時々行われたことを示している。問者生出身者が一般官人として世に出るに対して、これに預る者は皆学者として立つ者である。しかも学閥外の者に対するもののようであるが、次第に譜代の者に占められるようになったと思われる。

明経得業生　明経生から明経得業生を選ぶには、競望者がある場合には、各自の自解を参考にして選衡するが、しからざる時は大博士の儒牒によって申請され、そしてそれに対して得業生の官符が下される。長和三年に実資が道長に談合することによって、明経生中原師重が明経得業生に補されており（『小右記』十月二十一・二十七日、十一月十三・十四日、十二月二十四日条）、その後師重は実資の私事を処理する家司のような形でしばしば見えているのは（『小右記』）、明経道に於いても、背後の勢力によって優先的に出身する者があったことを語るものであろう。

明経試　明経得業生に補せられて、諸国掾等を兼ねつつ、七年を経ると明経課試に応ずる。試験官はやはり問頭と称して、式部官人に明経道出身者は大率いなかった為か、明経道の教官がこれに当ったようである（『本朝世紀』康和五年正月二十四日条）。試験の内容は恐らく養老令規定の経書の大義を問う方法であろう。及第と判せられれば、春秋の除目に課試及第勘文に載せられて、京官に任ぜられたのである。

右の得業生・問者生が明経道に於ける出身の為の課試を受けるものであるが、それは必ずしも順当に行われず、得業生問者生等、年限を送り、課試を欲するも卿宣を下されざるを以て愁あり、釈奠論義に先立って他行などして、明経博士を困惑せしめ、以て消極的反抗の態度にさえ出ているような場合がある（『御堂関白記』長和二年八月七日条）。

三　明　法　道

（明法試）══明法得業生←（挙）══明法生
　　　└（准得業生宣旨）┘

明経道に於いては、制度は前に見た紀伝明経道より一層簡単であって、明法生から選ばれた二人の明法得業生が年限を経て、明法試を奉ずるだけである。しかし得業生の数に限りがあるので、明法生を得業生に准じて課試に応ぜしめたり、明法道挙と称して明法生を内官に挙したり、明法道年挙として、老窮の学生を諸国掾に挙したりすることは行われた。但し紀伝明経等に比して小さい学科であるという理由からか、年挙は算道と共に隔年にしか行われないようになっている（『玉葉』建久三年正月二十六日、五年正月二十九日条）。

明法道挙は、「入学年久、稽古日新、見ニ其才幹一、頗堪ニ吏途一」（『除目大成抄』七長和四年正月二十二日）とか、「任ニ諸司三分一承前之例」（同上保安二年正月十九日）とか、「志ニ泗水一而年久、学ニ三章一以齢傾、見ニ其器量一、尤足ニ採択一」（近衛公爵家所蔵『御堂御記抄』紙背永長二年正月二十二日）とか、「夜学積レ功、既伝ニ甲令丙律之説一朝章□業、克習ニ金科玉条之文一」（『兵範記紙背文書』久安六年十二月十三日）などと推挙して、右京少属・内蔵少允等に任ぜられている例が見られる。

道挙でなく、本司奏と称して、採用せんとする本司から奏して、その司の官人に任ぜられた場合がある。宮内省が明法生豊原清貞を「久歯ニ法曹一、自嗜ニ学業一」とて、同省少録に任ぜんことを乞うて許されているのはこれである（『除目大成抄』七永久四年十二月十七日）。なお明法生が自身で大歌所別当を望んで許されているのは（『朝野群載』五長和四年十月三日、四年十月十五日）、恐らく明法生のままで大歌所に候する者であろう。

得業生に准じて課試に応ずる方法は前と違って専門的な学修をなす者の辿る経路で、「謹検ニ先例一、蒙ニ宣旨一成ニ大業一之輩、……又検ニ明法道之例一先朝《(村上)》檜前春風、当時《(冷泉)》宮道堯時・惟宗允正亦是也」（『類聚符宣抄』九明経准得業生試安和二年八月十一日）とその例が挙げられている。これは後までも行われて、寛弘八年には明法博士が中原成通を得業生に准じて課試せんことを請うているが（『権記』十二月十一日条）、他道に比すると比較的に少なく、明法得業生に補せられて、年を経て課試を受けている場合が多い。しかも、得業生に補せられて四年程して諸国掾等を兼ね、七年の年限を規定通り経てから課試に応ずる者が多い。その間令律を学んで、「学業既長、才堪ニ課試一」となれば、明法博士から大学寮を経て、式部省に貢挙せられ、太政官から式部省に課試の官符が下されて、課試が行われる（『類聚符宣抄』九明法得業生試）。

試験官には、『延喜式部式』に、「試ニ雑生一、必須ニ証師一」とあるのに拠って、試博士と証博士の二人が必要とされた（明法得業生や、また後の算得業生を雑生の中に入れている所から考えると雑生とは紀伝・明経以外の明法・算等の学生・得業生を指したものであろう）。そして式部省官人の中には、紀伝道出身者はあっても、明法道出身者はほとんどなく、また明経道のように教官数は多くないから、明法博士二人がこれに当らねばならぬ。もし一人でも欠員があったり、故障があったりすると忽ち試験は行われなくなる。その上に学問の世襲の風が漸く盛になり、明法道関係の家系が固定しつつある時にあっては、博士と得業生との間柄が親族である場合が多かったので、その場合博士はその得業生の課試の試博士となることは許されない。その為、他の官司の成業の人の中に、試博士を指定して課試されんことを請うている場合がしばしば見られるのである。欠員の場合はともかくとして、「今在任博士二人、就中一人相隠之親也」（『類聚符宣抄』九明法得業生試延喜二十三年二月十九日）とか、「二員博士、一員為二守明之親父一、一員遷官其替未レ任」とか（同上天暦六年二月二十一日）、「見任博士一人、依レ為二親父一……」（同上天徳元年八月十七日）等といわれているのは、明法道の世襲の風が如何に盛に根を張りつつあるかを語るものであろう。

明法得業生課試に及第すると、京官に任ぜられた。

（算得業生試）══算得業生←（挙）──算生
　　　　　　　└（准得業生宣旨）┘

算道も明法道と同じように、算生の中から、算得業生の課試及第の替を待って、得業生に補せられ（『類聚符宣抄』九算得業生試安和二年二月十六日等）、それからまた「研精之労」七年の後、課試の官符を下されて、奉試出身するのが普通である。しかして准得業生試・算道挙・算道年挙が行われたこともまた他と同じである。算博士の挙奏によって諸国掾に任ずる年挙が、後には隔年挙となったことは既に述べた。

算道挙は、「久疲二拾螢之学一、既堪二六燕之術一」（『除目大成抄』七保安二年正月十七日）とか、「入学年久、堂役非レ懈」（同上安元二年正月二十二日）とか、「歯二竿曹一而多年、局弁二燕雀之□一、□二孔門一而成レ日、久疲二春秋之□一」（『兵範記紙背文書』久安六年十二月十六日）等といって任官を請い、中務少録・内匠少允・左京少進・木工算師等に任じている。長保二年に算博士の三善茂明と日下部保頼が算道挙状を以て算生を挙して主税算師に任ぜしめたが、道挙でないものが任じたので問題となり、茂明が傍儒に知らしめずに人名を改め載せたとか、あるいはそれが改め載せられた者自身の所為であるとかいって紛議を醸している(『権記』四月四日、七月十七・二十八日条等)。

またその技術関係ある役所から奏して、そこへ採用する場合もある。主計寮は算生小槻貞材を、「久歯二算道一、多習二芸術一、視二其才幹一、尤堪二勾勘一」とて、同寮算師に任ぜんことを請うているのはそれである(『除目大成抄』七長徳三年正月二十五日条)。

准得業生試は、「竿生准二得業生一課試之例、……去天慶三年十二月三日勘申留案云、右大臣貞観七年四月七日宣、奉勅、竿生大宅浄統宜下准二得業生一令中課試上者、又大納言藤原基経同十二年八月一日宣、奉勅、竿生小槻在雄宜下准二得業生一令中課試上者」、これらの例を勘えて、学生日下部保頼が「在学年久、徒濫二強立之才一、攻堅日新、未レ遂二大成之志一」るに対して、准得業生課試の行われたのが見られる(『類聚符宣抄』九算得業生試康保四年十月二十七日、十一月二十七日、十二月二十七日)。

しかし算得業生に補せられ、規定通り七年を経て課試に応ずる者も相当あった。その場合試博士たるべき算博士の欠員とか、「父子之忌」とか、病等の故障の為に、試博士を申請していることの見えるのは明法と同じである(同上天暦八年六月十九日、十年十二月十九日、康保三年八月二日)。ここに一寸波瀾を呼んだ一事件を述べると、算得業生の大蔵師傅と秦忠重は得業生の後七年研鑽し、課試官符を給ったが、今「道博士一員去年闕、然則博士不レ備、難レ候二試場一」とて、主計権少属凡河内良尚を試博士とせんことを請うて許されたが、修理少属小槻茂助は右の三人および今の博士大蔵礼数はすべて一族であることを指摘して故障を申出でた。即ち「若博士等中、一人有レ闕、則以下道成業輩無二其忌一之人上、請三申試博士一為レ例、而今博士大蔵礼数与二主計属良尚一従父兄弟也、礼数良尚等又並為二得業生師傅一従父兄弟也、又秦忠重是礼数之後子也、然則件等四人倶出二一家一、或為二近親一、或為二囙縁一、至二于奉試之日一、推為二問頭一、誰為二証者一」といって、その近親の忌を避くべしとし、「而礼数等四人同心、擬レ渉二試場一、事之違例、還似二軽忽一」とて自ら試博士とならんことを請うて、容れられて試博士の変更が行われているのである（同上天慶八年二月二十七日、三月二十二日、四月十一日、十月四日、『本朝世紀』天慶八年十月四日各条）。これはたまたま以て如何に同族のものが算道に学んだかを示すものであるが、この小槻茂助の奏状に、「以二教授之師一未三嘗為二問頭之儒一、皆避二同門之忌一、互渉二試場一者也、……凡諸道得業生等奉試之時、所三以別二其師儒一者、為レ絶二登科之疑一也、況於二近親一、盍レ避二其忌一乎」といっているのは、紀伝道で同曹を絶対に避けているのなどから考えると当然のように考えられるのであるが、明法・算等の小道でそのようにすると、必ず博士二人の中の一人は避けねばならなくなり、一々試博士が申請されることとなる訳であるが、果してそれが実行されたかどうかは疑わしく、茂助はただ原則を強調したに過ぎないのではないかと思われる。

得業生課試に及第すれば叙爵任官することが出来た。

五　書道および音道

書道・音道は既に独立した学科ではなくなっている。書博士・音博士もいたが、前に見た如く、明経道挙によって明経道の、しかも譜第の、多くは中原清原氏から選ばれるので、全く明経道の附属物の如きものである。書生・音生は勿論見られない。しかし一般学生の中で特に書道を学ぶような者はあり、それらは内記局の奏や自解によって少内記に任ぜられた。「久積二編柳之功一、新学二入木之跡一」（『朝野群載』十二康和二年正月二十一日）とか、「久学二張芝之道一、已伝二入木之跡一」（『除目大成抄』七治承二年正月十四日）とか、「久疲二截蒲之学一、自伝二入木之芸一」（同上保安二年正月十三日）とかいうように特に書道を学んだものを本局が挙奏して任じた。自解の場合は、「携二文学一習二書法一之輩、内記有レ闕之時、被二抽任一者古今之例也、……言華雖レ疎久列二翰林之風一、義実雖レ淡聊学二臨池之妙一」といって「学道労」によって少内記闕に拝任を請うている（『朝野群載』十二大治二年正月二十一日）。

以上平安時代後期の課試制度について、諸道別に概観したのであるが、これら諸道の中に於いて政治の局に当るものの修むべき学問として重視されたのは紀伝道であった。そして紀伝道に学んで文章生止りの成業を以て公卿に上る者は多士済々、対策を遂げた専門儒家にして公卿に至るものも多かったが、他道では一人も数えられないという状態であった。従って紀伝を志すもの多く、明経家としての清原家を創めた広澄の子頼隆は、若年明経を捨てて紀伝に入らんとて、大江匡衡に相談した処、「汝ハ一道ノ長者スベキ相アリ、モシ他道ニ入ラバカナラズシモ長者ニイタルベカラズ、只本道ニアルベシ」と諭されて思止り（『続古事談』五諸道）、同時代に対立せる明経家中原致時の子師任は、遂に明経博士家より出でて紀伝道を以て出身した（『地下家伝』二）。三善為康は算に通ずると共に、紀伝を学び、望郷貢に在り、しばしば省試を受けて落第し、遂に算を以て身を立てた（『本朝新修往生伝』）。しかしながら明経道は「根本之道」としての伝統を保持し、課試制度としては道毎に峻別されて相交らないが、入学の当初は「史学」に就かんとする者と、「明経」に就かんとする者とが「大学生」として一括された予科生的存在であったことが古く知られ（延暦十七年太政官宣、「平安初期の大学寮」音道の項参照）、「史書全経専堪」の文章博士あり（『古事談』六亭宅諸道）、訓点も紀伝点は経書を含み、経家点は史書を含み、「三史五経のみち〳〵しきかた」といわれ（『源氏物語』箒木）、「学問ハ僧ノ顕密ヲマナブモ、俗ノ紀伝明経ヲマナブモ」と併記され（『愚管抄』附録）、紀伝明経は兼修される場合多く、密接な関係にあり、両者を合して大学寮の代表的なものといって差支ないであろう。そして明法・算は技術的なものとして纔にその存在を示していた。これら諸学は平安貴族社会衰頽と運命を共にし、需要学問の変質と在来学問の固定世襲化、財政の動揺等の現象によって、大学寮の運命は下降し、課試制度の如き形式化儀礼化の一途を辿った。「記典《（紀伝）》明経モ少シハノコレリ、明法法令モチリバカリハアンメリ」とは平安末期のかかる状態を表した慈円の言であった。

（1）「釈奠文人」『源氏物語』少女巻に見える光源氏の男夕霧（大学の君・冠者の君）の経歴は、『宇津保物語』の藤英のそれと並んで、大学生活の入学より、奉試及第任官に至る具体的な内容を示すものとして、作り物語とはいえ、他の史料に替え難い貴重なものである。夕霧はまず入学して、寮試を見事突破して「文人・擬生などいふなる事どもよりうちはじめ、すかく〳〵しうしはて給」ひ、なお籠り居て学問をなし、翌年二月の朱雀院行幸に行われた放島試（省試）に「その日の文美しう作り給ひて進士」に補せられ、秋の司召に侍従に任ぜられたのである。

擬生は擬文章生の略、進士は文章生の唐名であって（選叙令・考課令の「進士」とは発生的に無関係ではないが、平安時代特に延喜以後においては、ほとんどすべての場合文章生と解して誤ない。）寮試を通過して擬文章生となり、次に省試を通過して文章生となることは、『延喜式』に合い、文章生労によって任官することはその例に乏しくない。しからば、残る所の文人とは何か。その文章から考えて、文字通りの単なる文人でなく、擬生と同時に取り得る一の資格としか思われないのである。

そこで従来の解釈を見ると、『源氏物語』に関する故実典拠を集大成したとされる四辻善成の『河海抄』には、金楼子を引用した後、「今案云、文人は文章生、擬生は擬文章生とて文章生に擬する也、或擬進士と云々」としている。寮省試が同日に行われるというようなことは、『桂林遺芳抄』の頃になって初めて見られたことであって、寮試の結果同時に文章生および擬文章生となるというようなことは平安時代では考えられない。況や後に進士となったこととは明かに矛盾している。（同人の千鳥抄の解釈の如きも全く取るに足らない。永正十二年に著わされた東坊城和長の『桂林遺芳抄』に、引用に於いても今案に於いても、全く同様の説が見られるのは、直接関係ではなく、出処を一にした為であろうか。）さすがにこの矛盾に気附いたか、一条兼良の『花鳥余情』に「史記五条の中三条以上通ずるを擬文章生に補する也」と擬生のみを釈したのは疑わしきを闕いた態度であり同人の『和秘抄』に「じゆしやのなるくはむなり」として両者を大まかに含めたのはともかくも当っている。ただ兼良が『河海』の説に反対して置いてくれなかったばかりに、この謬説は生き返って、近世以後の源氏の注釈書飜訳書で、文人の解釈に触れたものは、特に少女巻を取出して解釈した鈴木朗の『少女巻抄註』すら含めて、総べて現代に至るまで『河海』の説が紹述墨守されているのである。

寥たる一字句の解釈ではあるが、令・式の穿鑿や、吉野室町頃に残った故実からではなく、正に源氏と同時代の記録がこの解釈の糸口を与えるものとなりはしないであろうか。

『御堂関白記』寛弘元年十一月二十八日条に、「昨日定二擬文章・文人等一云々、昨日行二文章生判一、……」とある。これは擬文章生と文人が同時に補されていたことを示すものであり、文章生試によって、擬文章生から文章生が補せられた欠を補う為に擬文章生が補され、その全部か一部かがまた文人にも同時に補されたのであろう。寛仁二年十月二十二日の後一条天皇の上東門院行幸の時の擬文章生試の受験者を、『御堂関白記』は「擬文章・文生（人）」「文人」、『小右記』は「擬文章生」、『左経記』は「文人」としているのは、両者が多く一致していた為と思われる。

大江匡衡の述懐古調詩に「十有五入レ学、久執二豆与一レ籩、十六奉二寮試一、音訓無レ所レ愆、……請レ賜二学問料一、三代久嵩邅、請レ補二文人職一、両儒多頗偏、比レ及二二十四一、纔蒙二奉勅宣一、……」とあるのは（『江吏部集』中）、寮試を通過して擬生となったが、学問料も給せられず、文人職にも補せられず、二十四歳に及んで初めて省試を奉じ文章生となったことを言ったもので、文人とは寮試を通過したものが補せられる一の「職」であること、これを申請し得ること、必ず補せられるとも限らないことが、これによって判明する。さればこそ「すかく\しうしはて給」としているのであろう。

以上は『源氏物語』と同時代の記録を見たのであるが、次に少し時代を下げて院政時代の記録を見よう。課試制度は院政時代になると、甚だ形式化しては来るが、形式そのものに大なる変化はない。

天永元年三月十八日の寮試の記事の中に、「此間令レ補二文人・擬生一」と『源氏』の記事に合致する文字が見える。但し、この文字が寮試施行の記事の前に置かれているのは疑なきを得ないが、次の例で見ても、寮試は何回にも分けて行い、それに及第した者を集めて一度に省試を行っているので、これはこれより先に行われた寮試の結果文人・擬生を補したことを言ったものであろう。寮試の次には相当の学習期間を経て省試が行われることが、『源氏』等でも知られるが、この頃の課試制度の形式化は、引続き翌日に行われるに至っている（『永昌記』）。

最後に仁平四年の平信義の入学から任官までの記事はその父信範の『兵範記』に最も詳細を悉されている。信義は三月二十七日入学し、四月十八日寮試を受けて及第を言渡され、帰宅後文章博士は堂監を以て「文人」に補するの由を示して来た。その趣旨は、

文人職者、重蒙二殿下仰一、追可レ令レ補也、而両儒評定、急賞二重代之余流一、不レ待二執政之厳旨一云々、擬生事、殿下御分強不レ及二沙汰一云々、

というにあった。この場合も、文人は擬生に必ずしも相伴うものでないことを語っている。翌日その文書が届いたが、それには、

蔭孫正六位上平　朝臣信義
正六位上藤原朝臣憲孝
被二両文章博士宣一偁、伴人々宜レ補二釈奠文人職一者、
仁平四年四月十八日　文章生藤原朝臣兼光奉

とあった。ここに至って、「文人」の正式の名称が、「釈奠文人職」であったことを知り得る。次に信義は程

へて六月十七日付で「擬文章生職」に補され、引続いて二十日に省試が行われ、及第して文章生に補されている。入学以来に三月に足りない早さであり、「殿下御分」即ち関白忠通の後見によって、初めから余進士（余貢）として及第を約束され、定められた手続が速かに次々と取られたのであった。しかしその手続は恐らく大なる省略変化はなく、前掲の諸例と矛盾しない限り溯らせて『源氏』の文章に適用して大なる過誤なきものと思う。

即ち「文人・擬生などいふなる事どもよりうちはじめ、すか〳〵しうしはて給」とは、釈奠文人・擬文章生などというような資格を初めとして、すら〳〵と御取りになったという意味で、翌年の朱雀院行幸の試には、その日の詩を美しく作られて文章生となられたとして、すべてが氷解すると考えるのである。

『儀式』『西宮記』『江家次第』等の釈奠の記事を見ると「文人」の文字が出ている。初めから右のような文人の資格が定められたのではなかろうが、恐らくこれらの書に見えるような釈奠に文人として出席し得る資格者が釈奠文人であろう。同時に紀伝道の学生の進級過程に於ける必修ではないが一つの資格であったかと思われるのである。

これについて聯想されるのは明経道に於ける問者生である。しかしこれは文人と違って設置年代も出身法も明かである（『玉葉』『中右記』『類聚符宣抄』）に反して、その名義が明かでないが長徳三年八月六日の釈奠内論義の記事に於ける問者生の動静を（『権記』）後世のものであるが、『師守記』貞治三年二月十一日条の釈奠講書の座主問者を定める牒状に座主問者に次いで問者生七人が挙げられているのと比べて見ると、問者生とは釈奠に於ける問者の従者の如き一つの役であって、同時に学生の資格であり、紀伝道に於ける文人と相対比し得るもののように思われるのである。

（2）「余進士」「余貢」寛弘四年の省試の判に於いて三人が文章生に加補されたことを『権記』には「其残三人余、以勅判」とある。この「余」は定員（二十人）外の文章生を指す所の余進士の略と思われる（進士は文章生の唐名〉。応和三年の省試に「別判及第之列」と記されているのもこれであろう。『類聚符宣抄』九延長元年に「闕外不レ可レ補二余進士一」の宣旨が下されるにかかわらず、天慶二年七月の省試の結果、闕十人の処十二人を補したので、式部少輔藤原在衡は召問せられ、結局二人を除いて文章生に定補した（『本朝世紀』）。これは応和に於ける十上者の扱（註3参照）と同様の厳格な態度が窺われるものであるが、その後の寛大への傾向も同様であって試判の結果蜂腰病によって落第となった学生の愁訴を容認して、殊に勅命あって余進士に補されているような例が見られる（『小右記』長和五年正月二十四日条）。承保二年の省試の結果、中原忠遠・藤原孝任の二人を「久泥二吹椠之学一、未レ遂二折桂之望一、勤苦之労、以可レ優、仍員数之外処二之及科一」とあるのは余進士のことと思われるが、同日付を以て「停二止及第之列一」しているのは、なお時に厳正な処置がなされたことを示すものであろう（『朝野群載』十三）。院政時代になると課試制の形式化が著しくなり、試判に当って事情によって余進士を補するのでなく、省試の初めから、登省者数の中正闕以上の人数を余進士の人数と定められて、全部の及第が予定せられ、事実上の定員の増加となっていることが『中右記』『兵範記』等によって知られる。『兵範記』には「余貢」の文字も用いられている。

（3）「十上者」村上天皇の応和三年五月二十七日、擬文章生課試（擬文章生から文章生を選ぶ為の試験、文章生試とも、省試ともいう）が行われ、同七月二十日判定があって、判儒たる式部大輔橘直幹等五人は、「窮老十上之輩」を優遇する為に、先例もあるので、その試詩が病を犯しているのを見逃してやって、「別判及第之列」即ち特別に及第の仲間入りをさせた。これは道理に違ったこととして勘当を蒙り、過状を進めている（『類聚符宣抄』九文章生試応和三年八月一日怠状）。

「十上」とは支那の戦国時代に蘇秦が連横策を以て秦恵王に説き、「書十上而説不行」、即ち書を上ること十度に及ぶも、その策が用いられず、費用絶えて秦を去ったという故事（『戦国策』三秦一）に基くもので、度々省試を受けて落第した者を謂う。このような事情を及第の理由となし得ないのは、試験の厳正を保つ上から当然であろう。

一条天皇の長徳二年六月二十五日の省試についての評定は閏七月八日行われ、同十二日には文章博士大江匡衡が省試詩に加判せざることを問われ、八月十四日に瑕瑾なき由を申して九月四日にも評定があり、匡衡は「除申上在之外七枚指レ瑕」これに対し式部大輔菅原輔正は瑕瑾なき由を申して詩論が行われた。十二月六日に至って上る所の詩九枚の中七枚は瑕あり、藤原広業・佐伯喜成の二人が及第と定められた。即ち匡衡の主張が通ったので、輔正が証拠として進めた経典釈文は反音を摺改めてあった為に、十一月二十六日に怠状を進めしめられており、匡衡も別の理由で十二月二十七日に怠状を進めしめられている（『日本紀略』『小右記』）。この時匡衡が欠点を指摘することを差控えた「申上在」（『小右記』）とは、正に「十上者」の誤写と断定したい。そして広業は是歳二十歳で（『公卿補任』）、適齢であり、十上者とは佐伯喜成を指したものであろう。応和の時にかわって十上者の優遇が認められる。

寛弘二年七月十日、御書所衆の闕を補する為の学生試が行われたが、その中伴方規の詩は病は無かったが、題意なき為落第とされた。「伴方規省試及二申上一者、雖レ無二題意一、後可レ補之由」、即ち将来の闕を待つべきの由を仰せられた（『権記』『江次第』）。この「及申上者」（『権記』）も「及十上者」の誤写と見たい。これが妄断でないことは次の例を以て明かであろう。

寛弘四年二月八日の省試の判が十四日に行われ、省判及第の者十三人の外に、勅命によって更に三人が及第とされた（『日本紀略』『御堂関白記』『権記』）。『御堂関白記』にはこれを、「伴方規十上者、巨勢文任能作、藤原高任無瑕瑾」と理由が記され、曾ての仰が実現されたのである。

三条天皇の長和三年十月二十三日の省試判に於いて、九人が及第して文章生に補されたが、その中の一人に「在原扶光十上者」とある（『小右記』）。即ち応和の時は落第とされ、長徳寛弘には特旨を以て及第とされた十上者は、この時に至ると初めから当然のこととして及第されたのであって、試判の傾向が寛大に向っていたことが知られるのである。

これは試験の厳正維持の上から歓迎すべからざる現象であることはいうまでもない。しかしそれは、他の方面に於いて厳正が維持されている場合にいい得ることで、実際この制度によって及第した者が、佐伯・伴・在原の如く、勢力ある氏でも、学問の家の者でもないもの計りであることを考えると、あるいはかかる者にとって唯一の開かれたる門ではなかったかとも思われる。

身分の低い不才の者にとって、斯道が荆棘の道であることは早くから「至レ応ニ文章之選一、皆及ニ二毛之初一」といわれ（『日本紀略』承和四年七月丁丑条）、「久住ニ学館一、年齢已積、頻逢ニ数年之課試一、常歎ニ一身之落第一」適々及第した時は既に白髪を戴く老生であったという例もあり（『江談抄』四）、また「不才者衰老空帰、亦其旧郷凋落、無レ所ニ帰託一者、頭戴ニ白雪之堆一、飢臥ニ碧水之涘一」とも描かれ（『清行意見』）、十上者及第の制はかかる情態の対策として採られたことであろう。後にはこれに代って「入学年久、成業難レ期、仍為レ慰ニ空帰一」に、学生を諸国椽に挙達する所の所謂四道三院の挙が見えている（『除目大成抄』三）。「斯く苦しからでも高き位に上り、世に用ゐら」れる身分の学生（『源氏物語』少女巻）だけでなく、「冠たゝなはり、つるばみの衣破れくづれ、襖破れて、憔悴した」はかなく迫った学生（『宇津保物語』祭の使）の存在を見逃してはならない。

第二節　博士家家学の発生

大宝養老令等によって定められた大学寮の制度はともかくも人材主義の上に立つもので、教官の選衡についても大体実力本位で、氏の貴賤等に左右されなかったのが、平安時代中期以後になって、一般の官職の世襲が起ると共に、大学寮に於いても、学科（「道」）毎に、教官（「博士」）となる人の氏族が一定せられ、遂にそれらの氏族毎に家学が形成されるに至った。この過程をさらに子細に見ると一概に教官の世襲といっても、初めに有力な世襲氏族が発生しても、なお他の氏族を交えた時代があり、次に完全に一定の氏族によって独占される時代がこれに続く。教官の世襲が完成しても、それだけでは、教官は原則として公的なものであるから、家学など起らない訳であるが、一つの学科の中に二つ以上の氏族が並存することになると、対立意識が働いて、色々な方法でその氏族の教官の学説を特徴づけ、それを子孫ないし弟子に伝授することによって、公の学生をもいずれか一方の氏族へと分属させることとなり、かくして家学が形成されるのである。かかる過程の一々の段階について順次に検討を加えて行くこととする。

一　教官の世襲

そこでまず最初に、教官の世襲が、何時から始まり、何時頃から一定の氏族に独占されるようになったかを見る為に、大学寮内の各学科（道）別に、教官（博士）の任免を精査して見よう（この調査の対象となる時代は、大体に於いて世襲氏族が現われてから家学が確立したまでの平安中頃から末まで、詳しくいえば、宇多醍醐天皇の御代頃から、安徳後鳥羽天皇の御代頃までとする）。

イ　紀伝道　順序としてまず、紀伝道の世襲氏族たる菅江両氏および藤原氏以外の人で文章博士に任ぜられたものを見て見ようと思う。

菅野惟肖（仁和三任）　安倍興行（仁和四任）　紀長谷雄（寛平三任）　三善清行（昌泰三任）
三善文江（延喜（長カ）四任）　橘公統（延喜九任）　三統理平（延喜十任）　平篤行（在任時不明）
紀在昌（天慶七任）　橘直幹（天暦二任）　三統元夏（天暦四任）　橘敏通（天徳三任）
三善道統（永延元任）　慶滋為政（寛仁二任）　橘孝親（長暦二任）　平定親（長久二任）

右の中三善氏では清行・文江は父子の関係であり（『二中歴』十三一能歴易筮）、『諸家系図纂』（二十七中）には「清行――文江――文明――道統――佐忠」とあって、道統は文江の孫になっている。三統氏では理平と元夏とがいるが、この二人もまた父子とされている（『倭歌作者部類』）。橘氏は系図を見ると（傍線は文章博士）、

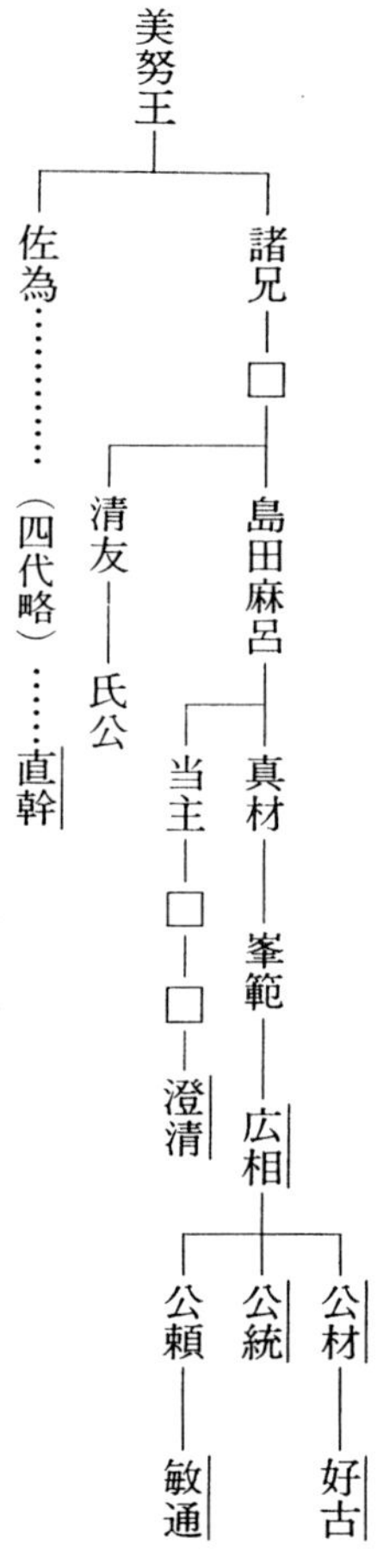

橘孝親の家系は不明であるが『江談抄』（五詩事）に、「橘孝親父名可レ尋、求下可レ為二師匠一之者上、祈下請其先祖建二学館院一之者上名可レ尋」とあり、先祖の学館院を建つるものとは、氏公のことであろうから、同族であることは確である。また公材・好古・澄清を系図に文章博士と注してはいるが、他の史料に見えない。直幹は譜第でない為の不利を訴えているように（『本朝文粋』天暦八年八月九日奏状）、少し家系を異にしているが、公統入室の弟子となっているのも（『類聚符宣抄』九承平五年八月二十五日状）、同族の因縁からであろう。紀氏は系図に「長谷雄――淑信――在昌」とあり、在昌は長谷雄の孫である。慶滋為政は陰陽家賀茂氏の人で文学者として著名な慶滋保胤の弟保章の子である（『賀茂氏系図』）。為政はむしろ善滋という文字を多く用いられている。恐らくは保胤の薫陶を受けたものでなかろうか（賀茂系図の中でこの二人のみ姓を上のような変った文字で書かれているのもこれを暗示するように思われる）。平定親は桓武平氏理義の子で、代々文章生を経て任官しているような家ではあるが、譜第以外の者として最後の文章博士たる栄誉を荷っているのは、その特別に優れた学才によったものであろうか。大江匡房が彼を師としており（『本朝続文粋』十一江納言暮年記）、東曹関係であったようである（中世に入って、建武二年西洞院惟継は、その祖平定親と遙に呼応して、文章博士に任じている）。

さて菅原氏は平安時代初期既に清公・是善・道真と三代相継いで世襲の魁をなしており、道真失脚後も、その子淳茂以後また代々継ぐに至っている。その人々を挙げると、

淳茂（延喜九任）　在躬（天慶七任）　文時（天徳元任）　輔正（天禄元任）
資忠（天元四任）　宣義（長和元任）　忠貞（長元五任）　定義（天喜二任）
在良（承徳二任）　時登（天承元任）　公賢（保元二任）　在茂
長守

これを系図について見ると、

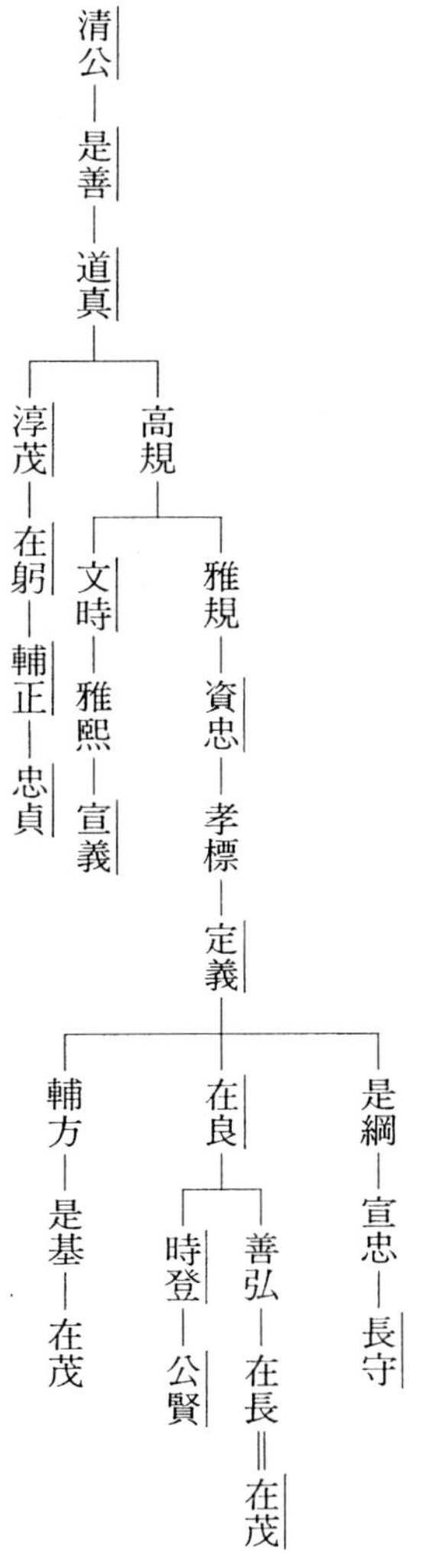

次に菅原氏と並んで紀伝道の家として顕われた大江氏の紀伝道関係の最初の人としては、大学頭・東宮学士等に歴任した音人であるが、文章博士としては維時が最初である。

維時（延長七任）　朝綱（承平四任）　匡衡（永祚元任寛弘六任）　以言（長保三任）
通直（寛弘七任）　挙周（万寿二任）　有元（保安三任）

これを系図で見ると（為基は系図のみで他の史料に見えない）、

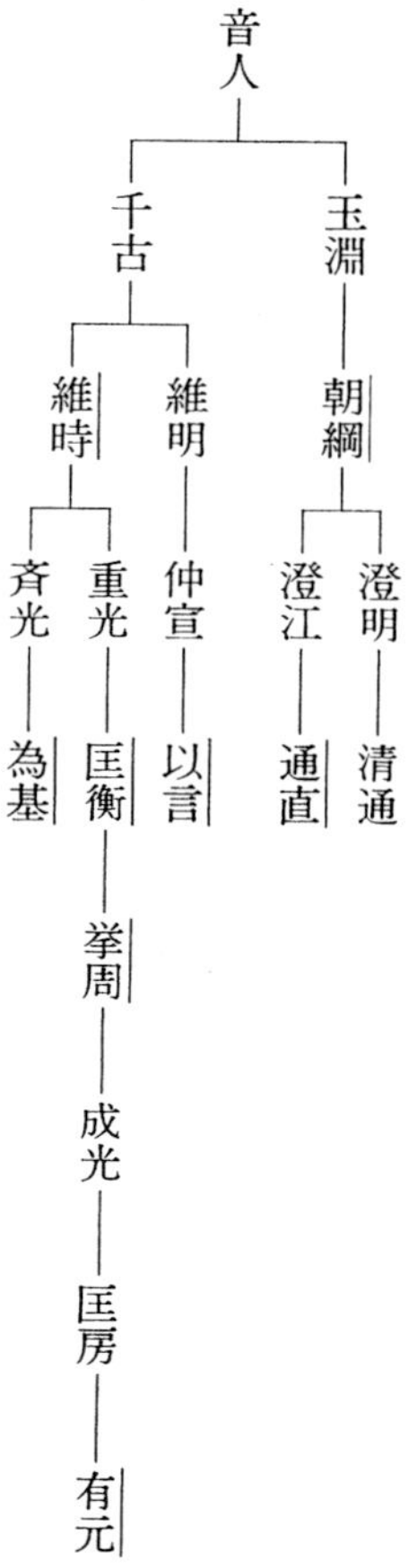

紀伝道に於ける世襲氏族としては、菅原・大江両氏が代表的にされているけれども、この両氏の外に藤原氏の中の南家式家日野流の三家もやはり、文章博士の世襲氏族となっている。これら三家の世襲の確立したのは広業資業兄弟（日野家）・明衡（式家）・実範（南家）以後のことであるが、それ以前にも藤原氏としては約十人の文章博士があり、それらを含めると南家式家および日野流を拡大した北家の三に分けて考えることが出来る。藤原氏をこの三に分けて考えても、その一々が菅原氏ないし大江氏に匹敵するだけの文章博士を出している。藤氏献策の初めは佐世とされているが（『江談抄』一摂関家事）、藤原氏文章博士として任年の知られる中では昌泰二年文章博士となった南家の菅根が、最初の人であった。

南　家

菅根（昌泰二任）　実範（天喜元任）　成季（応徳三任）　永実（天永三任）
永範（保延五任）　光範（承安四任）

北家

春海（延喜二任）　博文（延長四任）　国光（天徳元見）　国成（長暦元任）
広業（以下日野流）（寛弘五任）　資業（寛仁元任）　家経（万寿三任 長久三任）　実綱（永承六任）
正家（治暦元任）　実政（延久元任）　有綱（承暦二任）　行家（承暦三任）
敦宗（永保三任）　俊信（康和二任）　実義（長治二任）　行盛（保安三任）
顕業（長承三任）　俊経（保元三任）　業実（元暦元見）　親経（建久五任）

式家

佐世（不明）　文貞（延喜廿一見）　後世（天徳四任）　公方（天元四任）
弘道（長保元任）　義忠（寛仁四任）　明衡（康平五任）　敦基（寛治二任）
敦光（嘉承二任）　茂明（天養元見）　長光（仁平二任）　成光（仁安元任）
敦周（承安四任）　光輔（文治元見）

これを系図で示すと、

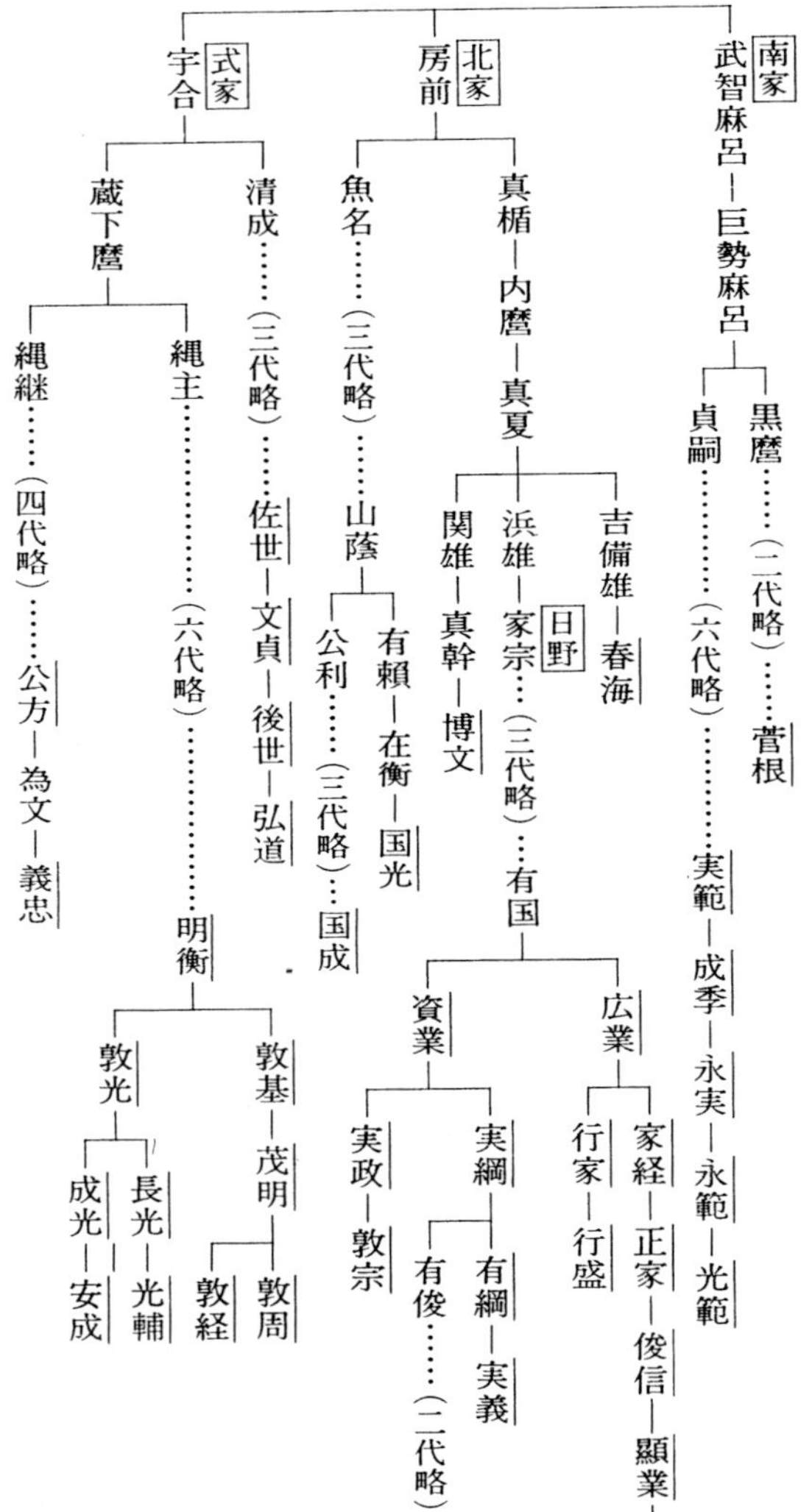

右の系図で見らるる如く、早くも佐世・文貞・後世・弘道の如きは、明かに世襲氏族となっており、殊に式家の中の他の流の人はすべて文章院の東曹関係であるに対し、この人々が西曹関係であることは（第二章第四節一「文章院」ハ参照）他から独立した一流を形造っていたことを示すものである。

要するに、紀伝道に於いては、教官の世襲氏族の出現は他のいずれの学科（道）よりも早く平安初期に見られたのであるが、その後後冷泉天皇の頃まで他氏を交えており、一定の氏族で独占するに至ったのはむしろ明経道などの場合より遅くなっている。そして文章博士の定員が二人であるに対して、世襲氏族が五組も数えられることは、この道の特徴として注意に値する。このような世襲がどういう手続で行われたか。その選任の標準は、大体大業即ち文章得業生から対策出身した経歴を持ち、学者として名誉（評判）あるものが任ぜられたのであるが（『官職秘抄』下諸道官紀伝）、対策する人の氏族も次第に限定されて一定したものになりつつあり、従って世襲の情勢を馴致し、遂には文章博士菅原在良が所帯の職を以て男時登に譲ったという如き（『魚魯愚別録』一）公の形式はともかくも、事実上の父子間の譲与が行われるに至っているのである。

ロ　明経道　大学博士（大博士・明経博士）助教直講に任ぜられるものの氏族は後世一定された氏族の出現した時期は遅かったが、独占的にそれら氏族に限られることとなったのは他のいずれの道よりも早かった。まず初めに仁和以後の中原・清原両氏以外の者を列挙して見よう。

善淵愛成博（仁和二任）　中原月雄博（寛平三任）　山辺善直博（寛平五任）
秦　高　範博（昌泰三任）　八多貞純博（延喜九任）　中原連岳博（昌泰三見）
山辺脩道博（延長三見）　秦　維　興直助博（延喜八見）（延長三見）（承平二任）　依知秦広助直（延喜十七見）
滋善有基助博（天慶元見）（天慶三任）　津守清真助博（天慶五見）（天暦六任）　六人部忠常直助（天暦三見）（天徳元任）

時原長列　直（康保元見）助（康保四見）　宗丘忠行　直（康保四見）　賀茂連量　直（安和二見）
賀陽穀明　直（天元五見）　惟宗時用　博　惟宗為忠　直（時用の博士時代）助（長徳三見）博（寛弘六任）
大江淑光　直（長徳三見）助（長保二見）　賀陽宣政　直（長保二見）　大江有道　助（長和二見）
惟宗重親　助（万寿元見）　安倍忠隆　直（長元三見）　安倍祐頼　直（長元四見）助（不明）

右に見る如く、中原清原両氏以外の大学教官に任ぜられたのは大体後一条天皇の御代辺りで打切られており、その後は、中原清原の両氏だけに限られるようになった。右の中善淵愛成が初期の博士永貞の弟であることの外に、秦・山辺・大江・賀陽・安倍等の同姓二人以上を数えられるものあり、惟宗時用と為忠は父子であること明かであるが（『官職秘抄』下）、いずれも世襲氏族として発展するまでになっていない。大江氏は紀伝家のそれ、惟宗氏は明法家のそれと関係あるかも知れないが、系図にも見えず明かでない。また後の中原氏と別系のものと思われるが、とにかく中原姓のものが明経道教官の中に早くも二人まで見出されることは注目に値し、何らかの聯繫を想像せしむるに足るものである。（滋善有基は初期の滋善宗人の同族であろう。）

中原氏は本姓十市宿禰で、後中原宿禰を賜い、次いで中原朝臣を賜った。この一族の中で、最初に明経道の教官として見えるのは十市勝良の子良佐である。

良　佐　助（延長八見）博（天暦二任）　有　象　直（天慶五見）博（天徳二任）　以　忠　直（天暦八任）助（天禄二見）　致　時　博（永延元任）

致明　助（長徳元任）博（長徳二任）

広宗　直（承保元見）助（承暦三見）博（長治二任）

広忠　直（嘉承二任）

師元　直（天養元任）助（久寿元任）博（応保二任）

師綱　直（仁安二任）助（元暦元任）

致親　助

貞清　博（長和三任）

在国　助（寛治三見）

師安　直（天永三任）助（保安四任）博（仁平三見）

広季　直（保元二見）助（安元二見）博（養和元見）

師家　直（安元二見）

重経　直

貞親　博（天喜三任）

章貞　直（承暦四見）

師清　直（大治五見）

師尚　直（平治元任）助（仁安二任）博（寿永二任）

師季　直（文治五任）

資経（又資恒）助直

師平　直（永承元任）助（天喜三任）博（康平六任）

師遠　直（寛治五任）助（長治二任）博（保安四任）

師業（本師長）直（永治元見）助（久安二見）博

師直　直（保元二任）助（安元二見）博（元暦元任）

右の血縁関係を調べると（——博　—助　、、直）（在国・師家不詳）

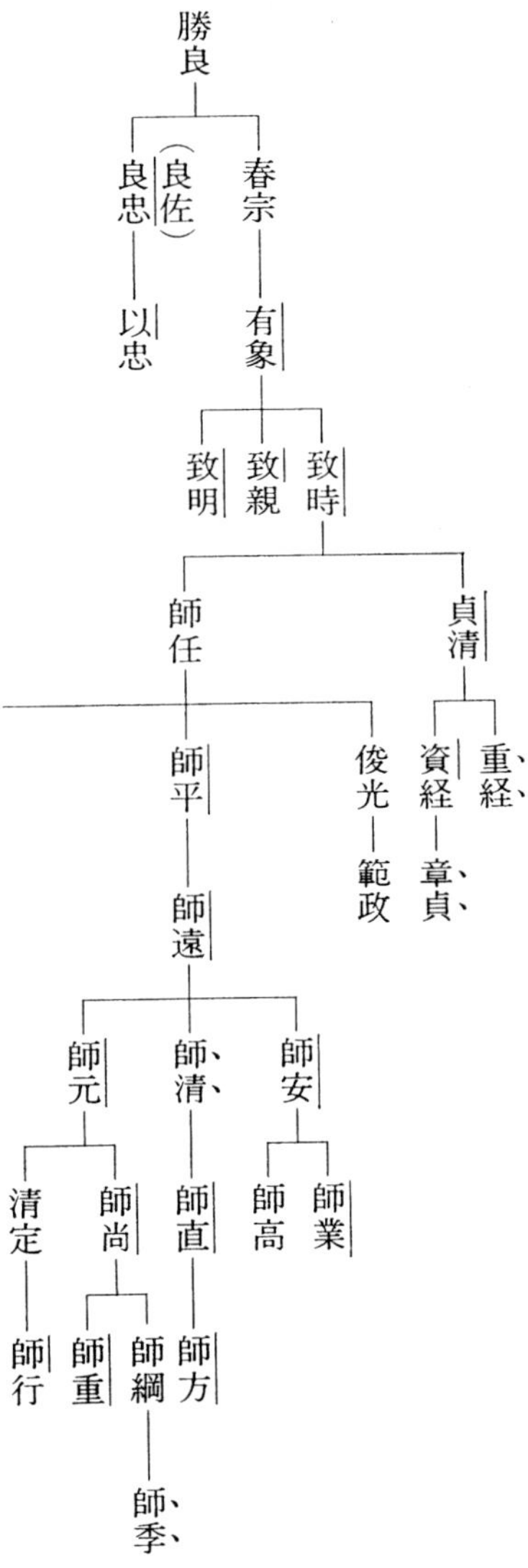

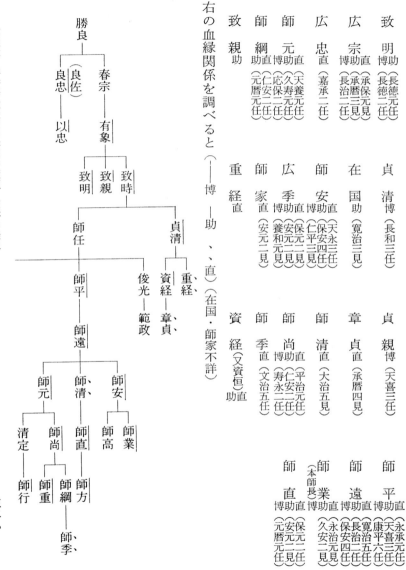

貞親—広宗—広忠、—広季

清原氏は本姓海宿禰で、一条天皇の御代に広澄善澄の兄弟が博士および助教となって、清原の姓を賜ってから、代々相継ぐに至った。

広澄 直(永観元任) 博(長保四任)　善澄 直(寛弘四見) 助(寛弘七卒)　頼隆 助(治安元見) 博(永承三任)　定隆 助(天喜三任)
定俊 助(承保元見) 博(寛治五任)　定康 直(承保元見) 助(寛治五任)　信俊 直(康和三見) 助(永久四見) 博(大治五任)　定重？ 直(大治五任)
祐隆 助(永治元見)　定安 直(保延三見) 助(天養元見) 博(久寿元任)、　信憲 直(久安二見)　頼業 直(久安六任) 助(保元元任) 博(安元元任)
信弘 直(安元二見) 助(治承三見) 博(建仁元見)　近業 直(治承四見)　良業 直(元暦元任) 助(建仁元見) 博(元久元見)
定政 直 助　仲隆 直 助

この家系を示すと、

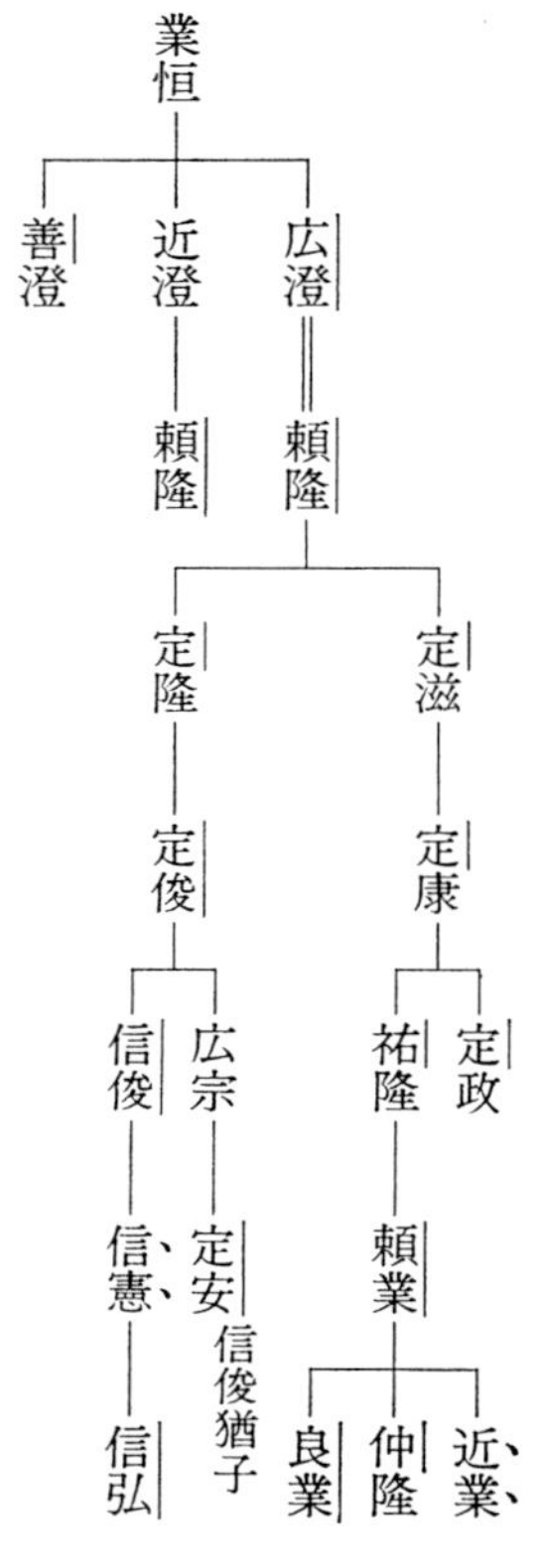

この中原清原両氏の人々は、初めの中は前述の他氏の人々と相交って、明経道教官に在任していたが、中原氏では貞清、清原氏では頼隆辺りから以後は全くこの両氏で独占するに至った。それならばこれら明経道教官はどのようにして任命されたか。致時のように直講助教を経ずして博士に任じたり、定隆のように直講を経ずして助教に任じたりした例はあるが（『官職秘抄』）、多くの場合は直講から助教博士と順次に遷任するのが普通であるから、直講が如何なる事情で任ぜられるかが問題となる。『官職秘抄』には直講に任ぜられるものとして、得業生（出雲淑光）・問者生（安倍忠澄）・学生（海善澄）・非成業者（賀陽穀明）の四通りを挙げているが、その挙例はいずれも氏族の一定する以前の者であり、一定以後は明経試を通過した成業者が多かったと思われるが、それにも増して重要な基準となったのは譜第の家の者であるということである。

直講の欠員が生ずると、希望者は申文を提出し（『台記』久安六年三月五日、四月二日条）、その中から選ばれるが、その選衡方法としては除目に際して公卿定が行われている例があり、これが恐らく最も普遍的な方法であろう。大治五年十月五日除目の終夜に、定重（清原か）と中原師元のいずれを直講となすかの公卿定が行われ、両人共に名家の子孫であり、才智の聞があるから、二人の中の上臈である師元を任ずべしという者もあったが、助教直講四人の中中原師安師清が相並んで在任しており、この上師元を任ずれば、兄弟三人となるから、下臈であっても定重を任ずべしという者があって、賛同者多く、定重が直講に任ぜられた（『中右記』）。これによって見ると直講の候補に上ったものは皆譜第の者であり、既に在任中のものもまたそうであって、近親者相並んで在任する状態にあったことが示されており、またその中に於いても中原氏の勢力の方が大きくなり勝であり、それに対して清原氏の勢力との均衡が考慮されているかのように考えられる。

直講選衡の史料は少なく、恐らく右の公卿定が他の場合も考えると競望者ある時の最も普遍的な方法かと思われるが、ここに候補者に対して試験を行って選衡したことが見られるのは注意に値する。この直講試は保元二年四月二十八日に内裏の蔵人所に於いて行われ、清原重憲・中原師直・同師尚の三人に対して式部大輔藤原永範出題の『毛詩』『尚書』『左伝』『礼記』の中からの十題が与えられ、師直は三事に通じ、他の二人は二事に通じただけであった。次日蔵人勘解由次官藤原親範が仰をうけたまわって、助教中原師元・清原頼業・直講中原広季を蔵人所に召して評定あり、師直が傍輩にすぐれているというので、五月二日に師直が直講に任ぜられた（『古今著聞集』四文学、五蔵人所直講試事、『百練抄』）。このような直講選衡の方法は前後に類例がなく、教官を実力考査の結果に依って選任することは、一応は進んだ方法のように考えられるが、しかしその候補に上った人は清原中原両氏の譜第の限られた二、三の人のみであった。

右の二つの方法は、既定の限られた候補者の中から選ぶにしても、一応肯定される方法であるが、氏族独占否もっと狭く父子世襲の最も露骨な方法は譲与（厳密な意味では当嵌らないが、そう呼ばれた）である。即ち博士または助教の職にある父が、自分の職を停める代償として、その子の直講補任を希望して実現している例が見られるのである。寛治五年中原師平は博士を辞し、男師遠を直講に任ぜんことを請うて許されている（『柳原家記録』一三七所収『江記』正月二十八日条）。康和三年助教中原広宗はこの例を挙げて、所帯の職を停め、男師忠を直講に任ぜんことを請い（『朝野群載』九功労譲与康和三年四月二日）、この時は納れられなかったが、広宗はついで博士となり、広忠もそれより後直講となって、結局は実現されている。また助教中原師尚は仁安二年助教を辞し男師綱が直講に任ぜられている（『外記補任』）。

なお当時は学者の貴顕の庇護を受けるもの多く、その推挙によって有利に選任されたこともあり得たと思われる。それは院政時代も下るに従って多かったことであろう。久安六年直講清原信憲が卒して、清原頼業が直講を望む申文を、藤原頼長自ら季頼をして奏せしめているのはこれを示すものではなかろうか（『台記』三月五日、四月四日条）。しかしかかる場合もその範囲は譜第者に限られていたようである。右のようにして直講が選任され、欠に従って助教博士と昇任したのが多く見られるが、しかしその都度申文の提出あり、それを本に選衡が行われたらしい（博士定俊死欠の場合、『永昌記』長治二年正月二十七日条）。

このような経緯によって、明経道教官が選任されると、教官は五人もいるのであるから、自然父子・兄弟が相並んで在任することも珍らしくないこととなる。前述の大治五年の直講選任の時にも現われているがなお『官職秘抄』下（諸道官明経条）には「父子為博士直講例」「父子為助教直講例」「直講兄弟相並例」が幾つか挙げられている。

ハ　明法道　明法博士には陽成天皇の頃から惟宗氏が任ぜられている場合が多く見られる。惟宗氏は秦始皇帝の子孫なりといい、讃岐国香河郡に住し、秦公といったが、直宗・直本兄弟等は元慶元年本居を改めて左京六条に隷し、同七年には惟宗朝臣の姓を賜った（『三代実録』元慶元年十二月二十五日、同七年十二月二十五日条）。直宗（元慶元見）、直本（延喜七見）以後惟宗氏にして明法博士たるものに善経（延喜五）、直本の子公方（延長四見、安和二再在任）があり、一条天皇頃には公方の孫允亮（永観二見）、允亮の近親者と思われる允正（寛和三見）等が相並んで在任し、允亮允正は長徳の末年か、長保の初め頃に「律令宗師」の意からか、令宗の姓を賜わり、この両人のいずれかの子位に相当しそうなものに令宗道成（長元元見）があった。なおまたこの後、堀河天皇の頃在任した惟宗国任（寛治二任）や、結局は小野氏に改姓したが、本姓惟宗を賜い、衛門志に転じ、使宣旨を蒙らんことを請い、後には明法博士に任じた典膳菅原有隣などは（『朝野群載』九功労申検非違使永久二年正月十三日）は允亮允正等の子孫でないにしても恐らく同族であろう。国任の孫成直も、久安六年十二月十七日に、譜代の奉公および学道の労によって明法博士に遷任せられんことを請うている（京大『兵範記裏文書』）これら惟宗ないし令宗氏の系図は明かでなく、史料編纂所所蔵の『惟宗系図』と称するものによると、

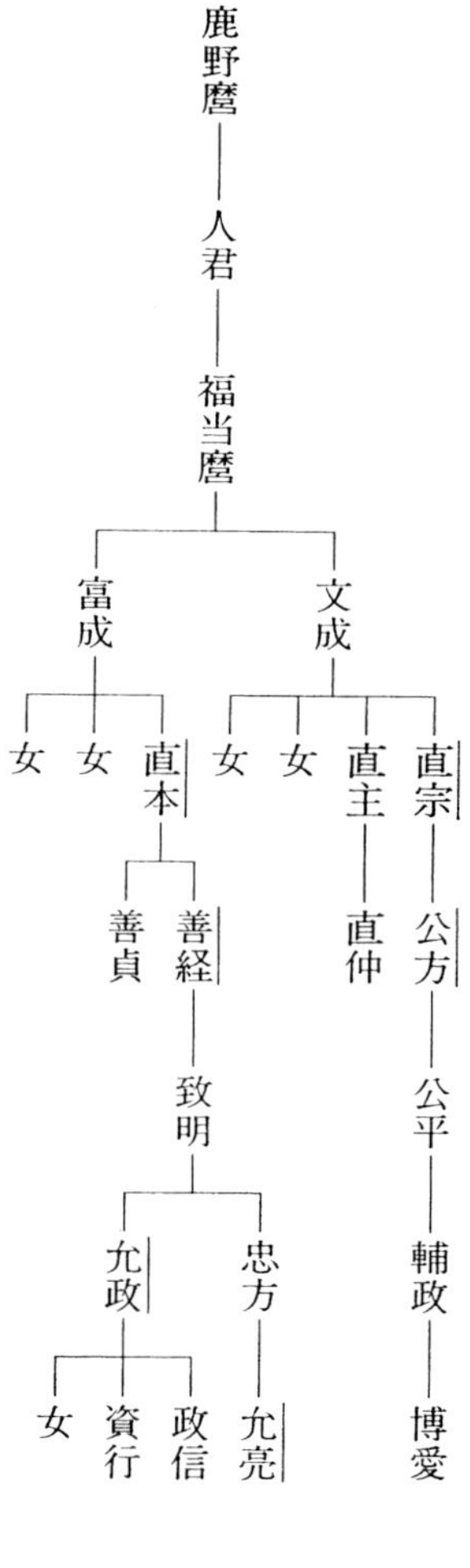

直宗直本が従兄弟となっている等その他の点によって考えるに信ずるに足りない系図であるが、とにかく惟宗ないし令宗氏一族が、大学寮に於ける明法博士を世襲する氏族に定まりかかっていたことは首肯し得る。

しかし明法道に於ける惟宗氏はそれ程独占的な世襲氏族にまで進んだのでなく、これと並んで他の氏族の人々で明法博士に任じた者も多く見ることが出来る。

凡　春宗（讃岐国大内郡人元慶八見）　善道維則（承平六見）　桜井某《（右弼カ）》（天暦六見）

国　雅重（永祚元見）　美麻那直節（永祚二見）　大江保資（寛仁三見原姓甘南備）
（姓不詳）利政（又ハ業）（長元元見）　小野文義（在任年不詳）　小野文道（治暦四見）
菅原有真（承暦四見）　三善信貞（嘉承元任）　小野有隣（大治四任）

この内大江菅原両氏は恐らく紀伝道の、三善氏は算家のそれと一族かもしれないが、系図には見えず、殊に甘南備保資が大江に改姓した事情は明かでない。保資が明法博士に任じたのは、道長の家司であった為の特典であろう。右の内で小野氏のみ三人数えられるが、『諸家系図纂』（二十三上、小野氏系図）によると、

道風——奉時——傅説——文義——文道（明法博士 信濃守）——有隣（明法博士 正五位下）

とあって、文義・文道・有隣は三代相継いだことになっている。しかるにこの三代目の有隣は外祖父明法博士菅原有真の養子となって、菅原姓を名のり、「伝二両祖之風一、苟継二箕裘一、嗜二二章之道一、已及二強仕一、金科玉条、披二文道之遺草一而可レ探、勘問糺弾、以二有真之庭訓一而可レ決」とあるによれば、父文道卒した後、その遺草と生存せる外祖有真の庭訓とによって学んだらしく思われるが、永久二年有隣は菅原氏を改めて本姓惟宗を賜い（本姓惟宗の意義明ならず）、検非違使志に任ぜんことを請うている（『朝野群載』九功労申検非違使正月十三日）。しかし惟宗姓のことは納れられなかったらしく、実父の姓を継いだものと見えて、小野姓を冠してこの後現れている。『律』零本（田中光顕伯旧

蔵東京大学所蔵）の奥書に「以外戚証本垂露已畢　敢無残一説之　有隣」とある外戚とはあるいは外祖父菅原有真を指したものであろう。小野氏は明法道に於いてこのように三代博士となったけれどもただそれだけに止まった。菅原有真の家系は明かでない。有真が明法博士で通っていながら、有隣が改姓を必要とした理由は不明である。また明法博士中原資清も元菅原氏を称した所から見ると、菅原氏の中にも明法家の一枝流が存したように想像せられるが、それも二、三に止まったように思われる。

明法道に於いて、世襲の氏族の固定が遅れたのは、固定すべき有力な候補氏族惟宗氏ないし令宗氏が何らかの事情で何時しか明法家として断絶しその後急激には有力な氏族が現れなかった為であろう。後世坂上中原と併称される坂上氏が明法博士として見られるのは白河天皇頃の定成から始まる。

定　成（承暦三見）　範　政（永長二任）　明　兼（天永四任）　兼　成（久安五任）

兼　俊（仁安元見）　基　広（承安四任）　明　基（文治元任）

これを『坂上系図』で見ると、

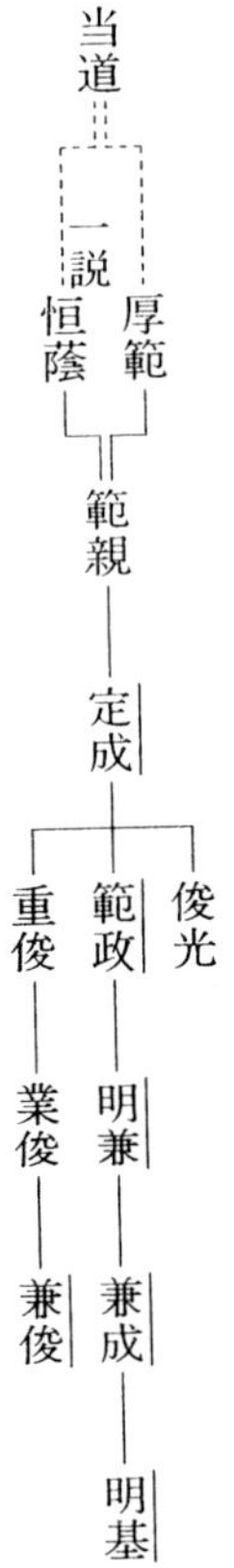

というように一族である。しかるに、この範政はまた『中原氏系図』にも見える。

致時――師任┬俊光――範政法家坂上一流組
　　　　　　└師平――師元

即ち範政は坂上定成の子であると共に、中原俊光の子であった。養実の関係は明かでないが、あるいは中原氏から坂上氏を継いだもので、中原氏の明経以外の学問への勢力伸張を物語るものであるとも考えられよう。従って範政が多くの場合中原氏を称し、稀に坂上氏を称したと同様に、子孫の一流も多くの場合中原として顕われ、坂上を名のる場合は少なかった。その事を示す適当な説話は、明兼が勅撰集に選ばれることを望み、姓中原であるにかかわらず、撰集の度に本姓に返った。それは歌人坂上是則の苗裔であるからその姓を尊んだのであるという話である（『袋草紙』二雑談）。

右の坂上でもあり、中原でもありというような一流に対して、坂上と関係ないと思われる中原氏にして、明法博士に任じたものが数人見出される。それは（これらの人々は『坂上系図』に見えず、また坂上を称した証跡のないという消極的な標準に合した明法博士の中原氏を列挙したものであるから厳密にいって坂上氏の混入していないとは保し難い）

資　清（長治二任）　季　盛（久安三任）　業　倫（仁平二任）　範貞？（承安二見）
章　貞（安元二見）　広　元（建久二任）　章　広（建久四任）

これはやはり明経家の中原氏の一族ではあろうが、家系は明かでない。ただ広元・章広については、『中原氏系図』に、

致時――師任――貞親――広宗――広忠――広季┬親能
　　　　　　　　　　　　　　　　　　　　├広元　大江維光養子
　　　　　　　　　　　　　　　　　　　　└章弘　中原章貞養子

とあって、他家を継いだり、異例とされたりした者ではあるが、明法家がこの系統に二人も出ているのを見ると、明法家中原氏はあるいはこの一流の近親かも知れない。この一群の明法家中原氏で最も早く出て来るのは資清であるが、資清は初め菅原姓を称し、後中原姓と改めたらしい（『中右記』永長二年閏正月三日条、『朝野群載』九）。資清が明法博士に任ぜられた時は資清の外に三善信貞、忠行と計三通の申文について御前の公卿定が行われ、宗忠は、資清は「家伝㆓累代㆒、身仕㆓使庁㆒、経㆓検非違使㆒数年、殊無㆓過怠㆒、頗得㆓其理㆒」として資清の登用を主張し、賛同者多く、この主張が通った（『殿暦』『中右記』『永昌記』長治二年正月二十七日条）。「家伝㆓累代㆒」とは何を指すか、資清以前の明法博士には中原氏としては同時代の範政、菅原氏としては有真あるのみ、明法博士の家という狭い意味でなくて累代の名家の意か。保安五年少判事中原範光は明法博士検非違使志の官を望み、「伴両官者、皆取㆓博士高才之者㆒、所㆓補来㆒也、高才之中、抽㆓成業之者㆒、成業之中、抽㆓譜第之者㆒、相兼

之輩上古独希也」といい、「範光随ニ父祖一廿年、久伝ニ淳誨一、継ニ箕裘一三代、早遂ニ大成一」とその条件に合致することを述べている（『朝野群載』九功労保安五年正月十二日）。この父祖とは誰か、三代の箕裘とは何かは不明で、諱の字から推すと範政と関係あるように思われるが、『坂上系図』に見えない所からすると、資清一派の中原氏であろう。

明法博士の選衡は公卿定によったことが多く、資清の場合は既に述べたが、資清任官の翌年三善信貞も公卿定によって選ばれている（『中右記』嘉承元年十二月五日条）。しかしこのようにして選衡される明法博士も、その標準の譜第という条件が次第に強化固定されて、小野有隣の歿後はほとんど全く坂上・中原両氏に独占されるに至ったのである。承安四年正月二十日除目の中日に、少判事（坂上）明基・左衛門志（中原）基広のいずれを明法博士に任ずべきやの公卿定が行われ、「為ニ重代者一之上、職居ニ少判事一、又本道成業者也、旁得ニ其理一」という理由で、九条兼実始め明基を推す者が多かったが、基広は成業者ではないが、検非違使としてこの道に勤仕しているから、明法博士に任じて差支ない、道志（明法道出身の検非違使志）があるのに他人を任ずる先例はないとの説が通って基広が任ぜられた。兼実はこれを評して、基広は不学で得業生を経ないから道志とはいえない。もし道志であるとしても明基の方が適任なりとし、且つこの定に重代であり、道志である所の重成が候補者にされなかったことを非難しており、「可レ如レ此ハ不レ可レ有レ定、無ニ廉恥一々々々」と極言している（『玉葉』二十日および二十三日条）。この場合明法博士の候補に上っている者が、坂上中原両氏のみであることは、両氏の明法道独占を思わせるものがある。かくして明法博士は「明法道之極官」として「坂上中原両流為二法家之儒門一、以二当職一為二先途一」すに至り、明法博士は遂に坂中両家によって完全に独占されるに至ったのである。

このような明法家の家系固定の中に見られた特別な例は中原広元の就任であった。広元は明経家中原氏の人であって明経博士広季の第四男であった（弟章広もまた明法博士となっているが、この場合は明経家中原氏より出で明法博士中原章貞の養子となっているので事情は別である。）。しかして広元が姓を大江に改めんとする奏状に「大江朝臣維光依レ有二父子之儀一、已叶二継嗣之理一、……中原朝臣広季雖レ蒙二養育之恩一、欲レ改二姓氏之籍一」とあるによれば（『吾妻鏡』建保四年閏六月十四日条）、広元は広季の実子ではなくて、大江維光の子で、広季養って子となし、中原と号し、後大江姓に復したと思われる（『尊卑分脈』）。更にまた実は広元は参議藤原光能の男であって、母が中原広季に再嫁した為、兄親能と共に広季に養われて、中原氏を称し、後大江維光と父子之契約あり、因って大江氏を継いだともいわれている（『系図纂要』大江家譜）。『系図纂要』によれば母は大江維順の女――即ち維光の姉妹――でもともと維光とは叔姪の関係で父子の契約を結んだことになる。大江氏は紀伝道の家であって、いずれにしても明法道の家と関係ないことは明かである。しかも実際にも仁安三年には明経生から縫殿允に任じていて（『兵範記』十一月十三日条）明経家として出身するのが順路であった。かかる出身であるにかかわらず明法博士に就任したので「家已文筆之士也、所レ期大外記明経博士也、而今之所任驚二天下之耳目一」とまでいわれた。その上に、また定員二人外の剰任であることも先例なく（『官職秘抄』下明法博士の条に「三人例建久加二広元一」とある）衛門大尉を兼ねることも近来稀であった。これは新勢力者源頼朝の「腹心の者」にして初めて受け得る扱であったと思われる（『玉葉』建久二年四月一日条）。しかし間もなく、広元は頼朝の関東に祗候するの輩の顕要の官職を以て、恣に兼帯するはしかるべからずという趣旨に従ってこれを辞退し（『吾妻鏡』同年十月二十日条。衛門尉は辞せず）、以後かかる剰任は行われなかったようである。

二　算道　算道教官に於いては、小槻氏の祖といわれる今雄が既に平安初期に現われ、その子孫大体相ついで算博士に任じており、一条天皇の頃からは三善氏が現われて、小槻氏と相並んで算道に於ける世襲氏族を形造っている。しかし藤原時代の半ば頃までは、なお他氏を交えており、その中には短い間ではあるが、世襲氏族ともいわれるものを形造っているのが見られる。まずその方から先に挙げて見よう。

家原高郷（元慶五見）　大宅浄統（仁和三見）　阿保経覧（昌泰三任）　惟宗弘経（延喜元見）

大蔵良実（延喜十任）　阿保実方　大戸忠則　大蔵礼数（天慶八見）

凡河内良尚　　　　大蔵具傅（応和二見）　日下部保頼（長徳二見）　豊原実望
依智厚範（寛弘五見）　　　菅野実国　　　　　丹生益光

右に見らるる如く在任時の明かでないものが多いが、それらは『二中歴』（二、儒職歴）によって挙げたものである。家原高郷の家原氏は既に平安初期に氏主・縄雄等と共に算道の世襲氏族となりかけており、阿保経覧は『小槻系図』によれば、今雄の子であり、実方も恐らく同族であろう。大蔵良実・礼数・具傅も恐らく同族であろうし、その上礼数と凡河内良尚とは従父兄弟であった（『類聚符宣抄』九天慶八年二月二十七日）。また日下部保頼は具傅の弟子であるが、血縁関係はないようである（『類聚符宣抄』九康保四年十月二十七日）。

小槻氏としては今雄の後を継ぐものに左の人々が見られる。

当　平　　　　　茂　貫　　　　　糸　平（天暦六見）　　茂　助（天徳元見）
忠　臣（正暦二見）　忠　信　　　　　茂　隆　　　　　　　奉　親（寛弘二見）
孝　信（承暦四見）　祐　俊（永長元見）　盛　仲（康保三任）　　政　重（永治元見）
師　経（仁平元見）　永　業（保元二任）　広　房（永万元任）　　公　尚（文治二見）

これを『小槻系図』で見ると、

- 今雄
  - 経覧（阿保）
  - 当平
    - 茂貫
    - 茂助
      - 忠臣—奉親—貞行—孝信—祐俊＝盛仲＝政重
        - 師経
        - 永業—広房—公尚
      - 忠信
  - 糸平—茂隆

今雄は近江栗太郡の人で、後左京に貫し、阿保朝臣を賜ったのであるが（『三代実録』貞観十七年十二月二十七日条）、阿保朝臣姓は経覧がこれを継ぎ、実方もまた同族と思われるのであるが、当平・糸平の諸子は、系図を信ずれば、今雄の旧姓に因んだ小槻宿禰を名のったものであろう。

三善氏の算博士は茂明から始まる。

茂　明（長徳二見）　雅　頼（治安二見）　為　長（長暦三任）　雅　行（仲カ）（応徳二見）

雅　仲（康和二見）　為　康（永久元見）　行　康（永治元見）　行　衡（永暦元任）

『諸家系図纂』（二十七中）に収められた『南家系図』と題するものは、その内容からすれば「三善系図」である。今それを示せば、

- 清行（宰相式部大輔 延喜比人也）
  - 文江—文明—道統—佐忠（右佐）
  - 良助—連行—茂明—雅頼—為長（大内記 淡路守）—為康（算博士）—行康—行衡—長衡
    - 雅衡（下略）
    - 行経
  - 浄成（蔵カ）（イ貴所）—大蔵少輔

とある。この内茂明――雅頼――為長の関係は『朝野群載』（二十二諸国雑事上、寛治二年十二月二十五日）によって裏書せられ、またこの系図に現われない雅仲は同書（二十二諸国雑事上、康和二年三月二十六日）によって為長の子であることが知られる。この系図で為長の子とされている為康は越前射水郡の人で、本姓射水、上京して為長入室弟子となったもので（『新修往生伝』）、後その姓を襲ったものであろう。なおまたこの系図によれば茂明以下の三善氏が清行・文江等と近い関係にあるとされているが、果して信ずべきかどうか。茂明は初めに錦宿禰を称し、その主税助時代に三善朝臣を賜い（『類聚符宣抄』七改姓貞元二年五月十日）、爾後三善朝臣を称したものである。

算博士の選任は、算道の学歴を経た優秀な者であると同時に、右に挙げた譜第であることが重要な標準となり、「凡此職中古以後、以二小槻三善氏等一任レ之」とか（『官職秘抄』上算博士）、「算道者三善氏伝レ之、仍一人者必用二其家儒一也、今一人小槻氏任レ之」といわれるに至っている（『職原鈔』上）。

ホ　書道・音道　書音両道は次第に独立性を失って行って、書博士・音博士が明経生の中から明経道挙によって任ぜられるようになると、この両道は全く明経道の附属物となったといって差支なかろう。「謹検二案内一、依二道《（明経）》挙奏一被レ任二音書博士一考古今之例也」といい（『除目大成抄』七春京官二諸道挙保安二年正月十九日）、『官職秘抄』（下諸道官条）にも共に明経条下に記され、本道挙を以て任じ、自解を以て任ぜざる由を述べている。従って実際にこれらに任ぜられた者の中には、書博士に、

安倍惟忠（長保四任）　加陽為政（長和五見）　安倍俊清（大治四死）　伊岐致成（永暦元辞）

音博士に、

（姓不詳）満政（長徳二見）　清内親信（長元四見）　惟宗順助（永保三見）

（姓不詳）清仲（永久二死）

等の諸姓のものも見られるが、自然に明経道に於ける譜第氏族たる中原清原両氏のものが多く見られるに至っている。例えば書博士に、

清原祐隆（嘉承二見）　同　広康（保安二任）　中原為盛（治承二見）　中原季重（元暦元見）

音博士に、

中原資盛（長治元任）　中原師元（元永二任）　清原俊安（永暦元見）　中原師重（承安三任）

等その他『中原系図』『清原系図』等を閲して、書博士・音博士と注されたものが相当多数に上っている。これらは明経家にとって一の官職が提供されたと共に、ある場合には直講に任ぜられる以前の一の段階をなし、それ自身に於いては大した意味は持たなかったものと思われる。書博士の任務の中で印の字様を書することは依然として見られるが（『小右記』長和五年五月十六日条）、音博士の如きは大陸文化の直接輸入の絶えた後に於いて最早存在価値は喪失して名のみのものとなっていたと思われる。

以上紀伝道の菅原・大江・南家藤原・式家藤原・日野流、明経道の中原・清原、明法道の坂上・中原、算道の小槻・三善の各道の世襲氏族は、菅原氏を魁とする紀伝道に始まり、算道・明経道・明法道の順で出現して来たが、初めの中は他の氏族の人をも交えており、右のような一定の氏族のみに独占されるに至ったのは、明経道が最も早く、算道・紀伝道・明法道の順序で、その時期は後一条天皇の頃から近衛天皇の頃にかけてであった。(1)

右のような教官の世襲・一定氏族の独占に止まらず、更にその各氏族内の一人以上が不断に大学教官たることが次には企図せられ、それが成就すれば、氏族内に恒久的な公私混同の施設がほどこされる可能性が出来て、家学の発生が導かれることとなるのである。このような企図の最も容易に実現し得るのは明経道である。それはここでは氏族の種類が中原清原の二つだけであるに対して、教官の定員数が博士一、助教直講各二の計五を数えるので、この全部を一の氏族で独占することはあり得ず、中原氏の勢力が大体に於いて清原氏を圧倒したとしても、多くの場合は三対二、稀に四対一の割で、大体の均衡が保たれたからである。なお明法道・算道に於いては氏族数二に対し教官数は同数の二であるが、いつしか氏族毎に一人の教官を出す習慣となって自然に統制が行われた。これらと違って諸道の中で最も複雑な状態にあるのは紀伝道であって、教官の定員二に対して、氏族の種類は五を数えるのである。ここに於いて利用されたのは文章院内の東西両曹の制度であって、文章博士二人の中一人は東曹を代表し、一人は西曹から出るという制度が行われるに至ったが、後にはこの統制が破れている。これについては家説の伝授と関係するので後述することとする。

二　家説の形成

大学寮に於ける講義情況は不明の点が多いが、講義の順序として、音博士による棒読の次にはそれぞれの博士による訓釈が行われた訳であり、その場合訓釈を各学生所持の本に注記することが企てられたであろう（なおその本が各自書写したものか、他より得たものか、公共のものかの問題もあるが、今姑く問題外とし、いずれにしても注記の自由を持つものと考える）。その方法は初めは万葉仮名を以てしたであろうが、次第に簡略にする必要から普通の仮名が用いられ、更に頻出する語についてはある符号を以てこれに代えることも起り得る可能性があった。しかし最初は個々の聴講者側のみに関するのでその方法に統一はなかったと思われる。ところが、この方法が広く行われ、一方学生数が減じて教官学生の親近度を増すと共に、学生の用いた方法を教官が採上げて、教授の方法に採用することも考えられ、またそれが教官の世襲につれて、各氏族毎にその方法の上に小異を立てて、その氏族の学説を特徴づけることも行われ得たであろう。かくして訓点法（乎古登点）による家説が発生したものと思われる。それならばその発生は何時かというに、それには乎古登点そのものの発生から調ぶべきであるが、吉澤吉則博士の研究があるのでそれによって大体述べることとする（「尚書及び日本書紀古鈔本に加へられたる乎古止点に就て」『点本書目』附録）。博士によれば、点本の起源は王朝初期の仏書にあり、儒書中最古のものは岩崎文庫所蔵の『尚書』であって、遅くとも延喜を下らざるものと推定されている。この『尚書』に施された点は、いずれの点譜にも載せないものであって、釈氏の円堂点（宇多天皇御所用点）・寛平点（点譜不載、益信所用点か）と博士家の菅家経点紀点との中間に位するものであり、畢竟尚書点は菅家点であって、やがて博士家の祖点ならんと推定していられる。そして宇多法皇益信道真の関係と、この三点の関係とを聯想していられるのから見ると、博士家の祖点が道真によって創められたのではないかとされているようである。現存の本を基にして、このように博士家点の起源を考えるのは、多分の危険が存するように思われるけれども、外部の条件を考えても、私的師弟関係の発達し、師弟の親近度を増したのは紀伝道が最も早く、特に世襲の魁たる菅原氏について著しいと認められるから、道真はともかくも、菅原氏によって博士家点が始められたとして、自然の成行であったと認められる。

かくして博士家点の魁として発生した菅原家点は、それ自身変化すると共に、他の博士家にも影響して、それぞれの家点を発生せしめた。即ちこの祖点たる尚書点は間もなく変化し、寛弘八年菅原宣義点『黄石公三略』（智恩院蔵）には点譜所載の菅原経点と同じ点が加えられ、この頃以後菅原家点は一定したと見られる。他への影響としてまず見られるのは菅原氏と同じ紀伝道の家である大江氏であって、延久五年大江家国点の『史記』（毛利公爵家東北帝大久原文庫等蔵）が点譜の江家点よりは菅家点に近いことは、世襲氏族としても菅原氏に遅れた大江氏の点が、菅原氏の点から出発して次第に隔り行き、延久点の如き点を経過して遂に点譜所載の江家点が成立するに至ったことを示すものとされている。なお同じ紀伝道の家である式家南家日野家の点については言及されていない（後項参看）。

乎古登点の採用は紀伝道以外の道にも及んだ。恐らく紀伝道からの影響であろう。各道の教科書の採択は、菅原氏が『尚書』を点したのに見られる如く、紀伝道は紀伝書、明経道は経書のみに限るような限界あるものでなく、紀伝家明経家のいずれにも紀点と経点の二種類があった。しかしやはり明経家にとっては紀点よりも、経点の方が重要なことは勿論であるから、明経家たる清原家の点は、経点を宗点たる菅家点にとり、紀点を江家点にとって合成したものとして表われている。清原家所伝延久五年初点の『春秋経伝集解』（図書寮蔵）の点は点譜所載の清家経点即菅家経点とほとんど同一で、即ちこの頃既に清家点は定っていたのであるとされている。同じ明経家で清原氏に勝る勢力を持っていた中原氏の点はより早く発生しそうに思われるのであるが、点譜不載の為かこれに言及されていない。なお明法家点についても遺物も見られるようであり、算家にも恐らく採用されたと思われるが詳細は知り得ない。

以上が大体吉澤博士の説による、乎古登点が菅原氏に採用され、更に他氏他道に及んで、それぞれ少しずつ異った点法によって家説を特徴づけるに至った経路である。

家説を形成するとまで行かなくても、乎古登点の点法を採用したのは必ずしも博士家に限ったとはいわれない。例えば白河天皇が左大臣源俊房に『白氏文集』一部を給うて点し進むべき由を仰せられ、程経て俊房の亡父師房が秘していた『文集』の点本を進上したことが見られるが（『水左記』永保三年八月六日、応徳四年五月二十七日条）、師房俊房は博士家ではなく、ただ具平親王の子孫として文学に優れた家として特殊な例と見ることが出来よう。かかる例があるとしても、大体は俗家に於いては博士家だけでこれを採用したと見ることが出来る。

三　伝授の方法

次に乎古登点による点法によって、子孫ないし弟子に教授する方法であるが、子孫への伝授の最も直接的なものは自ら加点した本そのものを授与し、それについて訓釈を教授するにある。即ち伝えられた者にとっては、祖先の残した「証本」として権威あるものとされるのであるが、なお自ら研鑽を加える場合には、それを基にして書写し、また校合することも行われ（弟子は勿論本を伝えることは少なく、書写校合によるはいうまでもない）その場合書写校合に用いた証本の奥書を、自分の本の奥に書加えることもしばしば行われるのである。紀伝道の例を以てすると、寛弘八年右少弁菅原宣義（翌年任文章博士）の加点した『黄石公三略』の証本を以て応徳元年に式部少輔菅原某が書写しており（智恩院本奥書）、長久二年藤原正家が加点した『白氏文集』を自ら孫顕業に授けている（図書寮本巻二奥書）。明経道では清原家の伝本が遺存しているが、それらの奥書を見ると証本の中でも更に標準となったのは清原定康の加えた点のように思われる。例えば『古文尚書』（徴古館本）巻十三奥書に「総州（上総介定康）之御時以二古本幷唐本釈文一所レ被レ付二音義一也」とあり、『春秋経伝集解』（図書寮本）巻十六・十八・十九の本奥書には「上総殿（定康）御筆」として応徳元年十一月読合の由が記され、『古文孝経』（内閣文庫本）の奥書にも「去寛治三年九月十二日奉読清直講（定康）之本伝授」とあり、いずれも定康点が最も古い標準とされている。前出『春秋経伝集解』巻七の「延久五年四月十七日点了」の奥書も年代から見て定康のではないかと思われる。

さて右の証本を基に伝えられた点本により、伝授（教授）を受ける訳であるが、その受講過程を述べるに当っての紀伝道に於ける適例は大江家国の延久点『史記』、即ち呂后本紀第九（毛利公爵家蔵）・孝文本紀第十（東北帝大蔵）・孝景本紀第十一（久原文庫蔵）の奥書である。この現存の三巻のみについていうと、大江家国は延久五年の正月二十四日、二月七日、三月十二日にそれぞれの巻を書写し了り、それぞれ即日ないし数日の中に点を合せ、四月一日、同四日、四月某日にそれぞれ訓を受けている。そして各巻「学生大江家国」、または「学生大江家国之本」と自ら註記している。即ち師のものを証本として書写し、点をそのまま移して校合した後、その師から訓説を授けられたものであろう。この自らの署名に必ず「学生」を冠らせているのは、学生の資格に於いて「受訓」したと考えられよう。そうすると文章博士から教を受けたことになるが、時の文章博士は藤原正家と同実政とである。共に北家日野流の出身で、文章院の曹司でいえば大江家の東曹と反対の西曹関係である。文章博士二人は東西両曹をそれぞれ代表した時期もあったが、延久元年以後は一方のものが占めることが多く、このようなことは多くあり得るので、これをもし文章博士の一人から受けたとすれば、大江家国は日野点を受けたことになる。しかし文章院に於ける東西両曹の対立的関係から考え、また家国が文章博士通直を祖父とし、文人として聞えた佐国を父として、大江家なる相当強固な氏族的団体の一員であったことを想像すると、家国の受訓したのはやはり恐くは大江家の家訓であろう（従来の研究は無条件で大江氏の受訓したものは江家点ときめてかかっているが、周囲の情況を考えると一応の反省を要する）。即ち延久頃以後に於いては、紀伝道の学生は必ずしも教官たる文章博士について学ぶとは限らず、それぞれの自己のまたは関係の博士家に就いて学ぶのが表面はともかく、実際の情態であったのではなかろうか。しからば延久以前はというと、文章博士二人の中に同じ氏族の人はいないことはあっても、同じ曹司関係の人は必ずいた訳である。何となれば天元四年菅原資忠・藤原公方二人の文章博士就任から（あるいは八年繰下げて永祚元年大江匡衡就任以後とすべきかもしれぬ）延久元年藤原実政就任前まで八十余年間は東西両曹から規則的に一人ずつ在任していたからで、この間紀伝道の学生は同じ曹司の博士に就いて学んだものであろう。更に天元以前に遡って考えると、初めの中は学生にとって教官が他氏のものであっても、教授方法は共通であるから一向不便がなかったのが、次第に氏族毎に教授法に小異が構えられるに至って、学生にとって教官が同氏族のものでなければ不便を感ずるに至ったと思われる。そこで従来あった東西両曹の制度を利用し、数個の氏族の東西への分属を確定し（従来からも大体の定まりはあったのであろう）、その各毎について教授法をなるべく共通とし、文章博士は両曹から一人ずつ出し、学生は自己の関係曹司出身の博士につくこととなったのであろう。教授法の共通とは勿論主として訓点を指すので、従って西曹の菅原・日野等同士、東曹の大江・南家・式家等同士はそれぞれ家点をも同じか、または接近したものをこの期間用いたものではなかろうか。これには実物についての調査を要する訳であるが、他からの類推が許されるならば、省試の答案たる七言詩において東曹は切音を用い、西曹は引音を用いるとか(2)（『二中歴』十二登省歴省試、同書詩歴省試幷放嶋試）、講詩作法で西曹司読作法は、「幷《タリ》序云《フ》爾」であるに対し、東曹司では「幷《セテ》序云《フコト》爾《リ》」と読む等と（同書詩歴）曹司によって、特に後者は訓読法について小異を立てているのから考えると、一般の訓読即ち点法に於いても、東西曹司に二大別される点法が行われたとの想像も許されるのではあるまいか。しかるに時の経るについて、一つの曹司内の統制が弛んで、氏族毎の独立的傾向を増し、殊に西曹関係の日野流や菅原氏の勢力伸張によって、両曹司間の均衡は破れて延久以後は一方の曹司出身の者のみが文章博士となるような状態となったのである。従って延久以後の学生は、同氏族の人が文章博士にあればその人に、ない場合には文章博士でない同一氏族の人に学んだのであろう。これを前の例で云えば、大江家国は恐らく文章博士の藤原正家や同実政でなくして、父あるいは親族から学んだもので「受訓」した内容は多分大江家の家訓であろう。即ち延久以後に於いては、公の博士学生は名称だけの形式的なものとなって（形式だけの文章生が院政時代頃特に多くなったことは、前節大学寮に関する課試除目の制を述べた機会に触れたところである）、実際の上では氏族毎に別々の私的の師弟関係が結合され、家学が形成されるに至ったものと考えられる。

明経道に於ける受講状態の例としては、清原氏に於ける伝授の経路が比較的詳細に知られる。それは前述の清原定康以後のものであるが、定康のは自身学習の奥書のみで、その子祐隆への伝授のことは見えないが、祐隆からその子頼業へ、頼業からその子近業良業への伝授のことが見える。頼業は保延三年に年十六にして『鄭注礼記』について先人祐隆の訓説を受け（両足院本二十奥書）、その後も証本と見合せ、仮名反音を加え等しており（同三、四、十六奥書）、保延五年正月二十七日には内匠允清原重憲本を以て家君祐隆から『春秋経伝集解』の玄訓を受けており（図書寮本三十奥書）、同年五月十八日にも庭訓を受けている（東洋文庫本宣上十奥書）。そして頼業は一度の伝授では多分の疑殆が残っていて、その解決の為に研鑽し、特に久安六年直講拝任後は一層研究を重ねている（図書寮本三十奥書）。なお保延二年頼業が『孔伝古文孝経』を中家本を以て移点し、家本と見合せ、四年にある本と見合せているのも（内閣文庫本奥書）、前述の奥書と並べて考えると恐らく父祐隆の指導によったものと思われる。

このように早くから諸書について父の訓を受け、自ら研鑽した頼業は、次にはその子に授けている。まず近業に対して、嘉応元年十月十五日には『鄭註礼記』について家説を授け（両足院本二十奥書）、同二年六月二十六日には『春秋経伝集解』の説を授けている（図書寮本十五奥書）。次には良業に対して、治承四年七月頃から翌養和元年七月にかけて『春秋経伝集解』につき、初めの中は摂津福原の都に於いて、次いで京都に於いて引続き家秘説を授け（同上各巻奥書）、養和二年三月頃から寿永二年二月頃にかけては『鄭註礼記』二十巻の秘説を授けている（両足院本各巻奥書）。前の本について寿永三年二月から同年七月頃に亙って再び良業に授説しているのは（前掲各巻奥書）恐らく直講近業が前年十一月に死したので（『玉葉』寿永二年十一月二十二日条）、その替に任に就く準備ではなかろうか、良業は三年十一月十二日直講に任じている。

右はその一々についての方法は明かでないが、家説秘説を父子相伝する所の好適例である。そして博士家の子弟でない他の明経道の学生にとっても、明経家は前述の如く中原清原それぞれ必ず一人以上は常に教官であったのであるから、学生としてそのいずれかの博士に就くことによって、その家学を学ぶことが出来、紀伝道に於ける如き複雑な関係は起らなかったようである。

四　家説・伝本の秘密性

訓点・訓釈法に異を立てて、家説従って家学を形成した場合、それを権威づけ、権威を保持して行く為に、訓点法を公開せず伝授者にのみ伝えて秘密にすることが次第に行われた。通説のような乎古登点が秘密の為に起ったのでなく、便宜の上からと思われ、初めは異を立て門戸を張り、むしろ誇示する程と思われるが、次第に内容に発展なく、権威の保持に消極的となるに従って秘密性が濃厚になったと思われる。かくて家説はまた秘説となったのである。その内容については余り知り得ないけれども、どれほど秘密にされたかということについて述べて見よう。藤原師通は、橘直幹の書し、藤原伊周の点した『毛詩』を求め出しているが(『後二条師通記』永長元年七月十一日条)、それには家々説(これも直幹書か)が裏書されてあった。家々説が一人の人によって註記され、家説がその家の人以外に全然知られなかったのでないことを示している。清原頼業も『春秋経伝集解』について、「先進古賢訓詁頗疎、家々秘本非レ無二疑殆一」といって（図書寮本奥書）、家々秘本を自身知ってこれに疑を挿んでおり、事実「以二中（中原）家本一移点」しており（内閣文庫本『古文孝経』奥書）、明かに他家の本を見ている。

また前述の博士家ではないが源俊房が、父の秘していた点本を天皇の御召によって進上したという事実などあり、藤原敦綱（式家）は長寛二年八月二条天皇の綸命を奉って『群書治要』を点進しており（図書寮本三十・四十奥書）、なお師弟関係伝授の特殊な場合であるが、侍講侍読として天皇の御読に侍する場合には家説を以て授け奉っているのはいうまでもない。例えば大江匡衡は「孔子世家、家家説不レ詮、宜下以二江家説一備中之叡覧上焉」の一条天皇の勅喚により、「抽レ毫立加レ点」て侍読し奉り（『江吏部集』中述懐古調詩）、藤原正家（日野）は自点の文集を以て侍読し、同俊経・親経も同じ本を以て天子に授け奉っている（図書寮本奥書）。また藤原永範（南家）は安元三年高倉天皇に自点の秘本を以て『貞観政要』を授け奉っている（図書寮本奥書）。天皇に対してだけでなく。藤原貴族に対して家司の地位にあったような儒者達は、これを秘すことは出来なかった。藤原兼実は清原頼業に『貞観政要』を渡し、これに加点して進めしており（『玉葉』治承四年八月四日条）、また『群書治要抄』を三四巻宛渡して点を直さしめている（同上養和元年八月二十五日、十一月十四日、寿永元年七月十九日条)。

しかし藤原貴族と雖も書物そのものの獲得には余程の苦心を払っている。藤原頼長は清原頼業から直講清原信憲の許に『周礼疏』摺本があるを聞き、これを得んとしたが、それに先立って陰陽師をして、その本を得べきや否や、また使を中原定安・清原頼業いずれにすべきか等を占せしめる等非常に慎重を期した後、初めて頼業を遣して、手本と他本を与える代に、摺本疏を得ることに成功した(『台記』久安二年三月十一日条)。また白河法皇から中原師遠に下し賜わり、孫師景の家にあった『素書』を藤原兼実が得んとし、一見を申出たが、子孫と雖も容易に伝授すべからずと師遠が起請を書しているので、祈請した処、夢中に許すべきの告があったので手づから書して師景が兼実の所へ持参している(『玉葉』治承五年二月二十三日条)。また中原師元の自抄になる『雑例抄』という秘蔵の抄物が子の中原師尚の許にあるのを、兼実は初めから借りて順に見ていた所が、夢告があったとて第四巻以後を貸さない。兼実が遺憾に思っていた処、師尚は再び霊夢があって父が許したから秘すべからずとて第四巻を持参し、兼実は「霊魂感二愚臣之心操一」とて悦んでいる(『玉葉』元暦二年正月十三日条)。これらはいずれも点本ではないが、たまたま博士家に於いて伝来の書籍が如何に秘蔵せられ、藤原貴族の権威に対してもその公開を忌避したかを、しかしまたそれと同時に、結局忌避し了せなかったことを語るものである。一般に家学の秘説ないし秘本は秘密にせられつつも、未だそれ程絶対的なものではなかったと見てよかろう。

かくの如くして博士家家学は、後三条天皇の延久頃から院政時代の半にかけて、その実質に於いてほぼ確立したものと見てよいのではないかと思う。固より令制の惰勢は相当根強いものがあって、表面上は大学寮の制度がなお一つの大なる組織を持つものとして現われており、実質も多少遺存されているが、その内部に於いては各氏族が各別の一単位として博士家家学を形成しつつあったので、勿論そのより完全なる形は中世の学芸全般に亙って家学が見られるその一部を形成するものとして現われていようが、その源流は既にここに見られたのである。

家学を説いて家学の具体的内容に触れることなく、後半に於いて著しく想像的分子が加った。これを明かにするには記録による研究の外に古抄点本についての精査を要する訳であるが、ここにはただ従来の教育史に於いて、令制の大学寮の次には卒然として家学の興起を並べ、その間の推移については全く閑却されているのに鑑み、聊かの臆説を試みたに過ぎない。

（1）中世以後の博士家がほぼこのままの形で続いたことは、一条兼良の『尺素往来』に、「先全経者、周易・尚書……清・中両家之儒、伝二師説一候二侍読一歟……次紀伝者、史記幷両漢書……南・式・菅・江之数家、被レ伝二其説一乎、……法家者、律及令、中家・坂家、各伝二其義説一者也」とあり、桃源瑞仙の『史記抄』九に「又本朝ニ紀伝ノ儒者・経伝ノ儒者ト云フ分別アリ、昔ハ不在家而在人、今ハ在家而不在人云云、紀則菅家子孫、高辻・東坊城・西坊城・五条・唐橋・中御門等是也、又曰、日野一流兼之、経則清家・中家、皆是外記家也」とあり、『碧山日録』長禄三年四月二十三日条に「本朝諸儒、用三清家・中家・菅家・江家・南家・式家・善家之学一、経之与二紀伝一、各異二厥業一、凡七氏之家、有下不レ墜二先緒一而教授者上、又有下怠レ学反レ術、廃二其家伝一者上、又有二其家無レ嗣而纔名存者一」とあり、また月舟寿桂の『幻雲文集』中の漢水余波序に、「吾邦以レ儒為レ業者、其家有レ二矣、世謂二之紀伝、経伝一、経則中家清家之外記掌焉、紀則菅家江家南家掌焉、南家者藤氏也、紀云経云、其家雖レ異、共承レ自二右大臣正二位吉備朝臣真備一也、凡明レ経者暗二於紀一、精レ紀者於経一、咸是玉砕而不二克全一焉、……竊以、天下歴二応仁之変一、諸家芸籤、悉委二秦燔一、然後儒林凋喪、無下面二受伏生一者上、何況江家之亡既久矣、南家雖レ在、不二嘗伝レ業、菅家亦綴レ旒耳」とあることによって知ることができよう。

（2）『花園天皇宸記』正中元年十二月十三日条に、「今日読毛詩第一、師夏（中原）、侍読師夏云、於御前読書皆切音也、但至于詩者可有頌声之故、聊伺御気色、可引音之由口伝云々、尤有興、仍今日引音読之也、礼記終不引音也、清家侍読皆引音、御読声在別之由口伝云々、良枝（清原）即如然、師夏一向不引音之由申之、両家之相違歟、但別仰之時、引音之由申之也、」とある。中世明経家の例であるが、引音・切音の別を以て家学に異を立てた例として見ることが出来よう。

第三節　平安時代後期の大学寮の財政

平安時代の初期に於いて大学寮に対して種々の財政上の施策がなされたことは前に述べたところである。学生給費の為の勧学田・学生副食物の為の貨幣出挙・学生食料の塩の為の国稲出挙・教官の職分田・受業師料・寮内公廨雑物の為の諸国雑稲出挙等がそれである。

しかるに、平安時代初期も未だ幾もならざる中に、百町余を算した勧学田は伴善男の訴によって激減を見た。山城久世郡の田は四分の三を他寮に給し、河内茨田渋川両郡の田は洪水によって大河となり、常陸丹後の出挙稲は度々の交替に依て本稲を欠き利稲を失い、

当今所レ遺者、唯大炊寮飯料米六斗、山城国久世郡遺田七町而已、以二此小儲一充二数百生徒一、雖レ作二薄粥一猶亦不レ周、（『三善清行意見十二箇条』）

という状態であった。しかして給費不足の大学寮に潔く踏留って勉学にいそしんだ彼らの身にひしひしと迫るものは深酷なる就職難の世相であって、彼らは次第に大学寮に遠ざかり、大学寮は閑散を極めるに至ったのである。この大学寮の窮状を写した三善清行の意見は延喜十四年四月二十八日上られたものであるが、それより後に至って編纂して上られた所の『延喜式』には、既に無実となった筈の多くの財源が記されている。

今『延喜式』に現われた財源を見ると、まず得業生に対しては、天平二年の制（第一章第三節）と変らないが、夏冬の時服は大学寮より式部省に申して給わり（大学寮式）、米は大炊寮より給し（大炊寮式）、塩雑魚海藻は大膳職より給することが定められている（大膳職式下）。なお官より衣食を給うこと得業生と同様なる「別勅生」が置かれたこともあった（『三代実録』貞観二年九月二十六日条御輔長

道伝）。

得業生以外の学生に、大炊寮月料日に一升二合[1]の米を給せられる者五十人[2]があった。一方にまた得業生等が試験をして、及第した者を食口に補する規定があるが（大学寮式）、この「預二食口一学生」の実例を見ると、幼にして父を失った者であるから（『類聚符宣抄』九）、家道困窮の者に給せられたものと思われる。この食口が、大炊寮月料米を給せられる五十人と同一のものかどうかは遽に断定できないが、恐らく別であろう。いずれにしても数百の学生に対しては一部の者に対する施設に過ぎない。

これに対して学生全般に対する給費の財源は勧学田であって、清行の意見によると、延喜頃には遺る所、山城久世郡の田七町のみとあるが、『延喜式』では、その外に越中播磨にも墾田を置き、合せて三十六町余、郷価を以て賃租し、その地子を以て学生の食に充てた（大学寮式）。

主食物の米に対して、副食物たる学生の菜料は、京職の貨幣出挙に依っていたが、行われなくなり、その代りに丹後国稲八百束を国司に預け、毎年出挙した息利を味物に交易し、大学寮に送って学生等の菜料に充てている（大学寮式）。なお山城国久世郡白田一町を求めて菜圃とし、また京中に在る園地は得業生をして居住せしめ、余地あれば雑菜を植えて食料に充てしめた（同上）。また備前国雑稲の中大学寮料一千束の息利を塩と交換して大学寮に進め、学生等年中の食料の塩としたことは、『弘仁式』（主税式）から『延喜式』（主税寮式大学寮式）まで同様であったと思われる。

次に教官に対するものとしては、博士職分田・受業師料の外に、大炊寮月料米は大学寮官人六人、博士十五人に日に各々二升の割で月毎に同寮より給せられ（大炊寮式）、教官講説中は右の外大膳職よりも塩等の食料を給し（大膳職式下）、講説し訖ると経の大小等に応じて銭を賞せられた（大学寮式）。燈燭料銭は宿を計って給うもので、明経博士は夜別二十文、余博士は十五文、越後国墾田地子物を以て充てた（同上）。

なお馬料銭なるものがあって、諸司の官人は位によって賜うもので、大学教官も無論これに与った（式部式上）。また要劇料なるものがあって、劇務ある官職を帯ぶる者に特に賜う米銭で、大学の官人博士にも賜ったが、弘仁九年これを停止し（『類聚三代格』六弘仁九年五月二十五日官符）、元慶六年頃には再び賜っていることが見える（同書十五、元慶六年四月十一日官符）。

以上述べた教官学生の給費以外の、大学寮の主要な財政は、専ら諸国雑稲の出挙に頼った。清行の意見によると、勅あって、常陸国をして毎年九万四千束を出挙せしめ、その利稲を寮中の雑用に充てたが、延喜頃には度々の交替に依って本稲を欠き、従って利稲もなき有様であった。しかるに『延喜式』には、これを細分して、五万四千束を常陸に、余の四万束を近江越中備前伊予の四国に等分して出挙せしめた利稲を、大学官人の大炊寮月料米欠官不仕料と共に寮家の雑用に充てていることが見える（大学寮式）。

以上を通じて見られる如く、三善清行の意見によると、多くの財源が減少したり、消滅したりしている筈であるのに、その後に編纂された所の『延喜式』には多く復活されて記されているばかりでなく、今までにない種々な種目の財源が記されているのは如何に解すべきであろうか。清行の意見は、その文書の性質上、大学寮の財政の窮乏を極端に誇張したであろうし、『延喜式』は、その整然たる官府のあるべき姿が、現実以上に現わされていると思われるので、両者はそれぞれ反対の方向に幾分割引して考うべきものであろう。

しからば『延喜式』以後の情況はどうであろうか。律令的体制の崩壊・都鄙経済の阻隔促進の一般的情勢から考えて、京中・山城国・近国の経済に基礎を置く財源はその形態を保持し易く、遠国のそれは保持し難いように考えられる。就中、諸国雑稲出挙の如き最も律令的なるものに頼る財源の如きは、最も頼り少ないものであって、延喜以後の一般情勢にあっては、清行のいわゆる本稲を欠き従って利稲なきことは国々皆然りではないかと想像されるのである。しかるに意外にも、この種目の財源に於いて、延喜以後にも、当局者の努力が払われたことを瞥見することが出来るのである。

即ち、長元三年頃の前上野介藤原家業と新上野介藤原良任との交替に関する文書（九条本『延喜式』二十裏文書）に、上野国に於いて当時出挙しつつあった雑稲の種目を列挙した中に、

救急料拾弐万束
大学寮析万束
定救急析拾壱万束

とある。『延喜主税式』には、上野雑稲の中、救急料十二万束は記されているが、このような内訳は記されていない。

次に寛治七年六月の勘解由使勘文（『朝野群載』二十六）によると、相模国の現に出挙しつつある雑稲の種目の中に、「大学寮析一万束」が見える。これは『延喜主税式』の相模国雑稲種目中に全く見えない所であり、しかも同書に見えないのはこの種目だけである。そこで、『延喜主税式』の雑稲各種目の束数から、勘文に示された減省束数をそれぞれ減ずると、大部分は勘文に記された定挙（現に挙しつつある）数と合致するのであるが、ただ一種目の救急料のみは、『延喜式』数七万一千束から減省数の三万六千束を引くと三万五千束であるべき筈の所を、二万五千束と記されていて一万束足りない。これが前の大学寮析一万束であって、即ち相模国に於いても、救急料の中一万束を割いて大学寮料に宛てたことが知られるのである。

救急料本来の用途は、「凡救急析稲、国司出挙、毎年以二其息利一、矜二乏絶一助二農桑一、但挙任二民情一、莫二必満一レ数、雖レ宛二借貸一、不レ責二息利一」とあって（『延喜交替式』）、窮乏の農家を救う為のものであったのであるが、是より先加賀国に於いて救急料一万束を割いて修理官舎料に宛てた例（『三代実録』元慶三年五月二十三日条）にも見られる如く、敢て他の費用に転用されることが行われたのである。

上野と相模とについて別々の年代に証拠が挙げられる訳であるが、最初にそれぞれ大学寮料が設定されたのは同時であったかどうか、上野相模以外にも、他の諸国についても設定されたかどうか、またこの時に当って『延喜式』に見える常陸・近江・越中・備前・伊予の雑稲出挙がなお未だ継続中であって、更にこれを補強せんとしたものか、あるいはこれらの諸国の雑稲が無償となった後に、その代りの意味のものであったかどうか。いずれも断定はつけ兼ねるけれども、律令的体制の益々崩れつつある平安時代後期に於いて、その基礎の上に立つ財源の種目が設定されたことは、当局者の学政に対する積極的な意志の現われと見ることが出来ようと思う。

このような律令的財源の望少なきに対して、平安後期以降の情勢から考えて、有力な財源たるべきものはいうまでもなく庄園であり、大学別曹の随一たる勧学院が、多くこれに財政的基礎を置いて隆盛を齎したことは既に見た所である。これに反して官学たる大学寮はその公的性格から容易に新しい財源を採入れることは困難な事情があったのであろう。『延喜式』（二十大学寮）に、

凡権史生二人預二諸国庄事一、若有レ闕者、申レ省補レ之

とあるのは、大学寮領の庄園事務を大学権史生が掌っていたことを示すものであるけれども、この史料以外に大学寮領諸国庄園の存在を立証する史料は今までの処見出すことができない。恐らく前述の如く官学という性格の限界から、財源のこの方面への発展は見られなかったのであろう。勧学院領庄園の多数の存在が知られるのと、よき対照というべきであろう（第二章第四節「勧学院」参照）。

これら二つの財源の外に、院政時代頃に特に盛んに行われたところの成功栄爵があった。即ち、菅原是綱が文章院の曹司を造進する成功によって、式部権大輔に任ぜられんことを請うたり（第二章第四節「文章院」参照）、藤原頼長が藤原憲孝をして大学寮の四面の築垣を修補する代りに登省せしめたりした（第三章第一節参照）外にも、藤原忠時が、「大学廟器功」によって、但馬権守に任官したなど（『山槐記』永暦二年四月一日条）、これに類する二、三の事例が見られるのであるが、かの京都に於ける治承の大火後、勧学院が美作守基輔の成功によって再造がはかられたのに対して（第二章第四節「勧学院」参照）、大学寮の再興が捨てて顧られなかったのは、財源のこの項目に於いても、大学と大学別曹との性格の相違による運命をよく示しているとすべきであろう。

（1）『三善清行意見十二箇条』に、大炊寮月料米を初めは人別三升であったと記しているが、得業生すら、天平二年の初めから二升であったから、疑わしい。
（2）大炊大膳両式に尺奠料学生三百五十人料の見えるのは、学生四百人中、この五十人を除いた数であろう。

第四節　勧学会と清水寺長講会

大学寮教育が儒教主義に依ったものであることは今更いうまでもない。平安時代に入って紀伝道が明経道を圧倒して盛んになったことは、儒教主義の濃度を稀薄ならしめたということは出来ようが、しかし別個の主義が儒教主義にとって代ったというのではなかった。その底流をなす思潮はやはり儒教にあった。大学寮に採用された教科書も、令に規定されたものに二、三のものが加えられただけで、平安時代に入っては全く固定的となり、老荘の書や文学的なものや幼学書は大学寮以外の家庭教育または寺院教育に於いてでしか見られなかったことは後に見る如くである（第四章参照）。従って儒教と対立的な位置にあった仏教に関する教育が大学寮に於いて施されなかったことは固より自明のことといわなければならない。大学寮を代表する儒者としての仏教に対する対立的な考え方は、奈良時代から平安時代初期の文章生の対策等に現われた所であった。しかるに彼らの政治的見地の喪失に伴い、次第にこの対立意識を失うと共に仏教への思慕の情を募らせ、まず紀伝道学生の有志的結合を以てこれが実行に移されて勧学会が行われるに至り、時に廃絶の機運に遭いながらも平安時代末期まで行事として続行された。この会の影響は更に儒教主義の本体たる明経道にまで及んで清水寺長講会が行われるに至ったのである。これらは大学寮の教科と関係のないことは勿論であって、大学生が学外で催した会合であり、その点に於いて日本紀講義と一脈通ずるものがある。しかも日本紀講義は弘仁に始まり康保度にはその終了を見ないままに中絶していると思われるのに対して、あたかも勧学会が康保を初度として創められていることは、時代思潮の推移を思わせること誠に適切なるものがある。

一　第一期勧学会

勧学会は村上天皇の康保元年（応和四年）に始まり、鳥羽天皇の保安三年まで行われたことが辿られるが、その間明かに断絶した時期が二度あるので、それを境として三期に分つことが出来る。即ち康保元年から寛和頃までと、寛弘頃と、長元頃から保安頃までとである。

康保元年三月十五日、大学寮北堂学生等が西坂下に於いて初めて勧学会を修した。会の内容は『扶桑略記』に「由㆓聞法歓喜讃之心㆒、講㆓法華経㆒、以㆓経中一句㆒為㆓其題㆒、作㆑詩詠㆑歌也」と記されている。これに続いて記されている保胤の文章は、天延二年橘倚平に宛てた書状の文でこの時のものではない。これが最初の勧学会であることは、後からも「伝㆓康保之故事㆒」（定義詩序）とか、「勧学会者、康保年中為㆓緇素合契、現当結縁㆒所㆓草創㆒也」（成季願文）といわれているのによっても裏書される。『扶桑略記』は会の主体として大学学生のみを挙げているが、『三宝絵詞』には比叡坂本勧学会として、「村上の御代康保の初の年、大学の北の堂の学生の中」の同志が、「僧と契をむすびて」「法の道、文の道をたがひにあひすゝめならはむと云」って、三月九月の十五日をその日に定めて初め行ったとしており、叡山僧との交りのことは初めからであったと思われる。西坂下（または西坂本）即ち叡山の西麓、京都の東北郊で行われたのもその為であって、西坂本の中では、この後第一期勧学会が多く行われた現在の曼殊院の位置に比定される月林寺（『山城名勝志』『京都府寺誌稿』）あるいはその附近の下水飲にあったと思われる親林寺（前田家本『小右記』寛仁四年十一月二十五日、閏十二月十七日条）のいずれかが最初の会の行われた場所であろう（延久三年の勧学会に緇素相語って、「慕二月林之昔儀一催二雲林之今会一」といったのが、初度の勧学会を指したとすれば月林寺で行われたかも知れない）。しかし大学学生側の積極的な発起に出でたことは確かで、従って僧侶側の参加者の明かでないのは無理もないが、学生側についても、正確な初度の参加者を挙げることは出来ない。ただ第一期勧学会に活躍した人の康保元年の年齢から考えて、慶滋保胤・橘倚平・藤原在国（後の有国）・高階積善（前三者は前年応和三年善秀才宅詩合の参加者、積善は詩序の文「遇二祖構一者不レ幾」より想像）等は恐らく初度からの参加者なるべく、殊に保胤は後の活躍から考えて、初度の会に於ける発起者の中心人物であったかと思われる。

天延二年慶滋保胤が日向守橘倚平に宛てた書状に、「此会草創以降十一年矣、期有二常期一、三月九月十五日、処無二定処一、親林月林一両寺、件寺有二触穢故障一者及二会日一以営二求他処一、是仏事之耻、緇素之所レ歎也」とあり、同三年の保胤の知識文に、「起会以降六箇年、(十二)緇素帰レ心、内外勧レ学、善哉此会、未二曽有一レ之、……其奈二有レ期之会一何」とあるによれば（『本朝文粋』）、康保元年三月の初度勧学会以来、場所は定まらなかったとしてもともかく、十年以上連続して定日毎に行われたと考えられる。保胤序者たりし禅林寺勧学会（詩題「聚砂為二仏塔一」）紀斉名序者たりし勧学会（「摂二念山林一」）等はこの期のものであろう（『本朝文粋』）。京都のみでなく、大江以言、伊予国司（恐らく掾）に任ずるや、その地の楠本寺（『本朝文粋註釈』は楠木道場としているが、『三嶋文書』によるに楠本寺の存在が知られる）で勧学会を行っている（詩題「寿命不可量」『本朝文粋』）。しかるにこの後いつしか廃絶し、廃絶後十九年にして藤原道長の外護によって法興院に於いて復興された。それは高階積善のその時の詩序と藤原有国の同題（「世尊大恩」）の詩句中に、「春秋十有九年後、此会中興契二古今一」とあるのによって知られる（『本朝麗藻』）。その年代が不明であるが、詩序中「左相府」とあるのが、長徳三年左大臣となった道長と推定されること、および参加者の有国が寛弘八年に薨じていることによって、長徳三年と寛弘八年の間と考えられる。これから十九年逆算すると、天元元年から正暦四年の間に廃絶したことになる。しかるに『三宝絵詞』の作成された永観二年十一月にはなお「叡山坂本勧学会」は行われていたと思われるから、なおこれを永観二年から正暦四年までの十年間に短縮出来る。この期間に於いて廃絶の原因となり得るものは寛和二年の保胤の出家である。保胤はその「池亭記」や「賽菅丞相廟願文」等（『本朝文粋』）によっても仏教への関心の熾烈さが伺われ、後述の勧学会仏堂建立運動を起したりした第一期勧学会の中心人物であったが、一度出家して仏道に入るや、儒者として仏道を慕う立場から離れ、勧学会の結衆から脱落した。かくしてにわかに中心人物を失った勧学会は、保胤の出家を動機としてその前後に廃絶に帰したことであろう。

　廃絶の更に一半の原因には、勧学会仏堂建立運動の不成就と、それに関連した経済的な原因とが考えられる。天延元年勧学会結衆に加わっていない前甲斐掾刑部良秀が夢中に示現を蒙って地一処を施入したことに起り、その他に仏堂を建立せんとする計画が企てられ、天延二年八月十日、慶滋保胤は「勧学会所牒」を草し、当結故人が加署して、勧学会の結衆たりし日向守橘倚平の許に送り、月俸を分って土木の資に充てんことを勧めており、これに対して倚平は須らく涓塵之資を分けて海岳之勢を期せんことを返事している。翌三年九月十日には保胤は勧学会所の知識文を起草し、故人、当結同心合力して堂舎（堂一宇一間四面、可レ有二礼堂一・廊二宇各七間、僧俗房・屋一宇七間、炊爨所）を建立せんとして棄捐を勧誘し、故人当結の外の同心合力の徒をも誘っている（『本朝文粋』）。ここまで進展した仏堂建立の運動も、倚平への「勧学会所牒」に、「方今会之故旧、人数不レ幾、或是散位、或是無官、何況当結之徒、貧而楽レ道之人而已、彼専二一城一者、是使君也」とある如く、結衆の経済的無力と、結衆外の有力な外護者を得なかったことの為に遂に実を結ぶに至らなかったもののようである。このことは、十九年の後復興した時の高階積善の詩序に、第一期勧学会の廃絶の後を叙して、「月輪像前、講筵空倚二暴露之冷壁一、天台山下、詩境徒為二望雲之故郷一」として、叡山々下月林寺の会の場所の荒廃を記して、「保胤知識文」に見られる勧学会専用堂舎を指したように見えないのは、それが実現されなかったことを示すものではなかろうか。かかる保胤の音頭による一発展の頓坐と、保胤自身の出家とは相俟って勧学会をして一時中絶せしめたものと思われるのである。

二　第二期勧学会

第一期勧学会廃絶の時期を永観二年から正暦四年までの間、就中寛和二年前後とすれば、復興されたという十九年後は長保四年から寛弘八年までの間、就中寛弘元年の前後となる。一度廃絶した後も、保胤以外の結衆の中にもなお仏教への思慕止め難きものがあったであろう。嘗ての結衆は次第に減じ、僧侶は纔に五、六人のみであったが、たまたま京中に相遇うて復旧の計を議した。勧学会の場所として多く用いられた月林寺の本堂は破れて会すべき所なく、行路も遠いので思煩っていた処、左大臣道長これを聞き、父兼家の居宅を寺となした所の法興院に於いて行うを許した（『本朝文粋』『本朝麗藻』）。この時の参加者は、序者となった高階積善と詩作者の藤原有国の外は知られない。いずれも初度の勧学会に預ったと思われる程の故旧である。この第二期のものは主としてかかる故旧の懐旧心より出で、当結の潑剌たる計画になったものでなく、纔に大臣の外護によって成立ったこと、月林寺の位置さへ道遠しとして、叡山僧との交りという本義が忘れられて、元の形式だけの復興が企てられたこと等から考えて、発展性の少なかったもののように感ぜられる。従ってこの寛弘元年前後の会に引続いて年々行われたかどうかも判然しない。大江以言が数度序者となったという勧学会（『江談抄』）、大江匡衡が詩を賦した親林寺勧学会（詩題「恵日破二諸暗一」）および場所不明の勧学会（詩題「大通知勝如来」『江吏部集』）は年代から推して第一期とも第二期ともとれるが、恐らく第一期のものであろう。但し次の第三期の最初の勧学会に於ける菅原定義の詩序に、勧学会が暫く修せられず、結縁の徒歎いて歳を渉ったことを記してあるのをみると（『本朝続文粋』）、何年かは引続いて行われたが、何時しか再び中絶の姿となったものであろう。

三　第三期勧学会

第三期勧学会は、寛弘度の復興から三十余年を経、叡山僧侶側の積極的参加によって三興された。菅原定義の詩序（題「漸々積二功徳一」）に勧学会の廃絶した次に、

爰延暦寺座主法印大和尚属二寰海之清謐一、備二花水一而薫修、蓋挙二其頽綱一非レ興レ欲レ廃哉、禅僧

詞客之合契、雖レ見二長無之新儀一、山雲林見之無情、自伝二康保之故事一、

康保に相対する長無は長元の誤写と思われる。長元の天台座主は、長元元年六月十九日座主に補し、長暦二年九月七日に入滅した慶命である。「法印」という僧位のみを記して僧官を挙げていないのは、僧官を有しない時期と考えられる。慶命は座主に補した時の僧官は権僧正であったが、次第に僧正・大僧正に任じ、長元六年十二月二十二日辞退して、前大僧正となった（『僧綱補任』）。しかしその後にも法印という僧位は残っていたものと思われる。従って慶命を「延暦寺座主法印大和尚位」と呼んだ時期は、長元七・八・九・十（十年は四月に長暦と改元）の四箇年の中で、この勧学会の行われたのは、右の四箇年の中の暮春（三月）の恐らく十五日のことであろう。

従来勧学会に対して余り活動的でなかった僧侶側の、しかも最長上の延暦寺座主の手で復興されたことは注目に値する所であるが、慶命の俗系が、第一期および第二期勧学会に関係した有力者と思われる藤原有国の甥であることに想到すれば敢て不思議ではない。慶命自身、以前の勧学会の結衆の一人であったのではあるまいか。なおこの勧学会の三興された頃、即ち長元八年、慶命は叡山上に尊徳院を草創している（『華頂要略』所収『天台座主記』『山門堂舎記』）。これは勧学会と直接関係はないかも知れないが、慶命のこの頃の一聯の活動を示すものといわなければならない。会の場所となった随願寺は、慶命の入滅後次の座主教円の就任までの間、智証慈覚両門徒の争があり、悪僧が教

円を搦めて京より西坂下に向い、随願寺で免したという事件に出て来る場所で（『扶桑略記』、『華頂要略』所収『天台座主記』）、叡山三千坊の一で（『山城名勝志』）、当時叡山と関係深い寺であったのであろう。「属二寰海之清謐一」とは平忠常の乱の平定を指したものと思われる。定義は父孝標に従い、『更級日記』の著者と共に治安元年上総より上京しており、この勧学会に列して序者となったのである。

この度の勧学会は、内容は分らぬが、「見二長無（元）之新儀一」とある如く新趣向を加え、熱度を以て始められ、従って引続き行われたと思われる。長元より長暦・長久・寛徳を経て永承元年二月二十六日大宰権帥に任ぜられた藤原経通は、その年著任するや直ちに安楽寺に於いて文人二十人請僧二十人を以て二季勧学会を始めた（『安楽寺草創日記』）。経通は文人としては全く聞えない人物で、勧学会の結衆であったとは考えられないが、定義の弟基円が安楽寺別当であり、定義と経通との間にも何か関係がつけられるのではなかろうか。それはともかく、嘗ての大江以言の伊予に於けると異り、継続的行事たらしめた処にその熱度が示されている。菅原定義（康平七年十二月二十六日卒）はなおこの後の別の勧学会に於いて、「入二於深山一」の題で詩を賦しているが（『泥之草再新』）、これは『新続古今集』八釈教歌に、

人々かは堂にて勧学会行ひける時同じ品（序品）入二於深山一

藤原仲実（元永元年三月二十六日卒）

鳥の音も聞えぬ山にきたれともまことの道は猶遠きかな

とあるのと同時のものと思われる。従って康平以前（即ち永承より天喜を経て康平に至るの頃）革堂即ち行願寺（一条北辺）に於いて行ったことが判明する。

康平より治暦を経て延久三年三月十五日の勧学会については、唯一の『勧学会之記』が残されている。この日は雲林院（今の大徳寺の東南）西洞に於いて、先達・学生および僧流の参会によって行われ、「慕二三月林之昔儀一、催二雲林之今会一、星霜雖レ改、儀式無レ違」といって、最初の勧学会通りに行わんとしているのが認められる（『朝野群載』）。藤原敦宗が序者となって行った尊重寺（世尊寺の西）に於ける勧学会（詩題「為二衆生一説レ法」『本朝続文粋』）藤原有綱および有俊の参加した勧学会（詩題「在二於山林一」『泥之草再新』）もこの前後のものであろう。

延久より承保を経て承暦四年九月二十九日、六波羅蜜寺で勧学会が修せられた（題「得仏智慧」）（『水左記』）。この頃から以後、会の場所が大体六波羅蜜寺に一定されたようである。六波羅蜜寺では早く「世有勧学会」云々と勧学会に先蹤を求めて、三月の供花会に於いて八講を行い詩作を催しているが（『本朝文粋』）、そのような因縁があっての故かどうか、とにかくこの頃になると勧学会そのものが六波羅蜜寺で行われることとなり、期日の遅延も初めて見られる所である。

初めの頃の勧学会では、『法華経』の講筵はあっても、勧学会の為の『法華経』の経巻は設備していなかった。それを延久度の勧学会の際、藤原成季等が相議して一部を書写して勧学会専用のものとなした。その経巻が、承暦から永保・応徳を経て、寛治二年暮春の勧学会の行事に定められていた藤原俊信の家に保管されてあった処、火災によって灰燼となったので、俊信をして新に一部を書写せしめ、会の当日新写経の供養を行っている（『朝野群載』）。経巻の設備されたことは、それだけ固定的な行事となったことを示すものであろう。

寛治から嘉保・永長・承徳・康和・長治・嘉承・天仁を経て天永二年三月十八日の勧学会は六波羅蜜寺に於いて行われた（題「澍甘露法雨」、序者伊通、記篤昌）。三年三月二十八日夕の勧学会は場所は明かでない（題「安処林野」、序者忠理、記者周衡『中右記』）。天永の次が永久であるが、永久四年十月十三日、勧学会所から来二十二日（一本作二十一）六波羅蜜寺に参会するようとの廻文が、先達と当結学生とに対して二通出された。翌五年三月二十三日には勧学会の来会の行動勧誘を定めた定文があり（『朝野群載』）、延久の例で見るとかかる定文は会の当日作製されたものである。

『朝野群載』に永久四年の廻文に次いで、題・序者・記者を記したものがあるが、何時のものか勘え得ない。保安三年三月六波羅蜜寺のそれが所見の最後である（『六波羅蜜寺縁起』）。

右の第三期勧学会は既述の如く、飛び飛びにしか史料が残っていないが、廃興何れに関する文字も見えないから、大なる中断なしに続行されたものと見て差支えないであろう。

以上二度の中絶の期間を含めて百五十余年の経過が辿られた訳である。

建久六年天台座主慈円が叡山大乗院で行っている勧学講の如きは、嘗て慶命座主の関係したことから考えれば一応の関係は考えられるにしても、全く僧衆のみの為のものであり、内容を異にしている。況や高野山・東寺等の勧学会は別個に扱わるべきものである。僧儒の交りという形式から考えると、『真俗交談記』『真俗擲金記』等の内容が連想されるが、勧学会に含めて述ぶべきものではない。

四　勧学会の行事内容

勧学会の行事内容は、康保元年の初度の勧学会については、『扶桑略記』には『法華経』を講ずることと、経中の一句を題として詩歌を作ることを記し、『三宝絵詞』には経を講じ仏を念ずることが記され、結局講経と念仏と作詩歌が三要部をなしている。更にその後慣例となった初期の会の次第については、『三宝絵詞』が引続き述べている。会の式日は三月九月の十五日（暮春暮秋の望の日）であるが、全体としては十四日の夕から十六日の暁に亙る行事であった。十四日夕、僧は山より下り、俗は京都より麓の寺に詩句・経文を誦しつつ相会し、十五日朝には『法華経』を講じ、夕には弥陀を念じ、その後は十六日の暁に至るまで仏法を讃歎する詩を作り、その詩は寺に置き、なお俗は白楽天の詩句、僧は『法華経』の文句を誦して夜を明すのである。

保胤の序に、「台山禅侶二十口、翰林書生二十人、共作二仏事一曰二勧学会一、……令三一切衆生入二諸仏知見一、莫レ先二於法華経一、故起レ心合レ掌、講二其句偈一、滅二無量罪障一、生二極楽世界一、莫レ勝二於弥陀仏一、故開レ口揚レ声、唱二其名号一」とは講経と念仏の二を指したものであり、続いて、「凡知二此会一者、謂為二見仏聞法之張本一、軽二此会一者、恐為二風月詩酒之楽遊一」とある「風月詩酒之楽遊」とは詩歌を作る行事を指したものであろう。以言の序に、「聊延二講経念仏之筵一而含二歌詠称讃之筆一」とあり、紀斉名の序に、「梵宮日暮、……念二極楽之尊一一夜……先講レ経而言レ詩、内二信心一而外二綺語一」とあり、積善の序に「積善競二宿露一以講二一乗之文一、属二落日一以繫二九品之望一」とあるのはいずれも講経・念仏・作文のみを示すものである。

長元の勧学会についても、「長無(元)之新儀」の内容は明かでなく、敦宗序者たりし時も、「講二妙典一兮念二弥陀一、課二篇詠一而成二讃歎一」す限り変りはないが、延久度のものに至ると『勧学会之記』によって行事の詳細が知られる。この日の勧学会は未時先達・学生・僧衆が雲林院西洞に会し、酉時食堂につき、戌時入堂、『法華経』を講じ念仏を修し、五百弟子授記品の一偈を題として詩を作り、亥時詩を講じ、了って来会の事を定め堂に白している。即ち未より亥に至る半日以内で終っており、しかも純粋の会の部分は後半にある。「慕二月林之昔儀一、催二雲林之今会一、星霜雖レ改、儀式無レ違」といっているだけに、講経・念仏・詩作の三を行うことに変化はないが、初期のものが足掛三日に亙ったのに対し、非常な省略であり、僅かに形式を保っているに過ぎない。ただ記事が詳細なだけに、勧学会に行事・勧誘の役が俗側の結衆から選ばれて会の斡旋をなし、会の終に次の会の行事・勧誘を定めること（初期の保胤の知識文にも勧誘の文字はある）、講経には僧衆から講師・読師を選んで論議決釈すること、講詩には俗衆から講師・読師が選ばれること等が知られるが、これらは強ちこの時始ったものとはなし得ない。外に記者なる役があって、『勧学会之記』を草したのである。

承暦以後の勧学会の如きは、期日さえ式日通りに行われず、常に追行し、「今夕有勧学会」というように一夕の行事となっており、廃絶近き衰兆を表わしているといえよう。

五　勧学会の性格

勧学会の右のような変遷は、結衆の構成の推移の中にも看取出来る。僧側の結衆は長元の慶命と、延久の澄範・運増外二人の名が知られるだけで、後者が叡山僧の如何なる地位にあったものかは不明であるが、俗衆について見ると、第一期は保胤を中心として、当結即ち現役の学生の発起になり、当結が主体をなし、故人（先達）即ち先輩は纔にこれを援助したに過ぎず、そこに維持経営の困難もあった訳であるが、第二期にはこれら曾ての当結の生残りが主体となり、次代の当結が主体とならなかった所に永続きしない原因の一半があったようである。延久度には、先達（故人）には前河内守式部少輔以下十数人に対し、学生と思われるのは範綱以下の五人の少数であり、永久四年秋の勧学会には、会に参会すべきことの廻文が先達と当結と別個に出され、先達は式部大輔・大学頭・文章博士・秀才・進士等の十四人、当結は給料学生・（勧学院）学頭・学生等の八人である。このような先輩の多数に占められた固定行事となった勧学会に清新の気が失われたのは当然である。

「善哉此会、未㆓曾有㆒㆑之」（保胤文）とか、「勧学之会、其義大矣、非㆑踵㆓芳躅於漢朝㆒、只酌㆓濫觴於日域㆒」（定義序）とか、「夫勧学会者、不㆑拠㆓漢魏之故事㆒、無㆑尋㆓典籍之彝倫㆒」（敦宗序）などという勧学会の独自性は、右のような変遷から見ると、二度の中断にもかかわらず百五十年間続行された点にも意義が認められないことはないにしても、やはり第一期勧学会の中に見るべきであろう。しかして第一期勧学会の中心人物が慶滋保胤であったことは前に述べたところである。保胤は朝廷に出仕の側、西京の池亭に行い澄まして、「盥漱之初参㆓西堂㆒、念㆓弥陀㆒読㆓法華㆒、飯飡之後入㆓東閣㆒、開㆓書巻㆒逢㆓古賢㆒」というように、儒書を閲するのみでなく、読経念仏をも日課としていたことが、勧学会が始まって後に彼自らの記した『池亭記』（『本朝文粋』十二）によって知られるが、かかる行事を集団的定期的に企図したのが勧学会であったということが出来よう。

この『池亭記』は白楽天の『池上篇幷序』に倣ったものといわれているが、『池亭記』の中にも、白楽天を詩句に長じ仏法に帰するの故を以て、異代の師として慕っている趣が見えている。一方また勧学会に於いて、学生は十四日の夕百千万劫菩提種、八十三年功徳林という偈を誦して寺に赴き、十五日の夕から十六日の暁にかけては、白楽天が『白氏文集』を香山寺に納めた記に「願以二今生世俗文字之業、狂言綺語之過一、転為二将来世世讃仏乗之因、転法輪之縁一」というのを誦して夜をあかすことが行事に含まれている（『三宝絵』下）。このように儒者の立場に於いて仏法を慕う場合、当時流行した白楽天の仏教色濃き詩文がその媒をなしているのは争えない事実であるが、しかし行事内容の編成決定に当って拠り所となったところは見出されず、全く独特に学生有志の間からの無常観から発する仏僧と法と文との交歓という自発的要求より始められたものであることは疑を容れぬ所である。

　村上の御代、康保の初の年、大学の北の堂の学生の中に、心ざしをおなじくし、まじらひをむすべる人あひかたらひて云、人の世にある事、ひまをすぐる駒のごとし、我等たとひ窓の中に雪をば積とも、且は門の外に煙を遁む、願は僧と契をむすびて、寺にまうで、会を行はむ、くれの春、すえの秋の望をその日に定て、経を講じ仏を念ずる事を其勤とせむ、この世後の世にながき友として法の道、文の道をたがひにあひすすめならはむと云て、始行へる事を勧学会と名づくるなり（『三宝絵』下）。

勧学会の会衆であったことは知られないが、『空也上人誄』や、『円融院御受戒記』を草し、「老て法の門に入りて九の品の蓮を願」(『三宝絵』序)うた同時代の儒者源為憲の記した右の文は、勧学会創設の事情を最も正しく意を尽しているものと見るべきであろう。中には「風月詩酒之楽遊」と見做す人はあっても、実は「見仏聞法之張本」ともいうべきものであったのである(『本朝文粋』保胤詩序)。勧学会がかかる意義を持った上に、この後長く続行されたことは、その頃しばしば編纂された往生伝がほとんど悉く儒者の手になり、その中に幾人かの儒者の往生者としての伝記が含まれていることと共に、上代の儒仏関係について深く考うべきものを有っているのである。

勧学会の場所として西坂本が撰ばれたことについて聯想されるのは、『源氏物語』中の二節である。一は、落葉の宮の母御息所が物の気に煩い給い、西坂下の小野のわたりの山里に遷られたのは、御祈の師である律師が山籠りして里に出まいと誓ったのを、麓近くに移って請じおろさんが為であったこと(夕霧)、今一は横川の僧都の母が、同じ小野の右の御息所の山里の少し奥へ庵を結んだのも、滅多に京まで出ることのない僧都を請ぜんが為であったこと(手習)、この二つは、西坂本が台密信仰の貴族と叡山僧との信仰的交りの場所とされたことを示すもののようである。なおまた、源信僧都が妹の安養尼と病が大事になった時に会う約束をなし、源信が千日の山籠りで京にも出ない折、尼が大事になったので西坂本のサカリ松で会った処事切れていたが、勝算の加持によって蘇生したという話（『真言伝』五）も一般貴族の信仰とは言えないが、西坂本の地理的位置を物語っている。かかる台密信仰が一般貴族でなく、前述の如き普通仏者の反対者と考えられる儒家の心を捉えて、求道的行道にまで出でしむるに至ったのが勧学会であると考えられるのではあるまいか。

六　清水寺長講会

以上述べたところの勧学会に対して、清水寺長講会については詳細を知ることは出来ない。勧学会に於ける仏教信仰が台密信仰と限定されていたと共に、参加の儒家もまた紀伝道儒家に極限されていた。「大学寮北堂学生等」（『扶桑略記』）「大学の北の堂の学生の中（『三宝絵詞』）「翰林書生二十人」（保胤序）等はすべて紀伝道学生を指し、「勧学之会其義大矣、……乃是台岳之勝趣、抑亦吾道之佳遊也」（定義序）の「吾道」とは紀伝道を指すと見られる。『朝野群載』は勧学会雑事を紀伝の部に収めている。紀伝道は明経道の純儒教的立場に比して自由な立場にあり、仏教への志向がまずこの道に現われたのは自然であり、明経道が釈奠を主催するのに対するものとしてであると考えられないこともないのである。

藤原為房が撰して白河法皇に上ったと言われる『撰集秘記』（十七年中十七）の目録に九月十五日の行事として、

清水寺長講事明経

勧学会紀伝

本文には、

同日清水寺長講事法花経明経道所行

同日勧学会紀伝道所行事見三月十五日事

とある。三月条は現存書に欠けている。勧学会が公事書に載せられるに至ったのは、固定的行事となったことを示すものであるが、それと共に、同日に明経道によって、法華経長講が清水寺で行われていたことは興味深い事実といわねばならない。明経道の純儒教の立場はここに放棄され、恐らく勧学会に倣い、それに対抗するものとして始められたものであろう。『師元中行事』三月十五日の条に、「清水寺長講会事」、『年中行事抄』同日の条に、「清水寺長講事明経道行之」とあるによると、勧学会より後まで行われたかと思われるのであるが、実際に行われた事例については未だ一つも管見に入らない。

さらぬだに紀伝道の隆盛は儒教主義を稀薄なものにしていた所へ、紀伝道の勧学会、更には明経道の清水寺長講会は、図らずも大学の歴史を、学外に於いてではあったが、仏教的な色彩を以て彩った。しかし時代の推移は必ずしも同じ方向へ一途に進んだのではなかった。平安時代末期悪左府頼長や、清原頼業の出現は、儒教主義的な更張の気運を示した如く思われ、中世に入っての宋学の輸入は更にこれを高揚したものがあったが、それらについてはここでは触れぬこととする。

第四章　上代に於ける教科書の変遷

一　官学の教科書

我上代の学校教育ないし家庭教育に於いて用いられた教科書の変遷について少しく述べて見たいと思う。ここに我上代に於いて一般的に読まれた書籍の中から、特に教科書のみを取出して問題とする所以は、教科書には時代思潮と共にその属する当該社会の教化意識——即ちその社会の組織に適した理論を注入せんとする意識が反映する点に興味があるからである。即ち官学教育、特に政治的大変革直後の官学教育は、国家の教化意識に左右される事強く、為に官学は純粋の教育機関というよりも、官史養成機関の形さえ取るのであり、その教科内容、教科書も、治者階級たる官吏群に注入すべき、国家社会組織を説明する所の政治理論の盛られたものが最も重要な部分を形成するのである。

我上代に於ける学校は、大化改新の大変革後、天智天皇の時に創められた大学寮がその主要なものであって、地方の国毎に設けられた国学等もその教科書は全く大学寮に準拠したものと思われるから、ここに学校教育といっても大学寮に於ける教育のみを問題として差支ない。この大学寮に於いて用いられた教科書は、令に規定せられ、他の諸制度と同様にほとんど唐の制度に倣ったものであって、即ち学令に『周易』『尚書』『周礼』『儀礼』『礼記』『毛詩』『春秋左氏伝』『孝経』『論語』の九種の儒典が挙げられ、これらは大体その量によって大経・中経・小経の別が定められ、各々の組合せによって修業単位の計算法が定められていたのであった。これらの教科書の用いられた学科は、大学寮に於ける最も重要な部分を形造る学科であって、後に明経道と呼ばれる学科である。これに附随して特殊な学科として算・書・音の三道が置かれ、算道の教科書は算経として『孫子』『五曹』『九章』『海島』『六章』『綴術』『三開重差』『周髀』『九司』の九種が用いられた（学令）。

なお注釈書についても、『周易』は鄭玄・王弼の注、『尚書』は孔安国・鄭玄の注、三礼『毛詩』は鄭玄の注、『左伝』は服虔・杜預の注、『孝経』は孔安国・鄭玄の注、『論語』は何晏の注といったように法定せられ、その学習法も、定められた注に盲従して、内容的批判を加える事なく、注文も本文と共に暗誦を事とする方法であった事は試験方法等によって察せられる。これを唐の制度に比すると、書目に於いては『春秋』公羊・穀梁両伝と『老子』がこれ以外に見えるのであるが（『唐六典』『唐書』等)、『老子』は唐に於いては、唐の王室が老子と同姓の李氏である為にこれを祖先として祭ったという特殊事情により彼に採用されたのを、我に採らなかったまでであり、公羊・穀梁両伝は唐にも初めは採用されず、後用いられたものの如く、我国でもこれに倣って、入唐せる明経請益直講博士伊与部家守の献言により延暦十七年にこれを採用しており(『学令集解』所引延暦十七年三月十六日官符)、また貞観二年には『孝経』の注釈書を玄宗皇帝の御注に改めたのも(『三代実録』貞観二年十月十六日条)、唐の制度によったものである。即ち我大学寮に採用された教科書は唐制を大体に模倣し、彼に於いて専制国家の政治理論として経験済の儒教主義の経典をそのまま用いたのであり、その学習法は漢註唐疏の学、即ち訓詁の学であって、唐のそれと変らなかったのである。

令制定の後に於いて、大学の学科に紀伝道(文章科)と明法道の二が生じた。前の明経道の訓詁学は、最多数の教官と学生を擁して、大学寮教育の主流をなしていたにかかわらず、常に沈滞的であったのに対して、新たな必要によって生じたものは常に勢力を持つものであって、明経道は『律』『令』を教科書として、法治国家の実際的な要求によって重要視せられ、特に紀伝道は儒教の経典に見える厳粛な倫理的理論的なものから離れた文学的実用的な点によって時流に投じて非常に盛大に赴いた。即ち紀伝道に於いて教科書とされたものは大宝令に於いて副次的に採用された所の『文選』[1]『爾雅』であるが(『学令集解』古記)、なお三史、即ち『史記』『漢書』『後漢書』も採用されるに至った。この三史は大宝養老令には全く見えないのであるが、天平頃吉備真備が学生をして三史等を学ばしめた事が見え（『三善清行意見十二箇条』）、天平宝字元年には伝生（文章生）が三史を読めば国博士に任ずる事が定められ（『続日本紀』天平宝字元年十一月九日条）、『延喜大学式』では『文選』・三史が紀伝道の教科書として挙げられている。これらの書物は修飾文の文集・語彙・史書等であって儒教倫理的なものとは別種のものである。紀伝道が教官学生の定員数に於いては少数でありながら、平安初期には文章博士の相当位が明経博士の上となり（『類聚三代格』五弘仁十二年二月十七日官符）、文章生の採用も初めは開放的であったのが、一時的ではあったが三位以上の子弟に限ったりして（『本朝文粋』二天長四年六月十三日官符）貴族化し、六国史の伝記を閲して、文章生でなくして単に大学に遊学した者の内でも、史漢ないし『文選』を学び、文章を習い、詩賦を閑った等の紀伝道的な教科を受けた者が多数見出されるのは畢竟紀伝道教科の文学的実用的な所が時代の要求に合致した為に外ならない。即ち政治が安定し、文化が進むと共に、政治理論は顧られる事が少なくなり、政治の外形を飾るべき文学的実用的なものが追及され、かかるものを教科内容とした学科が盛行するに至ったのである。唐の弘文・崇文館――そこでは『史記』『漢書』『後漢書』を教科書とされたのであるが――の制度を模したと見られる点がないではないが、結局我に於ける実際の要求に伴って特別の発達をなしたものと見るべきであろう。

大学寮に於ける教科書は今までに挙げた外に支那正史の一なる『晋書』が平安時代にしばしば講ぜられているのであるが(2)(『文徳実録』天安二年六月己酉条、『日本紀略』延喜十一年十二月十八日・同十三年十二月十五日両条等)、その外の書目は明かでない。弘仁以後、殿上に於ける『日本紀』の講義に於いて、大学教官がこれを講じ、文章・明経得業生、学生等が都講または尚復となっている場合が多く見られるのであるが、この『日本紀』を大学寮に於ける教科書とする事は出事ないであろう。このようにして大学寮の教科書はここに全く固定せられ、その後聊かの変動も見られなかったのであるが、一方時代は進行して、時代の要求する所のものと大学教科の間にギャップが生ずるに至り、しかも次第にそれは拡大して、大学寮の教育的意義は薄れるに至ったのである。かかる事情は大学寮の財政的衰頽と相俟って、大学寮は単なる官途に就く一手段となり、しかも無事に官途に就き得る者は譜第の者か、濫吹請託による者か、極少数の才士であって、不才の者は衰老して空しく帰り、旧郷凋落して帰るに所なき者は飢餓にさ迷う有様で、大学は「迍邅坎壈之府、窮困凍餧之郷」なりと思われたといわれる(『三善清行意見十二箇条』)。これに反して自由な位置にあり、経済的にも豊な地位にいて、時代の要求と正に合致させて行ったものが、貴族の家庭教育であり、更に進んでは寺院教育であったのである。

個人的家庭教育は具案的教育の原始形態であり、教育様式の更に進歩した学校形態が完備する時にはほとんどすべての教育が学校教育に依拠して、個人的家庭教育採用の範囲は極く上流に畏縮されるのであるが、学校教育の衰微、貴族勢力の膨脹はまたこれを復活させることとなる。古代に於いて伝えらるる菟道稚郎子が阿直岐・王仁に、聖徳太子が覚哿に学ばせ給うたのは正しくこの個人的家庭教育の形態であるが（『日本書紀』応神天皇十六年二月条、推古元年四月己卯条）、大学設立後は、令の制度に於いて、東宮には学士、親王家には文学なる者を置いて書を講授せしめ（『東宮職員令』『家令職員令』）、また天皇となられて後も講授し奉る者として侍講なる者を生じ、即ち皇室に於いてのみ個人的家庭教育が保存されたのである。平安時代になって一般貴族が挙って大学に向うようになると嵯峨天皇の皇太弟（大伴親王〈淳和天皇〉）や宇多天皇の皇子斉世親王の如く、親王にして大学に入学さるる方もあったのであるが（前田家本『西宮記』十一、『日本紀略』寛平二年十月三日条、『政事要略』六九）、中期以後は再び前の状態に還ったのである。今嵯峨天皇の例を見ると、その皇子源寛は入学して文章生となっていられるのであるが（『三代実録』貞観十八年五月二十七日条）、天皇はまた他の皇子の為には大学生の学に志す者を求めて同学になさんとし、源明に対しては山田春城を徴して同房せしめ、諸子百家を閲覧せしめられており（『文徳実録』天安二年六月己酉条）、源啓に対しても、大学生の才学ある者を招いて師と為して書を読ましめられている（『三代実録』貞観十一年八月二十七日条）。かように皇室に於いても両様の教育様式が行われたのであるが、一方皇室との姻戚関係、官職の獲得、封戸庄園の増大等によって次第に勢力を増して皇室を凌がんとする藤原氏は、大学教育の衰微と共に、皇室に於ける如上の教育様式を採用して、天皇の侍講に当るものとして次の如き摂関侍読と称せらるる者を生じ（『二中歴』二儒職歴）、

忠仁公（良房）惟宗高尚讃岐守　昭宣公（基経）右大弁（藤原）佐世外記大蔵長行　貞信公（忠平）大蔵善行学士橘仲遠（蔵人）　清慎公（実頼）菅原雅規（因幡守）

忠義公（兼通）三統道統右衛門権佐　入道殿（道長）文屋如正大学頭　宇治殿（頼通）如正、江匡衡丹波守、江時棟（大学頭）藤有俊（書始）　大殿（師実）惟宗孝言（大学頭）

後二条殿（師通）孝言掃部頭　匡房右（左）（大）少弁藤有俊御書始　後大殿（忠実）行家御書始大江通国大学頭　摂政殿殿下（忠通）大内記令明書始

中殿下（基実）敦綱　殿下（基房）孝範

これら摂関の子弟もまた大学に入る事なく、時の学者を、家司として、家庭に聘して、個人的家庭教育が行われるようになったのである。『源氏物語』少女の巻の言葉を以てすれば、貴族の子弟に取っては、大学に入るなどと苦しい思いをしなくても、高い位に上り、世に用いられる人が、どうしてない事があろうかと考えられていたのである。かように個人的家庭教育は、一般的には制度として現れたものではなく、自然に発生したもので、流動的であった故に、教科内容、特に教科書も

規則に束縛された大学教育と自ら異るものあり、自由な採択が行われたものであった。(3)

家庭教育に採用された教科書は、勿論大学寮のものと同じものがその主流な部分であって、まず天皇侍講の書としては、勇山文継は嵯峨天皇に(『類聚国史』二八弘仁七年六月己酉条)、大枝音人は清和天皇に(『三代実録』貞観十七年四月二十八日条)、式部大輔藤原菅根は醍醐天皇に(『日本紀略』延喜六年五月十六日条)、左中弁藤原在衡は朱雀天皇に(『本朝世紀』天慶二年十一月十四日条)それぞれ『史記』を授け奉り、文章博士春澄善縄は仁明天皇に(『続日本後紀』承和十四年五月辛卯条)、文章博士紀長谷雄は宇多天皇に(『日本紀略』寛平三年四月九日条)、図書頭藤原篤茂は村上天皇に(『西宮記』)それぞれ『漢書』を授け奉り、菅原清公は仁明天皇に『後漢書』を侍読し(『類聚国史』二八承和二年七月丁巳条)、刑部大輔春澄善縄は文徳天皇に『晋書』を講じ奉り(『文徳実録』斉衡三年十一月壬寅条)、また散位同人が同天皇に(同仁寿元年四月丁卯条)、右大弁橘広相が光孝天皇に『文選』を侍読し(『三代実録』元慶八年四月四日条)、大学博士大春日雄継は清和天皇に『論語』を侍講し(同貞観三年八月十六日条)、また同人は同天皇に(同貞観二年二月辛卯条)、および博士善淵永貞は陽成天皇に(同元慶三年四月二十六日条)、式部大輔藤原元方は朱雀天皇に(『本朝世紀』天慶元年十月二十四日条)それぞれ『御注孝経』を、大学博士善淵愛成は宇多天皇に『周易』を侍読している(『日本紀略』仁和四年十月九日条)等その例であり、次に藤原氏の侍読の書としては、藤原行成が大学博士海広澄(後の清原広澄)より『古文尚書』を受け（『権記』寛弘元年三月二十一日条）、助教惟宗為忠に『毛詩』を学び（『権記』長保四年五月一日条）、藤原師通が惟宗孝言より『文選』『後漢書』『詩経』『史記』を、大江匡房より『論語』『漢書』『後漢書』を学び（『後二条師通記』）、藤原良通が清原頼業より『尚書』（『玉葉』寿永二年十一月十四日条等）、『左伝』（同上元暦二年四月二十九日条等）を、同良経が頼業より『論語』（同上文治四年四月二十二日、十月五日条）を受けた如きがその例である。これらの外に天皇侍講の書として『群書治要』が多く用いられていて、助教直道広公が仁明天皇に（『続日本後紀』承和五年六月壬子条）、参議菅原是善が清和天皇に（『三代実録』貞観十七年四月二十七日条）、式部大輔紀長谷雄は醍醐天皇に授け奉っている（『日本紀略』昌泰元年二月二十八日条）等の例が見られるのはこの書の帝王学の書として用いられた為であり、内容的にいって、大学教科と全く別のものとはなし難い。

しかるにこれら大学教科に採用されたいわば正統的な思潮から従来疎外されていたところの『老子』『荘子』や、純文学的な『白氏文集』等が盛に用いられるに至ったことは、自由な家庭教育形式にして初めてなし得たところといってよかろう。しかして、かかる書目もまた、天皇侍講のそれの中に見られるに至っている。即ち仁明天皇が春澄善縄から『荘子』を受けておられ（『続日本後紀』承和十四年五月乙亥条）、醍醐・村上天皇が大江維時から、三条天皇が大江匡衡からおのおの『老子』を学んでおられるのは（『江吏部集』中）注目すべき事であろう。老荘については、唐に於いては『老子』

は初めから、国子監諸学の教科書に加えられ（開元以後は御注を用う『唐六典』二一）、明経試にも課せられ（『唐会要』七五）、道教を基調とした崇元学さえ置かれたが（『旧唐書』礼義志）これは前にも述べた唐の天子が老子と同姓であるとの考からであって、我国にも勿論老荘思想は伝えられたが、封建的な政治理論に反するものとしての内容的批判から大学の教科の中には全く採用しなかったのは、『経国集』に収められた葛井広成や下毛虫麻呂の対策によっても明かであろう。しかるに平安時代に入るや貴族の間にかなり愛好せらるるに至り、二、三の例を挙げると安倍真勝は老荘を学び、「自読如レ流」といわれ（『類聚国史』六六天長三年九月庚午条）、和気貞臣は弱冠安倍吉人に従って老荘を受け（『文徳実録』仁寿三年四月甲戌条）、名草豊成は少くして老荘を学び、長じて五経を読み（同斉衡元年八月丁丑条）、僧由蓮（嵯峨天皇皇子源勝）も老荘を好み（『三代実録』仁和二年七月四日条）、滋野安城に至っては、文徳天皇の勅によって老荘を侍従所に講じ、文章生・学生等が預り聴いており（『文徳実録』天安二年三月丙子条）、安城はもっとも老荘を好み、諸道の人その訓説を受ける者が多かったといわれる（『三代実録』貞観十年六月十一日条）。かかる事例を、先の文章博士が天皇に老荘を授け奉ったという事と共に一聯の事実として考える時は、その間なんら不自然な感を起し得ないのである。

また一方の『白氏文集』も、既に白楽天の在世中に我国に伝わり、『文選』等と並んで貴族間に詩文の模範として推重されたのであるが、大江千古が醍醐天皇に授け奉ってから、大江氏代々が列聖に授け奉っており（『江吏部集』中）、紫式部は上東門院に教えまいらせ（『紫式部日記』）、藤原師通は大江匡房にこれを学んでいるのである（『後二条師通記』永長元年十二月五日条）。藤原明衡の『新猿楽記』によれば、猿楽見物人たる左衛門尉の五君の夫は「紀伝、明法、明経、算道等之学生也、姓菅原、名匡文、字菅綾三、文選、文集、史紀（記）、漢書、論語、孝経、毛詩、左伝、令、律、格、式、尽レ部読了」とあり、『愚管抄』（附録）には「明経ニ十三経トテ、孝経礼記ヨリ、孔子ノ春秋トテ左伝公羊穀梁ナド云モ、又紀伝ノ三史八代史乃至文選文集貞観政要コレラヲミテ、心エン人」とあって文集が他の書と共に大学寮の教科であるかのようにさえ書かれているのである。

右の老荘と『白氏文集』の盛行は、貴族の家庭教育が国家の教化意識の束縛を受けること学校教育より一層少く、教科書は自由な採択が行われ、平安時代の文化の爛熟に伴い、政治理論たる儒教主義を離れ封建的な政治理論に反する自然主義的なものや文学的なものまでが、広く受け入れられた自由な風潮を示すものであろうと思う。

この外になお別の書目を二、三挙げるならば、藤原実頼が藤原後生をして『世説』を講ぜしめ(4)（『左経記』長元八年五月三日条〈内容は天徳元年二月二十五日のこと〉）、藤原兼実が清原頼業より『三略』を（『玉葉』元暦二年六月三日条）、藤原長光より『貞観政要』を伝受している事等が見られる（同治承元年三月十一日条）。なお家庭教育とはいえないが、天皇の左右に授けられたものとして『顔氏家訓』

があり（『三代実録』貞観十八年七月十四日条）、蔵人所の講書として『白氏洛中集』が挙げられ得る(5)（前田家大永鈔本『西宮記』臨時天慶五年八月三十日条）。

なお明法道に於けるテキストは、明法得業生惟宗輔政の課試官符に、読書二部の内訳を「令一部律一部」とあるのによれば（『類聚符宣抄』九）、『律』『令』が依然としてその主要なものであったことは明かであるが、なお『律』『令』の外に『格』『式』も加えられた（『新猿楽記』）。家庭教育に於いてこの法律智識の授けられた例としては、藤原行成が令宗允正に従って『律』を読み（『権記』寛弘元年七月十日条）、藤原宗忠が前大判事菅原有真の屋に行って職員令を読み（『中右記』寛治八年四月十日条）、兼実はその両息良通（十九歳）良経（十七歳）をして『名例律』を道志坂上明基より伝受せしめている事が見える（『玉葉』元暦二年八月二十九日、九月一・十四・十九日条、なお文治二年四月十日条にもあり）。

次第に消極的生活に追い込まれて行く貴族社会のより現実的な要求は、儀式的、有職故実的なものとなり、この頃の「奉公之輩可設備文書」として挙げられた書籍を見るに、礼儀・政理・罪法・雑に分ち二十七種を挙げているが、『江都集礼』『沿革十礼』『群書治要』『貞観政要』の四種の外はすべて我国の書で、儀式典礼政治の典拠とされたのである（前田家本『西宮記』十）。これに伴って藤原宗忠が、その昇進にあやからんが為に、藤原通俊を師匠として弁官の事を尋ね習っているが如き（『中右記』嘉保元年六月二十二日条）、この方面に於ける師弟関係の如きものも生じているのであるが、明瞭な教育形態を取らず、教科書も挙示し難いのでここには省略することとする。

三　幼学書

今までに挙げた教科書は勿論ある程度成人した者にして初めて解釈し得る者であって、被教育者として幼童を予想していないのであり、幼童に対して如何なる教科書が用いられたかがここに問題となる。幼童と成人の境は儀式的には勿論十一歳ないし十五歳位の元服式であるが、教科書に於いても、藤原氏の例を以てすれば、道長の子長家（弓削公頼より『御堂関白記』寛仁二年二月十六日条）、忠実の子忠通（藤原敦宗より『殿暦』嘉承元年正月十一日条）、頼長（藤原敦光より『中右記』長承元年十一月五日条）、頼長の子師長（藤原茂明より『本朝世紀』仁平元年七月二十六日条）、兼実の子良通（藤原茂光より『玉葉』治承三年十二月二十八日条）はいずれも十三才ないし十四才を以て書始めとして『史記』を学んでいるから、例外はあるにしても大体の標準をこの辺に置いて差支あるまいと思う。即ちそれ以前の教科書が問題となるのである。大学寮の入学年齢も令制に於いては十三以上十六以下であるが（学令）、後には十才以上となり（『日本後紀』大同元年六月壬寅条）、更に若く七才遊学の例さえ見られるのであるが（『文徳実録』天安元年十一月戊戌条藤原衛伝）、教科書については前に挙げた以外に全く所見がない。恐らく幼童に対しても理解を問題とせずに、暗誦せしめた者と思われる。しかるに貴族の家庭教育に於いては、内容的な理解を必要とせず、ただ世間百般の事象に関する単純な文句を、誦し易いように韻語で連ねたものが、幼童に対する教育に用いられるに至っているのは、教育方法上の一発展として注意すべきであろう。かかるものとして採用されたのが『蒙求』『千字文』『李嶠百廿詠』であった。『蒙求』は唐の李瀚の撰で、経史中から事実相類する者を采り、両々相比して四字句の韻語となしたもの、『千字文』は梁の周興嗣の撰で、やはり四言句で千字中一字の重複なく、宇宙より微物に至るまで網羅せるもの、『百廿詠』は唐の李嶠の撰、これは五言句で乾象、坤儀、芳草以下万物を詠込んだもので、これらは皆童蒙を対象として編述されたものであり、『日本国見在書目録』には『千字文』は小学家、『百廿詠』は雑集家に収められている。

これらの用いられた例を見ると、まず蒙求は陽成天皇の皇弟貞保親王（御年九歳）が橘広相に従って読まれたのが初見で（『三代実録』天慶二年八月二十五日条、『扶桑集』九）、守平親王（後の円融天皇御年八歳）は東宮学士大江斉光よりこれを受けておられ(6)（『日本紀略』円融天皇即位前紀）、近衛天皇（御年十二歳）は藤原俊経から受けておられる（『台記』久安六年正月二十二日条）。また鎌倉時代に入っても土御門天皇（御年十二歳）が文章博士菅原為長からこれを受けておられるのである（観智院蔵建永元年奥書）。源光行は「イトケナクテコノ書ヲツタヘヨム」でいる（『蒙求和歌』序）。

次に千字文については王仁の進献譚は余りに著名であり（『古事記』）、正倉院文書にも書さしが二箇所知られるが、講授の明確な徴証は貞明親王(陽成天皇御年八歳)が橘広相から授けられているのが初めてであろう(『三代実録』貞観十七年四月二十三日条)。三善清行の子浄蔵は四歳にして『千字文』を読んだという(『本朝高僧伝要文抄』一、『扶桑略記』康保元年十一月二十一日条)。鎌倉時代にも後伏見天皇の皇子量仁親王(光厳院)は御歳七才にして菅原家高より『千字文』を受けられている(8)(『花園院宸記』元応元年正月十九日条)。

次に『李嶠百廿詠』について述べると、李嶠は唐の人で、才思に富み、「属綴する所あれば伝諷を為す」といわれ、王勃等と名を斉うし、「晩に諸人没して文章の宿老となり、一時の学者、法を取る」(『唐書』一四五列伝四五)といわれているから、『百廿詠』の如きも当時行われたものであろうが、いつしか完本を佚し、却て我国に広く伝って、林述斎によって『佚存叢書』に収められているのである。この古写本として、京都御所東山御文庫御物、近衛公爵家大手鑑に嵯峨天皇の宸筆と伝えられるものの残闕があり、教科書として用いられたか、書の手本としてか明かでないが、とにかく早くから我国に行われた事を示すものである。教科書として用いられた例は、文徳天皇が皇太子として梨本院に御した時、清内雄行が『百廿詠』『孝経』を侍読しており(『日本紀略』元慶七年六月十日条)、藤原為光の子松雄君(後の誠信)は七才の秋より源為憲を師として『李嶠百廿詠』を読み、学んで厭はなかったといい(『口遊』序天禄元年十二月二十七日)、菅原為長は四歳(保元三年)の春、祖母の懐中に在って『李嶠百詠』を誦し（『願文集』四天福元年十一月二十一日逆修願文）源光行は十才の時読んだという（『百詠和歌』序）。平清盛の第八女（坊門有房の妻）は「画図の障子に百詠の心を絵に書」いて一筆に銘文を書き、後白河法皇の御賞めに預った（長門本『平家物語』清盛息女事）。鎌倉時代になっても、建久八年文章生菅原某（淳高カ）は後鳥羽院（御年十八）にこれを授け奉っており（京都田中忠三郎氏所蔵建永三年写本奥書）、藤原定家はその子息少将為家の無学を嘆いて「七八才の時に僅に読んだ所の蒙求、百詠すら廃忘して了った」といっている(9)（『明月記』建保元年五月十六日条）。また『源平盛衰記』二十三（実盛京上附平家逃上事）に平家が富士川の水禽の物音に驚いて京へ逃上ったことを記して、「小児共ノヨム百詠ト云フ文」に「鳴集テ動スレハ雷ヲナス」（『百詠』霊禽部鳧詩）とあるのを読んだ人もあろうにといっている。これらによって『蒙求』『千字文』『百廿詠』が貴族の家庭に於いて児童教科書として用いられたことを知るのである。

なおこの外に藤原公任によって『和漢朗詠集』が撰せられてからは、これも児童の教科書に用いられた事は、定家が孫為氏の為に老眼を凌いでこれを書し且つ点している事を以て察せられ（『明月記』寛喜二年三月十二日条）、なお覚如上人（光仙御前）も文永十一年の秋五才で初めて『朗詠集』を澄海という僧から受けている（『慕須敬重絵詞』二）。（『白氏文集』が教科書に用いられたことについては前に述べたところであるが、源光行が『蒙求和歌』『百詠和歌』に幷んで『新楽府和歌』を著わしたと思われること（『蒙求和歌』『百詠和歌』跋）、『平家勘文録』『新札往来』に『蒙求』『百詠』と并んで楽府』が挙げられていること等を見ると、『白氏文集』の中の巻三と四の『新楽府』を取出して、これまた幼学書として用いられたことが推せられるのである。紫式部が上東門院に教えまいらせたのも『文集』中の『楽府』であるが、鎌倉時代には石清水宮寺の田中宗清が「八歳小法教清」をして「楽府」『朗詠』を学ばしめている。(10)大覚寺に蔵せられる『後宇多院御遺告』に「千字文・百詠・蒙求・和漢朗詠世俗常所レ宛二幼学一也」とあるのは、以上述べたことを総括的にいい表わされている所の言葉であり、この言葉に続いてなお「其後一史・一経・文選必可二学習一之」とあるのは、『千字文』等の書が、経史『文選』等を学ぶ前提入門、即ち初等教科書(11)である事を明かに示しているのである（『大覚寺文書』）。『御遺告』はこれら経史『文選』も、更に仏学の前提として挙げてあるのであって、中世的な色彩を明かに看取し得ると共に、貴族の家庭教育に代って寺院教育が、中世教育の代表者として現れたことを暗示しているものと思われるのである。

四　日本撰述の教科書

次に右に述べた教科書が『朗詠集』を除いてすべて支那の既成書をそのまま採用したのに対して、平安時代以後の支那の飜訳的な文化から、漸く日本文化の独立せんとする傾向に伴って、必要に応じて、我国に於いて教科書が作成されんとする気運を生じている。[12]吉備真備の『私教類聚』は子孫を対象とした道徳的な教訓書であって、今姑くここには論じないこととする。平安中期以後特定人の学習の為の書が作られ、教科書というよりも、むしろ辞書というに近いようなものが、初めにこの気運を代表して現われている。即ちそれは『東宮切韻』と『和名類聚抄』等である。『東宮切韻』は現存しないが、菅原是善が時の東宮道康親王（文徳天皇）の御為に作った所の語学書—音引の辞書[13]であり（『三代実録』元慶四年八月三十日条）、『倭名類聚抄』は醍醐天皇の第四皇女勤子内親王を特定の対象とし、源順によって作られた。即ちその序文によれば、内親王の、漢語の類書には『文館詞林』『白氏事類』等があるが、倭名の世俗の疑を決すべき者はたまたま『弁色立成』『楊氏漢語鈔』『倭名本草』『日本紀私記』等があるのみであるから、これらの善説を集めて、我をして文に臨んで疑なからしむるようにとの御委嘱によって、源順が天地・人物より草木に至るまでの倭名を二十巻三十部二百六十六門（一本十巻二十四部百二十八門）に類聚したものである。

なおまた特定人を対象として仏教の教義を解し易く記したようなものも作られた。即ち『三宝絵』がそれであって、冷泉天皇の第二皇女尊子内親王の、仏教の大要を極めて簡明に解し得られるように書き示せとの仰に従い、源順の弟子源為憲[14]が諸種の経典および支那日本の仏教説話を蒐集し、仏法僧の三巻に分って大要を記し、絵に添えて会得し易からしめたものである[15]（同序永観二年十一月）。

以上は勿論厳密には教科書という事は出来ず、殊に前二書は辞書の体裁を取っているのであるが、先の『蒙求』『百詠』等が万物を詠込んだものであるのに比すると、普遍的な智識を盛ったという内容に於いて一脈通ずるものがあるし、その特定人の学習の便宜の為に作られたことは、更にこの後特定人を対象として我国で教科書の作られる気運を示すものとして見る事が出来よう。

右の皇室の方を対象として生じた気運は当然一般貴族の間にも見られるようになっている。即ち源為憲はまた、藤原為光の長子松雄君(誠信七歳)の為に「経籍の文にして朝家に用ふべきもの、故老の説にして閭巷に拋ち難き類」を勒して『口遊』一巻十九門三百七十八曲となし、「掌中之玩」「口中之遊」となさん事を願っている(同序天禄元年十二月二十七日)。門の分類は乾象・時節・年代・坤儀・諸国・田舎・宮城以下でこれらの事象についての必需智識の項目を要領よく排列したものであって、この点これまた『蒙求』や『百廿詠』に類似しているように思われる。為憲はまた藤原道長の子頼通(十六歳)から藤原挙直の撰集した『我朝古来七言詩秀句』一巻の遺漏を加ふべきを命ぜられ、仮令新たに他文を撰する事はしても、雌黄を加える事は出来ないとて、俗諺の出典を明かにし、『世俗諺文』三巻一百五十二門六百三十一章を撰述している(同序寛弘四年八月十七日)。以上は特定人を対象としたものであり、しかも厳密な意味に於ける教科書の体裁は取っていないにしても、一般には、特に『和名抄』および『口遊』は、恐らく教科書のように用いられるに至っていたものと思われる。それは藤原行成の子良経[16]（十三歳以下）が父の所に来って、『和名類聚抄』四帖、『口遊』一巻を請うている事に依って想像せられる（『権記』寛弘八年十一月二十日条）。

　ここに今までのものと違って明かに初めから、一般児童の為の教科書として作られたものがある。それは算博士三善為康の『続千字文』である。為康はなお藤原忠通（十三歳）の求めに応じて、童蒙の為の詩作の手引たる『童蒙頌韻』を作ったり[17]（同序天仁二年四月）、為憲の『口遊』は脱遺ありとし、備忘の為に『掌中歴』を作ったりしているのであるが[18]（同序）、彼はまた更に広い見地に立って、「学校遂為ニ昇進地一」といって、大学等の学校が限られた官職の獲得手段となった事、即ちその教育的価値を喪失せる事を指摘し、「為レ勧ニ小童之愚学一」めに周興嗣の『千字文』に倣って新にこの『続千字文』を撰したのである（同祝詩、和詩および序）。藤原敦光の完成祝詩に対する本人の知韻の詩に「四篇更傚ニ李家韻一（李翰蒙求之頌、李嶠百詠之詩、皆四韻成レ篇、故云、）千字重推ニ周氏文一」とあるによれば、『千字文』と共に『蒙求』『百詠』も参照された事を知ると共に、その製作目的も同じ所にあったことが察せられるのである。即ちこの『続千字文』は一般的な児童の教育を目指したものであることはいうまでもないのであるが、この事は更にこの書の完成を祝った人々によって、この書が天下に頒行され（藤原宗支祝詩』）、「都邑少年耽読者」の「口実」となるという（基俊祝詩）大衆性の賦与が希望されている事によっても一層明かであろう。これは当時の外来文化の日本化の風潮に伴って、児童教科書が我国で作られたという点に於いて、確に注意すべき事ではあるが、しかしその内容に至っては、同じく藤原宗兼の祝詩に「云レ倭云レ漢境雖レ分、勝趣相同」とある如く、全く支那的であって、ただ巧に模倣して作り上げただけであるといわざるを得ないのではないかと思う。従ってこれがどれだけ普及したかという点も、甚だ疑問を挿まざるを得ないのである。

五　往来物の発生

これらのものよりは、より日本的な、より実用的なものが、より普遍化する所の運命を担って現れんとしている。即ちそれは往来物に外ならないのであるが、往来物といっても、決して祖型がなかった訳でなく、現に正倉院に蔵せられる『杜家立成』は、恐らく支那人の著作であろうと考えられるが、往復書牘三十六件（七十二篇）から成っている。次に『日本国見在書目録』雑家の部に「錦帯書三十二」とあるが、『説郛』（巻七十六）所収の同書を見ると『梁昭明集』十二月啓(19)（『漢魏六朝一百家集』第七十冊）と同じもので、毎月一篇十二篇の書牘より成るものであり、更に我国伝来の有無はともかく毎月往復書牘の形のものも現われており（『杜家立成』内藤湖南博士解説）後世の我国に於ける往来物の一応の主な発展段階を支那に於いて既に示しているのである。我国に於ける往来物の発生が、この支那に既存し、日本に伝来の明証がある諸書の祖型と無関係でないことは明かであるが、我国最初の往来物といわれるものが初めは日本的な消息の蒐集の形のものとして、しかも、支那に於いて既に見られた整理の形式をとらずに現われたことは、前節までに述べた教科書の発達を併せ考えるとき、我国に於ける往来物の発生が他からの刺戟は認められるものの、自然発生的な要素が多分にあるという考え方を強めるものである。即ち『続千字文』が作られる（一一三二年、長承元年）前に既に藤原明衡（一〇六六年、治暦二年歿）によって『雲州消息』（『明衡往来』）が作られたのであるが、これは実際に往復された消息を数多く集めて、純粋に書簡の模範文となした如く思われ、児童教科書としては考えられないのである。しかるに平安時代の末ないし鎌倉時代の初頃に出来たと思われる『十二月往来』に至ると、『雲州消息』等よりは文章が平易通俗となり、内容が類型的となり、毎月往復二通計二十四通という少数の整った形となり、教科書としての体裁を具えて来て、それ以後に作られた多くの往来物になると、消息の間に常識的な教材をも含ませるに至り、中には明かに児童の常識読本として宣言している往来物さえ現れるに至っているのである。かようにして往来物が、中世から近世にかけての最も実用的な普遍的児童教科書として用いられるに至っているのである。

これを要するに、我が上代の教科書は、学校教育に於いては、唐制そのままの儒教の経典を用い、訓詁の学が行われたが、次第に紀伝道（文章科）の文学的なものが流行し、家庭教育では更に採択が自由となった。一方児童教科書はこれまた支那の既成の幼学書が行われたが、次第に我国で作られるに至り、初めは体裁が整わなかったり内容的に彼の模倣であったものが、往来物に至って普遍的な児童教科書が完成されたのである。これら諸種の教科書は勿論後世まで常に並行して行われ、殊にある種のものは、上代末に生じた専門の家々によって墨守せられ、訓点・解釈等については累家の秘説等といわれるものによって表面的に権威づけられさえしたのであるが、その時代の最も普遍的代表的なものとしては以上述べた如き発展が見られると思われるのである。

（1）『文選』は、『大日本古文書』一の四四三頁以下、『正倉院文書』にしばしば見え、天平年間写経所に於いてその書写がしばしば行われたことを示しているが、優婆塞貢進解の一に、読経の中に、「文選上帙音」を挙げていることは(二の三一五頁)、僧侶にとっても教科書として用いられたことを示すものであろう。

（2）『晋書』は天文暦竿生の教科書にその天文志律暦志が用いられ(『続日本紀』天平宝字元年条)、『大日本古文書』一の三九四頁、四四二頁、四四五頁等および『九条殿御記』裏文書『水左記』および『為房卿記』承暦三年九月十六日条に見える。なお支那正史の中、『後漢書』と『晋書』との間に位すべき『三国志』については、神護景雲三年に大宰府に備えられたことが見られるが、これは大宰府学で教科書とされたことを示すものであろう。

（3）貴族の家庭教育と共に私学の教育も国家の教化意識に左右される事少なく、自由な採択が行われたことは勿論である。即ち僧空海によって建てられた綜芸種智院には道俗の両教師が置かれ、俗博士の教授するものとして「九経九流三玄三史七略七代」云々とあってかなり広汎に亙っているのは(『綜芸種智院式』)これを示すものであるが、創立間もなく廃せられた。この系統を引くものとして寺院教育が問題とせられる。

（4）岡田正之博士『近江奈良朝の漢文学』に拠れば、『懐風藻』の思想は『世説』の影響が認められる。また空海『性霊集』四には世説屏風が見え、『後二条殿御記』寛治六年十一月九日条には師通披見のことが見える。

（5）藤原師通の読書の中に『洛中集』が見え（『後二条殿御記』寛治六年十月十九日条）、また『世俗諺文』序中にも見える。

（6）一説に藤原篤茂より『御注孝経』を受けていられる（『日本紀略』康保三年八月二十日条）。もっともこれら皇太子、親王等に授け奉るものとしては儀式的に『御注孝経』が最も広く用いられるに至っている。

（7）正倉院所蔵の『琱玉集』は、『蒙求』の形態の先行的なものといわれ、『世説』と『蒙求』とを結び付けるものといわれるが、その実際に教科書として用いられたか否かは徴証がない。なお後世への影響は大きく、この形態を追うものが多かったが、その早い例として『釈氏蒙求』が九条本『延喜式』裏文書に見え、『系蒙』が後二条師通の読書中に見える（『後二条殿御記』寛治六年九月八日十二月二十九日等条）。『蒙求』の古鈔本には、正倉院聖語蔵旧鈔本・長承三年奥書本（保坂潤治氏蔵）・建保六年鈔本（観智院本）・藤原教家自筆本（赤星鐵馬氏蔵）・真福寺本等がある。

（8）なお御産養に『千字文』推位譲国篇が読まれた場合がある（『御堂関白記』寛弘六年十一月二十九日）。道長の法成寺が落成した頃、そのある僧房には「うつくしげなるおのこどども」が『千字文』を誦し習い、孝経を読むというような場面が見られた（『栄花物語』十八玉台）。これは法成寺の性質から考えて貴族生活の投影とも見られるが、ともかく寺院教育に用いられた事例となし得よう。鎌倉時代に入って、建仁二年播州書写山東獄房に於いて『注千字文』が書写されたことは、明かに寺院への伝播を語るものであるが、それが更に弘安十年播州佐用郷市庭に於いて伝写されたことは、書写者の性格が明かでないが、更に新たなる世界への伝播を語るものであろう。古鈔本としてはこの弘安十年鈔注千字文（上野精一氏蔵）の外見当らない。

（9）百詠障子と聯想されるのは、漢書屏風・文選屏風・文集屏風・楽府屏風等が上代に於いて画かれたことで、これらが直接的に教育的意図を以て画かれたのではないとしても、結局絵画がその書の内容の理解を助けたとすれば、教育史的意義を附することも出来よう（家永三郎氏「上代唐絵考」『美術研究』一一一・一一三号）。

『万葉集』巻七・巻十の詠物歌は唐の詠物詩の影響で、あるいは李嶠の詠物詩百廿詩も万葉時代に伝来していたろうといわれる（青木正児博士『支那文学芸術考』二八頁）が、現存中では宸翰本が最も古い。『中右記』寛治八年九月六日条にその筆者藤原宗忠の藤原通俊との問答が左の如く記されている。「（宗忠）又問云、史記之中有乱脱之由、雖承、未知何巻、如何、（通俊）被答云、五帝本紀三所、韓世家二所者、委向本書可伝者、又問云、史記之中称大史公、若大史談歟、将又司馬遷歟、如何、被答云、極秘事也、往年従師匠佐国口伝所聞也、大史公已非談幷遷二人、是云東方朔也、司馬遷作史記時、多以東方朔為筆者也、仍以東方朔説、称大史公也者、予答云、尤有興、更未知事也、不可外聞、但此事若見何書哉、将又只口伝歟、返報云、百詠之中、史詩注文已顕然也、此間更万人不見付者。」これによると大江佐国は『百詠』の史詩注を根拠に、大史公を東方朔とする説を立てた。今この注は伝わらないが、『百詠和歌』九文物部史に「方朔初匡漢　司馬遷史記を作りをはりて、東方朔に見せしむるに、東方朔平定して、其下に大史公といへる署をくはふる所なり、東方朔は姓は金氏、都東方の里にして、五月一日生たるゆゑに東方朔と名つく」とあるような註があったのを根拠としたものであろう。『台記』康治二年九月二十九日条に頼長がそれまで読んだ書を記して雑家の中に「蒙求三巻保延二年、新楽府二巻保延六年受三夫子説一、注百詠一巻保延六年、注千字文一巻保延六年」とある。

『平家勘文録』に『平家物語』が支那へ流布したことを述べて、「我朝には蒙求・百詠・楽府等のごとくに人々是を珍敷す」とあるは、『蒙求』『楽府』と共に珍重された事を語る。『新札往来』に「為少生稽古本書相尋候、漢書・後漢書・史記・文選・孝経・論語・孟子・遊仙窟・周易・老子経・貞観政要・白氏文集・楽府・蒙求・百詠等可預御秘計候」とあり、『遊学往来』下に、「若又漢書・後漢書・東観漢記・貞観政要・臣軌・帝範・蒙求・百詠・朗詠・文粋等之小文者、雖御用可承候、万端期参入候」とあるのもその流布を語るものであろう。林述斎は『佚存叢書』の跋に、「皇朝中葉甚喜ニ此詩一、家絃戸誦、至レ使下童蒙受ニ句読一者、亦必熟背上焉」といい、伊藤東涯は『李嶠百二十詠和韻序』（『紹述先生文集』三）に、「聞吾国前世以課ニ小児一」といっている。本書の古鈔本には嵯峨天皇宸翰本・建永三年鈔本・同本の近衛家熙伝写本（陽明文庫蔵）・『願文集』巻末（一条公爵蔵）・成簣堂文庫本（鎌倉期）・帝国図書館本等がある。

（10）田中宗清の書状に「八歳小法師教清（今嫡弟）楽府朗詠を可読之由存候、仍相□候僧一人を可召進之由存候也」（七月二十九日附）「教清ニ付候法師、随身楽府・朗詠参上候、可有御教訓候」（七月三十日附）「楽府・朗詠事、楽府ニハ御訓ニハ朱ニテ御合点可給候、朗詠ハ只押テ記送点候也」（日附欠）と八歳小法師に教えるものとして『楽府』『朗詠』が並称されている（『石清水文書』五の五九六—七頁）。

（11）「勧学院の雀は蒙求を囀る」の詩は『宝物集』『八幡愚童訓』『謡曲』（頼政・吉野）『狂言』（箕潜）『舞の本』（富樫）『曽我物語』等に見えて著名であるが、「しかし雀は古往今来偏頗に蒙求ばかり囀ってその栄をなしたのではなかつたらしい、世俗諺文に『文室辺雀　千字文云秋収冬蔵、今案世俗以ニ此文一為ニ文室辺雀啼一、未レ詳』と云ふのが有る。既に未詳とあるにも係らず、試みに解けば『文室《フンヤ》の辺《ホトリ》の雀は千字文の「秋収冬蔵」と啼く』と謂ふ『蒙求』のそれと同趣の諺で、蓋し雀のチュウチュウが秋収の音読シュウシュウと通ふので特に此句をもつて来たのであらうか。此の諺は他にはうつぼ（沖つ白浪画詞）にふむやほとりとかいふなるとあるのが、多分之を含蓄したものと思はれる。要するに千字文の繁昌を謳ふ諺も亦存したのであつた」（太田晶二郎氏東大卒業論文「芸文より観たる支那文化摂取の研究」なお本章は同氏に負う所多し）文室とは大学寮である（『江次第抄』）。右の二つの諺は確に単に『蒙求』『千字文』の繁昌を謳う諺に過ぎないであろう。しかし私は大学寮・勧学院等に於いて、自習的にせよ幼学書が学ばれる余地が全くなかったとはいわれないと想像を逞うする時、右の二つの諺がこの考を声援するように思われてならないのである。

(12) 幼童の初め文字を学ぶ為の手習歌、即ち『五十音図』、あめつち、たゐに、いろは等の歌、また歌を書きつけるを習う為のなにはず、あさか山の歌も当然問題となるがこれまた教科書となし得ないからこの小論の対象外とする。

(13) 岡田希雄氏『東宮切韻攷』

(14) 為憲の撰として、ここに挙げられたものの外に『本朝詞林』『空也誄』があるが、前者は今伝わらない。この源順・為憲の師弟から藤原明衡（『雲州消息』『新猿楽記』『本朝文粋』の撰者）三善為康（註(18)参照）を経て鎌倉時代の菅原為長（『菅蠡抄』『仮名貞観政要』『文鳳抄』『消息詞』等の撰者）藤原孝範（『明文抄』『柱史抄』『秀句抄』等の撰者）に至る一聯の人物は、上代から中世初期に亙る知育上の教科書作者として注意さるべきであろう（岡田希雄氏『源順伝及同為憲伝附年譜』）。

(15) 『大鏡』。『三宝絵』には仮名本（観智院所蔵）の外に真名本（尊経閣所蔵）があり、その前後について説があるが、私は女性を対象としている所から、仮名本が原であろうと考える。例証として、『玉葉』治承五年二月十五日条参照。

(16) 『権記』寛弘三年三月十六日条に「実経年九」とあり、従って寛弘八年は実経は年十四、弟良経は十三以下となる。是歳八月二十三日元服している（『権記』）ことからも大体の年齢を推し得る。

(17) 『童蒙頌韻』と同種の書として、藤原（中御門）宗忠の『作文大体』がある。その成簣堂文庫本の奥書に、「嘉承三年初秋七夕閑居之時染筆書出之、是小僧某入学問之道頗有骨法、依為令知文章所書出也、雑句体其数甚多、□僧俗可用大概不可過期、有愧外見、無及披露努々、中御門右府撰」とあり、これも特定人物小僧某の為に撰述されたものである。

(18) 『本朝書籍目録』に「懐中暦十巻三善為康抄」とあるが、今同書名のものは存在しない。しかして続群書類従所収『掌中暦』に上とあるのによると、本書は二巻ないし三巻で、『懐中暦』を更に抄出したものとも思われる。『二中暦』に両書を心(懐中暦)手(掌中暦)として引用しているのを見るとそうでもない。この両書を合して、補遺を施したのが『二中暦』である(尊経閣本、馬杉太郎氏解説)。為康はこの外に『朝野群載』『拾遺往生伝』『後拾遺往生伝』の撰者として知られている。なお『新修往生伝』によれば『験記』一巻、『濫觴抄』によれば『三元九紫法』等の著もあった。

(19) 鈴木虎雄博士によれば、六朝駢文としては稚拙の文体であるとのことであるが(昭和十六年秋期東洋学講座)このことは却て通俗書『翰体』が教科書として用いられたことを語っている。

第五章　上代に於ける国学制

強固なる中央集権制は必ずその一面の属性として組織の劃一主義を伴う。大化改新によって打建てられた我が上代の中央集権国家は、地方行政・土地制度・財政・軍政・司法・宗教・教育等各部門の制度組織をその強大な国家権力によって地方劃一に実施したのであって、教育制度についていえば、中央に於ける大学寮に当るものとして全国に亙って国毎に国学が建てられるに至っているのである。しかしながらかかる改革に於いて教育の如きは比較的緊急を要せざるを以て、大化改新当時に於いては大学国学の名を認むる能わず、近江令の制定せられた天智天皇の御代に於いて大学は創設せられたが、国学については大宝令に至って初めて見ることを得るのである。

国学の上代史上に於ける意義についてまず考えらるるは官吏養成への寄与である。この事は中央に於ける大学がほとんど官吏養成機関の観を呈しており、国学出身者は大学出身者と共に官吏登庸試験を受けるか、大学に入る制度であるから第一に考えらるる点であるが、官吏として活躍したものにして国学出身者として伝えらるるものは全くなく、制度上よりその可能性が主張せられたに過ぎない。

次に考えらるるは地方教化への貢献である。国学は国々に於ける文化の中心ともいうべく、ここに学ぶ者がある以上、官吏養成への寄与にまでは至らずとも、その地方教化への貢献は当然考えらるる所であるが、これまた積極的史料を見出すに苦しむ有様である。

しかして聊かにても実績の徴せられる点は、国学の教官の、教官としての職掌を離れ、一般国司としての任務遂行であって、国学存在の意義を強めるものでない。

かく観来ると、上代史上に於ける国学の意義は頗る心細きものとならざるを得ない。しかしながら上述諸種の意義の制度上に於ける可能性は充分主張し得るのであるから、諸国に於ける実施の状態を立証すれば自らこの意義の重要性は増すこととなろう。国学実施の状態については、彼の同じく全国に建設せられた国分寺の実施が、その七堂伽藍の広大な遺址によって明かにせられるに対して余りにも見る影もなき状態であるが為に、全く空文に終りしに非ずやの念を起さしむるに足るのであるが、今子細にその国の国学に聊かでも関聯していると考えらるる零細な史料を拾って見る時には、実に全国六十数国の内、五畿内・伊賀・伊勢・志摩・尾張・遠江・伊豆・相模・常陸・近江・美濃・飛騨・上野・武蔵・下野・陸奥・出羽・若狭・越前・加賀・越中・越後・佐渡・丹波・但馬・因幡・出雲・石見・隠岐・播磨・美作・備前・備中・備後・安芸・長門・紀伊・淡路・阿波・讃岐・伊予・土佐・九国三島の五十八国の大部分を数えられるのであって、これら諸国に厳然と完全なものが設けられていたといわれないにしても、また決して国学の設置を一片の空文として葬り去ることは出来ないと考えられる。以下国学について法制上実施上から考察することとしよう。

一　創　設

国学の実施は中央権力の地方浸潤を前提条件とする。大化当時に於ける地方官は在来の国造の統率者としての国司の任命に過ぎず、況や中央の大学寮すら出来ていない時であるから国学の実施の見られないのは当然である。しかして大学寮は天智天皇の御宇に創設せられたことが知られ、それは恐らくこの時最初の諸官制が規定せられたと思われる近江令の一部に定められたと推定せられるのであって、国学ないしそれの原の形のものが、あるいはこの時同時に創設せられる可能性はあったと思われるけれども近江令また天武令の時代には全く徴証なく、大宝養老令に至って初めて史上に現われて来る。大宝三年には国学の教官を中央よりも補任し得る事が制定せられていて（『続日本紀』大宝三年三月丁丑条）、是より先既に実施されつつあった事が想像せられるのであるが、恐らくは大宝令制定以前には遡り得ないであろうし、地方の実情から考えても、初見の大宝令制定の年を以て国学創設に最も近似せる年となして差支ないであろう。

かくして創設せられた国学の大宝養老令に現れたる制度を次に概観しよう。大宝養老令に於ける国学の職員は次の如くである(1)（職員令大宰府、国条）。

	大国	上国	中国	下国	大宰府
博士	一	一	一	一	一
学生	五〇	四〇	三〇	二〇	（管国学生）
医師	一	一	一	一	一
医生	一〇	八	六	四	（管国医生）

ここにまず不審が起るのは、博士・学生の外に更に医師・医生が置かれていることであろう。これは中央に於ける学校類似の施設として大学寮以外に典薬寮・陰陽寮・雅楽寮等が挙げられ、中央集権制の一特性として、これらの小規模のものが各国に必要な訳であるが、その必要性は少なき為、最も重要な典薬寮の内容が僅かに国学に附属せしめられた為であろう。地方制に於ける一の特別な区としての陸奥に於いて国司の中に後に陰陽師が一員加えられているのはこの推測を助けるものである。さて博士は学生を教授し、および課試する事を掌り、医師は医生を教授し、および課試する

事の外に診療をも掌った。その教授および課試の方法はそれぞれ大学寮・典薬寮のそれに准じている（学令・医疾令逸文）。博士医師の任用は国部内に採用するを原則とし、もしなければ傍国に採用するを許した（選叙令）。

国学生は郡司の子弟にして、年十三以上十六以下の聰令なる者を取り、国司これに補し（学令）、医生は部内の庶人の十三以上十六以下の聰令なる者を補した（『職員令集解』釈）。国学生の教科書・学習方法等は、特に国学生として規定されていないけれども、恐らく学令に定められた大学生に於けると同じであったろうし、その分科は大体明経一道のみであったと思われる。旬試は国博士これに当り、年終試は国司の中で芸業優長の者が試験した（学令）。かくて在学九年以内に二経以上に通じ、更に学ばんとする者は式部省に申送し試験に及第すれば進んで大学生に補せられ（同上）、出仕を求むる者は朝集使に従って上京し、大学挙人と共に省試に応じ、及第すれば叙位出身することが出来、落第すれば、在学九年未満の者は本学（国学）へ、九年に満つる者は本貫へ帰された（同上）。国学生も無論田仮および授衣仮の休仮があり（同上）、臨時に仮を請う場合には、所部の国司に願出て許を得た（同上）。国医生が医師に医方を教授される方法は典薬寮の教習法に准じ（医疾令逸文）、毎月医師が試験し、年終には国司が対試して優劣を定め、通ざざる者は罰を科し、師教に従わず、過あり、および成績不良の者は退学して替人を立てた（同上）。そして国医生の業術優長にして情に入り仕えんと願う者は国から芸業を詳しく太政官に報告して上京せしめたのである（同上）。

右述べた如く、国学は地方民の官界進出の機関として、即ち官吏登庸機関の一として制定せられたのであるけれども、地方民といっても決して一般庶民に開放せられたのでなく、国学生は郡司なる特殊階級の子弟に原則として限られていたので、ただ僅かに郡司の子弟で定員数に満たなかった場合にのみ庶民より取ることが許され（『学令集解』古記）、医生は前述の如く大体庶民から取ったのである。

しかして国学の性質を見るに最も重要なる観点は、原則として国学生に如何なる者を収容したかにあると思われるから、郡司についての考察は国学の性質を見る助となるであろう。郡司は律令の地方官制に於いて最も直接的に撫民の任に当る者であって、大化改新の詔に国造の優れたる者を取ることがあり、大宝養老令にもほぼ同様に規定されているのは、そこに改革を余りに急激ならしめざらんとする用意が窺われるのではなかろうか。しかして郡司は土人なるが故に国司に対して鄭重なる路上敬礼をなさねばならず、官位相当なく、十考の考限を要すると共にまた、任限が終身であり、職分田が国司等に比して著しく多い等の律令の官吏制度の中に頗る非律令的な守旧性土着性を示す諸性質が指摘せられる（坂本太郎氏「郡司の非律令的性質」『歴史地理』五三ノ一参照）。このような一般官吏制度と違った前代的な郡司の子弟に教授せられる内容は儒教主義を基調とせる教科であり、いわば新時代的のものであるから、そこに大なる困難が予想せられるけれども、またそれだけ中央権力を地方へ漸次に浸潤せしめる上にも最も適当な施設であったという事も出来よう。郡司の子弟という事は郡司が国造の後で土着譜代のものなればこそいえることであると思われる。即ち聴令なるものは国学生となり強幹のものは兵衛に貢せられたのである（軍防令）。

次に国学教官を考うるに、これまた、国部内の土人を取る事を原則としており、「考限叙法、及准折、竝同二郡司一」といわれて、その性質全く郡司に類しており、「補任之後、竝無レ故不レ得二輙解一」とあるはその終身官なるをいったのではなかろうか（選叙令）。かく考うる時守旧的の者をして守旧的の者を教えしむるは改革の急激を避けたとも考えられるけれども、その教科内容たるは新時代的のものである限り、ここに国学制の矛盾は存し、また教官の採用も部内では実情困難の為に早くも大宝三年に中央よりも補任することが制定せられ、その後も時代の推移に伴って廃置変遷が行われたのである。しかし今これらを説く前に、国学制の模範となった所の唐の州県学の制度を検して模倣、特殊性とを弁別する事は必要であろう。

支那では周代より郷校・州序・党庠・閭塾等の地方の学校があったといわれ、漢ではこれに倣って郡国学等が置かれ、隋には郡県学があったけれ

上郡学	学生　六〇人	上県学	学生　四〇人
中郡学	五〇人	中県学	三〇人
下郡学	四〇人	下県学	二〇人

ども、これらはすべて略して、直接関係ある唐について考察しよう。唐の学制は前代のそれを襲った関係もあろう、早くも高祖即位の翌年義寧三年（武徳二年）五月を以て、国子学・太学・四門学の中央の学校と共に、地方にも右の如き郡県学が設置せられたが（『旧唐書』一八九上列伝、儒学上）、その後も変遷があり、『旧唐書』職官志によると左の如く定っている。[2]

	経学博士	助教	学生	医薬博士	助教	学生
三府（京兆・河南・太原）	一人 従八品上	二人	八〇人	一人	一人	二〇人
大都督府	一 従八品上	二	六〇	一 従八品下	一	一五
中都督府	一 従八品下	二	六〇	一		一五
下都督府	一 従八品下	一	五〇	一	一	一二
上州（四万戸以上）	一 従八品下	二	六〇	一 正九品下	一	一五
中州（二万戸以上）	一 正九品上	一	五〇	一 従九品下	一	一二
下州（二万戸以上）	一 正九品下	一	四〇	一 従九品上		一〇
	掌下以二五教一教中授諸生上			以二百薬一救二民疾病一救二療平人有レ疾者一		

これによって見るに、三府・都督府の特別行政区劃を除くも、なお州県の二層の学制が組織せられており、唐制の規模の大なるを思わしめるのであるが、いずれかといいわば国学は州学に相当し、これが規模を縮少せしめたものといい得る。しからば州学の学生は如何なる者を取ったかというにこれに関する明文なき為、明かでないが、我に於ける如く、県官の子弟を取るが如き事なく、恐くは一般民よ

	博士	助教	学生
京県（長安・万年・河南・洛陽・奉先・太原・晋陽）	一人	一人	五〇人
畿県（京兆・河南・太原）	一	一	四〇
上県	一	一	四〇
中県	一	一	二五
中下県	一	一	二五
下県	一	一	二〇
博士専以経術教授諸生、二分之月釈奠于先聖先師（『六典』）			

り取ったものであろう。我国学に於いて郡司の子弟を取る如きは郡司が終身官にして譜第であって初めて可能であり、県官に我郡司の如き性質なき事は坂本氏の説く所によっても明かであるから、国学生に関する我国の制は我国独特のものと見ることが出来よう。即ちその特色は封鎖的特権である点に存すると見られるが前時代の状態に即したものであって、改革の急激を避けた為政者の用意の現れとも解し得よう。

州学の経学医学の博士助教の任用についても明かでないが、これらはいずれも官位相当官であり、一般官吏と何ら選ぶ所がなかったであろう。ただ我に近き規定は県博士助教に於いて見得る。即ち県博士助教は州選び、四周して代り、部内に無ければ、旁州、県録事、部内勲官五品以上等を通じて取る規定である（『唐六典』三〇）。我国学に於いては恐らく改革の漸進を期する為、集権主義に反するこの規定を採上げたと思われるが、県学は我国学より程度低き為、州部内、また傍州にとり得んも、我には困難なる上中央権力の浸潤は意外に強く、かかる姑息な規定は最初から崩壊せんとしていた。

唐制との比較はこの位で止めよう。しかして州県学出身の者が郷貢によって登庸試験を受けまた四門学に入ったことは我と変りはない。「以レ計ニ貢賢愚一為ニ州之栄辱一」等といわれて郷貢は重んぜられ（『新唐書』一一二薛登列伝）、鄭余慶は興元に於いて学廬を創め（同一六五列伝）、常袞は福建観察使として郷校を設け（同一五〇列伝）、韋宙は永州刺史として学官を立て（同一九七循吏列伝）、羅珦は廬州刺史として学官を修め（同一九七循吏列伝）、李栖筠は常州刺史として大いに学校を起し（同一四六列伝）、倪若水は汴州刺史として州県学廬を興し（同一二八列伝）、いずれもその政治の謳われていることは、州県学の制が広く実施せられて、重要視せられた徴証であろう。

（1）天平六年『出雲国計会帳』に見ゆる隠岐石見の学生数はこれと合致し、しかもこの時は大宝令施行期であるから、この点大宝養老両令同一と見得る。

（2）『新唐書』百官志『唐六典』『文献通考』等それぞれ人員品階に異同があるが今は『旧唐書』に拠った。

二　発　展

前述の困難なる事情により、国学の普及は遅々として、全国に普及されたのは平安時代に入ってからであった。都内に於ける教官難は早くも大宝三年に国博士がもし傍国にも人無き時は式部省に申し、省が選擬し、更に処分を請わしめる事となったが（『続日本紀』大宝三年三月丁丑条）、かくてもなお教官その人を得るに難く、地方の実情未だ国学の存在を余り要求しなかった為であろう。養老七年には遂に按察使の治むる国のみに博士医師を補し、他の国はこれを停めた（同養老七年十月庚子条）。按察使は養老三年に初めて置かれ、国司がこれを兼ね、二国または三国を管したもので、当時伊勢・遠江・常陸・美濃・武蔵・越前・丹波・出雲・播磨・伊予・備後・陸奥・長門の十三国に置かれた（同養老三年七月庚子、同五年八月癸巳条）。九州および畿内には按察使がなかったが、九州には大宰府学が存続したものと見られ、畿内は不明である。神亀五年には医師を国毎に補したが（同神亀五年八月壬申条）、天平神護二年にはまた兼任とし、史生を博士医師兼任の国に二人増置した(1)（同天平神護二年五月乙丑条）。博士医師の廃置は国学の廃置に外ならない。しかしてその理由としては、「経術之道《(博士・医師)》、成レ業者寡、空設二職員一、擢取乏レ人、繕写之才《(史生)》、堪レ任者衆、人多官少、莫三能遍用二」といわれて（同上）、教官となる資格者少なく、史生にはなり手が多かったことが指摘されている。事実この国学の不振は教官難に主として因るものの如く、学生については天平六年『出雲計会帳』によるに同五年に石見学生三十人、同六年に隠岐学生二十人が見え（『大日本古文書』一ノ五九一頁）、また天平八年『薩摩国正税帳』に拠ると同年には薩摩に於いて国司以下三十六人の参列を以て釈奠しており（『大日本古文書』二ノ一三頁）、当時国毎に規定数の学生の存在せるを思わせるものがある。

しかもこれらは按察使の所治国ではなく、『出雲計会帳』の中、隠岐国送到移壱拾弐道の中に、

移未移学生等事

移壱道送到学生等廿人状

とあるのを宝亀十年の官符に「学生労二齎粮一」とあるのを思合すれば、按察使管国の学生は海を渡り山を超え、粮を齎して、隣国なる按察使所治国の国府へと笈を負うた事が考えられるのである。宝亀十年に至って初めて「学生労二齎労一、病人困二救療一」む故を以て、また教官も希望者も多く、官員少なく、且つ漸くその人を得られるようになった為であろう、令制なる一国一学制に立還ったのである[2]（『続日本紀』宝亀十年閏五月丙申条）。即ち奈良時代の大半を通じて三、四国に一学のみ置かれたのである。

この間に於ける畿内の国学の存否については いずれとも決し兼ねるが、仮に置かれていなかったにしても宝亀十年には全国一斉に置かれるに至ったものであろう。その後何故か延暦十六年に畿内の博士医師を廃せられたが、弘仁十二年に至って大和国解により「学道久廃、救レ疾無レ医」き為に旧の如く史生二員を省いて博士医師を置く事となった（『三代格』五弘仁十二年十二月二日官符『日本紀略』弘仁十二年十二月丙寅条）。文化の中心なるべき畿内に於けるかかる国学の廃置は何の為であろうか。聊か臆説を試みるに国学生の家長なるべき郡司は宛も延暦十七年譜代は弊害ありとしてこれを

廃し、専ら芸業著聞にして郡を治むるに堪えたるものをして郡司としたが（『類聚国史』一九延暦十七年三月丙申条）、人民はこれを歓迎せざる為弘仁二年旧に復した（『三代格』七弘仁二年二月二十日官符）、この期間が大略畿内国学廃止期間に相当するのであって、郡司が譜代なればこそ郡司の子弟を国学生とする事が意味を持つとすれば、この期間の国学存立の意義は薄きものとなる。しかしてこの新郡司制を最も強く施行されたのは畿内であろうし、畿内の郡司は畿外の郡司に比すれば、その労多くしてその利寡く（『日本後紀』延暦十八年四月壬寅条）、譜代の郡司も畿内に於いては早くよりその任を離れんする傾向があったであろうから、延暦十六年早くも国学廃止の気運に立至ったのではなかろうか。以上は単なる臆測に過ぎない。

かくして弘仁以後はほとんど国毎に国学は設置せられ、加賀国の如き新国設置の場合には、同時に博士医師を置かれ[4]（『三代格』五弘仁十四年二月三日官奏）、この状態は上代末の自然消滅に至るまで続いたと思われる。

（1）学令に「凡国郡司有㆑解㆓経義㆒者、即令㆔兼加㆓教授㆒」とあるに対し古記に「無㆓博士㆒国耳」と解せるはけだしこの場合の史生を主として指したものではなかろうか。

（2）『続日本紀』天平神護二年十二月壬寅の条に因幡国博士の名が見える。因幡は丹波按察使の管国であるから博士なき筈で、これに依って考えるにこの制度は左程厳密でなく、また次第に旧制に復する気運があったのであろう。

（3）喜田貞吉博士「国司制之変遷」（『史学雑誌』八ノ四）にはこの時全国に亙って廃止したとせられているが、恐らくは畿内に限るであろう。

（4）喜田博士はまた前掲論文で、後に引く天長七年の白読課試及第者を畿内および十一国の博士医師に補する官符を以て、この時初めて十一国に国学が置かれた如く解しておられるようであるが、これは成績の不良者を辺陬の国に任ずる規定であって、これらの国が他に先立って国学を置かれることはないと思われる。なおここにも畿内の国学が辺陬の国のそれと共に軽視されている徴証を見る。

三　組　織

イ、事務官

国学には大学寮に於ける大学頭以下の如き事務官はなく、これに当るものには国司があった。国司は教官を任じ（選叙令国博士条）、学生を補し（学令大学生条）、芸業優長なる者は年終試を行い（同先読経文条）、貢挙を掌り（職員令国条、国司の特務者たる朝集使は貢人を中央に送った〈考課令〉）貢挙その人に非ざる時は罪を得（職制律）、また釈奠を主催した（『延喜雑式』）。学舎・祭器は国司の交替に際して最も重要視されたものの一である（『朝野群載』二二国務条々事、九条家本『延喜式』三二裏文書、『政事要略』五四釈奠事）。即ち国学の直接管理は国司の任であったが、学生の出身以後のことは式部省に関聯し、教官になるにも後には式部省に於いて試験が行われた。かくの如く国学制は国司制に密接に関聯したのであるが、国務の中に於いて国学の事務が比較的に重要視せられなかったと思われるのもまたやむを得ない所であろう。

ロ、教官

a、職掌　国博士医師が学生医生の教授課試を掌る外に医師は診療をも掌った事は既に述べたが、博士の考第が教授を主としているのに対し、医師のそれが療病の効験の多少のみを標準としている事（考課令国博士条）から考えると医師の職掌はむしろ診療の方が主であったと考えられる。いわば国医師は典薬寮の医博士と医師とを兼任した形のものである。治療の方法も医疾令逸文（『政事要略』九五）に、

医針師等巡二患之家一、所療損与二不損一、患家録二医人姓名一、申二宮内省一。拠為二黜陟一。諸国医師亦准レ此、

典薬寮、毎レ歳量合二傷寒、時気、瘧、利、傷中、金創、諸雑薬一、以擬二療治一、諸国准レ此、

とあって典薬寮に準じてなされ、典薬寮は被療者が五位以上という貴族的のものであることから考えると、国医師の治療を受けた者も恐らく多くは国郡の官人であったろうと思われるが、戸令の「如在レ路病患、不レ能二自勝一者、当界郡司、収付二村里一安養、仍加二医療一」とあるに対する『集解』に「朱云、問、医療官給何、答、諸国者有二医師一也」（鰥寡条）とあるに拠ればかかる行路病者

に対する診療をもなしたように思われる。雑薬を採備して年料として中央に送る事は令に於いては採薬師であったが（医疾令逸文）、後には医師の仕事の一であった（『貞観交替式』承和五年六月八日、『続日本後紀』同日条）。国博士にとっても、教授以外に派生的な職掌を生じている。それは当然想像せられるように辺海の国に於ける外国使節に対する応急的接待である。即ち対馬に博士が置かれたのは、「縦令《モシ》諸蕃之客卒爾《ニワカニ》着ㇾ境、若有ニ書契之問一、誰以通答」せんとて「且以教ニ生徒一、且以備ニ専対一」うるが為であり（『三代格』五弘仁十二年三月二日官符）、天長四年十二月二十九日渤海使が但馬に着岸した時には国博士林遠雄を遣わして事由を勘せしめている（同一八天長五年正月二日官符）。

以上の二は共にそれぞれその特色を発揮した派生的な職掌であったが、一般の国司として職務に従っている場合もまた見受けられる。国博士が大帳使となり（『三代格』一二斉衡二年九月二十三日官符）、国医師が班田使となり（天平神護二年九月十九日越前国足羽郡司解〈『大日本古文書』五ノ五四四―五頁〉）、また正税の出挙と収納、計帳の手実を責める事、庸席の検校、百姓損田の検校、賑給等の為部内を巡行し（天平八年『薩摩国正税帳』〈『大日本古文書』二ノ一三頁〉天平九年『但馬国正税帳』〈同二ノ六二一頁〉）、長門の採銅使となっているが如き（『三代実録』貞観元年二月二十五日条）その例である。この場合、全く一般国司なる史生等と異なる所なかった。(1)

b、任用　大宝養老令では国博士医師は部内に取り、もし無ければ傍国に通じて取り、補任の後故無く解職するを得ざらしめる規定であった（選叙令国博士条）。部内の人とは『集解』跡の説に拠るに「在国散位庶人、取二可レ堪人一而申上耳、不三必及第人二」とある。この規定は地方にその人なき為、初めより行われ難い場合多く、大宝三年既に傍国にも人なき時式部省が選擬し、中央より任ずる事が規定せられている（『続日本紀』大宝三年三月丁丑条）。その選擬とは勿論大学生典薬生よりであろう。是に於いて国博士医師には大宝三年以後は部内または傍国に取る者と朝廷より補任する者との二種を生じたが、両者は種々な点に於いて相違があった。前者が外分番であるに対し（『考課令集解』国博士条釈）、後者は内分番であり（『選叙令集解』国博士条釈）、前者が考限叙法等郡司に同じで、十考を以て限とし、十考中一階を進めるに対し（『選叙令義解』国博士条〈『続日本紀』和銅元年四月癸酉条ニハ「依令条」トアリ〉）、後者は史生に准じ八考を以て成選し（『続日本紀』和銅元年四月癸酉条）、後六考となった（同宝亀十年閏五月丙申条）。この差は儀礼に於いて更に著しく顕われ、郡司が本国司に遇った場合は下馬して礼するのであるが、土人にして博士医師となった者には、郡司と同じであるからその要なく、朝廷より補任した博士医師には、史生に同じく国司の列であるが故に、下馬して礼せねばならなかったのである（『儀制令義解』遇本国司条、『同集解』古記穴朱）。これを要するにその差は国司と郡司との差であって、部内の人か、中央より補任するかによって同じ国学教官の中にかかる差違を生ぜしめたのである。

しからば国学教官を朝廷より補任するには如何なる経緯を経てなされたであろうか。それは大学生典薬生より推挙された事は明かであるが、彼等の中には中央に於ける困難なる出身を回避して、安易の道としてこれを望む者が多かった。大学寮に於ける推挙の標準は初めは明かでないが、一般登庸試を通過するに至らざるもこれを推挙したことは確かで、その為に業未だ成立せずして妄に薦挙を求める者があったので、霊亀二年厳にこれを戒めて、かかる者は以後国博士医師に補任するを得ざらしめている（『続日本紀』霊亀二年五月丁酉条）。しかして中央に於いても妄に推挙することはなさなかったことは、希望者多きにもかかわらず「経術之道、成㆑業者寡、空設㆓職員㆒、擢取乏㆑人」といわれている事で知り得よう（同天平神護二年五月乙丑条）。かくてもなお諸国の博士医師、多くその才に非ず、託請選を得、その結果政を損するのみならず、民に益がないので、天平宝字元年には経生・伝生・医生・天文生・陰陽生・暦算生が博士医師に任ぜらるる資格を得る為に講ずべき書目を定められている（同天平宝字元年十一月癸未条。『延喜大学寮式』では国博士に対し経生・伝生・明法生・算生が挙げてある）。これによって見るに大学典薬生のみならず天文陰陽生等に至るまで国学教官に任ぜられた場合があったように思われる。延暦八年には年齢の制限さえ出来た。即ち諸学生年三十に満たざる者は国博士に任用する事を得ざらしめたのである（『三代格』五天長元年八月十六日官符所引延暦八年正月二十八日式部省符）。このように国学教官素質低下の防止が講ぜられたのであるが、この平安初期一国一学制が確立して需要が増加した頃から制限を寛める傾向を生じ、弘仁四年には、明法は律令十条を試し八以上に通ぜるを及第として叙例に預ったのを（選叙令）、六、七条に通ずれば国博士に任ずる事とし（『三代格』五弘仁四年三月二十六日官符）、天長元年には三十未満でも国博士に任ずる事を許し（同五天長元年八月十六日官符）、同七年には大学典薬生の年三十一以上で業を遂ぐるに耐えない者は白読を課試して五畿内および志摩・伊豆・飛驒・佐渡・隠岐・淡路等十一国の博士医師に補し（同五天長七年十一月十五日官符）、降って寛平七年には大学典薬諸生の学舎に苦住する者および鴻儒名医の子孫は薦挙に依って博士医師（後者は権任）に任ぜられる事となった（同五寛平七年二月一日官符）。この国学教官任用の簡易化は併しながら決してその素質の低下を意味するものでなく、むしろこの頃は中央集権が発展し、外国的文化が漸く上下に浸潤し、経済的基礎も確立して大学教育が最も盛行した時期であるから、学生等の種々の素質の者に対してそれぞれの実情に即した細則が種々作られるに至った結果と見る事が出来よう。中央から補任された者こそ中央文化の地方伝播者であり、これが士人教官に代りつつあったことは想像し得る所である。

このように大学典薬生が国博士医師となるには一般省試によって出身するよりも容易で標準が低いので自然一般省試とは別に式部省で行う博士医師の試験が規定され（『弘仁式』および『延喜式』式部下）、これに及第し、更に博士の推挙によって国博士医師に任ぜられたのである。この如き正当な手続を経て国学教官となった者を受業といい、しからざる者を非業または非受業と呼んだ。『貞観式部式』(『三代実録』仁和元年三月十五日条所引)に、

諸国博士医師者、奉試及第、并其道博士等、並共挙申為㆓受業㆒、自余為㆓非業㆒

とあり、『延喜式部式』には、

凡諸道学生、才学頗長、其道博士共挙為㆓諸国博士㆒、医師者雖㆑非㆓奉試及第㆒、皆為㆓受業㆒、自余為㆓非業㆒、

とあり、文言異なるも内容は同一であろう。なお薬生等が奉試せずと雖も合薬療治に習う者は国医師に任ずることが見える(『延喜式式部』上)。即ち非業の博士医師は大学典薬生が成業を待たず、託請等によって就職した者を指すのであろうが、なおこの場合先に述べた土人(部内の人)にして教官になった者を含むか否かに判然しない。いずれにしても非業の教官は中央集権・文化の伝播・学生教育には益少なき者であるから、朝廷がその数をなるべく少なくし、権限を狭めようと努力された事は当然の処置であった。先の博士医師任用資格の標準を寛くしたのも結局非業を少なくする為であり、寛平七年の官符には「然則教授療治之職、無㆑有㆓非業㆒」とあってこの事を明言しており、受業非業の両色は毎年民部省に移送し(『延喜式』式部上)、非業権任博士医師の秩満は年終太政官に申す定であるが(同上)、貞観四年には非業の輩の解由を責め(『三代実録』貞観四年三月二十日条、『政事

要略』五一交替雑事一一)、同六年には諸国調庸未進ある時はその代りに非業博士医師の公廨を没する事とし(『三代実録』貞観六年十二月十四日条、『三代格』八同日官符、『延喜交替式』、『政事要略』五二)、同十二年には非受業博士医師の秩限を四年とし、出羽・大宰管内諸国(『延喜交替式』は陸奥を加う)は五年として受業より短くし(『三代実録』貞観十二年十二月二十五日条)、元慶七年に至っては非受業人がその国の博士医師に任ずる事を禁じている(2)(同元慶七年十二月二十五日条、『三代格』五同日官符)。しかるに非業にして民部省に移するに受業と号し、六年間在任して俸料を貪る者が出来たので、仁和元年に受業は補任解文の姓名の下に本業を挙げ、その生を注して別を明かにし、詐称を防いだ(同仁和元年三月十五日条、『延喜式』二太政官、一八式部上)。宇多上皇が醍醐天皇に医師博士等を任ずるを慎重にすべき事を諭されたのも(『寛平御遺誡』)、要は非業を少なくする事にあったのであろう。なお一般地方官と同じく、俸禄を貪るのみにて当国に実益なき遥授の博士も生じている。山田春城は大学生にして丹波権博士を遥授され、勉学の資としているのであるが(『文徳実録』天安二年六月己酉条)、桑原腹赤が文章生にして相模権博士を兼ね(『凌雲集』)、讃岐永直が明法得業生にして但馬権博士を兼ねて勉学の資としている(『三代実録』貞観四年八月十七日条)。これら権任の博士はいずれも遥授と思われ、「得業生兼国之輩」(『延喜式』式部上)とはこれを指したものであろうし、大学諸博士の六位下の者は諸国権博士を兼任し、典薬医針博士は権医師を兼任する事も見えている(同上)。また山口西成は大宰博士に除して任に赴かなかった事も見えている（『三代実録』貞観六年正月十七日条）。中央集権の崩壊・地方制度の弛緩に伴ってこれら非業遙授の教官が増加の傾向にあった事は容易に想像し得る所である。貞観四年頃の下野に「今在任博士四人、医師三人」とあるのは（『三代実録』貞観四年三月二十日条）、遙授か在国か不明であるが、とにかく制度がかなり崩れて来ていることを思わせるものがある。

c、経済生活　国学博士は当国の者は徭役のみを免ぜられ、即ち半輸であったが（賦役令舎人史生条）、傍国に取る者は課役すべてを免ぜられた（『選叙令集解』国博士条釈一）。国学教官の収入は博士医師は初位八位多く、稀に六七位もあるが、五位はほとんどないので、五位以上に賜わる位禄・位田は関係なく、季禄も在京官人および大宰官人のみで地方官には給せられない。学生が入学に際しての布一端および酒食の束脩は勿論その収入であった（学令在学為序条）が、その主要なるものは職分田および公廨稲である。

国博士医師の職分田は令の本文には見えない。選叙令に「考限叙法、及准折、竝同二郡司一」とあれど恐らく職分田は指すものでない。故に『集解』令釈には「検レ令不レ給二職田一也」とあるが、古記には、

問、公廨職田准二主政等一不、答、不レ合、将有二別式一也、今行事准二史生之例一（国博士条）

とあって、令意は別式あるも、当時の慣行に於いては史生に同じである事を示している。史生の職分田は六段で（田令在外諸司職分田条）、また職分田を耕作する所の事力を二人給せられた（軍防令給事力条）。国博士医師もこれらを給せられた事は疑を容れない。天平神護二年博士医師共に三、四国兼任した時、職田・事力・公廨の類は正国に給わって兼処に給わらない事にし（『続日本紀』天平神護二年五月乙丑条）、貞観八年には加賀国の申請により、土人にして博士医師となる者は二年間事力を給せざる事としたのは（『三代実録』貞観八年閏三月五日条）、一般にこれらを実際に給せられていた事を示すものである。また天平四年節度使に関して「博士者以二生徒多少一為二三等一、上等給二田一町五段一、中等一町、下等五段」と定められたのは（『続日本紀』天平四年八月壬辰条）、諸道節度使がその道の国博士に対してなすべき賞賜であろう。

国博士医師はまた一般国司と同じく公廨稲の分前に預った。公廨稲を諸国に置いたのは天平十一年でこれを以て官物欠負未納を塡めしめたのであるが（『続日本紀』天平十七年十一月庚辰条）、国司等がこれを貪るようになったので天平宝字元年に処分の方法が定められた。その方法は当年の公廨を惣計してまず官物欠負未納を塡め、次に国内の儲物に割き、その残を、長官六、次官四、判官三、主典二、史生一の割合で分配したので、博士医師は史生の例に准じ、一の分前に預ったのである（『続日本紀』天平宝字元年十月乙卯条、『延暦延喜交替式』、『弘仁延喜主税式』）。しかしその全てが博士医師の収入となるのではなく、受業師料が差引かれた。受業師料は公廨処分方法が定められた同年の翌月に定められ、国博士医師任官後給う所の公廨一年分を本受業師に送らしめたのである。その理由は「如レ此則有二尊レ師之道終行、教資之業永継一、国家良政莫レ要二於茲一」とあって、大学典薬寮教官の経済生活を助けるものである（『続日本紀』天平宝字元年十一月癸未条、『類聚三代格』五同日官符）。承和五年に至って、一年分では多すぎて行われ難いので、大国二百束、上国百五十束、中国百束、下国五十束と定め、毎年拘留し、国の所出に随って軽物に交易し、大学寮典薬寮に送らしめたが（『続日本後紀』承和五年六月辛丑条）、貞観十二年になって更に国の大小によって額を決するのは不平均になり勝なので、公廨の十分の一を割いて送納せしめる事とし（『三代実録』貞観十二年十二月二十五日条、『三代格』六）、以て延喜に至っている（『延喜交替式』『延喜大学式・典薬式』）。以上は一定のものであるが臨時にまたしばしばこれを没収されている。斉衡二年に調庸未進ある時は国司史生以外の公廨を没する事としたが、貞観六年には非受業博士医師の公廨も没し（『三代実録』貞観六年十二月十四日条、『三代格』八）、同十七年には讃岐国司の申請によって受業練道博士医師の公廨をも未納の官物を塡めるに用いる事となった（『三代実録』貞観十七年十二月一日条）。なお医師は年料の雑薬未進の時も公廨を拘留された（『貞観交替式』承和五年六月八日官符、『続日本後紀』同日条）。

国博士医師はまた一般国司と同じく交替料として夫馬を給った。天長五年これを停めた（『貞観交替式』天長五年十月十一日官符）後も何時しか復旧したが、貞観元年には土人にして博士医師となり故郷に帰る要なき者には交替丁を給う事を停めた（『三代実録』貞観八年十月八日条、『三代格』六）。この外臨時に物を賜う事は余り見えないが、天長元年には丹波国医師大村諸縄に正税四百束を給うて病料に充てており（『類聚国史』七八賞宴下賞賜、天長元年四月丁未条）、かかる事は稀に行われたものと見える。

以上羅列に過ぎたが、この国学教官の経済生活が時代的に如何なる変遷を辿ったかは明かでない。しかし一般律令制度の推移、殊には中央大学寮の状態に比して考えるに、律令制度の発展修正に伴って平安初期には安定または増加の状態にあり、その後律令制度の崩壊に伴って不安定減少の道を辿ったものと思われる。

d実例　国学教官に任ぜられた者でその名の見ゆる者は余り多くない。今これを表示して参考に資する。

因幡博士　少初位上　春日戸村主人足　銭百万国稲一万束ヲ献ズ

『続日本紀』天平神護二年十二月壬寅条

相模権博士　大初位下　桑原公腹赤　文章生、詩ヲ賦ス　『凌雲集』（延暦元――弘仁五）

相模博士　朝野朝臣鹿取　延暦末、大学生カ

『続日本後紀』承和十年六月戊辰条

但馬権博士　讃岐朝臣永直　弘仁六年補明法得業生兼――

『三代実録』貞観四年八月是月条

但馬博士　正八位下　林朝臣遠雄　天長四年渤海使到着ノ事由ヲ勘ス

『類聚三代格』天長五年正月二日官符

美作博士　滋善宿禰宗人　天長年中為――

『三代実録』貞観五年正月二十日条

越中博士　従七位下　紀朝臣生永　大和国添上郡人、左京ニ貫ス

『続日本後紀』嘉祥二年四月辛亥条

越後博士　佐伯広宗　大帳使、不上ニヨリ解却

『類聚三代格』斉衡二年九月二十三日官符

丹波権博士　山田連春城　大学生、勉学ノ資トナス

『文徳実録』天安二年六月己酉条

播磨博士　{正八位上／大初位上}　和邇部臣宅継　{釈奠式頒布ヲ乞フ／播磨国飾磨郡人、姓邇宗宿禰ヲ賜フ}

{『三代実録』貞観二年十二月八日条／同　貞観五年九月十日条}

備中権博士　従六位下　賀陽朝臣真宗　備中国賀夜郡人、左京ニ隷ス

同　貞観四年三月四日条

阿波博士　従八位上　刈田首今雄　讃岐国刈田郡人、左京ニ隷ス
同　貞観四年五月十三日条

越中博士　大初位上　御船宿禰有行　貞観五年四月三十日　『越中国官倉納穀交替記』（実ハ延喜十年正税帳）

上野権博士（史生イ）　大初位下　上村主佐美行　国兵ヲ押領シ、奥羽ノ軍旅ニ従フ
『三代実録』元慶三年六月二十六日条

越前博士　生江某　足羽郡擬大領ヲ兼ヌ
『東南院文書』天暦五年十月二十三日足羽郡庁牒

但馬博士　従七位上　多治真人広光　永延元年任　『類聚符宣抄』永延二年二月二十五日官符

越前医師　外従八位下　六人部東人　越前国使
同　城上石村　天平宝字五年越前班田使
天平神護二年九月十九日越前国足羽郡司解（『大日本古文書』五ノ五四四―五頁）

丹波医師　正七位下　大村直諸縄　正税四百束ヲ給ヒ病料ニ充ツ
『類聚国史』七八賞宴下賞賜天長元年四月丁未条

壱岐（島）医師　外大初位下　蕨野勝真吉　九州博士医師ニ内位六考ヲ乞フテ許サル
『続日本後紀』承和十二年六月壬午条

越中医師　従八位下　角山公魚成　仁寿二年十一月七日　延喜十年『越中国正税帳』

長門医師　従八位下　海部男種麻呂　採銅使トナル、五位借授

『三代実録』貞観元年二月二十五日条

播磨権医師　正八位上　和邇部宅貞　播磨国飾磨郡人、姓邇宗宿禰ヲ賜フ

尾張医師　従六位上　甚目連公冬雄　尾張国海部郡人、高尾張宿禰ヲ賜フ

同　貞観六年八月八日条

下野権医師　大初位下　下毛野朝臣御安　国兵ヲ押領シ、軍旅ニ従フ

同　元慶三年六月二十六日条

安芸医師　従八位上　常澄宿禰宗吉　河内国高安郡人、姓高安宿禰ヲ賜フ

同　元慶三年十月二十二日条

但馬前医師　従八位上　日置部是雄　但馬国気多郡人不動糒倉ヲヤキ遠流

同　元慶三年十二月十五日条

近江権医師　少初位下　神人氏岳　近江国犬上郡人、官物ヲ奸盗ス

同　仁和元年七月十九日条

越中医師　従七位下　佐伯宿禰宅主　寛平九年八月五日　『延喜十年越中国正税帳』

越中医師　大初位下　依智秦公広範　延喜十年十月十五日　同

出雲権医師　出雲清明　康保三年　九条家『延喜式』十裏文書
延久二年『出雲国正税返却帳』

この歴名を通観して得る所は位階は初位八位が最も多く七位六位これに次ぐ事、姓は一体に顕れないものが多い事、当国の人隣国の人また全く他国の人を任じた実例等が見られる事であろう。

八、学生

国学生は郡司の子弟にして、年十三以上十六以下の聴令なる者を国司が補した事は既に述べたが、『学令集解』（大学生条）に、

古記云、問、郡司子弟不レ得レ満レ数、若為処分、答、兼取ニ庶人子一耳、

とある所によれば、定員に余ある時には庶人の子をも取ったのである。国医生については『職員令集解』（国博士条）に、

釈云、医疾令云、凡医生、先取ニ薬部及世習一、次取ニ庶人年十三以上十六以下聴令者一為之者、
然則国医生取ニ庶人一耳、

とあって、部内の庶人にして年十三以上十六以下の聴令なる者をこれに補したことが分る。

かかる学生の資格およびこれも前述の学生の出身過程の規程、学習方法またその内容等がその後如何なる変化を辿ったかは全く知る所がない。何しろ直接国学生の存在を立証し得べき史料は前述の計会帳正税帳による石見・隠岐・薩摩と、後述の貞観十八年の官符による薩摩に関して位なもので、その名の知られている者の如きは皆無である。聊かその経済生活について知らるる所を記そう。

国学生は無論国学の附近に寄宿していたに相違ない。そしてその食料等は令制に於いては自費で

あったかも知れないが明かでない。しかし後には大学生と同じく種々の給費の方法が講ぜられていたらしいことが見える。まず大宰府では天応元年に乗田を以て学校料田を六国の国毎に四町置き二町を明経秀才の者に、二町を医算の優長の者に賜うた事が見える（『三代格』一五天応元年三月八日官符）。これは一部の者に対するものであるが、仁寿二年に薩摩の「国学生有レ員無レ心二勤学一」きは「推二量彼志一、国堺遙遠、往還多レ煩」き為であるとして六月二十九日の太政官符を以て剰田二十町を賜った内十町を勧学科（内訳学生料五町、薬生料五町）とした事が見えるが(3)（『三代格』一五貞観十八年五月二十一日官符）、これこそ大学寮の勧学田に相当するものであって学生一般の食料に充てるものであろう。右の国解に「准二日向大隅等国例一」とあるからこれらの国にもあったと見られよう。この他には全く所見がないが、かかるものが最も存在の可能性が多いのではあるまいか。この他に国学生食料を正税出挙の利稲を以て充てた場合がある。『弘仁主税式』に陸奥四千束が見え、『延喜主税式』にはその外に上野一万束、播磨一万五千石、出羽二千束が見える。一見その数差の甚しきが如くであるが、勧学田等もあり国により財源捻出法を異にしたものと解す可きであろう。(4)

二、学舎

国学は無論国府にあり、国庁に接して建てられたものと思われる。国学の建造物を構成する主要部分は学館と孔子廟とである。諸国釈奠式に拠るに、祭前学生の清斎する所の「学館」と、釈奠を行う「廟」があり（『延喜雑式』）、国務条々事には「学校・孔子廟堂」と連記されてある（『朝野群載』二二）。学館ないし学校は一般に広く学校と呼ばれ（九条本『延喜式』三二裏文書、『江吏部集』中、『観世音寺文書』）、これは国学の主体である所から総称にも用いられた如くである。更に学館を構成しもしくはこれに附属する建造物としては上野国学の雑舎の中に「講堂壱宇」「竈屋壱宇」「学生屋壱宇」等が見られる（九条本『延喜式』三三裏文書）。講堂は平常講義の行われる所で主要建造物なるべく、学生屋は学生の寄宿せる所、竈屋は学生の炊事をなす所でもあろうか。これを以て他の全部を推すことは困難であろうが、大体の規模はこの如きものであったと思われる。元慶二年紀伊国風雨雷電の際「震二於国府庁事及学校幷舎屋一被レ破二官舎廿一宇一」とある舎屋は恐らくこのような建物を指したものであろう（『三代実録』元慶二年九月二十八日条）。

ホ、釈奠

当代学校の最大行事は春秋二回の釈奠の儀であり、殊に微々たる国学は釈奠の行われた事によって纔にその存在が知られる程である。国学の釈奠は大学のそれと共に学令に定むる所である。即ち二月八月上丁の日に行い、饌酒明衣等は官物を用いた。故にその費用は国に於いては正税出挙の利稲を以て充てた。天平八年薩摩国春秋釈奠料が正税帳に載せられているのもその為であり（『大日本古文書』二）、『延喜式』では正税帳の様式に例用穎の中に釈奠料を載せ（主税式下）、またその標準数量も定められている（主税式上）。釈奠(5)を行い国学を管理するは国司の重要な職掌の一であり、国司交替の際にも「学校・孔子廟堂幷祭器」が神社国庁等と共に重要視せられた（『朝野群載』二二国務条々事）。設置後十年なる加賀国をして先聖先師像二条を図画せしめたのは（『日本紀略』天長十年二月辛未条）、勿論国学釈奠の為であろうし、承和七年五畿内七道諸国をして諒闇の間釈奠祭を停めしめたのは（『続日本後紀』承和七年七月癸未条）、その頃実際に広く行われていた事を物語る。貞観二年に至って諸国釈奠式を作ってこれを七道諸国に頒下した（『三代実録』貞観二年十二月八日条、『三代格』一〇同日官符）。この式には先聖先師二座を釈奠する事になっていたが、大宰府では従来九哲の第一たる閔子騫を併せて三座を釈奠していたので、貞観十八年に至ってその特例を請うて許された（『三代格』一〇貞観十八年六月十日官符）。これらによって知らるる如く、釈奠は諸国に於いて行われるには行われたのであるが、型許りの簡素なものであった事は菅原道真の讃岐守在任中（仁和三年）の左の「州廟釈奠有レ感」の詩によっても察せられよう（『菅原文章』三詩三）。

一趨一拝意如レ泥、罇俎蕭疎礼用迷、暁漏春風三献後、若非二供祀一定児啼、

（1）『薩摩国正税帳』には医師を単（延人員）に於いては史生に包含せしめて計算している。
（2）この規定は非業が土人を含むと解した場合には土人の国学教官への道を全く塞いだ事となるが明かでない。
（3）この官符は国衙の書生の食料に関したもので、その中に引用された官符および薩摩国解にたまたま国学生のことが出て来るのであるが、書生を直ちに国学生とする誤解が今まで行われた。

（4）この出挙雑稲は出羽は国学生食料とあるが他はすべて単に学生料とある。その他の点よりしても学生料は一応中央の大学生かと疑われるのであるが、しかしやはり国学生食料であろう。

（5）釈奠の職掌たる三献官は守が初献、介が亜献、博士が終献をなす。（諸国釈奠式、大学では大学頭、助、博士）

四　大宰府学

律令時代の地方政治に於いて特別の組織を持つものは畿内、奥羽、大宰府である。畿内については既に前に触れたし、奥羽については延暦十五年に、一般の国博士医師が史生相当であるに対して陸奥博士医師を少目相当のものとしたり（『日本後紀』延暦十五年十月二十八日官符）、その任期を遙任非業の場合他の一般遙任非業の国博士医師より長くしたりして（『三代格』五延暦十五年十月（『三代実録』仁和元年三月十五日条）、重要視されたことを示す位であって、最も特殊な組織を持ったものは取もなおさず大宰府学である。

大宰府学はまた学業院と呼ばれている（『江次第鈔』五二月釈奠条、『民経記』寛喜四年三月十六日条）。府学の起源は大宝令以前に求むる事は恐らく困難であろう。その教官については『職員令集解』大宰府条に、

博　士　一　人　掌下教二授経業一謂教二授管国学生一、其医師不レ称二教授一者文略也、課中試学生上、

医　師　二　人　掌レ診二候療病一、

とあり、なお天応元年三月八日官符（『三代格』一五）に見える所の算生を教授する者は同令に「算師一人掌レ勘二計物数一」とあるがそれであろう。これらは国博士医師と違って官位相当官で、大宰博士医師は従七位下、算師は正八位下であった（官位令）。その後音博士と明法博士が置かれた。音博士は天平十年にその名が見え実例は大初位上である（天平十年『周防国正税帳』）。明法博士は延暦十八年に置き、天長二年従七位下の官と定められた（『三代格』五天長二年五月二十五日官符、『類聚国史』一〇七職官一二、天長二年五月戊辰条）。かくて『延喜式』には博士、明法博士、音博士、医師、算師が見え（主税上、民部下）、なお学授も府学関係の者であろうか（民部下）。教官以外に事務官として別当が置かれた事があり、概ね府の官人がこれを兼ねた如くである（『観世音寺文書』寛仁五年三月二十三日同寺牒「学校院別当権少監多治」とあり）。

職員令は教官のみを掲げて学生を挙げていない。これは『義解』に「教二授管国学生一」とあって学生は管内諸国の学生だからである。しからば管内諸国には博士医師は置かれなかったのであろうか。『職員令集解』大宰府条に、

問、九国三島毎国各博士医師学生可レ有何、……答、今行事、遠国者、遣二博士医師一也、近国者、学生等来二大宰府一習耳、故博士医師注、不レ記二生数一者、

とある。これによると原則としては管国学生全部が府に来って学ぶべきであるが、遠国は大宰府から博士医師を遣わす事となったのである。これを没革に徴するに、天平三年には大宰府をして壱岐、対馬の医師を補せしめ（『続日本紀』天平三年十二月乙酉条）、ついで日向・大隅・薩摩(2)・壱岐・多褹に博士医師を補し終身官としたが業進まざるを以て、宝亀二年に至り朝法に同じく八年にして遷替する事とし（同宝亀二年十二月甲戌条）、更に弘仁十二年には対馬の史生を停めて博士を置き（『三代格』五五弘仁十二年三月二日官符）、かくして日向・大隅・薩摩・壱岐・対馬に博士医師は置かれ、大宰府に集って教習するのは両筑・両肥・両豊六国の学生のみとなったのである。その後承和十二年に救療の急有らんが為に筑前以外の五国の史生を減じて医師一人を置き、典薬寮学生及第者を以て補する事としたが（『続日本後紀』承和十二年七月丙寅条、『三代格』五承和十二年四月十七日官符、『文徳実録』天安元年十一月戊戌条、藤原衛伝）、『延喜式』（式部上）に至って、

凡日向大隅薩摩壱岐対馬等国島博士医師者、大宰准二大学典薬生一、試レ才補任、副二勘籍状一言上、省載二季帳一申レ官、待二考満一叙二内位一、其遷替皆以二六年一為レ限、其六国学生医生皆集二府下一分レ業教習、

とあるによれば、五国の医師は診療の為のみで医生を教えなかったのか、あるいは承和延喜の間に廃されたのであろう。なお秩限が六年となったのは承和十二年壱岐医師の申請によってであった

（『続日本後紀』承和十二年六月壬午条）。

大宰府学教官の待遇は一般の国学教官に比して遙によかった。その職分田は令に規定せられ、博士は一町六段、医師算師は一町四段であり（田令在外諸司職分田条）、事力は博士に五人、医師算師に四人給わり（軍防令大宰国司事力条）、その後仕丁を博士・明法博士に六人、音博士、医師、算師に五人、学授に二人充てられた（『延喜式民部』下）。また公廨の処分法は帥十、史生等一に対する博士・明法博士・音博士一と三分の二、医師・算師一と二分の一の割であった（同主税上）。

大宰府学の教官となった者でその名の知られる者は左の如くである。

大宰博士　名草宿禰豊成　天長七年任、承和四年直講後助教

『文徳実録』斉衡元年八月丁丑条

同　山口伊美吉西成　明経得業生、奉試及第、除一、不之官、

『三代実録』貞観六年正月十七日条

大宰医師正七位上　民首方宗　姓真野臣ヲ賜フ

『三代実録』貞観五年九月十五日条

大宰明法博士　伴宿禰宗　後右少史大判事明法博士

『文徳実録』斉衡二年正月己酉条

（大宰）音博士大初位上　山背連靺鞨　故大宰大弐紀朝臣ノ骨ノ送使トナル

天平十年『周防国正税帳』

学生は学生・医生の外に算生もあったが、その数は六国の定員を併せた数にほぼ等しかったようである（『三代格』一五天応元年三月八日官符）。また明法生も無論あったと思われる。得業生は四人置かれ（『続日本後紀』承和十年二月丙寅条）、それより出身の者は、六国外の管内諸国島の博士医師に補せられたり、府の官人となったりしたものと思われる。学校料田については前に述べたが、一般学生の給食の状態は明かでない。

大宰府は上代日本に於いてその特殊な対外的対内的地理関係よりして、対外防備と九国二島の統治の任務を遂行し、あらゆる点で九州の中心をなしたので、教育施設に於いてもこの例に洩れないが、殊に地理関係より大陸文化の影響多き地であるから、学制も終始刺戟を受けたものと思われる。吉備真備が唐よりの帰途、持帰れる弘文館本の聖像を学業院に安置したという伝説はこれを物語るものであるし（『民経記』寛喜四年三月十六日条）、殊に真備が天平勝宝六年大宰大弐となった事は府学の興隆に関係があったと思われるが、神護景雲三年に大宰府が子弟の学ぶ者衆きにかかわらず府庫に唯五経のみあって三史がないからと奏して、朝廷から『史記』『漢書』『後漢書』『三国志』『晋書』おのおの一を賜っているのを見れば（『続日本紀』神護景雲三年十月甲辰条）、その貧弱な施設の一斑がうかがわれる。恐らく他の国学は一層ひどかったであろう。かくて平安時代に入っても前に挙げたような存在の跡が辿られるのであるが、延喜以後になると次第にその姿は史上から薄れて行く。

（1）『三代実録』『貞観式』（『三代実録』仁和元年三月十五日条所引）『延喜式』は出羽大宰管内とし、『延喜交替式』のみ陸奥を加う。

（2）天平八年『薩摩国正税帳』釈奠料の条に「国司以下学生以上惣七十二人」の中に博士を含むは勿論である（『大日本古文書』二ノ一三頁）。

五　衰　微

延喜天暦の頃を境として中央集権は次第に崩壊し、荘園は増大膨張し、王化は地方に及ばず、地方の国衙政治は紊乱して、律令制度はその形骸を中央に残しつつ、その実質は次第に滅びて行った。殊に国衙を中心として国学の如きを含む地方制度は最もその魁をなしているものである。

中央に於ける大学の例から考えて、恐らく終まで変化を見なかったであろう唐制直訳的な教化内容は、唐との公的交通の停止によってにわかにその価値を減じたことはいうまでもない。外人折衝の国博士の派生的任務も、その実行は疑わしきも文章生出身にして国の掾たるものは北陸西海に任じて蕃客に当らしめる定めが後に出来ていることを考えれば（『官職秘抄』下諸国掾）、纔に史生に相当した国博士は既にここに於いてもその地位を奪われつつあった事を知る。

かくして国学教官は非業遙任等を増加したと思われるが、受業非業在国遙任いずれにするも延喜後に於いてはその存在は僅かに認め得るに過ぎない。しかして学生に至っては全くこれを知る事が出来ない。学生給費の財源と見做さるる諸国雑稲中の学生料も国衙財政の紊乱からして永続きはしなかったであろう。現に上野国学生料の如き『延喜式』後約百年なる長元頃には無実となっていると想像され、しかも無実となる前に名義は勧学院学生料と替えられていたのである。(1)

延喜後も在国の博士医師はいるにはいた。承平四年には土佐国医師が紀貫之の国司解任帰京を送っており(『土左日記』承平四年十二月二十九日条)、天暦五年には郡司を兼ねた越前国博士がおり(『正倉院文書』五天暦五年十月二十三日足羽郡庁牒)、康保三年には出雲権医師の名が見え(九条本『延喜式』一〇裏文書、延久二年『出雲国正税返却帳』)、永延元年には多治広光を但馬国博士に任じ、翌年食馬を給して下国せしめている(『類聚符宣抄』八永延二年二月二十五日官符)。しかしながら延喜承平頃には伊勢丹波石見等の礼器や廟像が無実となって修繕せしめられているのを見(『政事要略』五四釈奠事勘解由勘判抄)、次の長元三年頃と思われる九条本『延喜式』三二紙背の上野国務に関する文書を見る時には国学の実質が既に空に帰していたことを知るのである。(2)

無実

礼服

緋絁礼服陸領　長三尺　袖径二尺

同裳弐腰　各単長三尺　径二尺

緑絁礼服弐領　長各三尺　袖径二尺

藍染絁裳参腰　長各二尺四寸

礼冠弐拾捌領

蔭染調布衣弐拾肆領

雑具

表覆調布壱張　二副長九尺

盟壘(盥疊)壱

箸(マヽ)　壱前

雑舎

講堂壱宇

竈屋壱宇

学生屋壱宇

破損

届(厝)像

先聖壱座
先師壱座

右新司良任勘云、神社并学校院・聕像・礼服・祭器・雑物破損無□(実)、其由如何、前司兼貞《家業》陳云、件神社并学校院聕像礼服祭器雑□□(物破)損無実之由、注載代代不与前司解由状、度度検交替使実□(録)帳言上已了、爰当任之間、為存公平多加修造、就中正一位勲十二等抜鉾大明神社卅年一度改造社也、尋彼年記悉以新造、正一位赤城明神社七年一度改□□□(造社也カ)、同尋年記□□(新以カ)造立、謂其勤節、已過起請、依実被録、新司良任重勘云、神社是有封社便神戸百姓修造、无封社禰宜祝部等修造者、前格後符灼誡重畳、而今修造不幾損失、□□□□豈可然哉(下闕)

これに拠れば、礼服・祭器より講堂以下の主要建造物、さては廟像に至るまで、以前より既に無実ないし破損に帰していたのであって、かかる状態を以てしては国学の活動は夢想だもなし難い。是より先、寛弘年間、尾張権守大江匡衡が冬日於州廟賦詩序に「思二郷貢一以興二学校院一」といえるのも(3)(『江吏部集』中)やはり尾張国学が衰微していた為であろう。下って承保三年承暦元年頃の上野国衙の支出に春秋釈奠料の見ゆるのは(『朝野群載』二六減省続文、応徳二年十月主税寮勘上野国解文事)、恐らく校舎廟像の無実破損に帰した後纔に復興したものではなく単なる形式のみであろうが、とにかく、これを最後として国学の史料を絶ち、恐らく同様に国学そのものもこの世からその姿を絶って了ったものであろう。

大宰府学は寛仁頃より延久頃に至る約五十年間隣接の観世音寺と土地係争問題を惹起している。それは両地の中間にある二段の開発田に関してであるが、双方公験を呈出して府衙に訴えてこれを争い、一時は学校側に軍配が上った事さえあったが、全体として問題は寺側に遙に有利に展開している（『観世音寺文書』〈松浦伯爵蔵〉寛仁五年三月二十二日寺牒、寛徳二年二月二十九日府牒、天喜六年十一月二十三日寺牒、康平二年七月二十七日、治暦四年四月九日、延久四年三月十一日府政所下文）。これによって府学が当時ともかくも観世音寺に拮抗し得る勢力のあった事を知り得るのである。下って嘉保二年大宰府権帥源経信が赴任するや、学業院を開き見、院の耆老等を召して、顔回像の頸の切れている所以を尋ねているので（『民経記』寛喜四年三月十六日条）、府学のこの頃までの存在をかすかに辿り得るのであるが、その後は絶えて史料なく、『職原鈔』下には大宰府博士医師等に就き「中古以来断絶」とあって衰滅後久しかった事を物語っている。

足利学校の国学遺制説については、積極的史料の出ぬ限り、未だにわかに信ずべからざるものであることは、故八代博士等の説くが如くであろう。

国学の現在に於ける遺址については、尾張につき、吉田博士の『大日本地名辞書』に、「其州廟址も、国府の衙庁址と総社の中間に、一堆丘をのこす（尾張志・名所図絵）」とあれど、『尾張志』『尾張名所図会』『張州府志』には不明の由記し、大宰府学については『筑前続風土記』（六、御笠郡）に、「学業院址、観世音寺村の西端にあり、南に向へる地なり、其西に小川流る、……今は只其跡のみ残て、農夫の宅となれり、」とあるが、共にその遺構は明かでないようである。また『紀伊続風土記』（名草郡直川荘府中村条）に、「近き頃まで村中の寺に閻魔王として伝へしは古の学校の聖像なりと言伝へしを其像も今は亡佚せしとぞ」など伝えらるるも、近世儒教全盛時代の附会と考えられぬこともないであろう。

（1）『朝野群載』二六承保三年十二月十五日上野国稲減省官符に勧学院学生料万束が无実の由見える。これは『延喜主税式』の学生料に当る。雑稲无実の全額は八万束であるが、長元三年頃の九条本『延喜式』二〇裏文書にも八万束无実の由見え、内容も同じであろうから、学生料も長元頃既に無実であったと想像し得る。

（2）この史料は既に宮地直一博士によって「王朝時代の地方行政に関する一考察」（『史学雑誌』三五ノ九）に紹介せられているが、そこに引用された一文はここに掲げたものの十五行目以下であって、前の十四行は一枚別文書を隔てて貼連らねられてある。

（3）この詩句中に長保・寛弘の字が見え、また匡衡は寛弘七年三月三十日丹波守に遷任しているから（『御堂関白記』）これは寛弘年中の詩である。

以上国学の創設発展組織等について述べ来ったが、結局国学は唐制模倣の上代国家の体制を整える為に否応なしに繰入れられた所の制度であって、上代国家の政治機構を説明する思想体系としての儒教主義を地方に浸潤せしめ、あるいは人材登庸の理想を全国に普遍的たらしめる役目を集権国家に対して負うていたとはいえ、当時の地方の実情はこれを受入れる為には余りにも因循な空気が漲っていたと思う。唐制を我国情に適応させて採取しつつも、なおその大規模な国家体制の為に無理に採入れられて、遂にこれを消化し切れずに衰滅へと導いた——かかる事例は数多いが——その一適例を国学に見る事が出来る。その基調となった儒教主義は当時の政治機構を正に理論化正当化せるものとして上層階級には採入れられたが、政治の実施に当っては多く仏教を利用したのであって、これは次第に上下に浸潤し来り、中世封建社会に於いては、その社会に適合した最も普遍的な観念形態を形造り、教育施設より見るも寺院における仏教的な教育が早くも上代の儒教的な教育に代りつつあったのである。

第六章　上代に於ける私学

大学国学等の官学に対して、貴族社会の間に学校または学校類似の施設もまた存した。大化改新前の時代に於いて南淵請安が皇族公卿の子弟に周孔の教を授けたものや、僧旻の堂に群公子が『周易』を講じた如きはその源流であるが、この二例や大学国学に於けるが如き儒教主義に立脚するものには限らなかった。それは私学に於いては官学に於けるが如き国家の教化意識に拘束されることなく、文化的意義を持つ仏教との握手が可能であった為であろう。

藤原武智麿はその子豊成・仲満の二人を博士門下に学ばしめ、しばしば絹帛を奉ってその師を労遺し、これによって二子皆才学あり、名聞衆を蓋うたという(『藤原武智麿伝』)。この博士が大学の博士であるかどうかは疑わしいし、もし大学の博士としても、二子は正式に学生となったのではなく、私的関係であろう。この二子の中の一人仲満即ち恵美押勝が、算を大納言阿倍少麿に学んでいるのは個人的な関係であろう(『続日本紀』天平宝字八年九月壬子条)。天平の頃に百済から帰朝した僧で、その特殊技能たる医術の活用の為に還俗せしめられて登用されたころの吉田連宜なるものがあった。彼は図書頭・典薬頭・内薬正・相模介・侍医等に歴任したが（『続日本紀』天平五年十二月庚申・十年閏七月癸卯条）、特に医術を以て著われ、『武智麿伝』には「方士」としてその名を挙げられ、その子孫も、「世々伝二医術一」えた程であるが（『続日本後紀』承和四年六月己未条）、兼ねて儒道に長じ、門徒録するあるという状態で（『文徳実録』嘉祥三年十一月己卯条）、医術の傍ら儒道をもって門徒を教えたことが知られる（吉田宜の漢文章は『万葉集』に見え、それは『和歌真字序』一名『本朝小序集』に収められている）。

僧空海が十五歳にて上京し、外戚阿刀大足について『論語』『孝経』をうけ、兼ねて文章を学んだのは奈良時代末期に属し、姻戚による個人関係であった（『御遺告』）。僧最澄もまた幼にして近江の国滋賀の地の「村邑小学」に学んだといわれているが（『叡山大師伝』）、果してどのような施設のものであったか明らかでない。ただその文字よりすれば、やはり儒教的のものであったように感ぜられる。

一二 教院と芸亭院

以上は、いずれも教科に於いて官学とほぼ択ぶところがなかったが、これに対して、平安時代になって綜芸種智院が創められるに当ってその先例として挙げられたところの「備僕射之二教、石納言之芸亭、如此等之院」（『綜芸種智院式』）は、正統的な儒教思想とは別個のいわば儒仏習合的な思想に基いて設けられたものと思われる。「備僕射之二教」即ち吉備真備の二教院については、この『綜芸種智院式』の数文字以外に全く史料がないのであるが、彼の二教院設立についての思想は、彼の著書とされる『私教類聚』によって察することが出来る。『拾芥抄』下教誡部に載せられた『私教類聚』の目録によると、その第一は「略示㆓内外㆒事内教五戒一不殺生二不偸盗三不婬欲四不妄語五不飲酒外教五常一仁不殺二義不盗三礼不邪四智不妄五信不乱」と題し、仏教の五戒と儒教の五常との一致を説いているものの如く（『続日本紀』天平宝字三年六月丙辰条に見える思想はこれと共通し『五常内義抄』に見える思想もこれを受けたものであろう）また諸書に見えるところの同書の佚文によってみるとその内容は全体として顔之推の『顔氏家訓』の趣旨と同じものが多いから、『顔氏家訓』帰心篇十六に、「内外両教本為㆓一体㆒、漸極為㆑異、深浅不㆑同、内典初門設㆓五種禁㆒、外典仁義礼智信、皆与㆑之符、仁者不殺之禁也、義者不盗之禁也、礼者不邪之禁也、智者不淫之禁也、信者不安之禁也」とあるような趣旨が述べられていたと思われ、これが即ち真備の思想であろうと思われるから、彼が建てたといわれる二教院の二教も儒仏の二教を指したものであろう。真備の官学に対する功績は前に述べたところであり、また彼は孝謙天皇の皇太子時代に『漢書』と『礼記』とを侍読している（『続日本紀』宝亀六年十月壬戌条）。この二つの公人としての事績に於いては、彼は全く儒家としての立脚点の上に行動していたが、私家の子孫に対する教訓書を認めたり、私学ともいうべきものを営んだりする場合には儒仏一致の思想がその基底をなしていた。これは決して両者の矛盾を語るものではなくて、むしろ当代に於ける儒教や仏教の性格に基く活動部面の分担を如実に示しているものと見るべきであろう。

「石納言之芸亭」即ち石上宅嗣の芸亭院は、彼の旧宅を捨てて阿閦寺となし、寺内の一隅に特に外典之院を置き名付けたところであって、好学の徒があってついて閲せんとする者には自由にこれを聴した（『続日本紀』天応元年六月辛亥条）。いわば我国に於ける最初の公開図書館ともいうべきものであろうが、宅嗣が賀陽豊年に対して礼待周厚、芸亭院に屈して数年の間博く羣書を究めさせたというような事実からすると（『日本後紀』弘仁六年六月丙寅条）、この院は学校の形態をとらなかったとしても、それに等しい効果を挙げつつあったものと思われる。それのみでなく、もし空海が綜芸種智院の先例として二教院芸亭院を挙げた意図が、厳密な意味での私学の先例としてであるならば、これら両院は現在徴証はないとしても私学とも称し得べき形態を持っていたかも知れない。宅嗣の芸亭院創設の趣旨は、彼自身の筆になる『芸亭院条式』に明かである。即ち、

内外両門本為二一体一、漸極似レ異、善誘不レ殊、僕捨レ家為レ寺、帰レ心久矣、為レ助二内典一、加二置外書一、地是伽藍、事須二禁戒一、庶以二同志一入者、無レ滞二空有一、兼志二物我一、異代来者超二出塵労一、

帰二於覚地一矣（『続日本紀』前掲）

これを前に引いたところの『顔氏家訓』帰心篇の文と比較して見る時は、その趣旨が同一であるといわんよりは、冒頭の文章そのものがそこから出ているとさえ思われる。しかしもしまた『私教類聚』に『顔氏家訓』と同様な文句があったとすれば、『私教類聚』から出ているのかも知れない。それはともかく、儒仏一体思想といっても、仏教を優位に置き、内典を助けんが為の外典であって、結局目指す所は仏教にあったように思われる。芸亭院の環境を見ると、阿閦仏像を本尊としたところの阿閦寺の東南にあり、山を堅くし、沼を穿ち、竹を植ゑ花を栽え、橋を渡し船を泛べ、西南には禅門を構え、東北には方丈室を建ててあったという（『日本高僧伝要文抄』三所引「延暦僧録」）。賀陽豊年が宅嗣の小山賦に和した賦を見ても、巌石池泉に魚鳥が戯れる如き雰囲気であって、仏教的なばかりでなく老荘的な自然の環境の中に「経史之閣」に於いて書を繙く設備がなされていたのであって（『経国集』一）、この時代に於いては、私的な施設にして初めて見られる所の特異な施設であったということが出来よう。

二　綜芸種智院

吉備真備の二教院、石上宅嗣の芸亭院が既にその迹を絶って後、二教院の標榜する二教に密教を一教として加えて、空海が創立した所の三教院が綜芸種智院であった。

空海は最澄が『山家学生式』を制定して、その教育理想を叡山上に実現したのに対して、純粋の宗教部面に於ける僧侶教育の機関としては、勿論寺院が考えられたのであろうが、彼の教育思想の特色を最もよく現わしたものは、寺院とは別個に俗人教育機関としての綜芸種智院を創めるに当って天長五年に制定した所の『綜芸種智院式』であった。

空海は最澄と違って、彼の思想の成長から考えて、『三教指帰』の著にも見られる如く、常に仏教を他の宗教と対比してその優劣を考えており、彼の生立ち経歴からも、当然俗人教育に関心を持つこと多大であり、そして嘗て現実に経験した教育に嫌らず、その方法について体験に基いた理想を有するに至っていたことと思われる。それを現実に移したのが綜芸種智院であったということが出来よう。

彼が嘗て教育を受けた大学教育に関して、嫌らぬ点は多々あったであろうが、その第一は、大学が貴顕といえないにしても限られた身分の者のみを対象とした点である。

大唐城坊坊開二閭塾一、普教二童稚一、県県開二郷学一、広導二青衿一、是故才子満レ城、芸士盈レ国、今是華城但有二一大学一、無レ有二閭塾一、是故貧賤子弟、無レ所レ問レ津、遠坊好事往還多レ疲、

貧賤の子弟が学ぶに所なき事が一大欠点として彼に考えられた。

莫レ看二貴賤一、随レ宜指授、

不レ論二貴賤一、不レ看二貧富一、随レ宜提撕、誨レ人不レ倦、三界吾子大覚師吼、四海兄弟将聖美談、

不レ可レ不レ仰、

貴賤貧富にかかわらず、親子兄弟の情感を以て衆人に対すべきことが標榜されている。五位以上の子弟を原則とし、六七八位の子弟は情願するもののみに入学を許した大学の身分上の有限性は、ここに於いては全く撤去せられ、ここに掲げられた教育の普遍性は、彼の宗教上の救済の普遍性と相通ずるものがあったのである。

彼が更に曾て俗人として受けた大学教育に関して嫌らぬ第二の点は、彼の仏者の立場から考えて当然の、大学教育が儒教一本槍であることに対する不満であろうと考えられる。さればといってこれに対して仏教一本を振りかざした訳でなく、俗人に対する儒教の教育的価値を一応認めたものの如く、儒仏の双方をその教育原理に採入れたのであった。かかる思想の先蹤はない訳ではなく、現に彼に向って「備僕射之二教、石納言之芸亭、如此等院」が皆その終を全うしなかったことを引いて、その事業の困難なることを説いた者があったことに察せられる如く、二教院・芸亭院の儒仏一体の思想の、仏を更に顕密二教に見て三教一体の思想が綜芸種智院の教育原理であったと見ることが出来よう。

毘訶方袍偏翫二仏経一、槐序茂廉空耽二外書一、至レ若二三教之策、五明之簡一、壅泥不レ通、肆建二綜芸種智院一、普蔵二三教一招二諸能者一、所レ冀三曜炳著照二昏夜於迷衢一、五乗竝レ鑣駆二群庶於覚苑一、

といっている。師に僧俗の二種あり、仏経外書を分ち教えたのであるが、「真俗不レ離我師雅言」とあって、両者の融合的効果が期待されたのであった。外護者に藤原三守という有力者があり、一般の寄附をも期待し、「師資糧食事」も十分顧慮されたのであったが、初めに述べたところの教育理想は当時として余りに理想にすぎ、また院が東寺外に建てられて経済が別途であった為等で（『東宝記』六法宝下講説等条々）、承和二年空海歿し、七年三守薨ずるに及び「功業所レ期触レ方難レ済」き様となったのはもっともであった。弟子少僧都実恵等は遂に意を決して院を沽却し、以て丹波国大山庄を買って伝法料とし、承和十二年に至って寺田として施入せられた（『東寺文書』無号之部〈幅の部と合綴〉承和十二年九月十日民部省符）。即ち俗界に向って華々しく開かれた所の綜芸種智院は、再び伝法会という僧衆のみの教育機関へと閉じ込められ、かくて綜芸種智院はその創立後二十年内外にしてその姿を没して了ったのであった。しかしともかく前に述べた如き教育理想が、単なる思想に止まらず、教育機関として短期間にかかわらず存続したこと、しかもそれが上代に於ける純粋の私学として最も整った形態を具えたものであったことは注目すべき事柄であった。

三　私学の語義

ここに「私学」の用語について述べることとする。「私学」の語は律令の本文には見えず、律令の公的注釈書たる『令義解』および『律疏残篇』に見える語であるが、『令義解』の撰進は天長十年であり、『綜芸種智院式』の書かれたのとほぼ時を同じうするから、この辺に説明を挿むのを便としよう。

裁判官が受業師を裁判することになった場合は代ることを許され（獄令鞫獄官司条）、受業師の喪は三日を給い（仮寧令師経受業条）、見受業師を殺す罪は不義として八虐の一に数えられた（律八虐条）。これらの律令の本文に見える受業師・見受業師の説明として、

獄令義解　不レ問二官学私学一、

仮寧令義解　……私学亦同

律疏　見受二経業大学国学一者、私学亦同、

と記されている。即ち学校の種類が法律上、

- 官学
  - 大学
  - 国学
- 私学

の如くに考えられていたことが分る。なお見受業師を殴る者の刑は凡人に二等を加え、死すれば斬とすることが闘訟律逸文（『金玉掌中抄』所引）として知られるが、これに対する律疏にも恐らく同様な注釈が施されていたことであろう。これに対して我律令が継受した所の母法たる唐の律令ではどうなっているかを見ると、『故唐律疏議』一名例律十悪不義条および同書二十三闘訟律殴見受業師条には共に見受業師の解釈として、「服二膺儒業一、非二私学一者」と記されている。これによって見ると、教育者（教官）に対する身分保障に関して、唐に於いては、官私を区別して、私学の教官にまで保障しなかったのに対して、我国に於いては官私の別を問わなかったことは注意に値するところである。

唐法を盲目的に継受することなく、敢て私学の教官に対して手厚き身分の保障を与えたとすれば、この公的注釈者の脳裏には「私学」の語の表わす具体的な内容が浮んでいたに違いない。しからば実際に如何なるものを指して私学と呼んだかというに、その徴証をほとんど挙げることは出来ない。弘文院・勧学院の大学別曹を私学と呼ぶことが出来ないのは、それら諸院には教官即ち受業師がいなかったことに徴しても明かである。

『綜芸種智院式』に、「今是華城、但有一大学、無有閭塾」とあるのと、『唐闘諍律疏義』に、「私学者礼云、村有塾遂有序之類」とあるのとを考え合せれば、綜芸種智院こそ正にこの私学に相当すべきものであるが、僅かの期間続いただけであったことは前述の通りである。その後平安時代の末になって、藤原頼長は藤原敦光の死に当って、敦光は自分の読書始の時の師なる故に音楽を止め、明法博士小野有隣に喪を問うたところ、有隣は仮寧令師経受業条の義解に、「私学亦同者」とあるのを引用し、「拠二件文一為レ師」とて仮日数を勘申しているのを見ると（『台記』天養元年十一月一日条）、貴族の家庭教育に於ける師弟関係を指して私学と呼んでいる。しかしこれは果してどれだけ普遍的な解釈であろうか。実際には「私学」の語は普通にほとんど用いられることなく、たまたまこの時明法家が律令の公的注釈書を閲読して、初めて接し得たもののように思われる。しかしまた遡って考えるに、唐に於いて郷村の閭塾と官学とを差別したのは当然であるのに対して、我国に於いてはそのような閭塾はなくして、貴族社会に於ける師弟関係位がそれに当るものであった為に、公的注釈者の脳裏には、これらの師弟関係が浮んでいて官私を問わないことが規定されたとすれば、この頼長の場合の小野有隣の解釈は、正に妥当な解釈であるとすべきであろう。このように解する時は「教科書の変遷」の章で掲げたところの摂関侍読や、摂関その他の子弟の教授などが、私学と呼ばれ得べきものとなる訳であるが、これら以外にも貴族社会の中に於いて私学ないし私塾と称し得べきものが見られない訳ではなかった。

綜芸種智院は大学の欠点を指摘して、大学とは全く別に設立されたものであったが、大学とは不即不離の関係を保って、教官の私第教授に起り、朋党比周の原因をなしたところの私塾様のものの発生また平安時代初期の著しい現象であった。その最も顕著な例は菅原氏のそれであって、菅原氏は平安時代初期既に清公・是善・道真と文章博士を継承すると共に、私第に於いてもまた多数の門弟を養って学界政界に勢力を有し、道真を失脚せしめんとする謀略のよって起る一半の原因もまたそこにあったのである。

菅原氏の家塾については、従来の教育史では多く「紅梅殿」の名称を以て呼ばれている。しかしながら「紅梅殿」は清少納言が第宅を列挙した中に算へ(『枕草子』)、九条本『延喜式』附図京職図、『拾芥抄』附図京職図等には西洞院・五条坊門・町尻・綾小路に囲まれた一保の場所に書込まれており、『二中歴』『拾芥抄』『歴代編年集成』等には、道真の第宅であった説明があり、治承の大火に焼失した名所の中にその名が見え(『平家物語』一内裏炎上)、顕昭の『拾遺抄註』を始めとして鎌倉時代以後の諸種の天神縁起では道真が大宰府へ出発に際して「東風吹かば」の歌詠をなした彼の第宅を紅梅殿とし、飛梅伝説の発展と共に紅梅殿の名はしばしば引合に出され、鎌倉時代の末には紅梅殿の地に祀られた菅大臣社の神楽・神供・燈明・法施を巡っての北野社と紅梅殿敷地住人との間の紛争があり（『紅梅殿社記』）、吉野時代には紅梅殿敷地が北野社領の中に算えられ（『曼殊院文書』）、江戸時代に入って元禄頃菅大臣社は南に移転した跡には、北菅大臣社または紅梅殿社と称する小祀が祀られ、村社として現在に至っているのであるが（諸地誌・地図等）、これらによって見ると、紅梅殿は京中の一保を占めた菅原氏の第宅全体の称号であるが、菅原氏の家塾としては全く語られていないのである。しかるに従来専ら「紅梅殿」を以て菅原氏の家塾の名称とする根拠は、『菅家紅梅殿指図』にある如くである。(1)

『菅家紅梅殿指図』は、もと仁和寺心蓮院の所蔵で、後に京都の某氏の所蔵に帰したが、その柏木政矩による三分の二の摹刻本があり、帝室博物館にも一摹本が蔵せられている由である（『考古画譜』四久部、同五古部）。私はその原本も摹本も共に未だ見る機会を得ないが、高木文氏の『好書雑載』、文部省の小学国史教師用書、『風俗画報』等によってその面影を知ることが出来た（ただし三者それぞれ小異があるのは如何なる理由に拠るものか解し兼ねる）。それによると、指図といっても平面図ではなくて、吹抜屋台式描写であって、中央の身屋（母屋）の部分に塗籠形式の書庫が置かれ、その中に三段の厨子を置き、また一段は上から釣ってあり（『風俗画報』には「釣棚」の説明の文字あり）、厨子の上には巻子本を納めたと覚しき函が置かれている。この書庫は三方の庇（同じく「西廂」「南廂」の文字あり）に向って妻戸（「白虎錠」「朱雀錠」「青龍錠」の文字あり）を開き、庇と庇とは障子を以て隔てられ、その中の手前の庇（「南廂」）の左右隅には付書院（「出シ棚」の文字あり）があり、左（西）付書院およびこの（南）庇の中程に置かれた机（「校書机」の文字あり）の上には、巻子本や函が画かれている。そしてこの全体の三方は又庇（「大床」の文字あり）を以て囲らされ、更に手前（南）の外側に簀子（「簀子」の文字あり）がある。先方（北側）が画かれていないが、恐らく同様の妻戸・庇・又庇があるのであろう。いわば身屋を書庫とし、庇を書斎とした建造物が示されているのである。当時のこの種建築を窺うべき確証ある類例を欠く為に、真為の断定は困難な問題であるが、書庫の連字窓は住宅に見られ難きもので、むしろ寺院の経蔵等に見られるものであり、又庇と簀子の間に、庇と又庇との間にある二本の柱に対する柱がないのは建築手法の実際から遠いものであり、付書院が画き示されていることも平安時代の住宅建築として受取り難いものであって、あるいは寺院の住房関係の建築から考え付いて作製された図ではなかろうかと考えられる（関野克氏の御教示に拠る）。加之一保を占める第宅たる紅梅殿の図としてかような部分的な建造物のみが示されていること自身疑問の余地が十分あるのではなかろうか。

しかるに一層疑問が重ねられることは、従来の諸説は斉しくこの図を菅原道真が寛平五年に草したところの『書斎記』（『菅家文草』七および『本朝文粋』所収）の書斎に当るものとしていることである。

即ち同記に、

東京宣風坊有二一家一、家之坤維有二一廊一、廊之南極有二一局一、局之開方纔一丈余、投レ歩者進退傍行、容レ身者起居側レ席、先レ是秀才進士出レ自二此局一者、首尾略計近二百人一、故学者目二此局一為二龍門一、又号二山陰亭一、以レ在二小山之西一也、……

とあるのを正にこの指図に当るものとするのである。この『書斎記』の「宣風坊」の「一家」は当然当時の上流公家の住宅建築様式たる寝殿造りとして考うべきものであろうが、かく考えると坤維（西南隅）の廊とは正に寝殿造りにおける西中門廊に当り、その廊の南端の局は多くの場合釣殿を設けられた位置である。住宅建築における中門の初見は延喜十二年とされているから（関野克氏「平安時代公家住宅三例」〈『建築史』第二巻第五号所載〉）、この廊に中門があったかどうかは分らず、従って中門廊と呼んでよいかどうかは分らないが、とにかく後世のそれに当るものであり、また局も「方纔一丈余」とあるから、通常の廊の幅より少し広い長さを一辺とする方形の小規模のものであることが分る。かく考えて再びかのいわゆる『菅家紅梅殿指図』に眼を転ずる時、そこに示された身屋・庇・又庇・簀子を具備する規模を持った殿舎の図が、『書斎記』に述べられた廊下に連るささやかな方丈の局を示したものでないことは一見して明かであろう。

かくして指図から全く離れて考えるとして、『書斎記』にいうところのこの局から秀才進士を多く出したので龍門と呼ばれたということは、成程説者の説くが如く、局が家塾の重要部分をなしていたことを語るものであろう。そして更に臆測を用いれば、塾主ともいうべき是善の書斎であったのではあるまいか。道真秀才となるの始、是善は「此局名処也、鑽仰之間為二汝宿盧一」といわれたので、便ち簾席を移してこれを整え、書籍を運んでこれを安んじたという（『書斎記』）。従って是善の書斎は他に移されて道真の宿盧となり、道真塾主となるに及び自然に再び塾主の書斎ということになったのではあるまいか。『書斎記』中に書斎の文字は見出されないが、この「局」が即ち書斎であることは明かである。試みに「書斎」の語を『菅家文草』から拾うと「臘月独興」と題する詩の七八句に、「可レ恨未レ知レ勤二学業一、書斎窓下過二年華一」（巻一〈十四歳の作〉）「長斎畢聊言レ懐寄二諸才子一、酬答頻来吟詠有レ感、更因二本韻一、重以戯レ之」の三四句に「梵録先添新発意、書斎更覚旧知音」（巻一）「書斎雨日独対二梅花一」の七八句に、「書斎対レ雨閑無事、兵部侍郎興猶催」（巻二）、「中途送レ春」の三四句に、「思レ家涙落書斎旧、在レ路愁生野草新」（巻三〈讃岐守赴任の途〉）、の諸例があり、また山陰亭の用例も、「山陰亭冬夜待レ月」の詩に、「高斎待レ月月何淹、不レ畏風霜幾撥レ簾」（巻一）とあって、山陰亭と書斎とを同一のものとしている如くである。以上いずれの用例も書斎の前述の如き内容を明かに示すものではないが、最初の例の如きはともかくも学業とは関連して述べられてあり、また『書斎記』の内容が、闖入者を厭う意を述べながらも、「名二撃蒙一妄開二秘蔵之書一、或称レ取レ謁直突二休息之座一」とは塾主室に入り来る塾生を指したものであろうと思われる。総じて『書斎記』が「先レ是」の家塾の状態を明記しながら、家塾の現況について全く筆を惜んでいることは、書かれた当時の家塾の存否に関して一応疑問を懐かしむるに足るものがあるが、あるいはその教育方法が多く自習法を採った為であって、恐らく家塾の存在は動かし難いところであろう。以上によって『書斎記』の書斎が、菅原氏家塾の塾主室であったであろうとの推定を下したのであるが、しかし塾主のみいた書斎を以てこの家塾全体の名称とすることは出来ない。しからば多くの門生等はこの第宅の如何なる場所に於いて勉学したのであろうか。

方丈の局が、辛うじて塾主の書斎としての規模を持つに過ぎないとすれば、塾生の勉学場所として当然別の場所が考えられねばならない。その場所としては書斎の北に連なる廊下を外にしてはまず求め難いであろう。そして果して道真の薨後間もなく書かれたもので、道真の伝記中最も貴重なものと思われるところの『北野天神御伝』(2)（江見左織氏所蔵文書所収）には、

嘗祖父(清公)門人、若二其(名)請益之処一、曰二菅家廊下一、至二大臣(道真)時一、其名弥盛、……門徒数百、充二満朝野一、

とあって、道真の祖父清公の時以来菅原氏の家塾は門人の間で「菅家廊下」と呼び慣わされていたことを知ることが出来るのである。このことを念頭に置いて更に道真の「侍二廊下一吟詠送レ日」と題する詩に（『菅家文草』一〈二十二歳〉）、

良辰誰擲度、益者忽相尋、逮従新蘭室、存来旧竹林

とあるの見る時「侍二廊下一」とは道真が父是善の家塾に侍したことをいったものであると解せられるのであって、門人間の慣習のみでなく、菅原氏の人自身によってもその家塾を「廊下」と呼んでいたことを明かにすることが出来、また大江匡衡が、その息挙周の学問料を賜ったのを喜び「聊写二所懐一、寄二呈廊下諸賢一」した七律の結句に、「君家(菅原)七代吾家(大江)六、只拝東西二祖霊」とあるのによれば(『江吏部集』)、なお道真より後の時代に於いても、そしてまた他氏の間に於いてさえも「廊下」という称号が通り名となったことを示すものである。しかも後の二例の如きは「菅家」という文句を冠らせなくても「廊下」とさえいえば、菅原氏の家塾を指したことを語っているものである。

元来寝殿造りに於ける廊ないし廊下[3]の用途は、単に通路としてのみでなく、常に局を設け、席をしつらえ、特殊の用に供したものである。『源氏物語』に例をとると「御前にわたれる廊を楽屋の様にして、仮に胡床どもを召したり」(胡蝶)、「辰巳のかたの釣殿につゞきたる廊を楽所にして」(若菜下)等が挙げられる。また四条宮が焼亡した後、しかるべき屋がなかったが、ただ三間の廊が焼遺ったので藤原定頼がそこに住んだというような例は(『小右記』万寿二年八月二十四日条)、廊下に家塾を開くことの可能性を証して余りあるものである。即ち菅原氏の家塾は、東京(即ち左京)宣風坊の一第宅の西中門廊とその南端の局(書斎)にかけて開かれ[4]、「菅家廊下」または単に「廊下」と呼ばれて、

多くの門弟はここに学ぶと共に、また大学にも学んで秀才進士として出身する者が多かったのである。「菅家」を冠せずに「廊下」のみを以ても称せられたことは、これが家塾に普遍的な形式ではなく、菅原氏に特殊なものであったことを示すものである。

博士家の私第を中心として発達した家塾の代表たる菅家廊下が、官学が初めから学校という公共施設として整備された規模であるのに対して、右述べた如き公家様式の第宅の一部転用に過ぎなかったことは、両者の性格の相違を如実に語るものであるが、なお道真の「小廊新成聊以題レ壁」の詩に(『菅家文草』二)、

数歩新廊壁也釘、青烟竹下白沙庭、北偏小戸蔵書閣、東向疎窓望月亭、……

とあるのは、廊下を構成主体とする菅原氏の家塾が、蔵書閣なる設備を有していたことを示すのみでなく、その隆盛に赴いた結果として、新廊増築という形で規模が拡張されるに至ったことを物語るものであり、衰え行く官学に入れかわって上昇方向にある家塾の趨勢をたまたま示したものと見ることができよう。

菅家廊下は家塾ないし私塾の代表的なものであった。この頃の他の私塾としては、滋野安城が諸道の人に老荘の訓説を授け(『三代実録』貞観十年六月十一日条)「在朝之士」が大蔵善行から、その業を伝受し、藤原時平・平惟範・藤原忠平・同興範・平伊望・三統理平・紀長谷雄等多くの生徒があ

ったという（『雑言奉和』）、いずれも私塾とすべきものと思われるが、その規模は知ることはできない。この二例は博士家以外の家塾であるが、菅原氏と並ぶ大江氏・藤原氏等の紀伝の博士家や、また明経の博士家に於いても菅原氏に後れてそれぞれの私塾が私第を中心として形成されるに至ったと思われる。しかしここには、その最も詳しい様子を知ることのできる菅家廊下を以て代表せしめて、主としてその名称にかかわりつつも、それを通して、その性格を考えるよすがとしたのである。

（1）この図が何時頃から人々の注意に上ったかを詳にしないが、『教育大辞典』の紅梅殿の項（藤岡継平氏執筆）に「書斎中には釣棚を設け校書机を備へて数多の群書を納め……今世に素と心蓮院の所蔵に菅家紅梅殿指図なる図様伝わりたるものを見るに、その規模敢へて大なりとも見えず」とあり、また横山達三氏の「本邦教育史上に於ける菅公」（『菅公論纂』所収）に、紅梅殿を説明して「殿は中央に書庫を設け、三層の閣板を四面に懸け、書巻は皆な小函に納めて其上に排列せり、稍その整頓せるを見るなり」（この説明は図に聊か合わない点がある）とある等は恐らくその早い例であろう。しかしていずれに於いてもこの図が『書斎記』の書斎を表したものとして扱われている。

（2）縁起・託宣記・夢想記等が附されている。紙背は承久二年具注暦。本書の著作年代については、星野恆博士は、道真は延長元年に本官を追復し、正二位を贈られ、正暦四年に左大臣正一位を贈られたのに本書は「右大臣兼右近衛大将贈正二位菅原卿者」と書出していること、道真の長子高視は延喜十三年に卒し、その子文時は天慶五年対策及第したのにこの伝には高視の卒去を記して文時の事に及ばないこと等によって、「此伝ヲ作ル必ス朱雀帝ノ初世ニ在リテ其人菅公ト耳目相及ヒシモノナラン」といわれ（『史学雑誌』四ノ一、「藤原保則伝菅家伝考」）、坂本太郎博士はこれを補って、道真の門徒中、納言に登ったものを記している中に承平三年中納言に任じた藤原扶幹を挙げていること、高視の子在躬の秀才対策を記して、天慶九年九月に文章博士に在任していたことを知らないと思われること等によって、「伝の著作は承平天慶の間にあるものとせられ、畢竟道真の薨後三十年程の時に作られたものとすることができる」といっておられる(『史林』二十一ノ二「類聚国史に就いて」)。今聊かこれを補えば、在躬の文章博士在任はなお天慶八年八月にまで遡らせることが出来(『本朝世紀』)恐らく七年十一月の就任も信をおくことが出来ようと思う(『二中歴』)。この伝文は簡結なもので、『大日本史料』第一編菅公薨去の条に掲げられているのはその全文であるが、官歴の羅列に堕せず、また伝奇的分子も加わらず、後世の『天神縁起』の諸説話の真偽判定の規準となるべきものであり、『菅公伝記』中最も古く最も貴重なものとすべきであろう。

(3) 廊および中門の出現は平安京住宅の特色とされており(関野克氏前掲論文および『日本住宅小史』)菅家廊下はその初見として住宅建築史から見ても注目に値する事実である。しかして廊下の存在は『書斎記』の書かれた寛平五年には勿論確実であるが、更に『北野天神御伝』によって、菅原清公の時代まで遡らせて考えることも、『御伝』の史料的性質から考えて恐らく可能であろう。

(4) しからば菅家廊下の位置如何、菅家廊下のあった東京宣風坊の一家とは、結局紅梅殿ではないかという質問が当然提出されるであろう。成程紅梅殿の位置は宣風坊の中にある。故に他に擬すべき場所がなければ、菅家廊下は紅梅殿の中にあったとしてよかろう。しかるに九条本『延喜式』附図・『拾芥抄』附図の京職図・『二中歴』・『拾芥抄』等によれば紅梅殿の南に接する一画(西洞院・高辻・町尻・五条坊門に囲まれた一保)に天神御所と呼ばれる場所があり、吉野時代には白梅殿敷地として北野社に属し(『曼殊院文書』)、三年一請会料所とされ(『北野宮三年一請会引付』)、江戸時代の初めにはアマ神(尼神にて、道真の女衍子か)の小祀が存在し、元禄以後、北方の紅梅殿の地にあった菅大臣社がこの地に移され、府社として現在に至っている(諸地誌・地図等)。そして『山城名勝志』『都名所図会拾遺』『京都坊目志』『北野誌』所載全国天満宮由緒等の諸書は、いずれも『書斎記』の書斎の場所をこの天神御所（白梅殿）の地に比定しているのである。しかるにこれら地誌類の説もまた確乎たる証拠の上に立つものでなく、元禄頃菅大臣社が紅梅殿の地からこの地に南遷したのにひかれて、色々な由緒も社と共に南遷し、飛梅までがこの地に作られた程であるから、地誌編纂の際、『書斎記』をいずれかに比定するに当っても、その当時規模の大きい菅大臣社のあった地に一旦比定したのが、後まで受継がれたものであろう（元禄以前の地誌類には、『書斎記』の採用はない）。これを要するに、紅梅殿の地・天神御所（白梅殿）の地のいずれに比定するにも確乎たる証拠は見出されないのであって、『紅梅殿指図』の原図の精査と、更に有力な史料の出現とを待った後でなくては、このことは断定することは出来ないのである。そしてまた、もし菅家廊下が紅梅殿の中にあったことが証明されるとしても、紅梅殿はやはり第宅全体の称号であって、家塾の称号としては「菅家廊下」を最も適当とするのである。

五　書・音博士の塾

菅家廊下に代表される紀伝・明経等の博士家の私第を中心とした私塾、あるいは全く博士家でない私塾の外に、博士家とは称されない程の博士家の末席に連っていた書博士・音博士の私第を中心として発達した私塾もまた一群の私塾を形成するように思われる。例えば空海の弟子実慧が、幼時その親族である書博士佐伯直葛野・佐伯直酒麻呂に就いて儒術を受学したというのは（『弘法大師弟子伝』上）、勿論書道以外の儒書を学んだことを示しており、また音博士袁晋卿の子浄村宿禰浄豊は藤原真川等の「受業之先生」であって、「潤レ訓有レ年」ったのであるが、その受業の内容は恐らく音韻のみでなくて、前と同様の儒術であったのであろう（『性霊集』四）。そして真川は浄豊を官に推挙しているのであるが、その官は音博士であったと思われ、少なくともここに問題としている風潮を証する一証とされるであろう。

院政時代に於ける顕著な例は書博士安部俊清の塾であった。彼は「経家之名士」であって、「少より老に至るまで、大学の経書に熟し、官職を慕はず、世路に趍かず、家に産業なく、身に子息なく、書抄を事と為し、誦習を業となす」という学究であったが、儒生にして俊清を師匠となし、自らその門弟と称するものが、大学寮の学生定員を遥に超えるところの五百人にも達したのである（『後拾遺往生伝』中）。

これらは僅かの事例に過ぎないけれども、それは、教育者の側から見れば、書博士・音博士の公務からする少ない収入が、彼らを私塾の経営へと向わせたことと、その公務の性格が大学寮内に於いて独立の地位を保ち得ないのに対比して、私塾の経営という主体的活動にやり甲斐が見出されたことと、また被教育者の側から見れば、官学に入学の資格なきものがその教官につくことができたことと、最後にまた最も強調すべきことは、手引入門としての幼学を授けることが被教育者の要望として強かったと思われるが、書博士・音博士の特有の技術たる習書・音韻の授業があたかもそれに合致していたことが、他の経営されるところの私塾から特徴づけていたと思われるのである。

結　言

以上を以て上代の学制についての叙述を終えた。それは学制そのものに限定し過ぎたものであり、上代教育史一般について考察を加える上にも、上代儒教思想の発展を跡づけるについても、努力に不十分であった。上代の学制を如実に浮び上らせる為には、それらの広い観点からの叙述を必要とすることはいうまでもないが、この書に於いては、学制そのものの精査を目的とした為に、背景的事情については多く省筆した。広く公家文化一般との関係、官吏制度との聯関、また各種学問別の伝流の跡づけ（特にこの書に除外された仏教・芸術および方伎関係）、教育思想の発展の見地よりの考察等についても、必要に応じて時に触れたことはあったけれども、その全般的な究明は他日を期した。よってここには聊かこれらに注意しつつ、上代学制の叙述を回顧すると共に、中世教育への展望を試みよう。

上代の学制は、いわゆる律令制度の一部である。律令制度は唐の律令を母法とする継受法であり、多くの点で我国の実情に基く変改を加えられながらも、なお急進的に実情にそぐわない施政がなされたことは争われないところである。従って、歴史の自発的展開を重んずる見方からすれば、律令制の実施は疑問の目を以て見られざるを得ない。これを学制の実施について見ると、母法に於いては、学制は科挙制と緊密に結び付き、地方的に拡がりを持つ士族あるいは読書人階級の中から官吏を登用する一手段であったが、我国に於いては、これに当るような広い層を持った階級はなかった。にもかかわらずその法を採入れるに当って、母法に於ける如き科挙法と結び付いた如き制度の制定を免れることは出来なかった。しかし、一面既に我国の実情が考慮されて多くの変改が加えられたばかりでなく、実施後、多くの年を経ない中に、更に科挙制を顧慮しない、換言すればこれと直結した学制へと、実情に即した改革が行われ、その後も絶えず小改正が行われ、実情の変った地盤の上にも、あくまで学制を実施し続けようとする逞しい意欲が窺われるのである。

学制の思想的基調をなしたものは儒教主義であった。官学の学科には、儒教主義を基調としたもの以外に、技術的なものとして見られたものもあったが、主流は儒教主義にあり、それは、律令制度における中央集権的官僚組織と対応するものであった。

律令制の流れは、平安時代に入っても絶えることなく、その形骸のみは遥か後世にまで及んだが、平安時代に主として行われたものは、律令と同質のものではあるが、格式が中心であり、律令的官僚とこれまた全く異質のものではないが、藤原氏を主とする貴族が政治の表面に現われたのであった。このような事象に対応する学制に於ける平安時代に入っての現象は、紀伝道の擡頭と大学別曹の創立であった。紀伝道は、従来の学制の主流をなした明経道に比すると、儒教主義の稀薄化とも見らるべきものであるが、厳粛なる原則的儒教主義に代えるに、華麗な応用的儒教主義を以てしたに過ぎず、儒教主義に変りはなかった。また大学別曹も、律令的官僚ならざる氏族的勢力を背景として、勃興しつつも、官学と全く無関係ではない、密接な関係を持つ性質のものであった。このことは、平安時代の文化いわゆる公家文化の奈良以前のいわゆる律令文化との関係をよく示しているものということができる。

平安時代後期は、前期に起りかけた平安貴族文化の極致が示された時期である。官学の機構は前期の変化のままに固定し、時代の風尚とそぐわないものとなり、むしろ固陋視された。これに代るものとして現われたのが、家庭教育に於ける芸術教育であり、一般人士に漸く広まった仏教教育である。律令制に於ける芸術諸科の技士養成に代って、貴族人士に不可欠の教養として、日本的文芸芸術が極度に発達し、また仏教伝来以来の専門僧侶の養成から、儒仏一致思想に基く諸機関（私学）の設置を経て、仏教的教養もまた、平安貴族の必需の精神生活となった。

このような上代教育の鳥瞰を更にそのまま押進めて考えるとき、中世教育に於いては、儒教主義の漸次的褪色・芸術教育・仏教教育の振興が予想される如くであるけれども、既に上代末期、悪左府頼長を中心とした儒教主義の更張は、中世武家階級の政治的攻勢に刺戟された公家の政治的覚醒と、朱子学の伝来とによって、一層強く受け継がれると共に、芸術教育は、公家階級の経済上の漸次的衰退と共に、固定化した。中世社会を特長づけるものは、いうまでもなく武家社会の出現であり、その尚武的な武芸教育と共に、公家階級の教育一般の採入れが、よく中世教育を特色づけるものであった。しかし、何よりも中世教育の特色とすべきものは、仏教的色調の浸潤であり、階級の如何を問わず、仏教思想を除外して、中世教育を論ずることは全く不可能といってもよい状態となったのであった。

復刊のあとがき

本書の各章節等は次のように諸雑誌に発表した論文を基にしている。

一　上代に於ける国学制に就いて　〔第五章〕
『歴史地理』六四ノ五（昭和九年十一月）

二　上代に於ける教科書の変遷　〔第四章〕
『歴史地理』六六ノ二（昭和十年八月）

三　勧学院の組織と経済　〔第二章第四節二、ロ　附の前半〕
『歴史地理』六八ノ二・三（昭和十一年八・九月）

四　平安時代初期に於ける大学寮に就いて　〔第二章第一・二節〕
『歴史地理』六九ノ三・四・六（昭和十二年三・四・六月）

五　思想と学問　〔第一章〕

『日本文化史大系』第三巻 奈良文化（昭和十二年四月）

六 文章院に就て 〔第二章第四節一〕

『歴史地理』七〇ノ六（昭和十二年十二月）

七 博士家家学の発生 〔第三章第二節〕

『歴史地理』七二ノ五・六（昭和十三年十一・十二月）

八 紀伝道の成立 〔第二章第三節〕

『歴史地理』七七ノ一（昭和十六年一月）

九 紅梅殿と菅家廊下 〔一部ヲ改稿シテ第六章四〕

『史蹟名勝天然紀念物』一六ノ二・三・四・五（昭和十六年二・三・四・五月）

一〇 課試三題 〔第三章第一節ノ註〕

『歴史地理』七七ノ四（昭和十六年四月）

一一 勧学院の一機能——氏寺・氏社の統制—— 〔第二章第四節二、ロ 附の後半〕

『歴史地理』七八ノ三・四（昭和十六年九・十月）

一二 平安時代後期の課試制度に就いて 〔第三章第一節〕

『史学雑誌』五三ノ二（昭和十七年二月）

一三　勧学会と清水寺長講会

『国史学』四四（昭和十七年五月）

この中一～七、一〇～一二は、昭和七年十二月提出した卒業論文「上代に於ける学制の研究」の部分部分を増補しつつ発表したものであり、八・九・一三は、冨山房『国史辞典』の「勧学会」「紀伝道」「紅梅殿」の項目執筆のため調べた所を論文にしたものである。『畝傍史学叢書』の誘いを受けて、補訂を施し、体系を立て、間隙を塡め、首尾を付し、やっと一応原稿を整えた頃には、戦争は苛烈となり本の出版どころではなかった。

しかるに戦後間もない混乱期に出版の話が起ったのは全く思い懸けないことであった。辻先生の校閲を経た原稿を受取りに文部省に赴くと、伊豆の疎開先から会議のために上京された先生は、背負って来られた大きなリュックサックから原稿を取出して渡された、その状況が未だに目に浮ぶ。

本になった後で補訂に努め、書込みも行なったが、集めた史料を空襲で焼失したこと、曲りなりにも本書に纏めたこと、他に関心の主題ができた事のために、時折り求めに応じて啓蒙的なものを書くに止まった。ただその中で、「上代大学制の推移について」（石川謙博士還暦記念論文集『教育の史的展開』）と「古事類苑と上代学制」（『古事類苑』月報6、文学二）とは、本書に対する補筆の意を込めて書いたものであった。

一方同じ主題の研究としては、村上唯雄氏の「律令国家に於ける教育制度の研究」以下一連の研究（『教育科学』『教育学研究』『熊本大学教育学部紀要』等）、久木幸男氏の『大学寮と古代儒教』、高明士氏の『日本古代学校教育的興衰与中国的関係』があり、部分的には数多くの論考があって、私の説を正したり、補ったりしているものが多い。

私は本書の大改訂を志して、吉川弘文館と約束しながら、その緒に就かないでいたところ、今回『畝傍史学叢書』の中の数冊を、元のままの復刻を原則としながら、若干の改訂もできるということで、これにも加わるように誘いを受け、喜んでそれに乗ることとした。ところが、若干の改訂のつもりが、簡単な差し換えが多いのではあるが、数からいうと四百箇処に上る訂正が出て、編集部に大変御迷惑をかけた。次にその弁明をすることとする。

前にも述べたように、『国史辞典』に依頼された項目に「紀伝道」があった。紀伝道とは何か。私はそれまで単純に、明経博士・明経生等から成る学科を明経道、明法博士・明法生等から成る学科を明法道、算博士・算生等から成る学科を算道と呼ぶと同じく、文章博士・文章生等から成る学科を文章道と呼ぶとして少しも疑わなかった。一方「紀伝道」という字面に何度も御目に懸っていることもまた確かであった。そこで史料の上で、「紀伝」または「紀伝道」という字面を追跡した結果、当時学科を呼ぶ言葉として、「紀伝道」はあっても「文章道」はないことが分った（『本朝文粋』二、菅原文時封事三箇条の第三条に見える「文章道」は学科の名称ではない。学科の名称としての用例を私は小中村清矩『陽春廬雑考』巻六、明治二十年三月稿の「古代文学論」に見出したが、あるいはもっと遡り得るであろう)。文章博士・文章生等から成る学科を紀伝道と呼ぶのは、その名称の発生の時点におけるこの学科の内容たる史学・文学のうちいずれに重点を置いて考えたかによるものであろう。私はこれを「紀伝道の成立」にまとめ、その後に書いた分は「紀伝道」に統一し、それまでに書いた分は、本にする段階で改めて行った。しかし文脈上機械的に「文章道」を「紀伝道」と改めるだけでは済まない所もあり、弁解の辞を挿んでそのままとしたりし、中途半端に終ってしまった。今日多くの人の書いたものを見ると、紀伝道ともいい、文章道ともいうとしたり、あるいは両者を別のものとして並列させたりしている。史料の上では紀伝道に統一されており、これを使って何ら不都合を感じない。よって私は今回文章道の語は、全く使わないこととし、弁明の辞も書き換えた。そのため訂正箇処が無闇に多くなったのであった。

これより遙かに数は少ないが、九条公爵家旧蔵延喜式について、私は前著を造る頃、これが帝室博物館に入ったと聞いて、思い違えてすべて皮肉にも徹底して御物延喜式と書き変えた。いうまでもなく最近新国宝に指定された九条家本延喜式のことである。今回「九条本延喜式」と戻したが、数は少ないが字数が違うのでいささか苦心した。

その外、書き込みなどに従って、差し換えの容易なものは直して行ったが、差し換えが容易でないためにそのままにした箇処について、例示的にいくつかの点を次に触れて見ようと思う。

まず七八頁二行以下（本著作集八三頁）には、この頃の釈奠における七経輪転講義について記すべきであった。彌永貞三氏「古代の釈奠について」（『続日本古代史論集』下巻）、台蔵明氏「平安朝釈奠に於ける七経輪転の一考察」（『皇学館論叢』八ノ四）が参考さるべきである。一四六頁一行以下（一五一頁）で、紀伝道教科書三史文選を延喜式ではじめて大経に準じたとしたが、内閣文庫所蔵旧紅葉山文庫本令義解学令条紙背によって、弘仁式・貞観式では、中経に準じたことが分ることを前に土田直鎮氏から教わった。一四五頁九行、二五六頁一四行、二六一頁五行（一五一、二六四、二六八頁）の擬文章生の初見は、久木幸男氏前掲書によって貞観ないしそれ以前に遡ることになった。第三章第二節一「教官の世襲」の各道教官の任免表はかなり補訂することができたが、ただ明法道の坂上・中原の中の三三〇頁（三三九頁）の中原氏については系図が見当らなかったが、今江広道氏「法家中原氏系図考証」（『書陵部紀要』二七号）により、範光―季盛―章貞―章広の関係が判明する。これにはなお布施弥平治氏『明法道の研究』、利光三津夫氏「法家坂上氏の研究」（『法学研究』五四ノ一二）が参照さるべきである。組み方のために、例えば、四三〇頁（四四一頁）以下の国学教官表の如く訂補の余地なくそのままとしたものも多い。国学教官については、飯田瑞穂氏から、東山御文庫の

「宇多天皇宸筆周易抄紙背文書」について教えられながら、発表することなく、今回も見送りとなってしまったが、最近氏自身によって、『国書逸文研究』七号に紹介されたので、参照してほしい。

四六一頁（四七二頁）に『菅家紅梅殿指図』を問題にしているが、かつて太田晶二郎氏から、東京大学総合図書館所蔵の『人物模写図』と題する明治初期版画の綴りの中にあるのを教えられた。恐らく諸本に出ている画はこれが元であろう。但しこの書名は題簽のはがれた跡に、打付書きで書かれており、題簽に書かれた元の書名は明らかでない。このように数え来れば実は切りがない程である。

右のように一定規準の上に立った補訂ではないけれども、あちこちの破れ綻びをこの機会につづくろうことができたのは私の喜びである。願わくは初志の大訂正をも近い中に実現したいものである。仕事が遅いために諸方に御迷惑をかけたことをお詫びするとともに、最後に訂正箇処調べに助力された佐藤均・山下克明両氏に感謝する。

昭和五十七年十月十四日　満七十二歳の誕辰日に記す

著　者

桃裕行著作集の完結にあたり

第一巻の『上代学制の研究』修訂版をもって、桃裕行先生の著作集全八巻は完結を迎える。本来ならば、刊行の辞を述べられた桃裕行著作集編集委員会代表の土田直鎮先生が、「あとがき」を記されることになっていたのであるが、去る平成五（一九九三）年一月二十四日午後急逝されたため、「刊行の辞」に「氏の後進としてその学恩を蒙ること多大であった有縁の者の手で」と記されている中より、晩年の教え子の一人である小生が、この言葉を記すこととなった。

昭和六十三（一九八八）年一月に、第一回配本として、『武家家訓の研究』が出版されてから、六年の歳月が流れた。当初は二年半ほどで完結の予定であったので、倍近い月日を要したこととなる。刊行が遅延した要素は様々あるが、そのひとつは、小生らが最後まで新組を主張し続け、『上代学制の研究』を復刻し、そのまま著作集第一巻に収録することに反対し、また先生の増補版原稿を探し求めていたためであり、読者諸氏に対し、この点を深くお詫び申し上げるとともに、幾多のご迷惑をおかけした編集部にもお詫び申し上げたい。

今なお学問的生命を保持し続けている『上代学制の研究』を、著作集の第一巻として、未来永劫まで伝えるには、誤植のない新組が最良であり、昭和五十八（一九八三）年、先生が『上代学制の研究』を復刊される際にも、復刻という限定された範囲でかなりの訂正を行ったが、その後発見した誤植、出典記載ミスなどもままあり、今回これらをすべて本文で訂正するとともに、また結局増補版原稿は見つからなかったものの、先生が折りに触れ述べられていた表記の統一、すなわち最近記した「古代末期の大学」（著作集第二巻所収）などに合わせたいという意向にできる限り沿い、本巻では書名には『　』を加え、部分的に見られた六国史の巻数表示については、「表」の出典記載以外ではこれを削除するなどし、先生の生前の希望どおり、新たに五号活字を使用して、版を組んでいただいたのである。そして、従来にも増して誤植なきよう、幾度も校正を行った次第である。

先生が考えられていた著作集の構想では、最後に本書の増補版を「古代末期の大学」等を加えた上で、仮名遣いも統一して刊行したいということであったが、それが果たされず、誠に遺憾ではあるが、ここに修訂版として、先生が示された点を若干加え、著作集の第一巻として再び世に送るとともに、完結にあたり、末筆ではあるが、著作集全巻の出版を快諾下さった思文閣出版各位に対しても、こころから御礼を申し上げる次第である。

一九九四年二月吉日

小山田和夫

上代学制の研究〔修訂版〕　桃裕行著作集　第1巻

1994年6月27日発行

著　者　桃　　裕　行
発行者　田　中　周　二

発行所　株式会社　思　文　閣　出　版
京都市左京区田中関田町 2-7
電話 075―751―1781（代表）

印刷所　株式会社　同朋舎
製本所　株式会社　大日本製本紙工

 ISBN4-7842-0841-0 C3321 P14420E

刊行の辞

故東京大学名誉教授桃裕行氏の学績は、上代学制・古記録・古暦の研究を三本の主柱とし、これら国史学の基礎を成す部分における氏の周到細密な検討の結果は、他の追随を許さぬものがあった。

氏は昭和五十六年頃から、それまでに書かれたものをまとめる意志を持たれ、旧稿の手入れを進める一方、冊別けについても大略の案を得て居られたが、例の如く念入りな仕事が続く中に、昭和六十一年十二月、逝去せられた。よってここに、氏の後進としてその学恩を蒙ること多大であった有縁の者の手で、「桃裕行著作集」八巻を編成して世に送る次第である。

この八巻とは、「上代学制の研究」(修訂版)「上代学制論攷」「武家家訓の研究」「古記録の研究」(上下)「松江藩と洋学の研究」「暦法の研究」(上下)の八冊であって、この別け方は、基本的にはほぼ氏の示された方向に沿ったものである。

氏が、どんな小さな問題についても長年にわたって粘り強く追究を続け、その発表に際しても推敲の苦心を重ねられたことは我々の熟知する所である。よって今回の著作集の刊行に当っては、漢字についての当用俗体の使用は時節柄止むを得ないとしても、その他の行文に関してはつとめて旧稿の姿を存することとした。氏の大小の遺篇が長く学界を裨益することを心から期待するものである。

桃裕行著作集編集委員会
代表者　土田直鎮

桃　裕行（もも　ひろゆき）…昭和61（1986）年逝去

上代学制《じょうだいがくせい》の研究《けんきゅう》〔修訂版《しゅうていばん》〕
桃裕行著作集《ももひろゆきちょさくしゅう》　第《だい》1巻《かん》（オンデマンド版）

Digital Publishing

2017年11月10日　発行

著　者　　桃　裕行
発行者　　田中　大
発行所　　株式会社 思文閣出版
〒605-0089　京都市東山区元町355
TEL　075-533-6860　FAX　075-531-0009
URL　http://www.shibunkaku.co.jp/

装　幀　　上野かおる（鷺草デザイン事務所）
印刷・製本　株式会社 デジタルパブリッシングサービス
URL　http://www.d-pub.co.jp/

AK086

ISBN978-4-7842-7035-4　C3021　Printed in Japan